DUMONT *Dokumente:*

eine Sammlung von Originaltexten,
Dokumenten und grundsätzlichen Arbeiten
zur Kunstgeschichte, Archäologie,
Pädagogik, Musikgeschichte
und Kulturtheorie

W0179645

Paul von Naredi-Rainer

Architektur
und Harmonie

Zahl, Maß und Proportion
in der abendländischen Baukunst

DUMONT

Umschlagvorderseite: oben links: Elisabethkirche in Marburg/Lahn, Grundriß (Abb. 130); oben rechts: Athenatempel in Paestum, Aufriß (Abb. 65); unten: Kölner Dom, Grundriß des Chores, Übertragungsfigur (Abb. 105)
Umschlagrückseite: links: Francesco di Giorgio Martini, Kirchengrundriß nach dem Maß des Menschen (1480/90) (Abb. 30); oben u. unten rechts: Francesco di Giorgio Martini, Kirchenfassade nach dem Maß des Menschen (1480/90) (Abb. 31)
Frontispiz: Ste-Trinité in Vendôme, Konsolfigur im nördlichen Querhausarm: Architekt (11. Jh.)

Das Buch wurde von der geisteswissenschaftlichen Fakultät der Karl-Franzens-Universität Graz 1982 als Habilitationsschrift angenommen.

Paul v. Naredi-Rainer, geboren 1950, Studium der Kunstgeschichte, Musikwissenschaft, Archäologie und Philosophie an den Universitäten Graz und Bonn; 1975 Promotion, 1976 Leiter des Rheinischen Bildarchivs (Museen der Stadt Köln), 1982 Habilitation, seit 1988 Ordinarius für Kunstgeschichte an der Universität Innsbruck. Zahlreiche Veröffentlichungen (vgl. Bibliographie); im DUMONT Buchverlag erschien 1994 von ihm *Salomos Tempel und das Abendland. Monumentale Folgen historischer Irrtümer.*

Die Deutsche Bibliothek – CIP-Einheitsaufnahme

Naredi-Rainer, Paul von:
Architektur und Harmonie: Zahl, Maß und Proportion in der abendländischen Baukunst / Paul v. Naredi-Rainer. –
5., überarb. Aufl. – Köln: DuMont, 1995
  (DuMont-Dokumente)
ISBN 3-7701-3523-7

Umschlaggestaltung: BOROS, Wuppertal
Satz, Druck und buchbinderische Verarbeitung: Boss-Druck, Kleve

Printed in Germany   ISBN 3-7701-3523-7

Inhalt

Vorbemerkung

In einem Überblick die Funktion und Bedeutung von Zahl, Maß und Proportion für die Architektur darzustellen, erschien mir seit längerem ein Desideratum. Dennoch hätte ich den Versuch einer solchen Darstellung kaum gewagt, wäre ich nicht vielfacher freundschaftlicher und kollegialer Unterstützung gewiß gewesen. So stelle ich an den Anfang dieses Buches meinen Dank für Anregungen, Kritik und manche sonstige Hilfe an: Dr. Gottfried Biedermann, Dr. Konrad Eberlein, Dr. Hansgerd Hellenkemper, Dr. Peter Noelke, Helmut Reis, Dr. Werner Schäfke, Claudia Schmitz, Dr. Albert Schug, Dr. Joachim Schwermer, Gerti Strack, Reinhard Tiesbrummel, Dr. Andreas Tönnesmann, Dr. Ernst Tönnesmann, P. Theoderich Zimmermann OSB. Zu danken habe ich auch den vorzüglichen Bibliotheken in Köln (Universitäts- und Stadtbibliothek, Kunst- und Museumsbibliothek, Erzbischöfliche Diözesanbibliothek) und Bonn (Bibliothek des Kunsthistorischen Institutes der Universität, Universitätsbibliothek) und nicht zuletzt dem DuMont Buchverlag, vor allem Herrn Siegfried Hagen. In jeder Hinsicht den meisten Dank aber schulde ich Dagmar, meiner Frau. Ihr ist dieses Buch gewidmet.

Juni 1982   P. v. N.-R.

Das unerwartet große Interesse, auf das dieses 1982 veröffentlichte Buch gestoßen ist – es hat bis 1989 vier Auflagen erlebt –, deutet ebenso wie die Fülle seither erschienener einschlägiger Literatur daraufhin, daß mehr denn je ein wie auch immer geartetes Bedürfnis nach harmonischer Gestaltung unserer gebauten Umwelt existiert. Wohl nicht von ungefähr hat der Bund Deutscher Architekten die Dezember-Ausgabe 1994 seiner Zeitschrift *Der Architekt* unter das Motto »Maß und Zahl« gestellt. So erscheint es gerechtfertigt – und wird durch das dankenswerte Entgegenkommen des Verlages möglich –, »Architektur und Harmonie« nun in einer Neuausgabe, die zwischenzeitlich erschienene Literatur unter Beibehaltung der ursprünglichen Konzeption einzubeziehen bemüht ist, abermals auf den Markt zu bringen.

Dezember 1994   P. v. N.-R.

Für Dagmar

Einleitung

Die Harmonie ist der
herrschende Theil der Architektur

W. F. J. v. Schelling,
Philosophie der Kunst,
§ 117, Zusatz 1

Architektur[1] steht am Anfang der bildenden Künste, ja der Kultur überhaupt. Sie befriedigt das elementare Bedürfnis nach Schutz und Geborgenheit und bildet eine Grundvoraussetzung menschlicher Lebensgemeinschaft[2]. Architektur ist die gebaute Gestaltung unserer Umwelt; ihre Erscheinung hängt von den jeweiligen künstlerischen, technischen und sozialen Voraussetzungen ab.

Ein für das Selbst- und Weltverständnis des abendländischen Menschen grundlegendes Prinzip ist die Vorstellung von *Harmonie*. Sie steht im Mittelpunkt der durch die Jahrhunderte zu verfolgenden Bemühungen, einen Einklang zu finden zwischen der sichtbaren Welt und dem Bild des geistig geordneten Kosmos.

Eng verknüpft mit solchen Harmonie-Vorstellungen – seien sie aus philosophischer und religiöser Spekulation oder aus empirischer Naturbeobachtung gewonnen – ist der Begriff der *Schönheit*[3]. Das Schöne im menschlichen Werk zu verwirklichen, ist ein zentrales Anliegen der Kunst, die so immer auch Abbild eines Harmonie-Konzepts ist[4].

Durch das Übertragen dieser Vorstellungen auf die Architektur[5] wird das einzelne Bauwerk als gestaltete Form zum Ausdruck eines im geschichtlichen Wandel sich verändernden Ordnungswillens.

---

1 ἀρχιτεκτονική = die leitende Kunst; ἀρχιτέκτων = 'Urschöpfer', 'Erz-Künstler'; vgl. Tatarkiewicz 1979, 49; Grassi 1980, 184.
2 Vgl. Evers 1939, 1: »Die Architektur hat die Aufgabe, Formen zu schaffen, mit denen sich der Bestand einer Gemeinschaft von Menschen auf unserer Erde bewahren läßt. So ist die Architektur die Grundlage allen Gemeinschaftslebens … Wo immer Menschen zusammenleben, da bilden sie Architektur und gewinnen aus ihr die Möglichkeit zum dauernden Dasein.«
3 Siehe dazu Troll 1949.
4 Gottfried Wilhelm Leibniz (1646–1716) hat das so formuliert: »Ordnung und harmonische Beziehungen vermögen uns zu entzücken, die Künste der Musik und der Malerei sind ein Abbild davon, Gott dagegen ist die Ordnung selbst, in ihm herrscht strengste Folgerichtigkeit der Beziehungen, und er ist mit der universellen Harmonie identisch; alle Schönheit schließlich ist nichts als ein Abglanz der von ihm ausgehenden Strahlen« (Gottfried Wilhelm Leibniz, *Die Theodicee*, hg. von A. Buchenau, Leipzig 1925, 4).
5 Vgl. Schumacher 1938, Teil I.

Dieses Buch will die Aufmerksamkeit auf diese nicht unmittelbar einsichtigen Aspekte lenken und damit zu einer Antwort beitragen auf die immer wieder aktuelle Frage, wie sich in Architektur das Prinzip der Harmonie manifestiert. Als wichtigste Elemente architektonischen Gestaltens zur Verwirklichung harmonischer Gesetzmäßigkeiten werden *Zahl, Maß* und *Proportion* hier in ihrer Entwicklung und Verwendung dargestellt. Dabei wird stets die Verbindung von theoretisch-geistigem Entwurf und praktisch-technischer Ausführung gesucht.

Mit der bewußten Beschränkung auf Zahl, Maß und Proportion wird auf die ganzheitliche Interpretation eines Bauwerkes verzichtet, dafür aber die Möglichkeit eröffnet, durch diese Grundelemente den Gedanken der Harmonie in der Architektur über Stilgrenzen hinaus und unabhängig von unterschiedlichen Zweckbestimmungen und Bedeutungsinhalten[6] der einzelnen Bauwerke zu verfolgen.

Dabei erschöpft sich die Untersuchung nicht in einer Darstellung quantitativer Zusammenhänge, da die Begriffe Zahl, Maß und Proportion immer auch eine Qualität bezeichnen – in der Doppelbedeutung des Wortes 'Maß' wird dies auch sprachlich faßbar. Dementsprechend verursacht die 'Maßlosigkeit' das Unbehagen an vielen Bauten insbesondere unserer Zeit, während umgekehrt die Qualität bewunderter Bauwerke verschiedenster Epochen noch für den heutigen Betrachter nicht zuletzt in der Sicherheit des Proportionierens liegt[7].

Das Bedürfnis nach Klärung grundsätzlicher Gestaltungsprinzipien, die Suche nach dem 'rechten Maß' hat in der Vergangenheit zu einer Reihe methodologischer Irrwege geführt, die jede Maß- und Proportionsforschung in Mißkredit gebracht haben. Dies führte zu einer weitverbreiteten Skepsis gegenüber der wissenschaftlichen Beschäftigung mit diesem Problem überhaupt. Abgesehen von dem Fehler, der Gegenwart entnommene Vorstellungen in ahistorischer Weise wahllos auf vergangene Epochen zu projizieren[8] oder ganz einfache Vorgänge mit einer phantastischen Symbolik zu überfrachten, sind viele Autoren vor allem der Versuchung erlegen, das von ihnen favorisierte System – welcher Art auch immer – allgemein und für alle Zei-

---

6 Siehe dazu die grundsätzlichen Ausführungen von Bandmann 1951/2.
7 Vgl. F. Lehmann 1956: »Selbstverständlich ist jedes Motiv . . . gleich gut. Aber es ist nicht gut, daß die künstlerische Verantwortung, die das Motiv 'in Form bringt', abhanden gekommen ist. Und so mag man, wenn man über das unzweifelhafte Abgleiten der neuen Baukunst in die Niederungen des Geschäftlichen nachdenkt, als die Hauptursache den mangelnden Ernst des Proportionierens erkennen.« – Angesichts der komplexen Vorgänge bei der Entstehung unserer Architektur wäre es sicherlich ungerecht, die Unfähigkeit 'Maß zu halten' allein den Architekten anzulasten; sie erweist sich letztlich als ein allgemeines 'Bildungs'-Problem in dem von Böhme 1980 skizzierten Sinn: »Bilden und Bauen. Der Zusammenhang wird sichtbar, wenn man sich vergegenwärtigt, daß die beiden Begriffe . . . sehr nahe Verwandte sind. Bilden nimmt das Bauen in sich auf, ihm liegt der Gedanke des Bildes zugrunde, das zu errichten, zu gestalten ist. Bilden hat diesen Doppelsinn: einmal den, dem Menschen zu sich selbst zu verhelfen auf dem Wege der Bildung, zum anderen den, aus dem rohen Material ein Gebilde zu schaffen. Und beide Male ist verlangt das Vorauswissen um die angemessene Form und die daraus sich entfaltende schöpferische Gestaltungskraft derer, die die Formgebung zu verantworten haben« (id. ib. 8).
8 Genauso falsch wäre es freilich, zeitbedingte Wert- und Formvorstellungen vergangener Epochen unkritisch und dogmatisch bewahrt wissen zu wollen.

ten angewandt wissen zu wollen[9]. Auf diese Weise hebt jedes der vorgeschlagenen Systeme alle anderen auf. Nichtsdestoweniger wäre es falsch, auf derartige Widersprüche mit völliger Ablehnung oder Ignorierung von Zahlen- und Proportionsgesetzlichkeiten zu reagieren.

Es soll und kann hier keine Rezeptions- und noch viel weniger eine Art lückenloser Entwicklungsgeschichte des Maß-Gebens und Proportionierens vorgelegt werden, parallel etwa zu einer Stilgeschichte. Dies läßt der derzeitige Forschungsstand nicht zu; denn um solches leisten zu können, bedürfte es sehr vieler qualitätvoller Einzeluntersuchungen nach streng differenzierten und kategorisierten Prämissen, die innerhalb der umfangreichen Proportionsliteratur noch rar sind.

Weil diese Studie unter ihrer Fragestellung Architektur in besonderer und begrenzter Sicht betrachtet, wird aus den verfügbaren Werken eine Auswahl getroffen, deren Behandlung hier sinnvoll, fruchtbar und anschaulich erscheint. Selbstverständlich kann das Einzelwerk auch in der Maß- und Proportionsforschung niemals als zwingend repräsentativ für eine ganze Epoche gelten. Es sei aber darauf hingewiesen, daß die vom heutigen Erkenntnisstand bedingte Auswahl der Beispiele und damit die Begrenzung nicht zusammenfällt mit einer subjektiven Interpretation. Das Gegenteil ist angestrebt: bei der Auslegung der nur relativ gültigen Auswahl streng wissenschaftliche Objektivität anzuwenden, die sich im Zweifelsfall nicht scheut, derzeit unbeantwortbare Fragen offen zu lassen.

Über allem Bemühen, architektonische Gestaltungen aus ihren historischen Bedingtheiten zu erfassen, darf aber nicht vergessen werden, daß das einzelne Bau- und Kunstwerk keineswegs nur ein geschichtliches Dokument ist, sondern immer auch ein zeitüberdauerndes Phänomen darstellt. So liegt die innerste Zielsetzung dieses Buches darin, das aus der Architekturgeschichte ablesbare Streben nach harmonischer Gestaltung als in die Gegenwart reichende Verpflichtung begreiflich zu machen. 'Maßgerechtes' Bauen ist gerade in unserer heutigen Situation, wo wir auf immer enger werdendem Raum größtmögliche Freiheit für den einzelnen zu verwirklichen bestrebt sind, ein zentrales Anliegen humaner Lebens- und Umweltgestaltung.

9   Vgl. Anm. IV 239.

I harmonia – ordo – concinnitas

Jede noch so scharfsinnige Entschlüsselung verschiedener im Laufe der Architekturgeschichte angewandter, oft geheimnisumwitterter Entwurfs- und Proportionierungsverfahren muß vordergründig bleiben, wenn man diese Verfahren nur als technische Hilfsmittel betrachtet und ihren tieferen Sinn übersieht, die Idee einer höheren Ordnung und Harmonie auf die Architektur zu übertragen bzw. dieser Idee in der Schönheit der Architektur Ausdruck zu verleihen. Deshalb seien zunächst die Begriffe *Harmonie* und *Ordnung* und die im Wandel der Epochen damit verbundenen unterschiedlichen Vorstellungen betrachtet. Während in unserer Zeit disparater Wertvorstellungen Harmonie nur mehr eine sehr eingeengte Bedeutung besitzt und Ordnung nur allzuleicht mit einschränkender Bevormundung assoziiert wird, standen diese Begriffe jahrhundertelang im Zentrum sowohl antiker als auch christlicher Weltvorstellung.

Kaum ein Begriff der abendländischen Geistesgeschichte ist so umfassend wie der der Harmonie; er schließt gleichermaßen Theologie, Philosophie sowie die Künste ein und reicht auch in das Gebiet der Naturwissenschaften. Das Wort *harmonia* hat seinen Ursprung im Griechischen und bedeutet so viel wie Anpassung, Verbindung, Verknüpfung, Vereinigung von verschiedenartigen oder entgegengesetzten Dingen zu einer geordneten Ganzheit[1]. Der für den Begriffsinhalt des Wortes harmonia wesentliche Bestandteil, die Silbe ar oder har, wurzelt im Indogermanischen und bezeichnet nach allen Etymologien den Begriff einer Annäherung, Verbindung, eines zeitlichen, logischen oder materiellen Zusammentreffens[2].

---

1 Hüschen 1966, 548f.: »Als stammverwandt gelten die Substantive ἅρμοσις und ἅρμοσμα sowie die Verben ἀραρίσκω, ἀρέσκω, ἀράσσω und ἁρμόξω. Das Substantiv ἅρμοσις bezeichnet im Sinne eines aktivischen Präsensinfinitivs das Zusammenbringen oder Zusammenfügen, das Substantiv ἅρμοσμα im Sinne eines passivischen Perfektpartizips das Zusammengebrachte oder Zusammengefügte, das Verb ἀραρίσκω besagt soviel wie anfügen, anpassen, verbinden, verknüpfen, d. h. vereinigen im körperlich-materiellen Sinne, das Verb ἀρέσκω soviel wie ausgleichen, aussöhnen, begütigen, besänftigen, d.h. vereinigen im geistig-ideellen Sinne, das Verb ἀράσσω soviel wie aneinanderschlagen, aneinanderstoßen, zusammenkommen, zusammentreffen, das Verb ἁρμόξω, das sowohl in transitiver als auch in intransitiver Bedeutung gebraucht wird, soviel wie zusammenfügen, zusammenpassen.« Vgl. Hüschen 1956, 1589 und Hüschen 1959, 144.
2 B. Meyer 1932, 7 und 57, Anm. 1.

Zuerst taucht das Wort ἁρμονία bei HOMER (8. Jh. v. Chr.) auf, als Verbindungsmittel im aktiven und passiven Sinn, und zwar materiell gleichbedeutend mit Band, Riemen (beim Floßbau des ODYSSEUS)[3], und geistig gefaßt als Vertrag, Bund[4].

Als mythologische Person erscheint HARMONIA bei HESIOD (um 700 v. Chr.)[5]. Nach der BÖOTISCHEN Sage gilt HARMONIA als Tochter des Kriegsgottes ARES und der Schönheits- und Liebesgöttin APHRODITE und stellt so bildhaft die Vereinigung zweier Gegensätze dar[6]. In Anwesenheit der Götter vermählt sich HARMONIA mit KADMOS, dem Gründer und Herrscher Thebens. Die Hochzeit der HARMONIA mit KADMOS, der von den Thebanern mit *Kosmos* (= sinnvolle Ordnung)[7] gleichgesetzt wurde, läßt sich symbolisch verstehen. Die Verbindung dieser beiden Elemente schafft die Voraussetzungen für das Entstehen menschlicher Kultur[8].

Die ATTISCHE Sage kennt HARMONIA als Tochter des ZEUS und Mutter der MUSEN. Als Beschützerin und Bewahrerin der Wissenschaften und Künste genießt sie so höchste Verehrung[9].

In der klassischen und hellenistischen Zeit ersetzt die allegorische Auffassung die mythische Anschauung. Die Gestalt der Göttin wird zur sinnbildlichen Figur und zum Symbol[10].

Das mythologische Motiv der verschiedenartigen Abstammung der HARMONIA von ARES und APHRODITE faßt HERAKLIT VON EPHESOS (um 500 v. Chr.) philosophisch: »Das Widerstreitende ist vorteilhaft, und aus dem Wesensverschiedenen erwächst die schönste Harmonie, wie eben alles aus Gegensätzlichem entsteht.«[11]

Vor allem aber waren es die PYTHAGORÄER, die die im Mythos grundgelegte *Verbindung von Harmonie und Kosmos zu einem umfassenden Weltbild* ausgebaut haben[12]. Harmonie war in

---

3 Homer, *Odyssee* V 248.

4 Homer, *Ilias* XXII 254; vgl. B. Meyer 1932, 54.

5 Hesiod, *Theogonie* 937 und 975.

6 Hüschen 1956, 1589 f.; dort sind die literarischen Quellen (Pindar, Aischylos, Euripides, Apollodor, Diodor, Ovid etc.) im einzelnen aufgeführt; vgl. auch den Artikel *Harmonia* von Crusius in: Ausführliches Lexikon der griechischen und römischen Mythologie, hg. von Wilhelm Heinrich Roscher, Bd. I/2, Leipzig 1886–1890, 1830–1833; ebenso den Artikel *Harmonia* von Sittig in: Paulys Realencyclopädie der classischen Altertumswissenschaft, neu bearbeitet und hg. von Georg Wissowa und Wilhelm Kroll, Bd. 14, Stuttgart 1912, 2379–2388.

7 Zum Begriff 'Kosmos' in frühgriechischer Zeit siehe Kranz 1938; in einer großangelegten Studie untersucht Kranz 1955–57 Kosmos-Vorstellungen von der Frühzeit bis heute; vgl. auch Anm. III 9.

8 Herbert Hunger, *Lexikon der griechischen und römischen Mythologie,* Reinbek bei Hamburg, 6. Aufl. 1974, 206.

9 Vgl. Anm. I 6; nach der illyrischen Sage wandert Harmonia mit ihrem Gemahl Kadmos von Theben nach Illyrien aus, wo beide von Zeus für ihre Untreue gegenüber der Heimat bestraft, in Schlangen verwandelt und schließlich in die elysischen Gefilde entrückt werden. Siehe dazu auch Karl Kerényi, *Kadmos und Harmonia, ein Kapitel aus der Heroenmythologie der Griechen,* in: Psychologia-Jahrbuch, Zürich 1955, 40–50; zu Vergleichbarem in außereuropäischen Mythologien siehe Hüschen 1956, 1592 f.

10 Hüschen 1956, 1590.

11 Diels/Kranz 1956, I 152, Herakleitos Frg. B 8.

12 Zu Pythagoras und den Pythagoräern siehe Burkert 1962 und R. Haase 1967.

ihren Augen nicht nur eine wertvolle, schöne und nützliche, sondern auch eine objektiv begründete, die objektive Eigenschaft der Dinge schlechthin. Sie verstanden Harmonie nicht nur als Regelhaftigkeit und Ordnung einzelner, sondern als regelmäßige Anordnung vieler Dinge und Teile[13].

Der wesentlich neue PYTHAGORÄISCHE Gedanke bestand aber darin, den Harmoniebegriff als mathematische Regelmäßigkeit zu fassen, die vorher mehr allgemeinen Harmonievorstellungen konkret als *Ordnung von Zahlen und Proportionen* zu verstehen. »Die sogenannten Pythagoräer ... glaubten, die Prinzipien der Mathematik seien auch die Prinzipien allen Seins. Und da nun in allen übrigen Beziehungen die ganze Natur durch Zahlen nachgebildet zu sein schien, die Zahlen aber die erste Sache der ganzen Natur waren, nahmen sie an, die Elemente der Zahlen seien die Elemente aller Dinge, und der ganze Himmel sei Harmonie und Zahl«, berichtet ARISTOTELES[14]. In der Zahl, die meßbare Gestalt und Form annimmt, offenbart sich der Kosmos als ein Ordnungszusammenhang[15]. Da für die PYTHAGORÄER die Zahlen das Gesetz der Welt darstellen, liegt in ihnen auch das Gesetz des Schönen und der Werke der Schaffenden[16].

Entscheidend für den Ausbau der PYTHAGORÄISCHEN Zahlenlehre war die Entdeckung der wechselseitigen *Entsprechung von Tönen und Zahlen*. Schwingende Saiten erklingen in musikalischen Intervallen, wenn ihre Längen zueinander in einfachen Zahlenverhältnissen stehen: Beträgt das Verhältnis 1:2, hört man eine Oktave, beim Verhältnis 2:3 eine Quinte, beim Verhältnis 3:4 eine Quarte etc.[17] So besteht eine innere Verwandtschaft der Musik mit dem Urgrund der Welt, drückt sich *in der musikalischen Harmonie die metaphysische Ordnung* aus.

13 Tatarkiewicz 1979, 106.
14 Aristoteles, *Metaphysik* A 5, 985 b 23; In diesem Zusammenhang sei darauf hingewiesen, daß das griechische Wort für ʼZahl', ἀριθμός, auf die gleiche Sprachwurzel zurückgeht wie ἁρμονία; vgl. Burkert 1962, 37; Schmitz 1971, 1452.
15 Vgl. Anm. I 7; Daß das Weltganze nur als Ordnung begriffen werden kann, wird schon an der Kosmos-Konstruktion Anaximanders (611 bis nach 546 v.Chr.) sichtbar, der als erster Philosoph zu einer wirklich einheitlichen Weltauffassung gelangte. Das Wort ʼKosmos' (κόσμος) für ʼWelt' – es bedeutet auch ʼSchmuck' – soll nach einer Tradition unbestimmten Alters von Pythagoras eingeführt worden sein.
16 Grassi 1980, 61; vom Pythagoräer Philolaos (5. Jh. v. Chr.) ist folgendes Zitat überliefert: »... Du kannst aber nicht nur in den dämonischen und göttlichen Dingen die Natur der Zahl und ihre Kraft wirksam sehen, sondern auch überall in allen menschlichen Werken und Worten und auf dem Gebiet aller technischen Verrichtungen und auf dem der Musik.« (Diels/Kranz 1956, I 411f., Philolaos Frg. B 11.)
17 Daß die dem Pythagoras in der berühmten Schmiedelegende (Beim Vorbeigehen an einer Schmiede hörte Pythagoras im Klang der Hämmer die reinen Intervalle der Oktave, Quinte und Quarte und stellte fest, daß die Gewichte der Hämmer im Verhältnis 1:2:3:4 standen) zugeschriebene Entdeckung der Entsprechung von Tönen und Zahlen physikalisch falsch ist, wurde oftmals betont; vgl. Münxelhaus 1976, 36ff. Wann und wie die musikalischen Zahlengesetze erstmalig gefunden wurden, bleibt im Dunkel. Erprobt wurden sie nach glaubwürdiger Überlieferung vom Pythagoräer Hippasos. Es ist anzunehmen, daß die allgemein der pythagoräischen Tradition zugeschriebene Entdeckung der Analogie von Tönen und Zahlen im Orient schon längst bekannt war. Entscheidend aber ist die Erklärung dieses Phänomens durch die Pythagoräer; vgl. Frank 1923, 11f.; Burkert 1962, 348ff.; R. Haase 1967; vgl. Kap. IV/2, bes. Anm. IV 78ff.

Das grundlegende musikalische Verhältnis ist die Oktave. Sie wird für die PYTHAGORÄER zum harmonischen Verhältnis schlechthin: Harmonie und Oktave werden zu identischen Begriffen[18]. Innerhalb der Oktave liegen die anderen harmonischen Verhältnisse. Über die Bezeichnung der Oktavkonsonanz hinaus wird Harmonie auch zum Kollektivbegriff aller in ihrem Umfang liegenden harmonischen Verhältnisse, der Tonleiter überhaupt. Schließlich wird Harmonie auch als Tonart, Tongeschlecht, Melodie und als Musik schlechthin verstanden[19].

PLATON (427–347 v. Chr.) und ARISTOTELES (384–322 v. Chr.) erheben *Harmonie zu einem Universalbegriff*. PLATON übernimmt die PYTHAGORÄISCHE Konzeption der Zahlenharmonie des Kosmos und baut sie weiter aus. Im ›Timaios‹, einem seiner letzten Werke, beschreibt er die Schöpfung der Weltseele, die Gott nach den Idealzahlen bildet. Diese Idealzahlen der berühmten 'Timaios-Tonleiter'[20] entsprechen den musikalischen Konsonanzen, bilden eine absolute Harmonie[21].

Der Gedanke des nach musikalischen Zahlenverhältnissen aufgebauten Kosmos ist eng verknüpft mit der Vorstellung einer *Sphärenharmonie,* die bis zu JOHANNES KEPLER (1571–1630)[22] lebendig war. Nach dieser Lehre, die PLATON in seiner ›Politeia‹ darstellt[23], verhalten sich die Entfernungen der Gestirne voneinander wie die Intervalle einer harmonischen Tonfolge; durch die Bewegung der Himmelskörper entstehen jene Klänge der Sphären, die seit BOETHIUS (um 480–524) als 'musica mundana' klassifiziert werden. Daß es sich bei der Sphärenharmonie um wirkliche, für das menschliche Ohr vernehmbare Klänge handelt, wird schon von ARISTOTELES bestritten[24], bleibt aber bis zum Ende des Mittelalters Gegenstand musiktheoretischer Erörterungen.

---

18 B. Meyer 1932, 11: »Die Identität von Harmonie und Oktave ... hat ihre tiefere Begründung ... im Zahlenbegriff. In der Oktave stellt sich die Begrenzung der unbestimmten Zweiheit durch das Maß der Einheit, deren Ergebnis die bestimmte Zweiheit ist, gleichsam unmittelbar sinnlich dar; sie ist die Harmonie selbst.« (Nach O. Apelt, *Platon, sämtliche Dialoge übersetzt mit Anmerkungen,* Bd. 6, Leipzig 1923, 154, Anm. zu Tim. 34); vgl. dazu Kap. II/1.

19 B. Meyer 1932, 31ff.; Hüschen 1959, 145ff.; dort Quellen und Literaturbelege im einzelnen.

20 Platon, *Timaios* 35 a ff.; siehe dazu Thimus 1868/76, I 156–159; II, 206–240; Frank 1923, 181ff.; Stenzel 1924, 40ff.; Bindel 1950–53, I 53ff.; Handschin 1950; Kayser 1950, 186; Kytzler 1959; R. Haase 1966, 24ff.; Spitzer 1978, 35ff.; Jahoda 1980.

21 B. Meyer 1932, 19: »So bildet die Weltseele gleichsam das Substrat der Idealzahlen und umschließt als Harmonie (Oktave) alle Konsonanzen dieser Tonleiter. Sie ist die Harmonie katexochen und wird damit zum Inbegriff der Platonischen Harmonie nach den verschiedensten Gesichtspunkten: etymologische Harmonie als Idealzahl (Mischung der beiden Urgründe), musikalische Harmonie als Oktavenkonsonanz (das Mischungsverhältnis der Urgründe hat die Proportion 1:2), musikalische Harmonie im eigentlichen Sinn von Tonleiter (Inbegriff der musikalischen Intervalle in der absoluten Tonleiter).«

22 Keplers Hauptwerk trägt den Titel *Harmonices mundi* libri V, Linz 1619 (deutsche Übersetzung: Max Caspar, *Weltharmonik,* 2. Aufl. Darmstadt 1967); vgl. Erckmann 1907–08, 423ff.; Kayser 1950, 216ff.; Nádor 1966; Michael Dickreiter, *Der Musiktheoretiker Johannes Kepler,* (Diss. Heidelberg 1971) Bern/München 1973.

23 Platon, *Politeia* 614ff.; zur Sphärenharmonie siehe Jan 1894; Handschin 1926–27; B. Meyer 1932, 47ff.; Junge 1947–48; M. Schneider 1960–61; id. 1980; Schavernoch 1981.

24 Aristoteles, *De coelo* B 9, 290b 12ff.; vgl. Gigon 1966.

Die Harmonie der Weltseele[25] findet nach PLATON ihr Abbild in der menschlichen Einzel-seele. Daß der Mensch mit Sinn für Ordnung (τάξις), Maß (μετριότης), Proportion (συμμετρία) und Harmonie ausgestattet ist, sei ein Kennzeichen seiner Verwandtschaft mit den Göttern[26]. Das Wesen des Schönen und Guten sei im (richtigen) Maß und in der Symmetrie[27] (dem ange-messenen Verhältnis) enthalten[28]. Maßloses ist häßlich[29].

PLATON unterscheidet die Schönheit der Natur und der Lebewesen von der Schönheit einer geraden Linie oder eines Kreises, der Flächen und stereometrischen Körper[30]. Das Schöne der ersten Kategorie hielt er für relativ, allein von der zweiten Kategorie glaubte er, es sei immer und an sich schön[31]. In dieser Schönheit an sich erkennt PLATON Strukturelemente der Wirk-lichkeit, deren höchste Stufe das Reich der Urgestalten und Ideen ist. Unsere sicht- und hörbare Welt ist ein Schatten dieser Ideen. Kunst als Darstellung, Nachahmung (μίμεσις) dieser Schatten bleibt auf einer dritten Wirklichkeitsstufe stehen[32]. PLATON differenziert allerdings zwischen nachahmenden und hervorbringenden Künsten. Letztere, zu denen die Architektur zählt, haben Vorrang vor den Künsten, die sich in der Nachahmung erschöpfen[33]. Nur die Künste, die nicht allein von der Intuition geleitet sind, sondern sich der Maße und Zahlen bedienen, vermö-gen ein 'richtiges' Kunstwerk zu schaffen, das in allen seinen Teilen nach einer inneren Ord-nung gefügt ist[34]. Als Beispiele jener vollkommenen Zahlen und Proportionen, in denen die wahre Schönheit beschlossen liege, nennt er im ›Timaios‹ außer den Zahlen der 'Timaios-Ton-leiter' die fünf aus den zwei 'schönsten Dreiecken' gebildeten regelmäßigen Körper[35]; im Dialog ›Menon‹ beschreibt PLATON zwei Quadrate, von denen die Seite des einen die halbe Diagonale des anderen bildet[36].

25 Spitzer 1944 und 1945 verfolgt antike und christliche Vorstellungen einer Weltharmonie, die er im deutschen Wort 'Stimmung' gefaßt sieht, vor allem anhand dichterischer Zeugnisse bis hin zu Hugo von Hofmannsthal (»... wie in einem Glockenspiel klingt die Harmonie aller irdischen Wesen und Himmelskräfte an ...«; aus: *Die Berührung der Sphären).*

26 Platon, *Nomoi* 653 e: »Die übrigen Lebewesen hätten keinen Sinn dafür, ob in den Bewegungen jene Ordnung enthalten sei oder nicht, die Rhythmus und Harmonie heißt. Uns aber ... hätten die Götter die Empfindung für das Rhythmische und Harmonische und die Freude daran gegeben.«

27 Der antike Begriff 'symmetria' hat nichts mit der heutigen Wortbedeutung als Spiegelgleichheit zu tun (zu den verschiedenen Aspekten des Symmetrie-Begriffs siehe Frey 1949; Weyl 1955; Brandmüller 1982; *Symmetrie* 1986; *Symmetrie* 1988). »Das griechische Wort συμμετρία leitet sich ab von μέτρον, das Maß. Die Vorsilbe συν = mit weist darauf hin, daß es sich hier um zwei oder mehrere Dinge handelt, die miteinander ein Maß oder aufeinander bezogen das 'rechte' Maß haben. συμμετρία heißt dann das richtige Verhältnis, das Ebenmaß, die Harmonie.« (Engelhardt 1953, 526.)

28 Platon, *Philebos* 64 e.

29 Platon, *Sophistes* 228 a; vgl. Perpeet 1961, 62 ff.

30 Platon, *Philebos* 51 b.

31 Tatarkiewicz 1979, 148.

32 Grassi 1980, 126 f.

33 Platon, *Sophistes* 265 a.

34 Vgl. Tatarkiewicz 1979, 150 ff.

35 Platon, *Timaios* 53 c ff.; zu den platonischen Körpern siehe Sachs 1917; Gessner 1948, 9 ff.; vgl. Anm. II 17; II 168.

36 Platon, *Menon* 82 b ff.; siehe dazu Cantor 1907, I 217 ff.

Auch ARISTOTELES trennt die Architektur von der mimetischen Kunst und sieht in ihr den Ausdruck einer als Ordnung, Symmetrie und Begrenzung mathematisch verwirklichten Schönheit[37]. Im Unterschied zu PLATON beurteilt er die Künste nicht mehr nur im Hinblick auf die unveränderliche Welt der Ideen, sondern in ihrem Verhältnis zur Natur: Die Kunst vollendet, was die Natur nicht zu vollenden vermag, oder sie ahmt die Natur nach[38]. ARISTOTELES sieht das Ziel der Kunst im Sichtbarmachen menschlicher Möglichkeiten[39]. Er hebt ihren schöpferischen Charakter hervor und findet ihren Wert in sich selbst beschlossen[40].

Mit ARISTOTELES kommt ein wesentlich subjektiver Faktor in die Betrachtung des Schönen[41], der in den folgenden Jahrhunderten zunehmend an Bedeutung gewinnen sollte. Im Hellenismus tritt der Gedanke des individuell Schöpferischen immer mehr in den Vordergrund. Die in der klassischen Zeit nur der Vernunft vorbehaltene Fähigkeit, Schönes zu erkennen, über Harmonie oder Disharmonie zu urteilen, wird nun auch den Sinnen zugesprochen und führt, etwa im EPIKUREISMUS, sogar zum Vorrang der Sinne[42]. Obwohl der Gedanke des auf *Symmetrie* und *Maß* beruhenden *Universal-Schönen* während der Antike nie gänzlich verlorenging[43], beginnt im Hellenismus das auf die PERIPATETISCHE Schule zurückzuführende Motiv der *Eurhythmie*[44], in dem das *Moment des Subjektiven* enthalten ist, mit der objektiven Symmetrie zu rivalisieren.

In seinem Architekturtraktat, der einzigen aus dem Altertum überlieferten Schönheitslehre für die Baukunst, räumt der von hellenistischen Vorstellungen geprägte Römer VITRUV (1. Jh. v. Chr.) der Eurhythmie letztlich den Vorrang vor der Symmetrie ein: »Eurhythmia ist das anmutige Aussehn und der in der Zusammensetzung der Glieder symmetrische Anblick. Sie wird erzielt, wenn die Glieder des Bauwerks in zusammenstimmendem Verhältnis von Höhe zur Breite und von Breite zur Länge stehen, überhaupt alle Teile der ihnen zukommenden Symmetrie entsprechen.«[45] Scheint diese Definition auf den ersten Blick auch auf den Begriff der Sym-

37 Grassi 1980, 184.
38 Aristoteles, *Physik* 199 a 15.
39 Grassi 1980, 178; zum aristotelischen Kunstbegriff siehe August Doering, *Die Kunstlehre des Aristoteles. Ein Beitrag zur Geschichte der Philosophie,* Jena 1876, Nachdruck Hildesheim 1972.
40 Aristoteles, *Nikomachische Ethik* 1105 a 27: »Denn was durch fachliches Können hervorgebracht wird, hat seinen Wert in sich selbst: da genügt es also, wenn das Werk einfach in charakteristischer Beschaffenheit da ist.«
41 Aristoteles, *Rhetorik* 1361 b 5: »Die Schönheit ist für jedes Lebensalter eine andere.«
42 Tatarkiewicz 1979, 383.
43 Im Gegensatz zum pythagoräisch-platonischen Gedanken einer universalen Schönheit entwickelte die Vorstellung vom Individuell-Schönen offenbar als erster Gorgias, ein Zeitgenosse Platons; vgl. Tatarkiewicz 1979, 381.
44 Das Wort 'Eurhythmie' entstand im 5. Jh. v. Chr. und leitet sich von Rhythmos her, was soviel wie geregelte Bewegung, Tanztakt, Tanzfigur bedeutete. In vorhellenistischer Zeit wurde dieser Begriff auf die bildende Kunst überhaupt nicht angewandt. Erst später entsteht ein Zusammenhang zwischen der Vorstellung einer geregelten Bewegung und einer anmutigen Erscheinung. Als 'Anmut' bezeichnet auch Schiller die bewegliche Schönheit (in *Anmut und Würde);* zum Begriff 'Eurhythmie' siehe Schlikker 1940, 72 ff.; ferner Gerkan 1941.
45 *Vitruvii de architectura libri decem* I/2, 3 (1964, 39).

metrie anwendbar[46], so zeigen weitere Überlegungen VITRUVS im Zusammenhang mit der Dimensionierung von Säulen und Säulenstellungen[47], daß die Symmetrie zwar das rechte Maßverhältnis bezeichnet, aber gegen die Eurhythmie zurücktritt, sobald Fragen der Qualität im Spiel sind. Die Eurhythmie wägt die Formen unter dem Gesichtspunkt der Eleganz gegeneinander ab und modifiziert die Verhältnisgebung[48]. Sie bezeichnet die wirkungsvolle Proportion im Hinblick auf den Betrachter.

Die Schönheit (venustas) eines Gebäudes beruht nach VITRUV auf der Eurhythmie, der Symmetrie und als drittem Pfeiler dem 'decor'[49]. Dieser dem griechischen πρέπον (prépon) entsprechende Begriff, der vor VITRUV nur in der Musik, der Rhetorik, der Poetik und vor allem in der Ethik vorkommt, bezeichnet das Anständige, Geziemende, Angemessene und in einer zweiten Version das Proportionale, schließlich Harmonische in einem umfassenden Sinn[50]. In der Architekturtheorie VITRUVS beinhaltet 'decor' die Zusammenhänge zwischen Bauaufgabe und

46 Vitruv I/2, 4 (1964, 39): »Symmetria . . . ist der sich aus den Gliedern des Bauwerks selbst ergebende Einklang und die auf einem berechneten Teil (modulus) beruhende Wechselbeziehung der einzelnen Teile für sich gesondert zur Gestalt des Bauwerks als Ganzem.«

47 Vitruv IV/1, 6 (1964, 171): »Als sie an diesem Tempel Säulen hatten bauen wollen, maßen sie, da sie deren Symmetrien nicht kannten und deshalb danach suchten, wie sie es fertig bringen könnten, daß die Säulen zum Tragen von Lasten geeignet wären und zugleich im Anblick eine bewährte Anmut böten, den Abdruck eines männlichen Fußes und setzten dieses Maß zur Höhe der Säule in Beziehung . . . sie machten die Säule einschließlich des Kapitells sechsmal so hoch, wie sie den Schaft unten dick machten. So begann die dorische Säule die Proportion, die Stärke und die Anmut des menschlichen Körpers an den Tempeln zu zeigen.«
      Vitruv III/3, 11 (1964, 151): »In dem Maße nämlich, wie Säulenzwischenräume wachsen, müssen die Säulenschaftdicken in entsprechenden Verhältnissen verstärkt werden. Wenn nämlich beim Araeostylos die Säulenschaftdicke der neunte oder zehnte Teil der Säulenhöhe ist, dann wird er dünn und schmächtig erscheinen, weil die Luft infolge der Breite der Säulenzwischenräume für das Auge die Dicke der Säulenschäfte verzehrt und vermindert. Wenn dagegen aber beim Pyknostylos der achte Teil der Säulenhöhe der Säulendicke gehören wird, dann wird das wegen der dichten Säulenstellung und der Schmalheit der Säulenzwischenräume ein unschönes Aussehen hervorrufen. Daher muß man genau den Symmetrien des Stils, dem das Werk angehört, nachgehen.« Schlikker 1940, 77 resümiert: »Die Anmut oder Eurhythmie wird also erreicht durch die Vermeidung des Geschwollenen auf der einen und des Schwächlichen auf der anderen Seite.«

48 Schlikker 1940, 77.

49 Vitruv I/2, 5: »Dekor ist das fehlerfreie Aussehen eines Bauwerkes, das aus anerkannten Teilen mit Geschmack geformt ist.« (Nach Germann 1980, 21f.; an diesem Beispiel demonstriert Germann die Schwierigkeit einer der Sinngehalt dieses Textes treffenden Übertragung in eine moderne Sprache anhand mehrerer Übersetzungen.)
      Vitruvs teilweise unklar definierte und sich mitunter überlagernde Kategorien haben zuletzt Germann 1980, 28 (»nicht ohne Gewaltsamkeit und Auslassungen«) und, bisher am überzeugendsten, Schmuck 1981 in ein System zu bringen versucht. Vgl. dazu Schlikker 1940, 72; ferner Watzinger 1909, Jolles 1916 und zuletzt Knell 1985, 30 ff.

50 Horn-Oncken 1967, 92 ff. und 108; vgl. die Rezensionen von Bandmann 1968 und W. Herrmann 1969; siehe auch Schlikker 1940, 96 ff.

Formgebung, verbindet Ethik und Ästhetik[51]. Mit der Einführung dieses aus höher bewerteten Bereichen übernommenen Begriffs in die Architektur versucht VITRUV, diese zu nobilitieren und auf eine Stufe mit den freien Künsten zu stellen[52].

In VITRUVS keineswegs in allen Teilen in sich schlüssiger und widerspruchsfreier Schönheitslehre für die Baukunst finden sich die beiden Leitmotive der antiken Ästhetik: der PYTHAGORÄISCH-PLATONISCHE Gedanke einer objektiv-gesetzmäßigen, auf Zahlen und Proportionen beruhenden, im Grunde nur verstandesmäßig erfaßbaren Schönheit und die hellenistische Vorstellung einer vom persönlichen Geschmack durchaus nicht unabhängigen und mittels der Sinne wahrnehmbaren Schönheit; vereinfacht: *die Harmonie der Symmetrie und die Harmonie der Eurhythmie.*

Gegen beide Anschauungen wendet sich die Ästhetik PLOTINS (um 205–270), der an der Wende von der Antike zum Mittelalter steht. Für ihn besteht das Wesen der Schönheit nicht in der Übereinstimmung mehrerer Teile, weil sie dann nur in Zusammengesetztem zu finden wäre[53]. Schönheit sei vielmehr eine Qualität, deren Quelle der Geist, die Seele sei[54]. Das Schöne ist – im Gegensatz zur Auffassung PLATONS – sinnlich erfahrbar[55]; doch stellt es als Eigenschaft der sinnlichen Welt nur einen Widerschein der übersinnlichen Welt dar[56]. Dieser Gedanke nun ist PLATONISCH. PLATONISCH ist auch die Unterscheidung zwischen nachahmender und hervorbringender Kunst; zu letzterer zählt PLOTIN wie PLATON die Architektur[57].

---

51 Horn-Oncken 1967 erkennt in Goethes Begriff des 'Schicklichen', der in seinem Fragment ›Baukunst‹ (1795) die letzte und oberste Stufe architektonischer Erscheinungen bezeichnet, Vitruvs Begriff 'decor'.

52 »Freilich wird schon in Platons *Gorgias* (503 e) die Wichtigkeit des πρέπον als Bezeichnung für das Prinzip der Ordnung in Techniken hervorgehoben, die in älteren Zeiten keineswegs den edleren Künsten und Wissenschaften zugerechnet werden, wenn sie auch nicht die geringsten sind. Zu ihnen gehört, neben Schiffbau, Medizin und Malerei, die Baukunst. Jedoch tritt der Begriff dort ohne Gliederung auf. Er bezeichnet lediglich das Prinzip als solches . . .« (Horn-Oncken 1967, 138.)

53 Plotin, *Enneaden* I/6, 1 (griech./dt. ed. Richard Harder, Bd. Ia, Hamburg 1956, 3f.): »Ziemlich allgemein wird behauptet, daß ein Wohlverhältnis der Teile zueinander und zum Ganzen, und zusätzlich das Moment der schönen Färbung, die sichtbare Schönheit ausmacht; schön bedeute, für die sichtbaren Dinge und überhaupt für alles andere, symmetrisch sein, Maß in sich haben. Für die Verfechter dieser Lehre kann es also kein einfaches, sondern notwendig nur ein zusammengesetztes Schönes geben . . .« Vgl. auch Perpeet 1961, 73.

54 Plotin, *Enneaden* I/6, 6 (Harder – zit. Anm. I 53 – 17f.).

55 Plotin, *Enneaden* I/6, 1 (Harder – zit. Anm. I 53 – 3): »Das Schöne findet sich die Fülle im Bereich des Gesichts(sinns); es findet sich auch im Bereich des Gehörs . . .«

56 Plotin, *Enneaden* I/6, 4 (Harder – zit. Anm. I 53 – 11): »Das weiter hinauf liegende Schöne, das zu erblicken der Wahrnehmung nicht mehr vergönnt ist, sondern ohne die Handhabe der Sinne sieht es die Seele und spricht es an: zu seiner Betrachtung muß man hinaufsteigen und die Wahrnehmung unten bleiben lassen.« Vgl. Tatarkiewicz 1979, 362.

57 Plotin, *Enneaden* V/9, 11 (Harder – zit. Anm. I 53 – 121f.); vgl. Grassi 1980, 217.

Aus der PLOTINISCHEN Emanationsvorstellung, daß die irdische Schönheit auf der Ausstrahlung des absolut Schönen beruhe, entwickelt im 5. Jahrhundert PSEUDO-DIONYSIUS[58] seine Lichtmetaphysik, von der die Ästhetik vor allem des hohen Mittelalters stark beeinflußt wurde[59]. Nach PSEUDO-DIONYSIUS bewirkt die wie das Licht überall widerscheinende Allschönheit Harmonie und Glanz aller Dinge[60].

Nachhaltigen Einfluß übte PLOTINS Neoplatonismus auf AURELIUS AUGUSTINUS (354–430) aus, dessen Theologie und Philosophie das Denken des abendländischen Mittelalters beherrschten[61]. AUGUSTINUS vollzieht die spekulative Grundlegung jenes Gedankens, der bis zu THOMAS VON AQUIN (1224/25–1274) und BONAVENTURA (1217/18–1274) *im Zentrum des mittelalterlichen Weltbildes steht: der Gedanke des 'ordo'*[62]. »Ordnung ist das Mittel, durch das alles bestimmt wird, was Gott festgelegt hat«, definiert AUGUSTINUS[63]. »Nichts steht außerhalb der göttlichen Ordnung.«[64] »Nichts im Universum ist ungeordnet.«[65] Ordo ist das sicht- und erfahrbar gewordene Tun Gottes in der Welt[66].

58 Lange Zeit hielt man den im 1. Jh. n. Chr. lebenden ersten Bischof von Athen, Dionysius Areopagita, für den Autor der theologischen Schriften *De divinis nominibus, De mystica theologia, De coelesti hierarchia* und *De ecclesiastica hierarchia*, die aber vermutlich erst am Ende des 5. Jh. von einem christlichen Platoniker aus Syrien verfaßt wurden. Vgl. Berthold Altaner, *Patrologie*, 5. Aufl. Freiburg 1958, 466 ff.; die in diesen Schriften enthaltenen ästhetischen Ansichten sind mit denen der griechischen Kirchenväter verwandt und erfahren ihre Fortsetzung in der byzantinischen Ästhetik ebenso wie in der des abendländischen Mittelalters.

59 Sedlmayr 1976, 314 ff.; Simson 1979, 77 ff.

60 Pseudo-Dionysius, *De divinis nominibus* IV/7 (PG 3, 701): »Überschönheit aber heißt die Schönheit darum, weil allem Seienden aus ihrem Besitz, jedem Ding nach seiner Art, Schönheit zugeteilt wird, und auch darum, weil sie aller Dinge Ebenmaß und Glanz bewirkt und weil sie nach Art des Lichts in allen Dingen einen Widerschein ihres eigenen Strahls, dessen Quelle sie ist, auffunken läßt – einen Widerschein, der seinerseits wieder Schönes schafft –, und weil sie alles zu sich zurückruft und weil sie alles in allem zur Einheit zusammenführt.« (Nach Tatarkiewicz 1980, 43.)

61 Vgl. die Einführung von Paul Keseling zu seiner Übersetzung von Augustinus, *Zwei Bücher von der Ordnung*, Münster 1939; zur Ästhetik des Augustinus siehe Tatarkiewicz 1980, 58 ff.

62 Das Wesentliche des mittelalterlichen ordo-Gedankens erfaßt Paul Landsberg in seiner genialischen frühen Schrift *Die Welt des Mittelalters und wir*, Bonn 1922, ohne allerdings seine Thesen im einzelnen zu belegen. Eine philosophisch-historische Grundlegung bringt Krings 1940 und 1941. Auf seiner Darstellung aufbauend untersucht Zitzmann 1943 und 1951 den ordo-Gedanken in der mittelalterlichen Musik und Dichtung. Die Verwirklichung des ordo-Gedankens in der frühmittelalterlichen Literatur stellt Haubrichs 1969 in seiner umfangreichen Dissertation dar. Die Studien von Hopper 1938 gipfeln in der Interpretation des ordo-Gedankens bei Dante.

63 Augustinus, *De ordine* I/10.28, II/4.11 und II/7.21 (PL 32, 991; 32, 999; 32, 1004); zum ordo-Begriff des Augustinus und zu dessen Ursprüngen in der griechischen Kosmosvorstellung siehe Josef Rief, *Der Ordobegriff des jungen Augustinus*, Paderborn 1962.

64 Augustinus, *De ordine* II/7.24 (PL 32, 1006).

65 Bonaventura, *Commentarii in quatuor libros sententiarum*, lib. II, dist. 6, art. 3, quaest. 1 *(S. Bonaventurae Opera omnia*, Quaracchi 1885, II 167); siehe dazu Alexander Schaefer OFM, *Der Mensch in der Mitte der Schöpfung*, in: S. Bonaventura 1274–1974, Bd. III: Philosophica, Grottaferrata 1973, 337–392.

66 Krings 1940, 235.

Fast alle mittelalterlichen Denker gehen bei der Entwicklung des ordo-Gedankens von jenem berühmten alttestamentlichen Bibelspruch im Buch der Weisheit aus[67], dessen Wurzeln nicht nur in jüdischen Weisheitstraditionen zu finden sind, sondern auch im PYTHAGORÄISMUS[68]: *»Alles hast Du nach Maß, Zahl und Gewicht geordnet.«*[69] Aus dieser Dreiheit baut sich die dem modernen, naturwissenschaftlich bestimmten Weltbild nur schwer nachvollziehbare mittelalterliche Vorstellung einer metaphysischen Ordnung auf. *Maß, Zahl und Gewicht erschöpfen sich nicht in unseren technisch-physikalischen Begriffen, sondern bezeichnen die drei metaphysischen Prinzipien des Seins als Ursprung, Form und Vollendung*[70]: Maß (mensura) besagt, daß Gott als Maß aller Dinge die Voraussetzung allen Seins ist[71]; Maß bedeutet das Dasein eines Dinges aus seinem Ursprung[72]. Die Zahl (numerus) ermöglicht die Unterscheidung und damit die Zählbarkeit von Verschiedenem[73] und weist dadurch allem Geschaffenen seinen festen Platz im hierarchisch gegliederten Kosmos zu[74]. Im Gewicht (pondus) liegt das Streben nach Festigkeit, nach Vollendung beschlossen[75].

67 »Jeder Leser mittellateinischer Texte weiß, daß wenige Bibelsprüche so oft angeführt und anspielend verwendet werden, wie der Satz aus der Weisheit Salomonis 11,21« (Curtius 1954, 493).
68 Vermutlich wurde das Weisheitsbuch im 1. Jh. v. Chr. von einem hellenistisch gebildeten Juden in Alexandria im Umfeld der von dort ausgehenden pythagoräischen Erneuerungsbewegung verfaßt; vgl. Curt Kuhl, *Die Entstehung des Alten Testaments*, 2. Aufl. Bern/München 1960, 319. »Die Absicht, die unser Verfasser mit seinem Buch verfolgt, ist deutlich die, den jüdischen Gottesglauben mit den Mitteln der hellenischen Bildung zu verteidigen« (Otto Eißfeldt, *Einleitung in das Alte Testament*, 3. Aufl. Tübingen 1964, 816). Genzmer 1952 hat nachgewiesen, daß sich die Begriffs-Trias Maß-Zahl-Gewicht schon bei Sophokles und in Platons *Nomoi* (757b) findet. Zur Herkunft, dem ursprünglichen Sinn und der späteren Verwendung dieses Gedankens siehe Heinimann 1975 sowie *Mensura* 1983 (vor allem die Beiträge von Israel Peri, Michel Lemoine und Wolfgang Hübener). Zum Einfluß griechischen Ordnungsdenkens auf die jüdische Literatur siehe auch Max Küchler, *Frühjüdische Weisheitstraditionen*, Göttingen 1979.
69 *Liber sapientiae* 11,21: »Omnia in mensura et numero et pondere disposuisti.«
70 Krings 1941, 88; vgl. id. ib. 129: »In dieser Dreiheit jedes Seienden ist Ursprung, inneres Geformtsein und äußeres Bezogensein im All zusammengefaßt.«
71 Augustinus, *De genesi ad litteram* IV/3.7 (PL 34, 299): »Mensura omni rei modum praefigit«; vgl. Zitzmann 1951, 43.
72 Krings 1941, 128; vgl. id. 1940, 240: »Mensura ist also die Bedingung der Möglichkeit eines Seienden insofern, als es die Bedingungen zur Verwirklichung eines Seienden schafft.«
73 Augustinus, *De genesi ad litteram* IV/3.7 (PL 34, 299): »Numerus omni rei speciem praebet«; vgl. Krings 1940, 240: »numerus ist also die Bedingung der Möglichkeit eines Seienden insofern, als es die Wirklichkeit des Seienden in seiner species bestimmt.«
74 »Je höher die numerus-Stufe im ordo, desto unmittelbareres Abbild göttlicher mensura, desto mehr Seinsfülle; je niedriger die numerus-Stufe, desto abgeleiteteres Abbild göttlicher mensura, desto geringere Seinsfülle.« (Zitzmann 1951, 44.)
75 Augustinus, *De genesi ad litteram* IV/3.7 (PL 34, 299): »Pondus omnem rem ad quietem ac stabilitatem trahit«; vgl. Krings 1940, 241: »pondus ist also die Bedingung der Möglichkeit eines Seienden insofern, als es das Universum und darin die Vollendung des Seienden wirkt«.

AUGUSTINUS ersetzt an einigen Stellen in der Angabe der drei Ordnungselemente das zweite, die Zahl, durch den Terminus Schönheit[76]. In dieser Vertauschung der Termini Zahl und Schönheit wird Schönheit als Wesenselement der Ordnung bestimmt: »Nichts ist geordnet, was nicht schön wäre.«[77] Die Schönheit aber liege in der Zahl[78] als Grundlage der Form[79]. Die Zahl sei die vereinheitlichende Formkraft von Maß und Ordnung[80], die Quelle ästhetischer Vollkommenheit, das Höchste und Machtvollste im Bereich der Vernunft, ja die Vernunft selbst[81].

Für jede künstlerische Schöpfung ergibt sich aus diesen Gedankengängen unverkennbar PYTHAGORÄISCH-PLATONISCHEN Ursprungs, daß *Schönheit nicht ohne Zahl* entstehen kann. Unter den Künsten schätzt AUGUSTINUS deshalb die Musik und die Architektur am höchsten ein, weil sie auf Zahlengesetzlichkeiten beruhen[82]. Die Baukunst versteht er als Abbild jener ewigen Harmonie[83], die als 'musica mundana' das Weltall durchwaltet, als 'musica humana' die Ordnung zwischen Leib und Seele des Menschen herstellt und als 'musica instrumentalis' schließlich sinnlich hörbar wird[84].

Die Verbindung der PLATONISCHEN Vorstellung des nach musikalischen Harmonien geordneten Kosmos mit der AUGUSTINISCHEN Idee eines nach 'Maß, Zahl und Gewicht' geordneten Universums – sie ist jahrhundertelang in zahlreichen Schriften zu belegen, etwa im 9. Jahrhundert bei JOHANNES SCOTUS ERIGENA[85] oder im 11. Jahrhundert bei OTLOH VON ST. EMMERAM[86] – beein-

---

76 Augustinus, *De natura boni* 3 (PL 42, 553): »Gut ist etwas, je mehr es voll Maß, Schönheit und Ordnung ist«; Zur mittelalterlichen Gleichsetzung von 'gut' und 'schön' vgl. Perpeet 1977, 96ff.; Augustinus, *De civitate Dei* XII/5 (PL 41, 352): »... und deswegen haben sie ihr Maß, ihre Schönheit und einen bestimmten Frieden mit sich«; zur Ersetzung von 'pondus' durch 'Frieden' siehe Krings 1941, 100ff.; vgl. Hellgardt 1973, 213ff.
77 Augustinus, *De vera religione* 41.77 (PL 34, 156).
78 Augustinus, *De musica* VI/13, 38 (PL 32, 1184): »Pulchra numero placent«.
79 Augustinus, *De libero arbitrio* II/16.42 (PL 32, 1263): »Formas habent, quia numeros habent«; die »Grundzüge augustinischer Ästhetik« stellt Haubrichs 1969, 27–32 anhand einer geschlossenen Dialogstrecke aus *De libero arbitrio* dar; vgl. dazu H. Meyer 1975, 27, Anm. 8; vgl. auch Hardt 1973, 18ff.
80 Perpeet 1977, 41.
81 Augustinus, *De ordine* II/18.48 (PL 32, 1017): »... daß es entweder in der Vernunft nichts Höheres und Machtvolleres als die Zahl gibt oder daß die Vernunft nichts anderes als die Zahl ist«; vgl. Edelstein 1929, 48ff.; Krings 1941, 98ff.; Hellgardt 1973, 186ff.
82 Vgl. Perpeet 1977, 40f.
83 Simson 1979, 38.
84 Diese von Anicius Manlius Severinus Boethius (um 480–524) in seiner Schrift *De institutione musica* (= Boethius 1966; vgl. PL 63, 1167–1300) geprägten Termini haben im Laufe des Mittelalters weiteste Verbreitung gefunden und zahlreiche Definitionen erfahren; vgl. Hüschen 1966, 549; zur Klassifikation der Musik im Mittelalter siehe Pietzsch 1929; zur mittelalterlichen Musikauffassung vgl. auch Handschin 1926–27; Bukofzer 1942; Zitzmann 1943.
85 Johannes Scotus Erigena, *De divisione naturae* 2,31; 3,3 und 5.36 (PL 122, 602; 122, 630ff.; 122, 960ff.); vgl. Handschin 1927, 322ff.; Assunto 1963, 82ff. und 144ff.; Simson 1979, 50; Tatarkiewicz 1980, 144ff.
86 Otloh von St. Emmeram, *Dialogus de tribus quaestionibus* 43 (PL 146, 119f.): »... Harmonie besteht ... nicht nur bei Tönen, die nach entsprechenden Zahlenverhältnissen zusammengestellt sind, son-

flußt die mittelalterliche Architekturauffassung nachhaltig[87]. Die PLATONIKER der KATHEDRAL-SCHULE VON CHARTRES schildern gegen Ende des 12. Jahrhunderts Gott selbst als Baumeister[88], der die Welt im wesentlichen nach mathematischen Gesetzen schafft.

So verwundert es nicht, daß die Architektur im Mittelalter nicht den als Handwerk eingestuften artes mechanicae[89] zugerechnet wurde, wenngleich man sie auch nicht wie die Musik[90] zu den artes liberales des Quadriviums[91] zählte. Sie nahm eine Sonderstellung ein.

ALBERTUS MAGNUS (1193–1280) konnte sich auf eine feststehende Tradition berufen, wenn er die Architektur unter die Künste reiht, »die der Weisheit näher stehen, weil sie nach höheren, übersinnlichen Ursachen zielen.«[92]

Zwei Jahrhunderte später unternimmt es LEON BATTISTA ALBERTI (1404–1472), das Wesen der Architektur von einem allgemeinen Weltgesetz abzuleiten, ohne auf dessen metaphysische Verankerung weiter einzugehen[93]. 'Concinnitas' nennt er dieses Gesetz, das »die Bestimmung und

---

dern auch bei den anderen Dingen, die richtig geordnet sind. Alles, was richtig geordnet ist, paßt in der Tat zusammen und entspricht sich. Man kann diese Harmonie als eine Übereinstimmung verschiedenartiger Dinge definieren. In jedem Ding aber ist die Übereinstimmung Harmonie. Die ganze Schöpfung, die nach der Ordnung Gottes gefügt ist, ist zwar im einzelnen verschieden, aber eine Harmonie alles Geschaffenen.« (Nach Assunto 1963, 149.)

87 Die Beziehungen zwischen christlichem Platonismus und mittelalterlicher Architektur hat zuerst Simson 1950 grundlegend untersucht; siehe dazu id. 1953 und vor allem die zusammenfassende Darstellung bei Simson 1979, 36 ff.; zum Platonismus in der mittelalterlichen Philosophie vgl. Beierwaltes 1969.

88 Simson 1979, 50; vgl. Ohly 1982.

89 Zu den artes mechanicae rechnete man Tätigkeiten, die der Befriedigung materieller Bedürfnisse dienen, z. B. Weberei, Tischlerei, Ackerbau – und auch die Malerei und Bildhauerei.

90 Musik als 'musica instrumentalis' (Singen, Spielen, Komponieren) galt ebenfalls als Disziplin der artes mechanicae. Davon unterschieden wurde die Musik als Wissenschaft von den Tönen, ihren mathematischen Beziehungen und metaphysischen Grundlagen. Sie rechnete man den artes liberales zu.

91 Die sieben artes liberales ('ars' entspricht dabei eher unserem Terminus 'Wissenschaft') bildeten die Grundlage des mittelalterlichen Lehrbetriebes. Sie teilten sich in das Trivium von Grammatik, Rhetorik und Dialektik und das Quadrivium von Musik (im in Anm. I 90 gen. Sinn), Arithmetik, Geometrie, Astronomie. Die Festlegung auf sieben freie Künste und ihre bis zum Mittelalter gültige Einteilung in Trivium und Quadrivium geht auf Martianus M. F. Capella (um 400 n. Chr.) zurück; siehe dazu William Harris Stahl, The Quadrivium of Martianus Capella, New York 1971; eine erste systematische Darstellung der artes liberales stammt von M. T. Varro (2. Jh. n. Chr.). Er zählte auch Medizin und Architektur zu den freien Künsten; vgl. Hüschen 1949–51; Reindel 1959; Kristeller 1976, bes. 173 ff.; J. Koch 1959; Hellgardt 1973, 7 ff.

92 Albertus Magnus, Metaphysica I/1,11 (nach Assunto 1963, 175) (lat. ed. Bernhard Geyer, Münster 1960, 17 = Alberti Magni opera omnia XVI/1).

93 Vgl. Flemming 1916, 28; Wulff 1919, 319. Das Bedeutsame liegt darin, »daß ein Verzicht auf eine metaphysische Erklärung des Schönen zum ersten Mal, obgleich zunächst weniger durch ausdrückliche Ablehnung als durch stillschweigende Unterdrückung, das seit dem Altertum niemals gelöste Band zwischen dem 'Pulchrum' und dem 'Bonum' zum mindesten gelockert hat« (Panofsky 1960, 29).

Aufgabe hat, Teile, welche sonst von Natur aus untereinander verschieden sind, nach einem gewissen durchdachten Plane so anzuordnen, daß sie durch ihre Wechselwirkung einen schönen Anblick gewähren[94]. Diese Formulierung, in der die ursprüngliche Bedeutung des antiken Harmonie-Begriffes als Vereinigung von Gegensätzen anklingt, findet ihre zeitgenössische Parallele im Gedanken der 'coincidentia oppositorum', der eine zentrale Rolle in der Philosophie des NIKOLAUS CUSANUS (1401–1464) spielt[95].

Für ALBERTI besteht die Schönheit in der concinnitas als »gesetzmäßiger Übereinstimmung aller Teile, was immer für einer Sache, ... daß man weder etwas hinzufügen noch hinwegnehmen oder verändern könnte, ohne sie weniger gefällig zu machen«[96]. Dieser Gedanke wird weiter präzisiert: »*Die Schönheit ist eine gewisse Übereinstimmung und ein Zusammenklang der Teile zu einem Ganzen gemäß einer bestimmten Zahl, Proportion und Ordnung, so wie es die concinnitas, d. h. das absolute und oberste Naturgesetz fordert.*«[97] ALBERTI folgt nun ganz PYTHAGORÄISCH-PLATONISCHEN Gedankengängen, wenn er weiter ausführt, daß *dieses Gesetz in der Musik und ihren Zahlenverhältnissen seine klarste Ausprägung erfahren habe*[98]: »Die Zahlen aber, welche bewirken, daß jene concinnitas der Stimmen erreicht wird, die den Ohren so angenehm ist, sind dieselben, welche es zustande bringen, daß unsere Augen und unser Inneres mit wunderbarem

---

94   L. B. Alberti, *De re aedificatoria libri decem* IX/5 (1912, 492; 1966, 815): »Atqui est quidem concinnitatis munus et paratio partes, quae alioquin inter se natura destinctae sunt, perfecta quadam ratione constituere, ita ut mutuo ad speciem correspondeant.«
95   Alberti und der Kardinal Cusanus, die beide um 1450 im Rom Nikolaus' V. lebten, dürften einander sicherlich gekannt haben. Alberti hatte mit dem Mathematiker Paolo Toscanelli, einem Freund des Kardinals, ebenfalls Freundschaft geschlossen (Koenigsberger 1979, 23). In der Bibliothek des Cusanus befindet sich heute noch eine Handschrift von Albertis *Elementa artis pictoriae*. »Unmittelbare geistige Entlehnungen finden sich nicht, da beide ganz selbständige Denker sind, die ihre verschiedenen Ziele im Auge haben« (Eberhard Hempel, *Nikolaus von Cues in seinen Beziehungen zur bildenden Kunst*, Berlin 1953, 15 = Berichte über die Verhandlungen der sächsischen Akademie der Wissenschaften zu Leipzig, Philologisch-historische Klasse, Band 100, Heft 3); vgl. dazu auch Giovanni Santinello, *Leon Battista Alberti. Una visione estetica del mondo e della vita,* Florenz 1962, 265. Zum Gedanken der 'coincidentia oppositorum' bei Nikolaus von Kues siehe Paul Wilpert, *Das Problem der coincidentia oppositorum in der Philosophie des Nikolaus von Cues,* in: Humanismus, Mystik und Kunst in der Welt des Mittelalters, hg. von Josef Koch, Leiden/Köln 1953, 39–55; auch W. Schulze 1978, 42ff.; Albertis Beziehungen zur zeitgenössischen Philosophie behandelt Tateo 1971.
96   Alberti VI/2 (1912, 293; 1966, 447): »... pulchritudo quidem certa cum ratione concinnitas universarum partium in ea, cuius sint, ita ut addi aut diminui aut immutari possit nihil quin improbabili reddattur.«
97   Alberti IX/5 (nach Flemming 1916, 21) (1912, 492; 1966, 817): »... pulchritudinem esse quendam consensus et conspirationem partium in eo, cuius sunt, ad certum numerum finitionem collocationemque habitam ita uti concinnitas, hoc est absoluta primariaque ratio naturae, postularit«. Theuer übersetzt hier 'concinnitas' mit 'Ebenmaß', 'finitio' mit 'Beziehung' und 'collocatio' mit 'Anordnung'. Zur Kritik an Theuers Übersetzung der ästhetischen Termini Albertis siehe Flemming 1914.
98   Im »wohl meistzitierten Buch über die Architekturtheorie der Renaissance« (Germann 1980, 261) hat Wittkower 1969, bes. 83 ff. das Problem der musikalischen Zahlenverhältnisse trotz einiger Ungenauigkeiten unübertrefflich dargestellt.

Wohlgefühle erfüllt werden.«[99] Die Architektur wird aber nicht einfach als 'umgesetzte Musik' verstanden, sondern in ihrer Eigengesetzlichkeit gleichrangig neben die Musik gestellt[100]: Während ALBERTI zur Bezeichnung der musikalischen Harmonie in Anlehnung an BOETHIUS (um 480–524) den Terminus 'consonantia'[101] verwendet, führt er den bei SENECA (106–43 v. Chr.) und vor allem bei CICERO (4–65) anzutreffenden Begriff 'concinnitas'[102] gewissermaßen als Äquivalent zur Bezeichnung der visuellen Harmonie in die Architekturtheorie ein. In diesem Rückgriff auf einen Terminus der antiken Rhetorik spiegelt sich das humanistische Bestreben einer Nobilitierung der Architektur[103], die für ANDREA PALLADIO (1508–1580) schon selbstverständlich 'scientia nobilissima' ist[104].

ALBERTIS aus der Vorstellung einer universalen Harmonie entwickelte Theorie einer objektiven Schönheit – die indes keine Einengung der schöpferischen Freiheit des Künstlers bedeu-

---

99 Alberti IX/5 (1912, 496; 1966, 823).

100 Naredi-Rainer 1977/1, 95.

101 Alberti IX/5 (1912, 496; 1966, 823): »Armoniam esse dicimus vocum consonantiam suavem auribus.« Boethius, *De institutione musica* V/2 (1966, 352): »Harmonia est facultas differentias acutorum et gravium sonorum sensu ac ratione perpendens«; ib. I/2 (1966, 188f.): »Quid est enim quod illam incorpoream rationis vivacitatem corpori misceat, nisi quaedam coaptatio et veluti gravium leviumque vocum quasi unam consonantiam efficiens temperatio?« ib. I/8 (1966, 195): »Consonantia est acuti soni gravisque mixtura suaviter uniformiter auribus accidens«; Zum Zusammenhang zwischen Alberti und Boethius siehe Hellmann 1955, 32ff., ferner Feinstein 1977, 29f., 87ff. und Naredi-Rainer 1977/1, 181, Anm. 44.

102 Concinnitas bezeichnet bei Cicero (z. B. *Orator* 149, 164ff. und *Brutus* 287, 325) den wohlklingenden Rhythmus bei der Wortwahl. Eine Abschrift von Ciceros *Brutus* befand sich im Besitz Albertis (Janitschek = Alberti 1877, III). Zum Bedeutungswandel des Begriffs 'concinnitas' in der Antike und dessen Übernahme durch Alberti sowie zum Verhältnis Albertis zur antiken Tradition überhaupt siehe Borinski 1914/24, I 148ff., 290ff.; In einer ausführlichen Studie untersucht Vagnetti 1973/1 das Bedeutungsspektrum des Begriffs 'concinnitas' und seines verbalen Umfeldes bis hin zum Wort 'cocktail'. Aufschlußreich ist Vagnettis Beobachtung, wie Albertis 'concinnitas' in den verschiedensten italienischen Ausgaben seines Architekturtraktates übersetzt wird – obwohl es im Italienischen das Wort 'concinnità' gibt (147ff.): P. Lauro, 1546: convenienza; C. Bartoli, 1550: conserto; G. Orlandi, 1966: armonia (allerdings nicht durchgängig: im berühmten passus aus IX/5 – vgl. Anm. I 94 und 96 – läßt Orlandi das Wort in seiner lateinischen Form stehen). Vgl. auch Hellmann 1955, 25ff., Poeschke 1985, Naredi-Rainer 1994, Tavernos 1994.

103 Vgl. Mühlmann 1970, 130: »Das humanistische Rechtsdenken ... ist der methodische Ausgangspunkt für die Theorien der bildenden Künste des Leon Battista Alberti. Alberti ist diejenige historische Gestalt, in der sich die Tendenzen der Renaissance in den bildenden Künsten zum ersten und einzigen Male sammeln, ihre theoretische Selbstvergewisserung empfangen und ihre weitere Richtung erhalten. Albertis Überlegenheit allen anderen Schriftstellern der bildenden Künste gegenüber liegt darin, daß er im Besitz der humanistischen Methode ist. Sein kunsttheoretisches Werk besteht eigentlich nur darin, die ästhetische Seite des humanistischen politischen Denkens, ihre natürliche Affinität zum Sinnlichen und Konkreten aufgegriffen zu haben.«

104 Palladio in der Widmung seiner *Quattro libri dell'Architettura* an den Grafen Giacomo Angaranno (1570, 3).

tet[105] – komprimiert PALLADIO in einem einzigen Satz am Anfang seines Architekturtraktates: Er vergleicht das Bauwerk, dessen Schönheit aus schöner Form und der Beziehung aller Teile untereinander und zum Ganzen entsteht, mit dem vollendeten Körper, an dem es nichts Überflüssiges gibt[106]. Schönheit ist für PALLADIO kein abstrakter Begriff, sondern nur am Bauwerk konkret erfahrbar, untrennbar verbunden mit dessen Zweckmäßigkeit und Dauerhaftigkeit[107]. Deshalb trennt er, anders als ALBERTI[108], die Ästhetik nicht von der praktischen Architekturlehre[109].

Die auf kosmischen Prinzipien beruhende Gesetzmäßigkeit, in der für ALBERTI und auch PALLADIO die Harmonie[110] beschlossen ist, verkümmert in der Mehrzahl der nun sich häufenden theoretischen Abhandlungen über Architektur zu einem starren System von Proportionsregeln, das die Erzeugung architektonischer Schönheit garantieren soll. Diese Regeln bezogen

105 Vgl. K. W. Schulze 1953–54, 67: »So ging es ja auch Alberti darum, nur ja keine starren Verhältnisse festzulegen, damit man sich nicht wie an ein unabänderliches Gesetz an das bereits Vorhandene binde, mag es auch noch so vorzüglich sein. Alberti glaubt an die unbegrenzte Entwicklungsfähigkeit der Baukunst und Kunst überhaupt. Das widerspricht keineswegs der Tatsache, daß es ewige und unabänderliche Gesetze in der Kunst gibt, deren Anwendung in vielseitiger Weise modifiziert und abgewandelt werden kann, je nach dem Ideengehalt, der diesem oder jenem Kunstwerk einer Epoche zu Grunde liegt und seinen besonderen Formen Ausdruck verliehen hat.« Das beste Beispiel dafür bietet die stilistische Vielfalt in Albertis eigenem architektonischen Werk.

106 Palladio I/1 (1570, I 6 f.): »La belezza risulterà dalla bella forma, dalla corrispondenza del tutto alle parti fra loro, e di quelle al tutto: conciosiache gli edificij habbiano da parere uno intiero, e ben finito corpo: nel quale l'un membro all' altro conuenga, & tutte le membra siano necessarie à quello, che si vuol fare.«; vgl. Germann 1980, 138 f.

107 Firmitas (Festigkeit), utilitas (Zweckmäßigkeit) und venustas (Anmut, Schönheit) nennt schon Vitruv I/3 als Grundlagen der Architektur. Palladio I/1 bezieht sich ausdrücklich darauf: »Tre cose ciascuna fabrica (come dice Vitruvio) deono considerarsi, senza le quali niuno edificio meriterà esser lodato & queste sono, l'utile, ò commodità, la perpetuità, & la belezza.« (1570, I 6); diese 3 Kategorien werden immer wieder in den Architekturtraktaten angeführt. Wie diese Begriffe beispielsweise in den zahlreichen Architekturtraktaten des 18. Jh. übersetzt werden, zeigt eine materialreiche Zusammenstellung bei Schütte 1979, bes. 22 f.

108 Das heißt aber nicht, daß für Alberti Zweckmäßigkeit und Schönheit unvereinbar waren. Vgl. z. B. VI/3 (1966, 455; 1912, 297): ». . . und die Anmut der Form konnte es (= Italien) nirgends für unverträglich und unvereinbar mit der vollkommenen Zweckmäßigkeit finden«.

109 Forssman 1965, 141 f.; Spielmann 1966, 107: »Palladio argumentiert meist aristotelisch, wenn er funktionale und konstruktive Notwendigkeiten begründet, und platonisch, wenn er von ästhetischen Prinzipien spricht.«

110 Vgl. auch die aufschlußreiche Gegenüberstellung von Äußerungen Dürers, Leonardos und Albertis zum ästhetischen Prinzip der Harmonie bei Panofsky 1915, 142 ff. Auf die spezielle Ausprägung des musikalischen Harmoniebegriffs der Renaissance soll hier nicht weiter eingegangen werden. Siehe dazu Feinstein 1977, 61 ff.

sich vornehmlich auf die *Säulen-Ordnungen,* in denen das Ordnungsprinzip der Architektur schlechthin gesehen wurde[111].

Die Bezeichnung 'ordo', 'ordine' für Säulenordnung findet sich schon bei VITRUV[112], wird aber erst seit dem 16. Jahrhundert regelmäßig verwendet[113] und gleichzeitig mit dem ebenfalls auf VITRUV zurückgehenden Begriff 'ordinatio'[114] vermischt, der die gesamte proportionale Gestaltung eines Bauwerkes beinhaltet[115]. Diese immer wieder kritisierte Begriffsvermengung[116] findet ihre Entsprechung in den uneinheitlichen und z. T. widersprüchlichen Begründungen, die man für den Wert und die Bedeutung der Säulenordnungen anführt: sie werden einerseits von der Natur, vor allem dem menschlichen Körper abgeleitet und nach VITRUV in Analogie zu dessen Proportionen gesetzt[117]; andererseits liefern antike Gebäude die Vorbilder, und schließlich wird auf die Säulenordnungen und ihre Proportionierung auch das Gesetz musikalischer und anderer Zahlenverhältnisse angewandt[118].

---

111 So faßt z. B. der Palladio-Schüler Vincenzo Scamozzi (1552–1616) die überlieferten Säulenordnungen ähnlich den platonischen Ideen als ewige Formen auf, durch die man zur Vollkommenheit des klassischen Geschmacks gelangt. Vgl. Stockemeyer 1947, 63; zur Konstruktion der Säulenordnungen siehe Kotraschek 1948. In einer vorzüglichen Studie untersucht Schütte 1981 die komplexe Bedeutung der Säulenordnungen, deren Kanon die Gliederung von Fassaden auch dann festlegte, wenn diese ohne Säulen gestaltet wurden.

112 Vitruv I/7 (1964, 72): »... commensus aedificiorum et ordines et genera singula symmetriarum«.

113 Zum Ausdruck 'Säulenordnung', seinen sprachlichen Wurzeln und Parallelen siehe Germann 1980, 108 f.

114 Vitruv I/2 (1964, 36).

115 »... ordinatio, ein Überbegriff, in dem Symmetrie und Proportion in bezug auf das ganze Bauwerk irgendwie enthalten sind, über dessen Inhalt sich aber die Theoretiker der Renaissance und des Barock nie haben einigen können. Seit Alberti und bis ins 18. Jahrhundert wird der Begriff Ordnung teils im eingeschränkteren Sinne, als Regel für die Proportionierung einer bestimmten Säulenstellung, teils im umfassenderen Sinne, als Mittel architektonischer Gestaltung überhaupt gebraucht« (Forssman 1961, 14). So bespricht z. B. Johann Georg Sulzer, *Allgemeine Theorie der Schönen Künste,* Biel 1777, Bd. II/1, 362 ff. zuerst die Ordnung als metaphysischen Begriff und anschließend als Säulenordnung.

116 Siehe dazu Schütte 1979, 50 ff.; dort werden u. a. einige »Bemerkungen über das Wort der Ordnung« von Christian Traugott Weinling aus dessen *Briefen über Rom,* Dresden 1682–84, zitiert: »Die französischen Skribenten übersetzten es durch Ordre und die Teutschen durch Ordnung. Wider diese Übersetzung würde gar nichts einzuwenden seyn, wenn dieses Wort nicht zugleich seine erste Bedeutung ganz oder gar verlohren hätte. Je systematischer die architektonischen Schriften nach und nach wurden, je eingeschränkter wurde der Sinn des Worts Ordine, und am Ende wurden Ordres d'Architecture, Ordres de Colonnes, Säulenordnungen daraus.«

117 Vitruv IV/1.6–8 (1964, 170 ff.) führt die Proportionen der dorischen Säule auf den gedrungenen männlichen – vgl. Anm. I 47 –, der jonischen auf den schlankeren weiblichen Körper und der korinthischen auf die Zierlichkeit der jungfräulichen Figur zurück.

118 Auf die vitruvianische Säulenikonographie und deren christliche Umdeutung braucht in diesem Zusammenhang nicht eingegangen zu werden. Siehe dazu Forssman 1961, 16 ff.; zur sozialen Symbolik der Säulenordnungen siehe Thoenes 1972.

Es ist bezeichnenderweise eine Abhandlung über Säulenordnungen, in der CLAUDE PERRAULT (1613–1688) gegen die traditionelle Ansicht Stellung nimmt, Schönheit bestehe in unwandelbaren Zahlenverhältnissen[119]. In seiner berühmten Kontroverse mit FRANÇOIS BLONDEL (1617–1686), dem der neuplatonischen Gedankenwelt verplichteten Hauptvertreter der akademischen Schule im Frankreich des 17. Jahrhunderts[120], leugnet PERRAULT die Verankerung bestimmter Proportionen in der Natur und in der unveränderlichen Struktur der menschlichen Seele[121]. Allerdings schränkt schon BLONDEL die unverbrüchliche Gültigkeit feststehender Proportionen mit dem Hinweis ein, daß der Mensch beim Betrachten von Bauwerken *optischen Täuschungen* unterliege, die durch ein 'changement de proportion' ausgeglichen werden müßten[122], damit für das Auge eine 'union harmonieuse'[123] zustandekäme. Zeigt sich hierin die Skepsis des cartesianischen Rationalismus gegenüber den Sinneswahrnehmungen, so erwächst PERRAULTS Ablehnung solcher Korrekturen aus dem Empirismus, mit der Begründung, das Auge sehe mit Hilfe des Urteilsvermögens die Dinge grundsätzlich so, wie sie sind[124]. Die Wirkung bestimmter Proportionsverhältnisse – über deren wesentliche Rolle als Erzeuger architektonischer Schönheit sich BLONDEL und PERRAULT durchaus einig sind – beruht für PERRAULT lediglich auf anerzogener Sehgewohnheit[125].

Mit der Erschütterung der akademischen Doktrin durch PERRAULT war in der Architekturtheorie der Keim zu einem *ästhetischen Relativismus* gelegt[126], der in weiterer Folge bis zum Un-

---

119 Claude Perrault, *Ordonnance des cinq espèces de colonnes selon la méthode des anciens,* Paris 1683. Wichtige Teile seiner Argumentation hatte Perrault schon in der 1673 erschienenen ersten Auflage seines Vitruvkommentars *Les dix Livres d'Architecture de Vitruve, corrigez et traduits nouvellement en François, avec Notes et des Figures* veröffentlicht. 1684 erschien eine zweite Auflage.

120 François Blondel widmet ein eigenes Kapitel seines monumentalen *Cours d'Architecture enseigné dans l'Academie Royale d'Architecture,* Paris 1675–83, 756–760, dem Problem der musikalischen Proportionen in der Architektur. Siehe dazu Brönner 1972, 68 ff.

121 Zum Streit Blondel – Perrault siehe Schädlich 1955, vor allem Brönner 1972, auch Hernandez 1972, bes. 54 ff., ferner Kambartel 1972, der sich aber hauptsächlich mit Perraults Unterscheidung zwischen symmetria im antiken Sinn und symétrie als Achsialsymmetrie in ihrer modernen Bedeutung befaßt. Vgl. dazu die Rezension von W. Herrmann 1976.

122 Brönner 1972, 19 ff.

123 Blondel, *Cours d'Architecture* (zit. Anm. I 120), 5. Teil V/10. Siehe dazu Kaufmann 1924, 208 f.

124 Brönner 1972, 37 f. macht darauf aufmerksam, daß Perraults Thesen deutlich auf die später von John Locke (1632–1704) entwickelte Wahrnehmungslehre vorausweisen.

125 Perrault unterscheidet zwischen 'beautez positives' und 'beautez arbitraires', zu denen die Proportionen zählen. »Die Proportionen sind ... durch ihre zufällige Verknüpfung mit den 'beautez positives' im Verlauf der Zeit durch gewohnheitsmäßige Verwendung zu 'beautez arbitraires' herangewachsen. Genauso gut hätten andere Zahlenverhältnisse ihren Platz einnehmen können« (Brönner 1972, 81).

126 Perrault hat aber seinen Relativismus nie bis zu einer dann im 18. Jh. gültigen Formel 'Schön ist, was gefällt' getrieben, obwohl ihm Blondel solches unterstellt; vgl. Germann 1980, 187.

wirksamwerden der meisten bisher geltenden Gesetze führen sollte[127]. Dieser Prozeß kann verglichen werden mit der Ablösung der dogmatischen durch eine heuristische Konzeption auf dem Gebiet der Naturwissenschaften[128]. Beides geschieht im Rahmen jener großen abendländischen Geistesbewegung, die man 'Aufklärung' nennt.

Der Subjektivismus in der Beurteilung des Schönen findet seinen Ausdruck im Auftreten von Begriffen wie *'Geschmack'*, *'Gefühl'* oder *'Empfindung'*, die als Schlüsselbegriffe nicht nur des kunsttheoretischen Denkens im 18. Jahrhundert gelten können[129]. Für die Lehre vom Schönen, das von der Wahrnehmungskraft des Menschen her verstanden wird, führt ALEXANDER GOTTLIEB BAUMGARTEN (1714–1762) den Begriff *'Ästhetik'*[130] ein, als Parallelbegriff zur 'Ethik'. Die Rolle, die in der Ethik die Vernunft spielt, kommt in der Ästhetik dem Geschmack zu[131].

Nach JOHANN GOTTFRIED HERDER (1744–1803) kann der individuelle, durch Gewohnheiten gebildete und Veränderungen unterworfene Geschmack allerdings »kein Principium des Wohlge-

---

127 Natürlich ging eine solche Entwicklung, wie jeder historische Prozeß, nicht linear vor sich. Gerade um die Mitte des 18. Jh., als der ästhetische Subjektivismus im Formenüberschwang des Rokoko einen Höhepunkt erreicht hatte, greift Charles Etienne Briseux (1660–1754) wieder die kosmologischen Spekulationen der pythagoräischen Tradition auf *(Traité du Beau essentiel dans les Arts,* Paris 1752). Siehe dazu Hernandez 1972, 93 ff.; id. 1968. Etwa zur selben Zeit schreibt Robert Morris († 1744) in seinem *Essay upon Harmony,* London 1739 (Nachdruck 1971), 18 f.: »At our Birth, the first Principles of Harmony are introduced with us into the World; and every Man has it in some Degree and Affinity proportioned.« ib. 11 f.: »In Architecture, the Form, Magnitude, Dress, Decoration and Arrangement; the Fitness and Proportions, as they are most analogous to Numbers and Nature, are most perfect and agreeable, most beautiful and harmonious.«

128 Ein einschlägiges Beispiel dafür ist die Krise, in die der klassische, pythagoräisch-platonische Harmoniebegriff im 17. Jh. geraten war. Diese Krise beginnt mit Johannes Keplers (1571–1630) Einsicht, daß die Weltharmonik zunächst keine These, sondern nur Hypothese sein kann, die erst verifiziert werden muß, um als wissenschaftliche These gelten zu können. Am Ende dieser Entwicklung steht Spinoza (1632–1677), für den eine Harmoniekonzeption ohne exakte, rationale Begründung Unsinn ist, ein Überbleibsel der volkstümlichen Naturmythologie. Siehe dazu die kurze, aber eindringliche Darstellung von Nádor 1966.

129 Die umfangreiche Arbeit von Knabe 1972 behandelt in 48 begriffsgeschichtlichen Monographien die wichtigsten dieser kunsttheoretischen Schlüsselbegriffe im Frankreich des 18. Jh., das bei der Entwicklung dieser Gedanken eine hervorragende Rolle spielte.

130 Baumgarten, *Aesthetica,* 1750–58. Das Wort 'Ästhetik' kommt vom griechischen αἰσθάνεσθαι = wahrnehmen, und zwar sowohl mit den Sinnen als auch in übertragener Bedeutung mit dem Geist.

131 Zur Entwicklung des Geschmacksbegriffs siehe Schümmer 1955. Germann 1980, 216 f. führt als einen Kronzeugen für diese subjektivistische Kunsttheorie Joseph Addington (1672–1719) an: »Der Geschmack hat sich nicht nach der Kunst zu richten, sondern die Kunst nach dem Geschmack« (Johannes Dobai, *Die Kunstliteratur des Klassizismus und der Romantik in England,* Bern 1974 ff., Bd. I, 109). In Germanns im wesentlichen chronologisch aufgebauter Darstellung der Architekturtheorie (vgl. die Rezensionen von Horn-Oncken 1982 und Lorenz 1982), die er aber unter dem Aspekt des Vitruvianismus systematisiert (Anfänge, Verbreitung, Verteidigung, Abbau und Ende des Vitruvianismus), fällt das 18. Jh. unter die vorletzte Kategorie. Zur grundlegenden Bedeutung des 18. Jh. in der Geschichte der Ästhetik siehe auch Kristeller 1976, bes. 186 ff.

132 Herder, *Kalligone,* 1800 *(Herders sämtliche Werke,* hg. von Bernhard Suphan, Berlin 1877–1913, Bd. 22, 207). Herder hatte schon 1775 die »Ursachen des gesunkenen Geschmacks« (Bd. 7, 335–470) beklagt, hielt den Geschmack andererseits aber auch für ausbildungs- und entwicklungsfähig.

fälligen und Schönen« und auch »kein erstes Principium der Kunst«[132] werden, doch IMMANUEL KANT (1724–1804) behauptet, daß der Geschmack darüber urteile, ob etwas schön sei oder nicht. Das Geschmacksurteil sei kein Erkenntnisurteil, sondern ein ästhetisches[133], da man keinen Begriff der Schönheit aufstellen könne[134]; dennoch beanspruche der Geschmack für sein Urteil Allgemeingültigkeit[135]. *Das alleinige Prinzip der ästhetischen Urteilskraft sei die Zweckmäßigkeit*[136].

Architektur ist für KANT »die Kunst, Begriffe von Dingen, die nur durch Kunst möglich sind, und deren Form nicht die Natur, sondern einen willkürlichen Zweck zum Bestimmungsgrunde hat, doch zugleich auch ästhetisch-zweckmäßig darzustellen«[137].

Zweckmäßigkeit (utilitas) und Schönheit (venustas) bilden neben der rein technischen Kategorie der Festigkeit (firmitas) seit VITRUV die Grundlagen der Baukunst: Mit dem Abbau eines objektiven, von ALBERTI als 'concinnitas' definierten Schönheitsbegriffes und dem Aufkommen eines neuen historischen Bewußtseins gegen Ende des Barock wurde die Antike – und später auch andere historische Epochen – als nachzuahmendes Vorbild zum maßstabsetzenden Faktor der Architektur[138]. »Eine fleißige Übung auf dem Grunde klassischer Kunst bringt allein Har-

---

133 Kant, *Kritik der Urteilskraft*, 1790, § 1; zu Kants Ästhetik siehe: Alfred Baeumler, *Das Problem der Allgemeingültigkeit in Kants Ästhetik*, München 1915; id., *Kants Kritik der Urteilskraft*, Halle 1923; Walter Bröcker, *Kants Kritik der ästhetischen Urteilskraft*, Marburg 1928; Hans Georg Juchem, *Die Entwicklung des Begriffs des Schönen bei Kant*, Bonn 1970.

134 Kant, *Kritik der Urteilskraft*, §§ 6 ff.

135 Kant, *Kritik der Urteilskraft*, §§ 21 ff.

136 Kant, *Kritik der Urteilskraft*, § 11; vgl. Sörgel 1918, 16 f.: »Die 'Zweckmäßigkeit', das alleinige Prinzip der ästhetischen Urteilskraft, ist zurückzuführen auf einen ordnenden Verstand. Dieser ist aber bei Kant nicht eine objektive, wissenschaftliche Aussage, sondern eine subjektive Regel, ein Hilfsmittel, eine Hypothese. Kant sagt nicht, die Kunst ist zweckmäßig, sondern die Zweckmäßigkeit ist in ihr subjektiv, insofern der Betrachter sie auf die Kunst überträgt. Es gibt nach Kant zweierlei Zweck. Eine Pflanze z. B. hat Zweck, weil man sie essen kann, oder sie hat ihren Zweck nur in sich selbst, für sich selbst. Im letzteren Falle entspricht sie dem Naturschönen. Und analog besteht das Kunstschöne nicht im Sinnlich Angenehmen, nicht im Wahren oder Guten, es ist nichts Nützliches, sondern das, was durch bloße Betrachtung (Kontemplation) ein interesseloses (d. i. uninteressiertes) Wohlgefallen erweckt. Kant unterscheidet demnach zwischen einer 'pulchritudo vaga', welche als freie Schönheit in sich keinen Zweck erfüllt – Kunst ist auf Freiheit begründet – und einer 'pulchritudo adhaerens', welche als anhängende Schönheit mit dem Gattungsbegriff einen Zweckbegriff verbindet. Mit dieser anhängenden Schönheit identifiziert Kant die Schönheit der Architektur. In dem Gattungsbegriff 'Kirche', 'Wohnhaus' usw. sei immer schon ein Zweck enthalten. Schön im Sinne der 'pulchritudo vaga' sei nur das, was durch seine mit dem menschlichen Erkenntnisvermögen harmonisierende Form (Zweckmäßigkeit ohne Zweckerkenntnis) ein interesseloses, allgemeines und notwendiges Wohlgefallen erwecke. An Stelle der äußeren Zweckmäßigkeit (Vorsokratiker) verlangt Kant für die freie Kunstschönheit mit Recht eine innere Zielstrebigkeit, Triebkraft, Erfüllung und Ausfüllung, d. h. etwas vollständig Fertiges, bei welchem Maschine und bildende Kraft in Eins zusammenfallen. Dadurch, daß Kant bei der Architekturbetrachtung aber diese innere Zielstrebigkeit der zwecklichen Erscheinung nicht anerkennt und die architektonische Schönheit deshalb 'anhängend' nennt, hat er einer folgenschweren irrtümlichen Auffassung in der späteren Baukunst Vorschub geleistet.«

137 Kant, *Kritik der Urteilskraft*, § 51.

138 Vgl. Kaufmann 1924, 231; Bauer 1963, 134 f.

monie in die gesamte Bildung eines Menschen, der einer späteren Zeit angehört«, erklärt KARL FRIEDRICH SCHINKEL (1781–1841)[139], der gleichzeitig in der Anwendung neuer Technologien nicht nur Mittel zum Zweck, sondern auch ästhetische Möglichkeiten sah[140]. In der KANT'schen Architekturdefinition erfaßt ist SCHINKELS Feststellung, »daß das Ideal in der Baukunst nur dann völlig erreicht ist, wenn ein Gebäude seinem Zweck in allen Theilen und im Ganzen in geistiger und physischer Rücksicht vollkommen entspricht«[141]. Wenn sich in der Folge eine eklektisch-historisierende Architekturauffassung ebenso auf SCHINKEL berufen kann wie eine ahistorisch-funktionalistische, so ist dies letztlich bei KANT grundgelegt.

Das verbindende Grundprinzip dieser scheinbar so divergierenden Architekturauffassungen kann man insofern in der 'Funktion' sehen[142], als der Historismus die Verwendung einer bestimmten historischen Stilform ebenso mit dem Zweck eines Bauwerks begründet[143] wie der Funktionalismus sein berühmtes Motto 'form follows function'[144]. Während die zunehmende Sinnentleerung der übernommenen Formen gegen Ende des 19. Jahrhunderts eine selten erfüllte »Sehnsucht nach neuer Harmonie und nach neuer ästhetischer Klarheit«[145] aufkommen ließ,

---

139 Alfred Freiherr von Wolzogen, *Aus Schinkels Nachlaß*, Bd. III, Berlin 1863, 355.
140 Zur technologischen Ästhetik in Schinkels Architektur siehe Peschken 1968.
141 Wolzogen (zit. Anm. I 139), 333; Bauer 1963 untersucht von diesem Zitat ausgehend die idealistische Architekturästhetik im 19. Jh.
142 Vgl. Joachim Petsch, Architektur und Gesellschaft, Köln/Wien 1977, 40f.
143 So wurden z. B. neugotische Kirchen vornehmlich deshalb im gotischen Stil errichtet, um an das christliche Mittelalter anzuknüpfen. Für Bauten humanistischer Institutionen, Museen oder Universitäten, bevorzugte man dagegen an die Antike oder die Renaissance anklingende Stilformen. Siehe dazu Bandmann 1966.
144 Louis Sullivan (1856–1924), *The tall office building artistically consideres*, Lippincotts, März 1896, Vol. 57, wiederveröffentlicht in L. S., *Kindergarten Chats and other writings*, New York 1947, 202 ff.: »Es ist das Gesetz alles Organischen und Nicht-Organischen, aller physischen und metaphysischen, aller menschlichen und übermenschlichen Dinge – aller wirklichen Manifestationen des Kopfes, des Herzens und der Seele: daß das Leben erkennbar ist an seinem Ausdruck, daß die Form der Funktion folgt.« Sullivan fußt mit diesem Gedanken auf Horatio Greenough (1856–1924), der die eklektische Architekturauffassung ablehnte und die Übereinstimmung von Form und Funktion in der Natur zu erkennen glaubte. Vgl. Joedicke 1965; zur Geschichte des Funktionalismus überhaupt siehe de Zurko 1957/1; Posener 1964.
145 Henry van de Velde *(Henry van de Velde 1863–1957, Persönlichkeit und Werk*, Katalog 222 Kunstgewerbemuseum Zürich 1958, 14).

führte ein mißverstandener Funktionalismus[146] zu jenem heute allgegenwärtigen architektonischen Chaos, das LE CORBUSIER (1887–1965) schon in der 1942 veröffentlichten ›Charte d'Athènes‹ leidenschaftlich angeprangert hatte[147], nicht ohne einen Maßstab für eine Architektur anzubieten, die wieder positive Grundlage einer lebensbestimmenden Ordnung sein könnte[148]. Es läßt hoffen, wenn ein Architekt unserer Tage formuliert: »Architektur ist eine geistige Ordnung, verwirklicht durch das Bauen.«[149]

So spannt sich von ihren mythischen Anfängen bis zu ihrem Ende in der Aufklärung über mehr als zwei Jahrtausende eine Harmonievorstellung, die in ihrer PYTHAGORÄISCH-PLATONISCHEN Fassung und deren Transposition ins Christliche im mittelalterlichen ordo-Gedanken zugleich Weltvorstellung war, der sich auch die Architektur einordnete. Der Gedanke einer universalen Harmonie hat in ALBERTIS Begriff 'concinnitas' seine architekturspezifische Ausprägung erfahren, ist aber in der späteren Reduzierung auf die Säulenordnungen mehr und mehr zu einem starren Reglement verkümmert. Mit dem endgültigen Zusammenbrechen der tradierten Welt-

---

146 Der Begriff Funktionalismus wird neben seiner historischen Bedeutung als Theorie des Bezuges von Form zur Bauaufgabe auch als Stilbegriff für die (im obigen Sinne durchaus nicht immer funktionalistische) Architektur der 1920er Jahre verwendet. Vgl. Joedicke 1965, 20. Schließlich »gab es auch noch eine andere Art von Funktionalisten: den Baumeister, den Geschäftsmann, den Ingenieur, die all das glaubten, was sie in den Zeitungen über billigere, praktischere, formgemäßere Architektur gelesen hatten. Wenn die Form der Funktion folgt, überlegten sie, entsteht dann nicht aus der richtig formulierten Funktion automatisch eine schöne Form? . . . Was diese Funktionalisten im wörtlichen Sinne hervorgebracht haben, ist heute überall zu sehen . . . Das Resultat: Chaos unter der Bezeichnung 'Funktionalismus'.« (Peter Blake, Artikel *Funktionalismus,* in: Lexikon der modernen Architektur, München/Zürich 1963, 113 f.)
147 Die *Charte d'Athènes* enthält die Grundsätze, die 1933 auf der CIAM (Congrès Internationaux d'Architecture Moderne) in Athen aufgestellt wurden. 1941 erschien die von Le Corbusier verfaßte Schrift anonym, 1957 eine 2. Auflage mit Angabe des Verfassers. Deutsche Ausgabe Reinbek bei Hamburg 1962 (rde 141). – Der Schweizer Architekturhistoriker Siegfried Giedion konstatiert 1956: »Auf dem Gebiete der Architektur hat sich ebenso wie auf dem der Kunst manches in den letzten Jahrzehnten geändert. Die schöpferischen Kräfte in der Kunst gewinnen an Einfluß, und in der Architektur und im Stadtbau ist der Ausblick ungleich besser als im letzten Jahrhundert . . . Aber man täusche sich nicht! Der Tiefstand ist trotz allem deprimierend . . . Es gibt nur wenige Lichtblicke. Im übrigen herrschen weiter Chaos und totgeborenes Bauen« (Giedion 1956, 8).
148 Le Corbusier: »Der Architekt verwirklicht durch seine Handhabung der Formen eine Ordnung, die reine Schöpfung seines Geistes ist: mittels der Formen rührt er intensiv an unsere Sinne und erweckt unser Gefühl für die Gestaltung; die Zusammenhänge, die er herstellt, rufen in uns tiefen Widerhall hervor, er zeigt uns den Maßstab für eine Ordnung, die man als im Einklang mit der Weltordnung empfindet, er bestimmt mannigfache Bewegungen unseres Geistes und unseres Herzens: so wird die Schönheit uns Erlebnis« (in: *Programme und Manifeste zur Architektur des 20. Jahrhunderts,* hg. von Ulrich Conrads, Berlin/Frankfurt/Wien 1964, 56 = Bauwelt-Fundamente 1). Mit seinem 'Modulor' hat Le Corbusier das wohl bedeutsamste Maßgesetz unseres Jahrhunderts formuliert. Siehe dazu Kap. III/1.
149 Hans Hollein (geb. 1934), in: *Programme und Manifeste* (zit. Anm. I 148), 174.

ordnung seit der Aufklärung gingen auch die bisherigen Wertmaßstäbe verloren. Der in der neugewonnenen Freiheit eingeschlossenen Gefahr des Chaos vermochte die Architektur oft nur zu entgehen, indem sie sich unter dem Vorwand zweckbestimmter Ökonomie in eine monotone Uniformität flüchtete[150]. Die Sehnsucht nach Harmonie aber ist geblieben[151].

150 Vgl. H. Schmidt 1965, 186: »Als Heilmittel gegen die Monotonie im Städtebau gilt heute allgemein das Streben nach der größtmöglichen Verschiedenheit in der Architektur, den Massen und der Anordnung der Gebäude. Das Ergebnis sind in vielen Fällen Wohnviertel, denen das einheitliche Gesicht der Stadt fehlt und bei denen das Streben nach größtmöglicher Verschiedenheit Gefahr läuft, eine neue Form der Monotonie, die Unordnung, die Anarchie zu erzeugen.«

151 Helmut Hentrich (geb. 1905), einer der namhaften deutschen Architekten der Nachkriegszeit, äußerte in einem Interview (Heinrich Klotz, *Architektur in der Bundesrepublik,* Frankfurt/Berlin/Wien 1977, 113): »Ich bin noch immer der Ansicht, daß Harmonie das letzte Ziel ist. Und ich versuche diese Harmonie in irgend einer Form zu verwirklichen.« – Daß das Streben nach Harmonie keineswegs anachronistisch, sondern auch mit den Methoden moderner Technik im industriellen Bauen durchaus vereinbar ist, zeigt der folgende, einem Kapitel über Standardisierung (architektonischer Elemente) entnommene Satz: »Indem also eine allgemein zusammenhängende Ordnungstheorie des Produzierens, Fügens und Verbindens vorausgesetzt werden muß, die Anspruch und Harmonievorstellung beeinflußt, kann erst in ihr sich der schöpferische Akt zur vollen Wirkung entfalten.« (Wachsmann 1962, 30.)

II Zahl

II/1 Zahl und Gestalt

Im elementaren Bestreben des Menschen, die Beziehungen zwischen sich und der ihn umgebenden Welt, zwischen Geist und Materie ordnend zu begreifen, nimmt das quantitative Denken einen hervorragenden Rang ein. Das quantitative Erfassen der Wirklichkeit wird ermöglicht durch die *Zahl*[1]. Das Erkennen der Zahl ist ein Urerleben des Menschen[2], das von einer magischen Auffassung der Zahl im mythischen Weltbild bis zu ihrer mathematisch-theoretischen Verwendung in den modernen Naturwissenschaften reicht, deren Weltbild nach WERNER HEISENBERG (1901–1976) nicht mehr ein Bild der Natur, sondern »ein Bild unserer Beziehungen zur Natur« ist[3].

Für das wissenschaftliche Denken ist die Zahl als ideale Entität ein *mathematisches Objekt*[4], für das magische Denken aber ist jede Zahl ein *mythischer Gegenstand* mit zugeschriebenen Attributen und Kräften. Die Zahlen der rationalen Wissenschaft können zwischen heterogenen Erscheinungen eine durchgehende und einheitliche Gesetzlichkeit herstellen, etwas beweisen; die Zahlen in Mystik und Magie dagegen bewirken etwas, haben Charakterzüge eines Wesens an sich[5].

---

1 Reichmann 1968, 10; vgl. Lothar Schäfer 1974, 1775: »Erkannt werden soll die bleibende Ordnung in den sich wandelnden Naturphänomenen, das Immerseiende, das stets in derselben Weise Bestimmte. Diesen Charakter von Beständigkeit und Bestimmtheit scheinen die Zahlen in besonderem Maße zu zeigen . . .«

2 Sasse 1959, 36.

3 Werner Heisenberg, *Das Naturbild der heutigen Physik,* Reinbek bei Hamburg 1955 (rde 8), 21.

4 Zum mathematisch-philosophischen Zahl-Begriff siehe Eisler/Roretz 1930; Lothar Schäfer 1974; Hermann Weyl, *Philosophie der Mathematik und Naturwissenschaften,* München/Wien 1966.

5 Endres 1951, 25 f.; zum magisch-symbolischen Zahl-Begriff siehe v. a. das Kapitel ›Die mythische Zahl und das heilige System der Zahlen‹, in: Cassirer 1964, II 169–182; »Wenn im wissenschaftlichen Denken die Zahl als das große Instrument der Begründung erscheint, so erscheint sie im mythischen als ein Vehikel der spezifisch-religiösen Sinngebung. In dem einen Fall dient sie dazu, alles empirisch Existierende für die Aufnahme in eine Welt rein idealer Zusammenhänge und rein idealer Gesetze vorzubereiten und reif zu machen; in dem anderen ist sie es, die alles Daseiende, alles unmittelbar Gegebene, alles bloß 'Profane' in den mythisch-religiösen Prozeß der Heiligung hineinzieht« (ib. 173).

Beide Zahl-Vorstellungen treffen und überschneiden sich bei den PYTHAGORÄERN: Sie gelten einerseits als Begründer der eigentlichen theoretischen Mathematik[6], fassen aber zugleich Zahlen als selbständige und numinose Wesenheiten auf[7], die ein vorweltliches Sein im göttlichen Denken haben. Gegen einen solchen Zahl-Begriff, dessen Symbolbeladenheit im Widerspruch steht zu seiner rechnerischen Verwendung, nimmt ARISTOTELES Stellung zugunsten des uns heute geläufigen mathematischen Verständnisses der Zahlen als grundsätzlich gleichartiger und vereinbarer Einheiten[8]. Dennoch spielte die *Zahl als Symbolträger,* die einen hinter ihr stehenden Sinn verkörpert, vor allem im christlichen Mittelalter eine wichtige Rolle und beeinflußte auch die Künste nachhaltig.

Vor allem für die Architektur war – und ist – es von großer Bedeutung, daß ebenso wie die Zahlen auch einfachste geometrische Figuren ihren archetypischen Symbolcharakter haben[9]. Dies liegt begründet in einer anschaulichen, quasi *geometrischen Auffassung der Zahlen,* die besonders für das griechische Denken kennzeichnend ist[10]. Die in der PYTHAGORÄISCHEN Tradition bevorzugten Zahlen 1, 2, 3 und 4 der für heilig erklärten und von den PYTHAGORÄERN als Schwurformel verwendeten *Tetraktys*[11] wurden figürlich durch das 'vollkommene Dreieck'

6 Obwohl die Griechen viele und bedeutende mathematische Kenntnisse aus dem Vorderen Orient übernommen haben, erhoben doch erst sie die Mathematik zu einer Wissenschaft im heutigen Sinn, indem sie die Sätze der Mathematik allgemein bewiesen und formuliert haben; vgl. Szabó 1956; id. 1969, 243 ff.; unter μαθήματα verstanden die Pythagoräer ein gewordenes System von Sätzen mit Beweisen. Inwieweit Pythagoras und seine Schule als Begründer der wissenschaftlichen Mathematik anzusehen sind, deren systematische Zusammenfassung um 300 v. Chr. Euklid vornimmt, bleibt allerdings umstritten. Burkert 1962, 383 ff. erklärt aus der fest eingewurzelte Überzeugung von pythagoräischen Ursprung der griechischen Mathematik aus der jahrhundertelangen abendländischen Schultradition, die bis Boethius und Isidor von Sevilla zurückreicht. Szabó 1955 macht auf die engen Zusammenhänge zwischen eleatischer Philosophie und pythagoräischer Mathematik aufmerksam. Zu den wichtigsten Leistungen pythagoräischer Mathematik siehe Frank 1923, 22 f. und vor allem Waerden 1947–49 und 1979, 323 ff., ebenso Becker 1957/1, 40 ff.
7 Vgl. Hopper 1938, 33–49; Endres 1951, 62; Junge 1940 unterscheidet vier Formen des pythagoräischen Zahlenglaubens und verweist auf die Widersprüche innerhalb der pythagoräischen Zahlenlehre. Er resümiert (342): »Die vielerlei Formen der pythagoräischen Zahlenlehre haben einen gemeinsamen Ursprung: den uralten Zahlenglauben; zur Zeit von Plato und Aristoteles hatten sie auch ein gemeinsames Ziel: das Definieren der Begriffe.« Vgl. Hellgardt 1973, 133 ff.
8 Aristoteles, *Metaphysik* 991b 10: ». . . wenn die Vierheit die Idee von etwas, etwa vom Pferde oder vom Weißen ist und die Zweiheit die Idee vom Menschen, so wird der Mensch ein Teil des Pferdes sein.« Vgl. Stenzel 1924, 2 ff.; Martin 1953.
9 Burkert 1962, 448 f.; vgl. z. B. Knapp 1934; Stuhlfauth 1937; Lurker 1966.
10 Stenzel 1924, 25 ff.; vgl. dagegen Zeller 1963, I/1, 483 ff.
11 Waerden 1943, 178; zur Tetraktys siehe Thimus 1868/76 II 156 ff.; Schwabe 1967; R. Haase 1966, 60 ff.; Jahoda 1980; Burkert 1962, 450 weist darauf hin, daß sich die Zusammengehörigkeit der ersten vier Zahlen für das griechische Denken schon darin zeige, daß sie allein im Griechischen deklinabel sind.

dargestellt, indem man die Zahlen als gleich weit voneinander entfernte Punkte reihenweise untereinander setzte[12]:

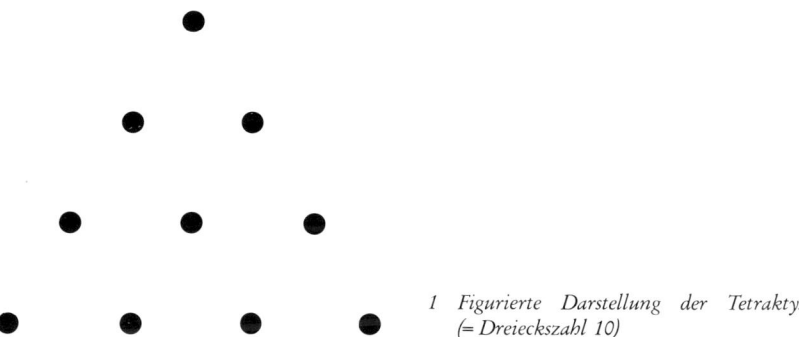

1 Figurierte Darstellung der Tetraktys (= Dreieckszahl 10)

12 Die Darstellung figurierter Zahlen spielte im Pythagoräismus eine große Rolle und beschränkte sich keineswegs nur auf die Tetraktys. Nikomachos von Gerasa (um 100 n. Chr.) nennt in seiner *Introductio arithmetica* (gr. ed. Richard Hoche, Leipzig 1866) Dreieckszahlen, Quadratzahlen, Rechteckzahlen, Fünfeckzahlen etc., deren Eigenschaften jeweils auf der Summation arithmetischer Reihen beruhen: Dreieckszahl: $1+2+3+\ldots n = n/2(n+1)$; Quadratzahl: $1+3+5+\ldots(2n-1) = n^2$; Rechteckzahl: $2+4+6+\ldots 2n = n(n+1)$; Fünfeckzahl: $1+4+7+\ldots(3n-2) = \frac{1}{2}n(3n-1)$;

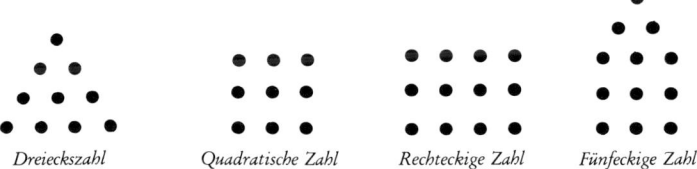

| Dreieckszahl | Quadratische Zahl | Rechteckige Zahl | Fünfeckige Zahl |

Diese figurierten Zahlen sind aus den geometrischen Figurationen ableitbar: Im Falle der Quadrat- (bzw. Rechteck-)Zahlen kann z.B. ein Quadrat (bzw. Rechteck) in ein kleineres Quadrat (bzw. Rechteck) und einen Winkelhaken, einen sog. 'Gnomon', zerlegt werden. Die Wiederholung dieses Prozesses zeigt, daß die Zahl der Punkte eine Summe von Gnomon-Zahlen ist. Im Falle des Quadrates sind diese Zahlen alle ungerade, im Falle des Rechtecks gerade; vgl. Becker 1957/1, 40ff.; Waerden 1966, 126f.; Jahoda 1971, 35ff.

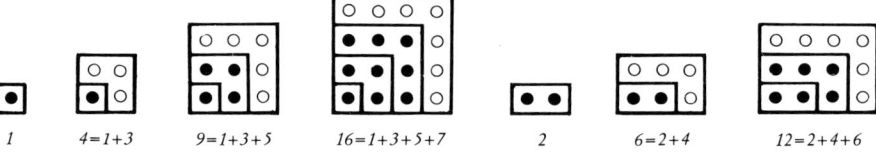

1   4=1+3   9=1+3+5   16=1+3+5+7   2   6=2+4   12=2+4+6

Figurierte Darstellung von Quadrat- und Rechteckzahlen

Dadurch erhält der zahlentheoretische Sachverhalt $1+2+3+4=10$ eine anschauliche Gestalt, wird die »*Zusammenfassung einer Vielheit zur Einheit*« (so EUKLIDS Definition der Zahl)[13] in der *Zehnzahl* unmittelbar bezeichnet, die als *bedeutungsvollste und maßgebendste aller Zahlen* galt[14].

Aus dieser Darstellungsweise, in der alle Zahlen in einer festen Beziehung zur Eins im Gipfel der Pyramide stehen, wird deutlich und verständlich, daß dem Griechischen die Null als Zahl unbekannt war[15]. Das Fehlen der Null gab der Eins eine besondere metaphysische Stellung[16].

Aus der als Punkt vorgestellten Eins entsteht die Welt in der Stufenfolge mathematischer Gestalten: der Zahl 2 entspricht die Linie als Verbindung zweier Punkte, der Zahl 3 die Fläche im Dreieck als einfachster Flächengestalt, der Zahl 4 der Körper als Tetraeder, der vier Punkte hat und von vier Dreiecksflächen begrenzt wird[17]:

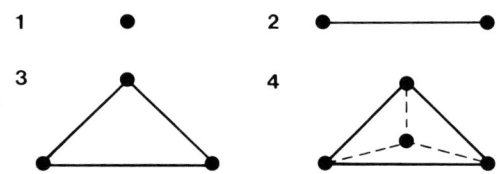

2 *Zahlen und ihre geometrischen Entsprechungen nach griechischer Auffassung: Punkt, Linie, Fläche, Körper*

13 Euklid definiert in seinen *Elementen* VII Def. 2 (1883–88, II 185/186; 1969, 141) die Zahl als »die aus Einheiten zusammengesetzte Menge« (= Vielheit). Nikomachos von Gerasa führt folgende Definition an *(Introductio arithmetica* I/13): »Zahl ist begrenzte Vielheit oder Zusammenfassung von Einheiten oder aus Einheiten bestehende Aufschüttung von Quantität.« Siehe dazu den Artikel *Zahlbegriff* im ›Lexikon der Alten Welt‹, Zürich/Stuttgart 1965, 3297; vgl. Szabó 1969, 355 ff.

14 Die Vierzahl wurde als die δύναμις der Zehnzahl angesehen (Lurker 1974, 164). Die Zehnzahl »hieß vollkommen (τελειός), weil sie alle Zahlen umfassen, ja das ganze Wesen der Zahl in sich zu schließen schien« (Hultsch 1895, 1087). Der Pythagoräer Philolaos von Kroton (5. Jh. v. Chr.) schreibt (Diels/ Kranz 1956, I 411, Philolaos Frg. B 11): »Man muß die Werke und das Wesen der Zahl nach der Kraft beurteilen, die in der Zehnzahl liegt. Denn sie ist groß, allvollendend, allwirkend und göttlich und himmlischen sowie menschlichen Lebens Anfang und Führerin ... Ohne diese aber ist alles grenzenlos und undeutlich und unklar.« Vgl. Frank 1923, 309 ff.

15 Hultsch 1895, 1088; Stenzel 1924, 27; Tropfke 1921, I 56 ff.

16 Nach Nikomachos resultiert aus dem Fehlen der Null der wesentliche Unterschied zwischen der Eins und allen anderen Zahlen: jede Zahl steht zwischen zwei benachbarten Zahlen und bildet deren halbe Summe; die Eins aber hat nur eine benachbarte Zahl; vgl. Stenzel 1924, 36. Zur mathematischen Stellung der Eins im griechischen Denken siehe Becker 1957/1, 45; zur metaphysischen Auffassung der Eins Zeller 1963, I/1 466 ff.

17 Vgl. Stenzel 1924, 96 ff.; Hopper 1938, 39 f.; H. Meyer 1975, 59 f.; diese Stufenfolge mathematischer Gestalten ist nicht zu verwechseln mit den Euklidischen Definitionen: Euklid, *Elemente* (1883–88, I 2/3 bzw. IV 2/3; 1969, 1 bzw. 315):
    I Def. 1: »Ein Punkt ist, was keine Teile hat«
    I Def. 2: »Eine Linie ist eine Länge ohne Breite«
    I Def. 3: »Die Grenzen der Linie sind Punkte«
    I Def. 5: »Eine Fläche ist, was nur Länge und Breite hat«
    I Def. 6: »Die Grenzen der Fläche sind Linien«
    XI Def. 1: »Ein Körper ist, was Länge, Breite und Tiefe hat«
    XI Def. 2: »Grenze eines Körpers ist eine Fläche«;

In den Zahlen der 'Timaios-Tonleiter'[18], aus denen nach PLATON die Weltseele geschaffen ist, kommt – neben der eminenten musiktheoretischen Bedeutung, die noch zu besprechen sein wird – die geometrische Auffassung der Zahl in der Antike als *Flächen- und Körperzahl*[19] sehr klar zum Ausdruck: PLATON erweitert die Zahlen der ursprünglichen Tetraktys derart, daß von der Eins zwei Zahlenreihen ausgehen, deren eine auf fortschreitender Verdoppelung, deren andere auf fortschreitender Verdreifachung beruht:

$$
\begin{array}{cc}
& 1 \\
2 & 3 \\
4 & 9 \\
8 & 27 \\
\end{array}
$$

Die vorletzten Glieder dieser geometrischen Folgen stellen jeweils die Quadrate (= 'Flächenzahlen'), die letzten die Kuben (= 'Körperzahlen') der aus der Eins hervorgehenden Anfangsglieder 2 und 3 dar[20].

Zugleich demonstriert diese Figur die den Griechen wesentliche Unterscheidung in *ungerade und gerade Zahlen*[21], die alle ihren Ursprung und Anfang in der (nicht als Zahl geltenden) Eins als höchstem Seinsprinzip[22] haben. Das Ungerade bedeutet nach pythagoräischer Lehre 'Grenze' (πέρας) als positives Prinzip, das Gerade dagegen das 'Unbegrenzte' (ἄπειρον)[23]. Dieser kosmische Urgegensatz findet seine Entsprechung in der Polarität von männlichem und weib-

---

siehe dazu Tropfke 1940, IV 29ff.; gegenüber Euklid geht es bei der von Speusipp und Xenokrates, Platons Nachfolgern in der Leitung der Akademie, vollzogenen und von Aristoteles auch Platon zugewiesenen Ableitung mathematischer Gestalten nicht um den Aufbau einer reinen Zahlentheorie, sondern um Weltprinzipien. Siehe dazu Burkert 1962, 21f.; im *Timaios* 53 d führt Platon die Vielfalt der Welt auf die vier Elemente, die Elemente auf reguläre Polyeder und diese auf Dreiecksflächen zurück; vgl. Anm. I 35; II 168.

18 Vgl. Anm. I 20.

19 Körperzahlen addieren sich aus den einem Körper zugehörigen Flächenzahlen (vgl. Anm. II 12, 165; z.B. entsteht aus den Dreieckszahlen 1, 3, 6, 10, 15 . . . die Reihe des Tetraeders 1, 4, 10, 20, 35 . . .; vgl. Cantor 1907, I 163ff.

20 Die beiden aus der gemeinsamen 1 hervorgehenden geometrischen Reihen (vgl. Anm. IV 182) stellen in moderner mathematischer Terminologie Potenzreihen von 2 und 3 dar; vgl. Bindel 1950–53, I 53; Waerden 1966, 186.

21 Platon definiert, etwa im *Gorgias* oder *Protagoras,* die Arithmetik immer als »Lehre von Gerade und Ungerade« (Waerden 1966, 181). Zum Problem der geraden und ungeraden Zahlen siehe Becker 1936; Szabó 1955; Becker 1957/1, 44ff.

22 Philolaos formuliert: »Eins ist aller Dinge Anfang« (Diels/Kranz 1956, I 410, Philolaos Frg. B 8).

23 Burkert 1962, 30; id. 413 verweist darauf, daß die griechische Benennung der geraden Zahl als wohlgefügt (ἄρτιος) und der ungeraden als überschüssig (περιττός) der pythagoräischen Zahlenspekulation zuwiderläuft und erklärt diese Diskrepanz aus den Aufgaben des Alltags, für die die Benennungen in erster Linie verständlich zu sein hatten.

lichem Prinzip[24]. Nach PLUTARCH (46–120 n. Chr.) hat »die gerade Zahl in der Mitte einen leeren, empfängnisbereiten Raum, die ungerade Zahl dagegen eine zeugungskräftige Mitte«[25]. Eine derart sinnenhafte Auffassung der Zahl ist unmittelbar auf die Architektur übertragbar, wo sie in der Entsprechung von Geschlossenheit und Offenheit, Außen und Innen, von Gleichförmigkeit und akzentuierter Mitte ebenso erfahrbar wird wie in der Aufeinanderfolge einzelner Bauteile, etwa im Wechsel von Wand und Wandöffnung bzw. – zumal in der griechischen Tempelarchitektur – von Säule und Interkolumnium.

Aus der Lehre von geraden und ungeraden Zahlen wird im 10. Buch von EUKLIDS ›Elementen‹ abgeleitet, daß Seite und Diagonale eines Quadrats kein gemeinsames Maß haben[26]. Der irrationale Wert der Quadratdiagonale, $\sqrt{2}$, wird jedoch geometrisch ausgedrückt[27], weil die Griechen unter Zahl (ἀριθμός) immer nur die *ganze Zahl* verstanden[28]. Allerdings kannte man ganzzahlige Näherungswerte für irrationale Verhältnisse: PLATON nennt die Zahlen 5 und 7 für das Verhältnis von Quadratseite und -diagonale[29]. Solche ganzzahligen Näherungswerte für irrationale Zahlen spielten in der architektonischen Praxis jahrhundertelang eine wesentliche Rolle.

Im sogenannten ›pythagoräischen Dreieck‹ (vgl. Abb. 109) treffen sich wie in einem Brennspiegel die einzelnen, hier kurz angedeuteten Aspekte der Zahl, die, soweit sie für die Architektur wichtig sind[30], im Grunde dem griechischen Denken entstammen[31]: das Dreieck mit

---

24 Diese Symbolik wird auch auf die entsprechenden geometrischen Figuren übertragen. Philolaos (Diels/Kranz 1956, I 402, Philolaos Frg. A 14) weist dem Dreieck männliche, dem Quadrat weibliche Gottheiten zu; vgl. Burkert 1962, 236 und 443.

25 Plutarch, *De E apud Delphos* 388c (nach Burkert 1962, 32).

26 Euklid, *Elemente* X § 115a (1883–88, III 370/371; 1969, 313f.); vgl. Waerden 1947–49, 152; id. 1966, 181f.

27 Das Irrationale gehörte für die Griechen in die Geometrie. Zahl und Irrationalität schließen sich für das griechische Denken aus (Junge 1958, 48); vgl. Waerden 1947–49, 131: »Die Lösung der Gleichungen in Zahlen, d.h. nach griechischem Begriffe in rationalen Zahlen, ist nicht immer möglich, und mit einer nur genäherten Lösung haben die Griechen sich nicht begnügen wollen. Die geometrische Lösung aber ist exakt und allgemeingültig, und die geometrische Algebra läßt sich auf beliebige, auch irrationale Strecken anwenden.« Wann und wie die Irrationalität entdeckt wurde, bleibt umstritten. Siehe dazu u. a. Frank 1920–21, 234ff.; Becker 1957/1, 50ff.; Junge 1958; Burkert 1962, 430ff., bes. 439; Waerden 1979, 398f.

28 Dementsprechend wurden auch Brüche als Verhältnis zwischen ganzen Zahlen aufgefaßt; vgl. Waerden 1966, 206.

29 Platon, *Politeia* 546c; vgl. Junge 1958, 46f.; Wussing 1965, 98; Waerden 1966, 206f.

30 Ausgenommen sind hier kompliziertere statische Berechnungen, die erst in der neueren Architektur eine größere Rolle spielen. Siehe dazu Straub 1975.

31 Vgl. Lothar Schäfer 1974, 1779f.: »Während die Thematisierung der Probleme der reinen Mathematik hauptsächlich in den Kategorien von Plato und Aristoteles erfolgte, übten die von den Pythagoräern entwickelten Vorstellungen der Einfachheit, Symmetrie und Vollkommenheit von Zahlenverhältnissen und mathematischen Formen in den mathematisch verfahrenden Naturwissenschaften eine Leitfunktion aus, wie es besonders deutlich bei Kepler und Galilei zu sehen ist.«

den Seitenlängen 3,4,5, dessen Katheten einen rechten Winkel bilden, ist nicht nur praktisch sehr bedeutsam als geläufigste Methode zur Konstruktion des rechten Winkels[32], sondern stellt auch ein Musterbeispiel weitreichender PYTHAGORÄISCHER Zahlenspekulation dar: die Drei bedeutet das männliche, die Vier das weibliche Prinzip und die Fünf deren geheimnisvolle Vereinigung[33]. Aus der Tatsache, daß die Summe der über den Katheten eines rechtwinkeligen Dreiecks errichteten Quadrate gleich ist dem Quadrat über der Hypotenuse, erwächst diesem Dreieck mit den Seitenlängen 3,4,5 seine besondere mathematische Bedeutung[34]: seine Seitenzahlen genügen als einzige unmittelbar aufeinanderfolgende ganze Zahlen dem sogenannten 'pythagoräischen Lehrsatz', dessen algebraische Formulierung wir als $a^2 + b^2 = c^2$ kennen[35]. Eine derart abstrakte Formulierung dieses Lehrsatzes wäre den Griechen, die ihre Buchstaben auch als Zahlzeichen benutzten ($\alpha = 1$, $\beta = 2$, $\gamma = 3$), allerdings nicht möglich gewesen, weil $\alpha\alpha + \beta\beta = \gamma\gamma$ von vornherein die widersinnige Aussage $1 + 4 = 9$ ergeben hätte[36]. Daraus erhellt, daß sich dem griechischen Denken erst in der geometrischen Anschauung[37] die Aussage dieses Lehrsatzes ganz erschließen konnte. Der unmittelbare Zusammenhang von Zahl und Gestalt wird so faßbar.

32 Vitruv IX/Vorrede 6ff. (1964, 404ff.) berichtet, daß Pythagoras das rechtwinkelige Dreieck mit den Seiten 3, 4, 5 entdeckt und zur Konstruktion des rechten Winkels verwandt habe. Tatsächlich aber war die Konstruktion dieses Dreiecks schon jahrhundertelang vorher bei den Indern und Babyloniern in Gebrauch; vgl. Becker 1957/1, 10, 12f., 52ff.; Burkert 1962, 405f.; Waerden 1966, 122ff.; vgl. Abb. 109 (Kap. IV/2).

33 Johann Jacob Bachofen, *Gesammelte Werke,* Basel 1954, IV 304; Zeller 1963, I/1 496; Burkert 1962, 406; vgl. Junge 1940, 344: »2 ist die erste gerade Zahl, 3 die erste ungerade, denn die 1 wurde nicht als Zahl angesehen. So ist 5 die erste Vereinigung einer geraden und ungeraden Zahl, des Männlichen und Weiblichen, und 5 hieß darum die Ehe.« Nach Platons *Nomoi* 775a sollten zu Hochzeitsfeierlichkeiten jeweils 5 Gäste geladen werden. F. Herrmann 1963, 148 weist allerdings darauf hin, daß auch die Sechs als Hochzeitszahl aufgefaßt werden kann: »Bei der Fünf wird die Vereinigung der ungeraden männlichen Drei mit der geraden weiblichen Zwei als Addition vorgestellt ($2 + 3 = 5$), bei der Sechs wird an Multiplikation gedacht ($2 \times 3 = 6$).«

34 Zur harmonikalen Bedeutung (vgl. Kap. IV/2) des pythagoräischen Dreiecks siehe Kolk 1976; Grassl 1979, 238ff.; Reis 1983; zum Versuch einer morphologischen Interpretation des pythagoräischen Dreiecks siehe Kükelhaus 1934, 78ff.; dazu G. Wolff 1935, 333ff.

35 Neben der 'pythagoräischen' Zahlentripel 3 4 5 genügen natürlich auch deren Vielfache 6 8 10, 9 12 15 etc. dieser Formel. Weitere aus Babylonien und Altindien bekannte Beispiele sind 5 12 13, 7 24 25, 8 15 17, 12 35 37, 20 21 29; siehe dazu Becker 1957/1, 53; zum geometrischen Beweis dieses Lehrsatzes und zu dessen Ursprung siehe Cantor 1907, I 180f.; Becker ib. 55ff. (Ein auf funktionalanalytischer Basis aufgebauter Beweis findet sich bei Josef Wloka, *Funktionalanalysis und Anwendungen,* Berlin/New York 1971, 65); Cantor ib. 152ff. schreibt den 'pythagoräischen Lehrsatz' Pythagoras selbst zu. Die neuere Forschung läßt diese Frage offen: »Es ist sehr wohl möglich, daß Pythagoras 'sein' Theorem in Babylon kennengelernt hat. Das ist alles, was man sagen kann.« (Waerden 1966, 165.)

36 Stenzel 1924, 25f. (nach Hessenberg). Zur Zahlschrift der Griechen siehe Menninger 1957/1958, II 73ff.

37 Es erscheint bezeichnend, daß die Geometrie bereits durch Euklid in eine axiomatische Form gebracht wurde, während eine Axiomatisierung des Systems der natürlichen Zahlen erstmals am Ende des 19. Jh. der italienische Mathematiker Giuseppe Peano (1858–1932) vornahm.

II/2   Zahlensymbolik und Zahlenästhetik

Die Vorstellung eines nach Zahlen geordneten Universums, die bei den PYTHAGORÄERN in dem Glaubenssatz 'Alles ist Zahl'[38] gipfelte und auch der PLATONISCHEN Gleichsetzung von Ideen und Zahlen[39] zugrundeliegt, begreift die Zahl nicht als Mittel umgangsmäßigen Rechnens, sondern primär als Träger des Schöpfungskosmos. Diese *ontologische Auffassung der Zahl*[40] enthält nicht nur einen *ästhetischen Aspekt* – in der Zahl als Wesen der Dinge liegen auch deren Form und Gestalthaftigkeit[41] –, sondern schließt auch ein *symbolisches Zahlverständnis* ein, da ein Symbol als »Zeichen stellvertretend für einen Inhalt steht, den es bedeutet«[42].

Auf der Basis antiker Zahlenspekulation, die vor allem vom NEOPYTHAGORÄISMUS und NEO-PLATONISMUS zu einer mystischen Philosophie umgebaut wurde[43], entwickelt AUGUSTINUS seine besondere Auffassung über das Wesen der Zahl[44], die zur Voraussetzung jeglicher *christlichen Zahlenmystik* wurde. AUGUSTINUS setzt das Sein der Zahlen unmittelbar in Parallele zum Sein Gottes[45] und sieht in den wahren und unveränderlichen Zahlgesetzen wahre und unveränderliche Regeln der Weisheit[46]. Weisheit ist aber nichts anderes »als die Wahrheit, in der das höchste Gut erkannt und erfaßt wird«[47]. Noch ein Jahrtausend später, am Ausgang des Mittelalters,

38 Philolaos (Diels/Kranz 1956, I 408, Philolaos Frg. B 4): »Und in der Tat hat ja alles was man erkennen kann Zahl. Denn es ist nicht möglich, irgend etwas mit dem Gedanken zu erfassen oder zu erkennen ohne diese.«

39 Siehe dazu Natorp 1921; Frank 1923; Stenzel 1924; Martin 1953; id. 1956, 17 ff.; Burkert 1962, 14 ff.; Hellgardt 1973, 123 ff.

40 In 21 monographischen Skizzen, die das mathematisch-philosophische Denken von Pythagoras bis Husserl behandeln, gibt Martin 1956 eine vorzügliche Einführung in die Ontologie der Zahl.

41 Vgl. Zeller 1963, I/1 446 ff.

42 Eisler 1930, 194; nach Endres 1951, 17 entsteht Zahlensymbolik schon beim Urmenschen, der allererste Beziehungen von astralen Rhythmen zu seinen eigenen Organen und Gliedmaßen konstruierte oder die Zahl in den Rhythmen von Tag und Nacht, der Periode der Mondphasen etc. beobachtete; vgl. Holl 1972, 560: »Zählen erscheint als ein früher Abstraktionsprozeß, der aber an konkreten Beispielen erfahrbar gemacht werden konnte. Daher vermag die Zahl zum Symbol zu werden.« Zur Verankerung der Zahlensymbolik im Unterbewußten siehe Paneth 1952.

43 Endres 1951, 63 faßt die neupythagoräischen Zahlenspekulationen, deren Wurzeln im Orient liegen (Burkert 1962, 447 schließt auch Verbindungen von Pythagoräischem zu Chinesischem nicht aus) und die ihrerseits wieder die jüdische Kabbala beeinflußt haben, in folgenden Sätzen zusammen:
    1. Die Zahl beeinflußt das Wesen der Dinge, die in ihr irgendwie angeordnet sind
    2. Die Zahl wird dadurch zum Mittler zwischen Göttlichem und Irdischem
    3. Wenn man also Operationen irgendwelcher Art mit Zahlen macht, so wirken diese Operationen auch auf die Dinge, die mit den entsprechenden Zahlen zusammenhängen.

44 Zum Zahlendenken Augustins siehe Knappitsch 1905; Schmitt 1930; Grossmann 1954; Most 1951; Martin 1956, 57 ff.; Hardt 1973, 17 ff.; Hellgardt 1973, 157 ff.

45 Grossmann 1954, 22; vgl. Endres 1951, 62.

46 Augustinus, *De libero arbitrio* II/10.29 (PL 32, 1257).

47 Augustinus, *De libero arbitrio* II/9.26 (PL 32, 1254).

erblickt NIKOLAUS CUSANUS in der Zahl, die ihm als Urbild der Dinge gilt[48], die »wichtigste Spur, die uns zur Weisheit führt«[49].

Als Zeichen der von Gott gestifteten Wahrheit ist die *Zahl dem christlichen Mittelalter Offenbarungsträger*[50]: Ebenso wie in den Zahlen der von Gott geschaffenen Welt liegt in den Daten der Heilsgeschichte, den Zahlen der Bibel, ein tiefer Sinn verborgen. Die Auslegung der Zahlen in der Hl. Schrift dient daher dem rechten Verständnis der Offenbarung[51] und bedarf besonderer interpretatorischer Bemühungen. Die verschiedenen, seit AUGUSTINUS VON BEDA VENERABILIS (um 672–735), ALKUIN (um 730–804), HRABANUS MAURUS (780–856), HINKMAR VON REIMS (um 806–882) und vielen anderen[52] angewandten Methoden der *Zahlendeutung* bringt erst HUGO VON ST. VICTOR (um 1100–1141) in ein System von neun Regeln[53], nach denen die Bedeutung einer Zahl erfragt werden kann[54]. Unter diesen Auslegungsregeln, die dem Exegeten die Rich-

48 Nikolaus Cusanus, *De coniecturis* I/4. Siehe dazu J. Koch 1956, bes. 26 ff.
49 Nikolaus Cusanus, *De mente* V/71, 4 (nach der Jubiläumsausgabe Wien 1964 ff. III 528). Zur Zahlauffassung des Nikolaus Cusanus siehe W. Schulze 1978, 68 ff.
50 Grossmann 1954, 44 f.; vgl. H. Meyer 1975, 31: »Die Ordnung der Zahlen bildet die in der Welt selbst präsente Form der Weisheit Gottes, die vom menschlichen Geist erkannt werden kann.« – Inwieweit sich im mittelalterlichen Zahlverständnis der Einfluß der antiken Mathematik geltend macht, untersucht Hofmann 1962.
51 H. Meyer 1975 verfaßte die übersichtlichste Darstellung mittelalterlicher Zahlenallegorese, die »ihrem Selbstverständnis nach zur Exegese der Sprache Gottes in Schöpfung, Geschichte und Schriftoffenbarung« gehörte (ib. 9); wichtig und bis auf die Anfänge biblischer Zahlenexegese bei Philon von Alexandria zurückgehend ist die kritische Untersuchung von Hellgardt 1973, 146 ff.; vgl. auch Hardt 1973, 33 ff.
52 Dazu Grossmann 1954.
53 Hugo von St. Victor, *De scripturis et scriptoribus sacris* 15 (PL 175, 22 f.):
1. secundum ordinem positionis (nach der Stellung der Zahl in der Zahlenreihe)
2. secundum qualitatem compositionis (nach der Art ihrer inneren Zusammensetzung)
3. secundum modum porrectionis (nach dem Maß ihrer Ausdehnung)
4. secundum formam dispositionis (nach ihrer Ordnungsform = geometrischen Figur)
5. secundum numeri computationem (nach der Stellung der Zahl im Zahlensystem)
6. secundum multiplicationem (nach ihrer Zerlegung in Faktoren)
7. secundum partium aggregationem (nach der Summe ihrer Teiler)
8. secundum partium multitudinem (nach dem Bestehen einer zahlhaften Identität zwischen zwei Dingen)
9. secundum exaggerationem (nach der 'Typik' einer Zahl, d.h. nach der Möglichkeit, daß eine bestimmte Zahl in Wahrheit eine unbestimmte Menge bezeichnet)
(nach Haubrichs 1969, 48). Nach Hugo von St. Victor verfaßten im 12. Jh. auch Odo von Morimond, Theobald von Langres und Wilhelm von Auberive Schriften über die Methoden der Zahlauslegung, die in manchem voneinander abweichen, im wesentlichen aber die schon von Hugo aufgeführten Deutungsmöglichkeiten beinhalten. Siehe dazu Beaujouan 1961 und vor allem H. Meyer 1975, 46 ff., der die von den vier genannten Autoren aufgestellten Regeln tabellarisch aufführt (52) und ausführlich erörtert.
54 Hugos Regeln für die Zahlendeutung stehen im Zusammenhang einer allgemeinen Theorie der Auslegung aller in der Bibel genannten Bedeutungsträger, die Hugo in sechs Gattungen unterscheidet: Ding, Person, Zahl, Ort, Zeit, Ereignis. Vgl. H. Meyer 1975, 40 ff.

tigkeit der ermittelten Zahlbedeutung verbürgen sollen, sind in unserem Zusammenhang vor allem die Auslegung 'secundum multiplicationem'[55] und 'secundum partium aggregationem'[56] interessant:

Im ersten Fall wird die Bedeutung einer Zahl aus dem Sinn ihrer Faktoren erschlossen[57] – z. B. bedeutet die Zerlegung der Zahl 12 in 3×4 die mystische Durchdringung der 3 als Zahl des Göttlichen[58] und der 4 als Zahl der geschaffenen Welt[59] und verweist so auf den Auftrag an die 12 Apostel, den Glauben an die Trinität in allen Teilen der Welt zu verkünden[60].

Mit der Auslegung einer Zahl nach der Summe ihrer Teiler (secundum partium aggregationem)[61] kann der Grad ihrer Vollkommenheit geprüft werden[62]: als 'numeri perfecti' gelten jene wenigen Zahlen, die identisch mit der Summe ihrer Teiler sind[63]. Innerhalb der Zahlen 1–1000 erfüllen nur die schon bei den PYTHAGORÄERN als *'vollkommen'* bezeichneten Zahlen 6, 28 und 496 diese Bedingung[64]. Zahlen, deren summierte Divisoren ihren eigenen Wert nicht erreichen, gelten als unvollkommen; Zahlen, die diesen überschreiten, sind Zeichen der Fülle[65].

Aus diesen Andeutungen ist bereits zu ersehen, daß symbolischer Gehalt und mathematische Bedeutung der Zahlen nicht zu trennen sind, sondern – vor allem im mittelalterlichen Denken – einander mannigfach durchdringen. Die ambivalente Interpretation der Zahl 6 mag dies verdeutlichen: *6 ist die erste 'vollkommene Zahl'*, die aus der Summe der ganzen Zahlen besteht,

---

55 Anm. II 53 Nr. 6; vgl. Haubrichs 1969, 48f.; H. Meyer 1975, 55f.

56 Anm. II 53 Nr. 7; vgl. Haubrichs 1969, 49; H. Meyer 1975, 61ff.

57 Obwohl Hugo nur die multiplicatio ausdrücklich nennt, ist in dieser Regel auch die Zusammensetzung einer Zahl durch Addition ihrer Summanden enthalten. Im Unterschied zu Hugo von St. Victor unterscheidet Wilhelm von Auberive zwischen der Zerlegbarkeit einer Zahl in Faktoren und in Summanden; vgl. Haubrichs 1969, 48f.; H. Meyer 1975, 55f.

58 Zur uralten Bedeutung der Drei als Zahl des Göttlichen siehe Usener 1903; zur christlichen Interpretation H. Meyer 1975, 177ff. sowie die Artikel *Drei, Dreizahl, Dreieck* von J.J.M. Timmers bzw. *Dreifaltigkeit* von Wolfgang Braunfels, in: Lexikon der christlichen Ikonographie, Bd. I, Rom/Freiburg/Basel/Wien 1968, 524–537; vgl. auch Anm. II 71.

59 Zur Symbolik der Vierzahl siehe Buckland 1896; H. Meyer 1975, 63f. sowie den Artikel *Vier, Vierzahl* von Hans Holländer in: Lexikon der christlichen Ikonographie, Bd. IV, Rom/Freiburg/Basel/Wien 1972, 459–460; vgl. auch Anm. II 71.

60 Vgl. Emile Mâle, *L'art religieux du XIIIe siècle en France,* 8. Aufl. Paris 1948, 10f.; H. Meyer 1975, 146ff.

61 Aggregatio und aggregare stehen üblicherweise für die Summenbildung der arithmetischen Reihe; vgl. H. Meyer 1975, 63f.

62 Daneben besteht auch hier die andere Aufgabe der Auslegung secundum partium aggregationem darin, »verschiedene Zahlen und deren Sinn aufeinander zu beziehen« (H. Meyer 1975, 62).

63 Diese ἀριθμοὶ τέλεοι – nicht zu verwechseln mit dem ἀριθμὸς τέλειος der Zehnzahl (vgl. Anm. II 14) – werden erwähnt bei Euklid *(Elemente* VII Def. 22 – 1883–88, II 188/189; 1969, 142 –, IX § 36 – 1883–88, II 408/409 ff.; 1969, 211 f. –), Nikomachos *(Introductio arithmetica* – zit. Anm. II 12 – I/16, 2) u. a.; vgl. Hultsch 1895, 1090; Waerden 1966, 160f.

64 $6 = 1 + 2 + 3$; $28 = 1 + 2 + 4 + 7 + 14$; $496 = 1 + 2 + 4 + 8 + 16 + 31 + 62 + 124 + 248$.

65 Beispiel eines 'numerus imperfectus' (Augustinus, *De genesi ad litteram* IV/2.5 (PL 34, 298) ist 14: die Summe der Divisoren $(1 + 2 + 7 = 10)$ ist kleiner als die Ausgangszahl; Beispiel eines 'numerus plus quam perfectus' (Augustinus ib.) ist 12: hier übertrifft die Summe der Divisoren $(1 + 2 + 3 + 4 + 6 = 16)$ die Ausgangszahl.

durch die sie selbst geteilt werden kann: 6 = 1 + 2 + 3; sie gilt als Zahl der Schöpfungstage, die wiederum den Ablauf der Zeiten in sechs Weltaltern vorbestimmt haben und ihre Entsprechung in den sechs Altersstufen des Menschen finden[66]. AUGUSTINUS sieht in der Sechszahl ein Musterbeispiel für die Übereinstimmung von mathematischer Gesetzlichkeit[67] und biblischer Heiligung der Zahl. Er betont dabei ihre zahlenimmanente Bedeutung bis zur Behauptung, daß die Sechszahl nicht vollkommen sei, weil Gott die Welt in sechs Tagen erschaffen habe, sondern »daß Gott die Welt in sechs Tagen erschaffen habe, weil diese Zahl eine vollkommene sei«[68].

Insofern sich in den Zahlen die Schönheit der kosmischen Ordnung spiegelt, liegt auch ein ästhetischer Wert[69] in solchen Zahlen beschlossen, deren Bedeutung einerseits auf ihrer archetypischen und später ins Christliche transponierten Symbolik beruht, andererseits auf ihrer mathematischen Stellung innerhalb der Zahlenordnung.

Aus der engen Verbindung von Zahl und Kosmos sowohl im antiken als auch im christlichen Weltbild wird verständlich, daß es neben mathematisch-wissenschaftlichen Abhandlungen über die Zahl[70] schon seit der Antike auch enzyklopädische Zusammenstellungen[71] über die Zahlen-

---

66 Sauer 1924, 73; id. 1938, 1026; H. Meyer 1975, 131 mit einer umfangreichen Zusammenstellung von Schriftquellen.

67 Augustinus *(De genesi ad litteram* IV/2.2 f. (PL 34, 296 f.) bemerkt zur Sechszahl, daß sie nicht nur als Summe ihrer Teiler eine vollkommene Zahl sei, sondern auch durch Multiplikation ihrer Teile entstehe: 6 = 1 × 6, 6 = 2 × 3, 6 = 3 × 2. Dies sei bis 30 bei keiner Zahl der Fall; zur Zahlensymbolik bei Augustinus siehe Knappitsch 1905; Schmitt 1930.

68 Augustinus, *De genesi ad litteram* IV/7.14 (PL 34, 301); vgl. Knappitsch 1905, 13; Schmitt 1930, 356; H. Meyer 1975, 129 ff.; Gregor der Große (540–604) begründet im Unterschied zu Augustinus die perfectio der Sechs nicht aus der ratio der Zahl, sondern aus ihrer biblischen Heiligung. Diese unterschiedlichen Auslegungen wirkten jahrhundertelang nach: während sich beispielsweise Hinkmar von Reims an die Deutung Gregors anlehnt, folgen Beda Venerabilis und Hrabanus Maurus der Interpretation des Augustinus. Siehe dazu Beaujouan 1961, 162; H. Meyer 1975, 130.

69 Vgl. Haubrichs 1969, 29f.; heute noch folgen die Formeln der Naturwissenschaft dem ästhetischen Gesetz der Kürze, Geschliffenheit und Prägnanz.

70 Hier sind vor allem die um 300 v. Chr. verfaßten 13 Bücher der *Elemente* (Στοιχεῖα) Euklids (vgl. Bibliogr.) zu nennen, deren zweiter Hauptteil, die Bücher 7–9, der Zahl gewidmet ist. Siehe dazu Cantor 1907, I 258 ff. Die vier Jahrhunderte später entstandene *Introductio arithmetica* (Ἀριθμητικὴ εἰσαγωγή) des Nikomachos von Gerasa (zit. Anm. II 12) ist dagegen viel weniger wissenschaftlich und eher der Zahlenmystik verpflichtet; vgl. Waerden 1966, 159 ff.; id. 1979, 294 ff. Auch das weitere vier Jahrhunderte später entstandene Werk *De institutione arithmetica* des Boethius (1966, 1–173; PL 63, 1079–1168) stellt nicht nur eine Rechenkunde, sondern auch eine Kunde vom Wesen der Zahl dar. Siehe dazu Hellgardt 1973, 28 ff.

71 Derartiges findet sich bei Philon von Alexandria (20 v. Chr. bis 54 n. Chr.) – vgl. Anm. II 51 – und vor allem um 400 n. Chr. bei Martianus Capella *(De arithmetica,* ed. A. Dick, 2. Aufl. Stuttgart 1969) und Macrobius *(Commentarii in Somnium Scipionis,* ed. J. Willis, Leipzig 1963); siehe dazu Haubrichs 1969, 47.
     Es würde weit über den Rahmen dieser Arbeit hinausgehen, hier die mit den einzelnen Zahlen in Verbindung gebrachten Inhalte – soweit sie nicht in den angeführten Beispielen besprochen werden – auch nur anzudeuten. Eine brauchbare Übersicht, allerdings ohne Quellenangaben, bringt Endres

symbolik gab, die sich in der mittelalterlichen Bibelexegese allmählich zu einer feststehenden Typik christlicher Zahlensymbolik verfestigten[72].

Daß sich neben Musik[73] und Literatur[74] auch die Architektur, in der vor allem Antike und Mittelalter einen Ausdruck mathematisch verwirklichter Schönheit[75] und ein Symbol des Kosmos[76] sahen, der Zahlen nicht nur als technisch unentbehrlicher Hilfsmittel, sondern auch in ihrer symbolischen und ästhetischen Bedeutung bediente, war naheliegend.

Architektur ist kaum denkbar ohne *Maßzahlen*. Diese, Vielfache einer naturgemäß nicht ohne weiteres sichtbaren Maßeinheit (mehr dazu im Kapitel III/2), entziehen sich allerdings der direkten Anschauung, während Zahlen als *Anzahl* (von Architekturteilen, Ausstattungsstücken u. a.) sich dem Betrachter unmittelbar erschließen. In beiden Fällen können Zahlen Träger *symbolischer Inhalte oder ästhetischer Wertigkeiten* im oben besprochenen Sinn sein. Auch auf geometrische Grundfiguren, unabhängig von deren formaler Bedeutung für die Gestalt eines Bauwerkes, kann der Symbolgehalt der ihnen entsprechenden Zahlen übertragen werden. Da

1951, 71 ff.; vgl. ferner Lurker 1974, 163 ff.; Margarete Riemschneider, *Von 0 bis 1001 – Das Geheimnis der numinosen Zahl*, München 1966; an monographischen Untersuchungen – außer den einschlägigen Lexikonartikeln – zur Symbolik einzelner Zahlen (und der entsprechenden geometrischen Figuren) seien genannt: Usener 1903 (Drei), Stuhlfauth 1937 (Dreieck); Buckland 1896 (Vier); Eckhardt 1956, R. Haase 1958 (Fünf), Knapp 1934 (Pentagramm); F. Herrmann 1963 (Sechs); Andrian 1901, Roscher 1901, id. 1904, id. 1919 (Sieben); W. Schulz 1910 (Acht); Roscher 1904 (Neun).

72 Christliche Zahlensymbolik wird in den aufeinander aufgebauten Handbüchern von Eucherius *(Liber formularum spiritualis intelligentiae* XI; PL 50, 769–772), Pseudo-Isidor *(Liber numerorum;* PL 83, 179–200), Pseudo-Melito *(Clavis,* ed. J. B. Pitra, Spicilegium Solesme, Bd. 3, 2. Aufl. Graz 1963, 282 ff.) und Hrabanus Maurus *(De universo* XVIII/3; PL 111, 489–495) allmählich dogmatisiert; vgl. Sauer 1924, 85 ff. Eine übersichtliche Zusammenstellung bei Sauer 1924, 61 ff., id. 1938 sowie v. a. Meyer/ Suntrup 1987; vor- und außerchristliche Zahlensymbolik miteinbezogen bei Schimmel 1962; zur Bedeutung der einzelnen Zahlen bei Augustinus siehe Knappitsch 1905; bei Gregor dem Großen, Beda und Honorius Augustodunensis siehe H. Meyer 1975, 109 ff.; ein entlegenes, aber aufschlußreiches Beispiel für die Tradierung antiker Zahlensymbolik und deren christliche Umdeutung bringt Franz Dölger, *Antike Zahlenmystik in einer byzantinischen Klosterregel* (in: F.D., Paraspora, Ettal 1961, 293–298).

73 Feldmann 1957; Blankenburg/Elders 1979; Widmann 1982.

74 Die in jüngerer Zeit vermehrt betriebene Untersuchung von Zahlengesetzmäßigkeiten vor allem in der mittelalterlichen Dichtung verdankt einen wesentlichen Anstoß dem Kapitel ›Zahlenkomposition‹ bei Curtius 1954, 491–498. Einen Bericht über die diesbezügliche Forschung (bis 1967), für die beispielhaft die Heliand-Interpretation von Rathofer 1962 und die daran entzündete heftige Diskussion (zusammengefaßt bei Cordes 1967) stehen mag, gibt Schümann 1968; vgl. auch Batts 1964 und Reiss 1970; eine fundierte und kritische Auseinandersetzung mit der Forschungslage zur literarischen Zahlenkomposition mit umfangreicher Bibliographie gibt Hellgardt 1973, 253 ff.; eine prägnante Untersuchung über die Verwendung von Zahlen in literarischen Texten verfaßte Hardt 1980; siehe auch die Beiträge von Ulrich Ernst, Johannes Rathofer, Walter Röll, Wilhelm Pötters und Henk de Vries in *Mensura* 1983, 310 ff.

75 Grassi 1980, 184.

76 Tatarkiewicz 1980, 42.

die Verwendung geometrischer Grundfiguren ebenso in der Gesetzlichkeit architektonischen Gestaltens begründet liegt wie das als Anzahl erfaßbare Auftreten gleichartiger Architekturglieder, darf man darin allerdings nicht ohne weiteres Zahlensymbolik angewandt sehen[77]. Eine derartige Interpretation kann nur unter sorgfältiger Berücksichtigung aller historischen, künstlerischen und technischen Bedingtheiten eines Bauwerkes erfolgen[78].

Der Zahlensymbolik bzw. -ästhetik bediente man sich vornehmlich an Bauten, deren Bestimmung (z. B. als Kultbauten) sie aus der Masse der übrigen Architektur heraushebt; und vor allem in Epochen, denen die symbolische Bedeutung eines Kunstwerkes mehr galt als seine formal-ästhetische Erscheinung[79]. So ist es verständlich, daß sich Zahlensymbolik und Zahlenästhetik (die nicht mit der formalen Ästhetik eines Bauwerkes zu verwechseln ist) bevorzugt an mittelalterlichen Sakralbauten finden[80].

Ein aufschlußreiches Beispiel einprägsamer mittelalterlicher Zahlensymbolik, die Architektur und Liturgie als untrennbar aufeinander bezogene Manifestationen heilsgeschichtlicher Wahr-

---

77 Vgl. Sauer 1924, 87: »Im allgemeinen muß auch hier das 'Ne quid nimis' Grundsatz ... sein. Man hüte sich, überall am Gotteshaus bewußte Anwendung der Zahlensymbolik erblicken zu wollen.« Vgl. Hecht 1979, 40–45. Ein von Hecht 1978/2, 75 f. wohl zu Recht kritisiertes Beispiel überinterpretierter Zahlensymbolik ist die Auslegung heiliger Zahlen am St. Galler Klosterplan von Horn/Born 1975 – damit soll freilich nicht gesagt werden, daß solche heiligen Zahlen in dieser karolingischen Klosterkonzeption, die in anderem Zusammenhang noch besprochen wird, überhaupt nicht vorkommen.

78 Zur symbolischen und historischen Bedeutung in der Architektur siehe v. a. die grundlegenden Arbeiten von Bandmann 1951/1 und 1951/2 (vgl. dazu die zahlreichen Rezensionen, bibliographiert in: *Kunst als Bedeutungsträger, Gedankenschrift für Günter Bandmann*, hg. von Werner Busch, Reiner Haussherr und Eduard Trier, Berlin 1978, 573). Eine Zusammenfassung der Forschungsgeschichte und Problematik der Architekturikonologie bei Heinrich Lützeler, *Kunsterfahrung und Kunstwissenschaft*, Freiburg/München 1975, II 976 ff.

79 Vgl. Bandmann 1951/1, 107.

80 Die Annahme, Zahlensymbolik auch in der antiken, speziell der griechischen Architektur (vgl. z. B. Anm. II 24) anzutreffen, findet in der Forschungsliteratur kaum Bestätigung. Zwar macht Ludwich 1914 geltend, daß die einzelnen Gottheiten zugeordneten Zahlen (vgl. z. B. die in Anm. II 71 genannten Untersuchungen von Roscher) sich in den Säulenzahlen griechischer Tempel manifestieren – wobei »neben die Specialzahl der gefeierten Gottheit noch eine zweite hinzukam, gewöhnlich eine Zahl generellen Charakters« (Ludwich ib. 5) –, doch können seine Ausführungen nicht ganz überzeugen. – Einer der besten Kenner griechischer Architektur, Herr Prof. Hans Riemann, Rom, dem ich für eine ausführliche briefliche Stellungnahme vom 11. 9. 1981 zu diesem Problem danke, bezweifelt das Vorkommen von Zahlensymbolik in der griechischen Architektur, jedenfalls der vorhellenistischen Zeit: »Der griechische Geist ist rational und seine Artung ist orientalischer Symbolik ganz entgegengesetzt ... Erst mit der Auflösung der griechischen Originalität im späten Hellenismus könnten durch orientalische Einflüsse symbolische Zahlen auch bei der Architektur in Einzelfällen eine Rolle gespielt haben, aber dafür fehlen bisher erarbeitete Unterlagen.«

3   Abtei St. Riquier in Centula (790–799). Stich, Paul Petau 1612

heit[81] gleichermaßen erfaßt, kennen wir in der karolingischen Abtei ST. RIQUIER IN CENTULA[82]. Obwohl die von ANGILBERT, einem engen Vertrauten KARLS DES GROSSEN[83], 790–799 erbaute Abtei nicht mehr erhalten und ihr Aussehen nur in zwei Stichen des 17. Jahrhunderts überliefert ist (Abb. 3)[84], besitzen wir in der ›Institutio Sancti Angilberti Abbatis De Diversitate Officiorum‹[85], in ANGILBERTS ›Libellus‹[86] und in der 1088 vollendeten Klosterchronik des Mönches HARIULF, der ANGILBERTS Schriften verarbeitet[87], authentische Quellen für die gezielte und offenkundige Anwendung einfachster Zahlensymbolik. Angilbert ordnete sein Kloster im wesentlichen nach der *Dreizahl als dem Symbol der Trinität*[88]: er errichtete drei Kirchen[89] und verband sie untereinander durch einen dreieckigen Kreuzgang[90], der täglich von den Mönchen

81 Vgl. Günter Bandmann, *Rez. Carol Heitz, Recherches sur les rapports entre architecture et liturgie à l'époque carolingienne, Paris 1963,* in: Historische Zeitschrift 202/1966, 377: ».. . entgegen einer heute weit verbreiteten Meinung (ist) die mittelalterliche Baukunst nicht eine Funktion der Liturgie und sonstiger kirchlicher Bedürfnisse . . ., sondern die Sakralarchitektur wie die Liturgie stellt etwas dar und vergegenwärtigt heilsgeschichtliche Ereignisse durch anspielende Formen.«

82 Zu Centula siehe Georges Durand, *Saint-Riquier,* in: La Picardie historique et monumentale, Amiens/ Paris 1907–11, IV/2, 133–363; Wilhelm Effmann, *Centula,* Münster 1912; Irmingard Achter, *Zur Rekonstruktion der karolingischen Klosterkirche Centula,* in: Zeitschrift für Kunstgeschichte 1956, 133–154.

83 Eine brauchbare Zusammenstellung der Quellennachrichten zu Angilbert bringt Friedrich Möbius, *Westwerkstudien,* Jena 1968, 23 ff.

84 Die ältere Fassung von 1612 bei Paul Petau, *De Nithardo Caroli magni nepote ac tota ejusdem Nithardi prosapia, breve syntagma,* Paris 1613; eine spätere Fassung von 1673 bei Jean Mabillon, *Acta Sanctorum Ordinis Sancti Benedicti,* Bd. 5, Paris 1677, 111; beide Stiche basieren auf einer kolorierten Zeichnung der karolingischen Klosterkirche, die in der Originalhandschrift der 1719 verbrannten Klosterchronik (zit. Anm. II 87) aus dem 11. Jh. enthalten war. Vgl. Effmann (zit. Anm. II 82) 5 ff.

85 Die neueste Edition dieses 800–811 entstandenen Kompendiums präziser Vorschriften für das Klosterleben in Centula in: Initia Consuetudinis Benedictinae. Consuetudines saeculi octavi et noni, Siegburg 1963, 283–303 (= Corpus Consuetudinum Monasticarum I).

86 *Angilberti abbatis de ecclesia Centulensi Libellus,* ed. Georg Waitz, in: Monumenta Germaniae historica, Scriptores 15.1, Hannover 1887, 173–179.

87 Hariulf, *Chronique de l'abbaye de Saint-Riquier,* ed. Ferdinand Lot, Paris 1894.

88 Vgl. die in Anm. II 58 genannte Literatur, außerdem den Artikel *Dreifaltigkeit* von Romuald Bauerreiß OSB/Hans Feldbusch/Ernst Guldan in: Reallexikon zur deutschen Kunstgeschichte, Bd. 4, Stuttgart 1958, 414–447; beachtenswert in diesem Zusammenhang ist auch das Kapitel ›Versuch zu einer psychologischen Deutung des Trinitätsdogmas‹ bei Jung 1948, 323 ff.; zum folgenden siehe v. a. Effmann (zit. Anm. II 82), 21 f.; Möbius (zit. Anm. II 83), 70 ff.; Heitz 1976, 391 ff.

89 »Habentur ibi principales ecclesiae III: una, major, in honore sancti Salvatoris et sancti Richarii, altera in honore sanctae Mariae, tertia in honore sancti Benedicti« (Hariulf – zit. Anm. II 87 –, 87); Angilbert begründet die Errichtung von drei Hauptkirchen: »Quia igitur omnis plebs fidelium sanctissimam Trinitatem confiteri, venerari et mente colere firmiterque credere debet . . .« (ib. 58; = *Libellus* – zit. Anm. II 86 –, 174).

90 »Claustrum vero monachorum triangulum factum est . . .« (Hariulf – zit. Anm. II 87 –, 56). Dieses natürlich als 'Ideogramm der Trinität' (Günter Bandmann, *Früh- und hochmittelalterliche Altaranordnung als Darstellung,* in: Das erste Jahrtausend. Kultur und Kunst im werdenden Abendland an Rhein

durchzogen wurde[91]. Drei Türme trugen jeweils eine dreifach gestufte Dachkonstruktion (trigestum)[92]. Drei den Erzengeln geweihte Kapellen befanden sich über den Toreingängen des Atriums vor der Westfront der Hauptkirche[93]. Unter den dreißig Altären des Klosters waren drei Hauptaltäre durch ein bekrönendes Ziborium ausgezeichnet[94]. Auch in der Anzahl der Reliquienbehälter spiegelte sich die Symbolik der Dreizahl: neben einer capsa maior mit Reliquien CHRISTI (darunter auch einer Partikel des Kreuzes) besaß die Abtei 13 capsae minores mit Reliquien von Heiligen und Märtyrern[95]: die Zahl 13 vereinigt in sich die Bedeutung ihrer Summanden 10 + 3: Zehn ist die Zahl der Vollkommenheit, in der sich das göttliche Gesetz erfüllt[96], Drei verweist wieder auf die Trinität. Dem Kloster gehörten 300 Mönche an, die täglich 30 Messen zelebrieren sollten. In drei Chören sangen sie, zusammen mit jeweils 33 Sängerknaben der 'ob venerationem sanctae Trinitatis' gegründeten Klosterschule, Tag und Nacht das Lob Gottes[97].

und Ruhr, Textband I, Düsseldorf 1962, 383) aufgefaßte Dreieck – worauf schon Julius von Schlosser *(Beiträge zur Kunstgeschichte aus den Schriftquellen des frühen Mittelalters* = Sitzungsberichte der philosophisch-historischen Classe der kaiserlichen Akademie der Wissenschaften 123, Wien 1891, Abh. II, 13) aufmerksam machte – ist noch deutlich auf einem Katasterblatt zu erkennen, das Jean Hubert veröffentlicht hat *(Saint-Riquier et les monachisme bénédictin en Gaule à l'époque carolingienne,* in: Il Monachesimo nell' alto medioevo e la formazione della civiltà occidentale, Spoleto 1957, 293–309, bes. 300ff.). Bandmann ib. verweist darauf, daß auch im Kloster Corbie drei Kirchen als Symbol der Trinität errichtet wurden.

91 Angilbert, *Libellus* (zit. Anm. II 86), 178 (= Hariulf – zit. Anm. II 87 –, 71).
92 Jeweils ein Turm überragte das dem Salvator geweihte Westwerk und die dem Hl. Richarius geweihten Ostteile der Kirche, während der dritte Turm die Marienkirche bekrönte. Die Benediktuskirche trug keinen Turm. Vgl. Abb. 3.
93 Vgl. Effmann (zit. Anm. II 82), 85ff.; Heitz 1976, 392.
94 Zur Altaranordnung in Centula siehe Edgar Lehmann, *Die Anordnung der Altäre in der karolingischen Klosterkirche zu Centula,* in: Karl der Große, Lebenswerk und Nachleben, Bd. III: Karolingische Kunst, hg. von Wolfgang Braunfels und Hermann Schnitzler, Düsseldorf 1965, 374–383; vgl. auch Bandmann (zit. Anm. II 90); Schlosser (zit. Anm. II 90), 13f. erwähnt einen auf einer Säule ruhenden Altar mit drei Mensen aus dem Kloster Aniane, der die Einheit der drei göttlichen Personen darstellen sollte.
95 Angilbert, *Libellus* (zit. Anm. II 86), 176 (= Hariulf – zit Anm. II 87 –, 66).
96 Vgl. Sauer 1924, 80f.: »Die Zahl der christlichen Vollkommenheit ist zehn; sie schließt alle anderen Zahlen in sich; in ihr erfüllt sich das göttliche Gesetz mit seiner zweifachen Forderung von Gottes- und Nächstenliebe; zugleich weist sie aber auch hin auf den Lohn, der dieser Vollkommenheit verheißen ist, insofern sie den Abschluß des menschlichen und irdischen Tagewerkes bezeichnet. Sie ist die Zahl, in der das Wissen vom Schöpfer und Geschöpf ausgesprochen ist, da ihre zwei Faktoren: drei den dreieinigen Gott und sieben den Menschen nach seinen leiblichen und geistigen Konstitutivelementen bedeuten.« Vgl. Anm. II 14.
97 Angilbert, *Libellus* (zit. Anm. II 86), 178 (= Hariulf – zit. Anm. II 87 –, 70f.). Die drei Sängerchöre standen im Salvatorchor, im Richariuschor und vor der Passio im Mittelschiff der Hauptkirche. Der im Salvatorchor aufgestellten Gruppe gehörten nicht 33, sondern 34 Sängerknaben an, so daß deren Gesamtzahl 100 betrug. Zur besonderen Bedeutung der Zahl 100 siehe Anm. II 190.

Trotz ihrer bevorzugten Stellung war die Drei nicht die einzige in CENTULA auftretende Symbolzahl. Die liturgischen Prozessionen etwa, deren Ablauf ANGILBERTS ›Institutio‹ minuziös vorschreibt, waren wesentlich auf der Grundlage der *Siebenzahl* gestaltet. Sie gilt als *Zeichen der Gnade und der Gottesgaben*[98], ihre Bedeutung beruht aber auch auf ihrer Zusammensetzung aus 3 und 4, der Verbindung von göttlicher Dreieinigkeit und geschaffener Welt, Ewigem und Irdischem: So ist Sieben Zahl des aus Leib und Seele bestehenden Menschen[99]. Dieser Bedeutungsaspekt spiegelt sich sehr klar im Ablauf mancher Prozessionen in CENTULA, in denen sich nach der Drei- und Vierzahl zusammengesetzte Gruppen in ebenfalls nach der Drei- und Vierzahl gestalteten Bewegungen schließlich zu einer Einheit unter dem Zeichen der Sieben zusammenfanden[100].

Während die Drei als Zahl der göttlichen Trinität in der karolingischen Anlage von CENTULA primär in der Anzahl einander entsprechender Architekturteile, Ausstattungsstücke etc. faßbar wird, bestimmt sie bei zwei barocken Dreifaltigkeitskirchen auch deren Form. Der Grundriß der 1685–1689 von GEORG DIENTZENHOFER erbauten Kirche in KAPPEL BEI WALDSASSEN (Abb. 4)[101] ist gebildet aus drei gleichförmigen Kreissegmenten, die an die Seiten eines gleichseitigen Dreiecks angefügt sind (Abb. 5). Über diesem dreipaßförmigen Grundriß vereinigen sich drei kreisförmige Kuppelräume in einem gleichseitigen Gewölbedreieck. Jede der drei Halbrotunden, in denen jeweils drei Altäre stehen, wird durch eingezogene Pfeiler in drei kleinere Kapellen gegliedert. 3 Türme flankieren den Bau, 3 Laternen erheben sich über den Kuppeldächern.

98 »Et ideo eos septenos ambulare decernimus, ut in nostro opere gratiam septiformem sancti spiritus demonstremus« (Angilbert, *Institutio* – zit. Anm. II 85 –, 297); aufschlußreich für das zahlensymbolische Denken des Mittelalters ist in diesem Zusammenhang auch der – unter einer Reihe anderer Beispiele von Tschirch 1959 angeführte – Bericht der Annales Lobienses von der Krönung Ottos II. am Pfingstsonntag 961 in der Aachener Pfalz: »Dominus noster Otto, aequivocus patris, consors paterni regni asciscitur et septiformi gratia spiritus sancti donatur in palatio Aquansi, septem ebdomadibus a pascha transactis, die pentecosten et hora qua Spiritus sanctus super discipulos venit, 7. Kalend. Jun., luna 7, anno aetatis suae 7« (Monumenta Germaniae historica, Scriptores 13, Hannover 1881, 234).
99 Zur Symbolik der Siebenzahl siehe Sauer 1924, 75 ff.; H. Meyer 1975, 133 ff.; die in Anm. II 71 genannte Literatur sowie Otto Zöckler, Artikel *Siebenzahl,* in: Realenzyklopädie für protestantische Theologie und Kirche, Leipzig 1896–1913, Bd. 18, 310–317; Erika Dinkler-von Schubert, Artikel *Sieben* in: Lexikon der christlichen Ikonographie, Bd. 4, Rom/Freiburg/Basel/Wien 1972, 154–156; Tschirch 1958, 37 weist darauf hin, daß das Annolied mit 49 Strophen (vgl. den Ausstellungskatalog *Monumenta Annonis,* Köln 1975, 75 ff.; – siehe dazu auch Betz 1965) ebenso wie andere mittelalterliche Dichtungen auf der Grundlage der Siebenzahl gestaltet ist. »Die 7 ist als Summe der heiligen Grundzahlen 3 + 4 caput omnium rerum; gesteigert wird ihre Bedeutung durch Vervielfältigung zu 14, 28, 70 wie durch Potenzierung zu 49 (und deren Verdoppelung zu 98) und 343« (id. 1959, 153); vgl. Anm. II 181.
100 Heitz 1976, 394 ff.
101 Zur Wallfahrtskirche der Hl. Dreifaltigkeit in Kappel siehe Felix Mader, *Die Kunstdenkmäler des Königreichs Bayern II/14: Regierungsbezirk Oberpfalz und Regensburg, Bezirksamt Tirschenreuth,* München 1908, 36 ff.; zur Symbolbedeutung der Dreizahl hier vgl. auch Reinle 1976, 144.

4 *Dreifaltigkeitskirche in Kappel bei Waldsassen (Georg Dientzenhofer, 1685–1689)*

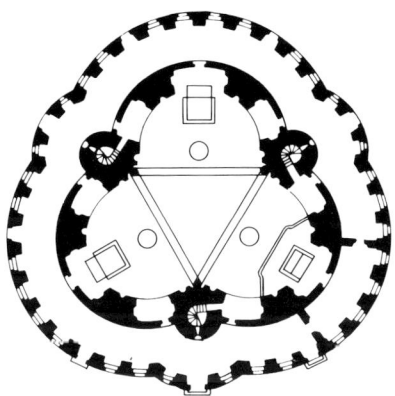

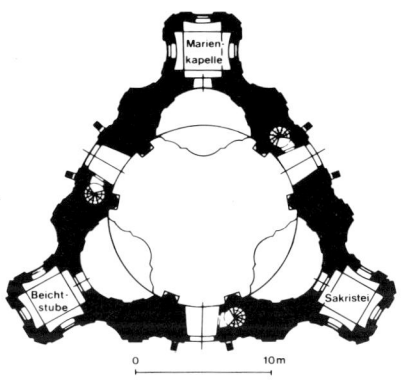

5 *Dreifaltigkeitskirche in Kappel bei Waldsassen (Georg Dientzenhofer, 1685–1689),
Grundriß*

6 *Dreifaltigkeitskirche in Stadl Paura bei Lambach (Johann Michael Prunner, 1714–1724),
Grundriß*

Wenig später (1714–1724) errichtet JOHANN MICHAEL PRUNNER im Auftrag des Lambacher Abtes MAXIMILIAN PAGL die Kirche in STADL PAURA BEI LAMBACH zu Ehren der Dreifaltigkeit (Abb. 7)[102]. Auch hier ist die Grundrißform aus dem Dreieck entwickelt (Abb. 6). Drei Türme sind so an den Kernbau gefügt, daß drei gleichwertige Schauseiten entstehen. Die dreiseitige Kuppellaterne wird bekrönt von einer aus drei spitzen schmiedeeisernen Dreiecken gebildeten Pyramide, die einen Dreiecknimbus trägt. Im Inneren verdeutlichen nicht nur die drei den gött-lichen Personen geweihten Altäre und die Dreifaltigkeitsdarstellung der Kuppelfresken das Patrozinium der Trinität, sondern sogar die Fußbodengestaltung: Platten aus drei verschiede-nen Marmorarten fügen sich »im unendlichen Rapport immer wieder zu der Einheit eines alle drei Farben in sich vereinigenden Sechseckes«[103] zusammen.

Wie der symbolische Gehalt einer Zahl und der ihr entsprechenden geometrischen Figur in der Architektur signifikante Bedeutung erhält, mag auch der Typus achteckiger Taufkirchen belegen. Die *Achtzahl,* in den meisten Kulturen mit einem positiven Symbolgehalt bewertet[104], gilt dem Christentum u. a. als *Sinnbild der geistigen Wiedergeburt,* wie sie in der *Taufe* vollzogen wird. Dieser Gedanke, den vor allem AMBROSIUS (um 339–397) weiter ausgeführt hat[105], gründet

102 Zur Pfarrkirche der Allerheiligsten Dreifaltigkeit in Stadl Paura siehe Erwin Hainisch, *Die Kunstdenkmäler des Gerichtsbezirkes Lambach (= Österreichische Kunsttopographie Bd. 34),* Wien 1959, 442 ff.
103 Hainisch (zit. Anm. II 102), 453.
104 Zur Acht als Glückszahl siehe Endres 1951, 181 ff.; W. Schulz 1910.
105 Dazu Dölger 1934, 160 ff.

51

7   *Dreifaltigkeitskirche in Stadl Paura bei Lambach (Johann Michael Prunner, 1714–1724)*

8 Baptisterium in Fréjus (nach 374)   *9 Baptisterium in Fréjus, innen*

auf der Bedeutung der Acht als Zahl der Auferstehung des Erlösers[106] und damit als Zahl des Neuen Bundes[107].

Obwohl die Verwendung der Achtzahl in den altchristlichen Baptisterien[108] – sei es als Anzahl von Stützen, Nischen oder in der oktogonalen Grundrißform – keineswegs neu, sondern an antik-römischen Thermenbauten orientiert war[109], belegt doch eine von AMBROSIUS verfaßte Inschrift eindeutig den *Zusammenhang zwischen Taufkirche und Symbolik der Achtzahl,* die seit dem 4. Jahrhundert »nicht nur mitbestimmend, sondern sogar hauptsächlich bestimmend wurde für die Forterhaltung und Bevorzugung dieses Bauschemas«[110]. Das BAPTISTERIUM DER

---

106 Christus ist am 8. Tage nach jüdischer Wochenrechnung auferstanden und erschien am 8. Tage nach Ostern seinen Jüngern. Vgl. Günter Bandmann, Artikel *Acht, Achtzahl* in: Lexikon der christlichen Ikonographie, Bd. 1, Rom/Freiburg/Basel/Wien 1968, 40–41.

107 Sauer 1924, 78 f., 389 f.; eine besonders reichhaltige Zusammenstellung von Literatur des christlichen Altertums zur Symbolik der Achtzahl bringt die profunde Untersuchung von Dölger 1934.

108 Vgl. den Katalog von Friedrich Wilhelm Deichmann im Artikel *Baptisterium* in: Reallexikon für Antike und Christentum, Bd. 1, Stuttgart 1950, 1157–1167; Armen Khatchatrian, *Origine et typologie des baptistères paléochrétiens,* Mulhouse 1982, bes. 28 ff.

109 Vgl. Dölger 1934, 184 f.; Deichmann (zit. Anm. II 108), 1159; Khatchatrian 1982 (zit. ib.), 9 ff.

110 Dölger 1934, 187.

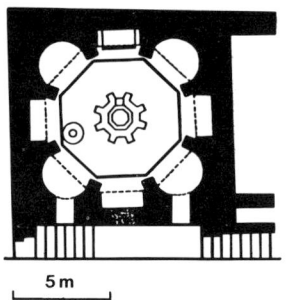

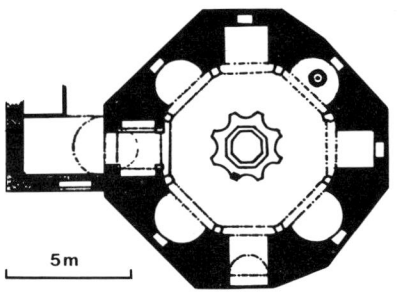

10 *Baptisterium in Fréjus (nach 374), Grundriß*   11 *Baptisterium in Albenga (1. H. 5. Jh.), Grundriß*

13 *Baptisterium in Albenga, innen* ▷

12 *Baptisterium in Albenga (1. H. 5. Jh.)*

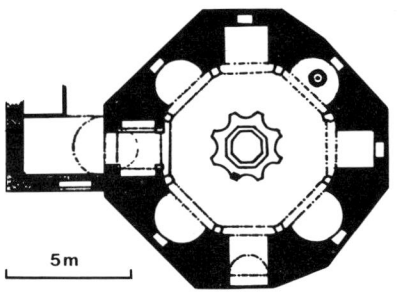

THEKLAKIRCHE IN MAILAND, für das die – aus 8 Distichen bestehende – Inschrift bestimmt war, ist nicht mehr erhalten; doch muten auch das etwa gleichzeitige (nach 374), achteckig auf einem quadratischen Unterbau errichtete BAPTISTERIUM VON FRÉJUS (Abb. 8, 9) mit seinen 8 Nischen, 8 Säulen und dem oktogonalen Taufbecken (Abb. 10) oder das etwas später entstandene BAPTISTERIUM VON ALBENGA[111] (Abb. 11–13) an wie Illustrationen des AMBROSIANISCHEN Textes:

»Mit acht Nischen erhebt sich der Tempel zu heiligem Brauch.
Oktogonal ist der Brunnen gefaßt, würdig der (heiligen) Gabe.
In der heiligen Achtzahl mußte das Haus der heiligen Taufe entstehen . . .«[112]

Die Tatsache, daß trotz dieser zweifelsfrei zu belegenden Symbolik keineswegs alle Taufkirchen auf der Grundlage der Achtzahl gestaltet sind[113], daß andererseits die oktogonale Form so bedeutender Bauten wie etwa der AACHENER PFALZKAPELLE (kurz vor 800; Abb. 14) kaum in Zusammenhang mit der Taufsymbolik der Achtzahl[114] zu bringen ist, erhellt schlagartig die Schwierigkeit derartiger Interpretationen. Festzuhalten ist in diesem Kontext, daß einzelne Zahlen mehrere, auch durchaus voneinander unabhängige und unter Umständen zu verschiedenen Zeiten unterschiedlich bewertete Symbolbedeutungen besitzen können.

So gilt die *Siebenzahl*, die uns in den Prozessionsordnungen von CENTULA schon als Zeichen der Gnade und der Geistesgaben sowie als Symbol des aus Seele und Leib bestehenden Menschen begegnet ist, auch als *Zahl der Ruhe*, weil Gott am siebenten Tag nach der Schöpfung ruhte. Als Symbol der ewigen Ruhe wird die Sieben – insofern bildet sie mit der Acht als Auferstehungszahl ein unmittelbares Gegensatzpaar – von HIERONYMUS (um 347–419) oder PSEUDO-ISIDOR (9. Jh.)[115] bezeichnet und ist in dieser Bedeutung noch am Ende des Mittelalters, zu Beginn der italienischen Renaissance in der 1450 von L. B. ALBERTI umgebauten Kirche S. FRAN-

---

111 Zum Baptisterium von Fréjus siehe: A. Formige, *Le baptistère de Fréjus,* in: Bulletin de la Societé des antiquaires de France 1925, 143–146, 263; P. Pfister, *Il battistero di Fréjus,* in: Rivista di archaeologia christiana 5/1928, 345–364; zum Baptisterium von Albenga: Guglielmo de Angelis d'Ossat, *I battisteri di Albenga e di Ventimiglia,* in: Bollettino della R. Deputazione di storia patria per la Liguria. Sezione Ingauna e Intemelia 2/1936, 207–250.

112 Übersetzung nach Dölger 1934, 157; der lateinische Text ib. 155.

113 Vgl. Deichmann (zit. Anm. II 108), 1160.

114 Konrad Hoffmann, *Taufsymbolik im mittelalterlichen Herrscherbild,* Düsseldorf 1968 (= Bonner Beiträge zur Kunstwissenschaft 9), 54ff. versucht allerdings, eine Verknüpfung des Taufgedankens mit der Epiphanie des absoluten Herrschers herzustellen; vgl. dazu auch die skeptische Haltung in der Rezension von Theodor Klauser, in: Jahrbuch für Antike und Christentum 11–12/1968–69, 224–229, bes. 227.

115 Hieronymus, *Commentaria in Ezechielem* XIII/41 (PL 25, 414): »Aeternam requiem . . ., quae in septenario demonstratur . . .«; Pseudo-Isidor, *Liber numerorum* 8 (PL 83, 186f.): ». . . aeterna requies septenario numero significatur . . .« und weiter: »post ressurectionem Dominus cum septem discipulis convivasse describitur«. Die zweite Bemerkung deutet also auch auf die Auferstehung hin. Auch Augustinus führt neben einer Reihe anderer Bedeutungen der von ihm hochgeschätzten Siebenzahl (vgl. Knappitsch 1905, 14ff.) die Versinnbildlichung der Ruhe an: »In septimo autem die . . . Dei requies commendatur« *(De civitate Dei* XI/31; PL 41, 344).

14   *Pfalzkapelle in Aachen (um 800)*

15 *S. Francesco (Tempio Malatestiano) in Rimini, südliche Seitenfront (Leon Battista Alberti, um 1450)*

16 *Cappella Rucellai in S. Pancrazio, Florenz (Leon Battista Alberti, um 1460)* ▷

CESCO IN RIMINI (Abb. 15) festzustellen. Die Seitenfronten des sog. 'TEMPIO MALATESTIANO'[116] sind durch jeweils sieben Pfeilerarkaden gegliedert, in denen Sarkophage bedeutender Persönlichkeiten aus dem humanistischen Hofstaat des Bauherrn SIGISMONDO MALATESTA stehen[117].

Ein weiteres Mal verwendet ALBERTI die Siebenzahl beim Entwurf des HL. GRABES IN DER CAPPELLA RUCELLAI[118] IN FLORENZ (Abb. 16), um die Grabesruhe anzudeuten. Die Pilaster sowohl der

---

116 Zum Tempio Malatestiano siehe: Corrado Ricci, *Il Tempio Malatestiano,* Mailand 1924; Cesare Brandi, *Il tempio Malatestiano,* Turin 1956; Ausstellungskatalog *Sigismondo Malatesta e il suo tempo,* Rimini 1970.

117 Naredi-Rainer 1977/1, 110.

118 Zur Cappella Rucellai siehe Ludwig Heinrich Heydenreich, *Die Cappella Rucellai von S. Pancrazio in Florenz,* in: De artibus opuscula XL, Essays in honor of Erwin Panofsky, New York 1961, I 219–229; Marco Dezzi-Bardeschi, *Nuove ricerche sul Sepolcro nella Cappella Rucellai a Firenze,* in: Marmo 2/1963, 135–161; id., *Il complesso monumentale di S. Pancrazio a Firenze ed il suo restauro,* in: Quaderni dell'Istituto di storia dell' architettura, facoltà di architettura, università di Roma, 13 (fasc. 73–78) 1966, 1–66.

Kapellenwände als auch des Hl. Grabes tragen nicht wie üblich sechs, sondern sieben Kanneluren. Außerdem spielt die Sieben eine wesentliche Rolle bei der Proportionierung der Kapelle[119].

Am Beispiel des HL. GRABES IN DER CAPPELLA RUCELLAI läßt sich ein weiterer Aspekt der Zahlensymbolik verdeutlichen, der im Grunde mittelalterlichem Denken entstammt: die *Übertragung der Bedeutung* eines Bauwerkes auf dessen Nachbildung *durch Wiederholung einer bestimmten Anzahl* von Architekturgliedern oder einiger wichtiger Maße[120]. Obwohl ALBERTIS Auftraggeber GIOVANNI RUCELLAI eigens eine Expedition nach Jerusalem entsandt hatte, um eine möglichst genaue Vorstellung vom Grab CHRISTI zu gewinnen, ist das Vorbild in ALBERTIS Schöpfung nicht ohne weiteres wiederzuerkennen[121]. Dennoch ist die Identität der Bedeutung durch das Übereinstimmen der Maßzahlen (nicht der Abmessungen!) von Länge und Breite des Grabes gesichert: Gemessen in florentinischen bracci, der höchstwahrscheinlich von RUCELLAIS Expedition verwendeten Maßeinheit, mißt die Länge des Jerusalemer Grabes ca. 14½, die Breite ca. 10. Diese Maße konnte ALBERTI so nicht übernehmen, da die Dimensionen der im Grundriß schon vorgegebenen Kapelle, die die Nachbildung des Hl. Grabes aufnehmen sollte, kaum größer waren. So wählte er die wesentlich kleinere Maßeinheit des römischen palmo, der die Beibehaltung der Maßzahlen 14½ und 10 unter den gegebenen Bedingungen ohne weiteres ermöglichte[122]. Durch die so erreichte *Identität der Zahlen der Hauptabmessungen,* unabhängig von der Maßeinheit und damit den tatsächlichen Ausmaßen, ist das HL. GRAB IN DER CAPPELLA RUCELLAI *als Nachfolgebau* des HL. GRABES IN JERUSALEM *legitimiert.*

Die wichtigste Quelle für die Übernahme von Zahlen zur Bedeutungsbestimmung war dem christlichen Mittelalter natürlich die Bibel. Im Alten Testament werden für die Arche NOAH, die Stiftshütte des MOSES, die Tempelvision EZECHIELS und den Tempel SALOMOS eine Reihe von Maßzahlen genannt[123], die als Hinweise auf das Heilswirken CHRISTI im Neuen Testament ver

---

119 Naredi-Rainer 1977/1, 127ff.; neben musikalischen Proportionen, die Alberti in seinen übrigen Bauten fast durchgehend angewandt hat (vgl. Kap. IV/2) und die auch in der Vertikalgliederung der Cappella Rucellai das Verhältnis der Teile untereinander bestimmen (Pilasterhöhe + Gebälkhöhe + Tonnenhöhe = 10 + 2½ + 5 florentinische bracci; 10:5 = Oktave, 5:2½ = Oktave, 10:2½ = Doppeloktave), entstehen hier im Verhältnis der Gesamthöhe zu den einzelnen Teilen Brüche mit dem Zähler 7 (17½:10 = 7:4; 17½:5 = 7:2; 17½:2½ = 7:1), die nicht als musikalische Proportionen gelten; vgl. Naredi-Rainer 1977/1, 194, Anm. 253.

120 Vgl. Bandmann 1951/1, 86: »Drei oder vier wiederholte Maße, einige kopierte Glieder genügen, die Identität der Bedeutung zu sichern. Je ungewöhnlicher die Gestalt des Vorbildes, je entlegener der Kulturkreis, dem es entstammt, desto weniger ist man auf totale Kopie angewiesen.«

121 Zum Jerusalemer Grab siehe Jules Formigé, *Un plan de Saint-Sépulcre découvert à la Basilique de Saint-Denis,* in: Fondation Piot. Monuments et Mémoires 48.2/1956, 107–130; Kenneth John Conant, *The original buildings on the Holy Sepulchre in Jerusalem,* in: Speculum 31/1956, 1–48; P. Donato Baldi, *Il Santo Sepolcro di Gerusalemme,* Bergamo 1949; der deutlichste formale Anklang an das Vorbild scheint die kleine Tholos auf Albertis Hl. Grab zu sein.

122 1 florentinischer braccio mißt 58.3 cm (vgl. Anm. III 199), 1 römischer palmo 22.3 cm; vgl. Naredi-Rainer 1977/1, 131; ib. 175 (Maßliste Cappella Rucellai).

123 Arche Noah: *Genesis* 6,15; Stiftshütte: *Exodus* 27,1; 38,1; Tempelvision Ezechiels: *Ezechiel* 40,5ff.; Tempel Salomos: *3 Könige* 6,2ff.; *Chronik* 3,3ff.

17 Hagia Sophia in Konstantinopel, Inneres nach Westen (Anthemios von Tralles und Isidor von Milet, 532–537). Lithographie von Louis Haghe nach einem Aquarell von Gaspare Fossati (1809–1883)

standen und nicht nur allegorisch gedeutet[124], sondern auch in der Architektur konkret verwendet wurden. Unter den anschaulichen Anspielungen auf den bedeutsamsten biblischen Bau, den TEMPEL VON JERUSALEM, kommt der Übernahme von Maßzahlen oder Maßverhältnissen eine wichtige Rolle zu[125]: so entsprechen die Hauptmaßverhältnisse der HAGIA SOPHIA IN KONSTANTINOPEL (532–537; Abb. 17), deren Bauherr JUSTINIAN sich mit SALOMO verglich, den überlieferten Verhältnissen von Höhe, Breite und Länge des salomonischen Tempels[126].

In der AACHENER PFALZKAPELLE (Abb. 14) wird mit dem inneren Oktogonumfang von 144 Fuß das in der Apokalypse genannte 'Engelsmaß' der Himmelsstadt aufgenommen[127].

Auch die Bedeutung karolingischer Westwerke beruht nicht zuletzt auf der Übernahme biblischer Maßzahlen[128]: Die Abmessungen des Hauptraumes im Westwerk von CENTULA, das dem SALVATOR geweiht war, betrugen 30 × 30 Fuß[129]. Dieses Maß kann natürlich wieder mit

124 Dazu H. Meyer 1975, 80 ff.
125 Zu anderen Möglichkeiten der Anspielung siehe Paul v. Naredi-Rainer, *Salomos Tempel und das Abendland. Monumentale Folgen historischer Irrtümer*, Köln 1994.
126 Die Maße von 300–100–150 byzantinischen Fuß für Länge–Breite–Höhe der Hagia Sophia stehen in der gleichen Proportion 6:2:3 wie die Hauptmaße des Salomonischen Tempels: 60–20–30 Ellen *(3 Könige 6,2)*. Justinian soll bei der Einweihung der Hagia Sophia ausgerufen haben: »Salomo, ich habe dich übertroffen.« Siehe dazu und zu den zahlreichen sonstigen Anspielungen der Hagia Sophia auf den Salomonischen Tempel Georg Scheja, *Hagia Sophia und Templum Salomonis*, in: Istanbuler Mitteilungen 12/1962, 44–58; in ähnlicher Weise entsprechen auch die Hauptmaßverhältnisse der von L. B. Alberti entworfenen Kirche S. Andrea in Mantua (vgl. S.175 ff.) – so sie als »templum etruscum« konzipiert wurde – denen des Salomonischen Tempels; vgl. Tavernor 1994, 307.
127 Außer an der Aachener Pfalzkapelle, deren Eigenschaft als Grabkirche Karls des Großen in diesem Zusammenhang hervorgehoben wird, stellt Kreusch 1963 die Übereinstimmung mit der in *Apokalypse 21,17* genannten Maßzahl von 144 Ellen auch an einer Reihe weiterer christlicher Memorialbauten fest: »Durch ihre Deklarierung zum Bilde der Himmelsstadt ist dargestellt, daß das in ihnen Beigesetzte durch den Tod in den Himmel einging . . .« (Kreusch 1963, 75). Das in der Apokalypse in Ellen angegebene 'Engelsmaß' wird in diesen Memorialbauten allerdings meist in Fußmaßen, seltener in Ellen wiederholt (vgl. auch Kreusch 1967); wesentlich ist hier aber wohl, daß die Zahl 144 übernommen wird (siehe dagegen jedoch die im folgenden erwähnte Umrechnung des biblischen Ellenmaßes in Fußmaße am Beispiel des Westwerks von Centula). Zur Bedeutung der Zahl 144 vgl. auch H. Meyer 1975, 183.
     Die Maßzahl 144 für den inneren Oktogonumfang ergibt sich an der Aachener Pfalzkapelle bei Zugrundelegung eines karolingischen (= drusianischen) Fuß von 33.28 cm (v. a. Kreusch 1965; Hugot 1965). Gegen die Annahme eines 33.28 cm messenden karolingischen Fuß erhebt allerdings Hecht 1977, bes. 165 ff. Widerspruch, der nicht ganz von der Hand zu weisen ist.
128 Die folgenden Überlegungen im Zusammenhang mit dem Westwerk basieren wesentlich auf einem unveröffentlichen Manuskript meines Freundes Johann Konrad Eberlein, *Bemerkungen zur Bedeutung des Westwerks* (1974).
129 Achter (zit. Anm. II 82), 138 und 151, Anm. 24 kommt aufgrund bauarchäologischer Untersuchungen entgegen Wilhelm Rave *(Sint Servaas zu Maastricht und die Westwerkfrage,* in: Westfalen 22/1937, bes. 61 ff.), der eine querrechteckige Form des Hauptraumes im Westwerk von Centula vorschlägt, zu der Annahme eines 10 × 10 m = 30 × 30 karolingische Fuß à 33.29 cm (vgl. Anm. II 127; zur Problematik der Maßeinheit siehe Kap. III/2) messenden Emporenquadrums, das auch schon Effmann (zit. Anm. II 82) rekonstruiert hatte.

der Trinitätssymbolik in Verbindung gebracht werden[130]; 30 Fuß entsprechen aber auch 20 Ellen[131], und 20×20 Ellen maß der bedeutsamste aller biblischen Räume, das Allerheiligste im TEMPEL SALOMOS[132]. Durch diese Maßentsprechung erhält das Westwerk als Salvatorkirche seine typologische Bedeutung: SALOMO gilt als die alttestamentliche Entsprechung zu CHRISTUS SALVATOR[133]. Diese Typologie wird noch unterstrichen durch den Symbolgehalt der Zahl Zwanzig, die als Erfüllung des Alten Bundes im Neuen Testament gedeutet wurde, weil in ihr die Zehnzahl des Gesetzes verdoppelt ist[134]. Obwohl keine Quellenbelege für eine bewußte Übernahme dieser biblischen Maße im Emporenquadrum von CENTULA bekannt sind, erhöht sich doch die Wahrscheinlichkeit einer nicht nur zufälligen oder einmaligen Entsprechung zum Allerheiligsten im SALOMONISCHEN TEMPEL durch die Tatsache, daß auch die Haupträume anderer, z. T. viel später entstandener Westwerke wie z. B. in CORVEY (Abb. 18), WERDEN oder MÜNSTEREIFEL sehr ähnliche Grundrißabmessungen aufweisen[135], unabhängig von der recht unterschiedlichen Größe der einzelnen Kirchen (Abb. 19 und 20).

130 Ähnlich kann auch das Maß von 30×30 Fuß der Vierung gedeutet werden; vgl. Möbius (zit. Anm. II 83), 70 f.
131 Aus zahlreichen Schriftquellen ist die Einteilung des römischen Fuß bekannt (vgl. Kap. III/2). Demnach entspricht 1 cubitus (Elle) 1½ pedes (Fuß); vgl. Arens 1938, 16; diese Einteilung bestätigt z. B. Gerbert (940–1003), *Geometria II* (PL 139, 97): »Cubitus recipit pedem unum et semissem . . .«
132 *3 Könige* 6,20; *2 Chronik* 3,8; auch in der Vision Ezechiels maß das Allerheiligste des Tempels 20×20 Ellen (*Ezechiel* 41,4).
133 Z. B. Hrabanus Maurus, *Commentaria in libros IV regum* – in lib. III/3 (PL 109, 129): »Tunc rex Salomon, qui manifeste Salvator accipitur.«
134 Z. B. Gregor der Große, *In librum I regum III*, 140 (PL 79, 203): »Si enim denarius numerus perfectionem antiquae legis designat, quid vicenarius nisi splendiorem novae religionem significat? Vicenarius numerus denarius geminatus«. Ähnlich äußert sich auch Hrabanus Maurus, *De universo* XVIII/3 (PL 111, 492): »Decalogus enim legis per duo dilectionis praecepta duplicatus viginti efficit.« Vgl. H. Meyer 1975, 152 f.
135 Corvey (Westwerk 873–885): 9.37×9.37 m (lichte Weite) bzw. 10.21×10.21 m (Achsmaß) bzw. 11.04×11.04 m (Außenflucht), nach Wilhelm Rave, *Corvey,* Münster 1958, 52.
     Werden, Salvatorskirche (Westwerk um 920–943): ca. 8.50×8.50 m (lichte Weite) bzw. ca. 9.30×9.30 m (Achsmaß) bzw. ca. 10.20×10.20 m (Außenfluchten), nach dem Rekonstruktionsplan von Hugo Borger, in: Walther Zimmermann, Hugo Borger u. a., *Die Kirchen zu Essen-Werden,* Essen 1959 (= Die Kunstdenkmäler des Rheinlandes, Beiheft 7), 136 ff.
     Münstereifel (Westwerk Mitte 11. Jh.): ca. 7.65×7.65 m (lichte Weite) bzw. 8.45×8.45 m (Achsmaß) bzw. 9.28×9.28 m (Außenfluchten), nach Messung von J. K. Eberlein (vgl. Hans Kubach/ Albert Verbeek, *Romanische Baukunst an Rhein und Maas,* Bd. 2, Berlin 1976, 802 ff.), der wegen der relativ starken Abweichung dieses letzten Westwerkes vom Durchschnitt vermutet, daß der mögliche Sinn hier nicht mehr verstanden oder intendiert wurde. – Im übrigen aber sind die Abweichungen der Wiederholungen durch Anwendung verschiedener Maßeinheiten (vgl. Kap. III/2) und verschiedener Maßansätze durchaus zu erklären, wenngleich das angeführte Material für einen Beweis dieser These nicht ausreicht. Bemerkenswert ist beispielsweise, daß quadratische Räume von 30 Fuß Seitenlänge offenbar nicht nur auf Zentralwestwerke beschränkt sind, sondern auch, wie etwa in St. Michael in Hildesheim, als Achsmaße der ausgeschiedenen Vierungen im Osten und Westen auftreten (vgl. Roggenkamp 1954, 132 f.; zum Zusammenhang Centula – Corvey – Hildesheim u. a. vgl.

18   Corvey, Westwerk (873–885), nach der Wiederherstellung

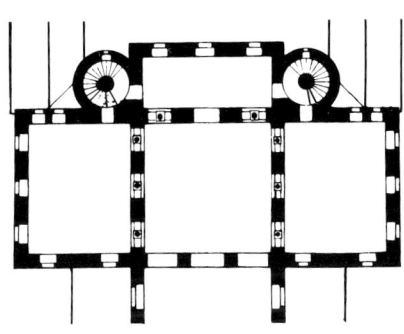

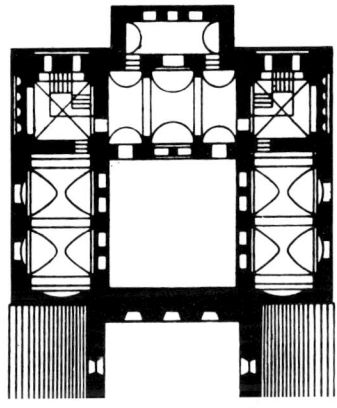

19 Centula (790–799), Grundriß des Westwerkes, Rekonstruktion nach Effmann

20 Salvatorskirche in Werden, Westwerk (um 920 bis 943), Grundriß des Emporengeschosses, nach Effmann

Wichtig für die Bedeutung des Westwerkes ist vor allem der quadratische Grundriß seines Hauptraumes[136], der im Zusammenhang mit dem dort angesiedelten Herrscherkult – auf den auch das Salvator-Patrozinium hinweist[137] – in der Tradition quadratischer Herrschersäle steht,

auch Rave – zit. Anm. II 129 –, 75). Ein überzeugendes Beispiel für die im Mittelalter offenbar verbreitete Wiederholung bestimmter Baumaße (bei u. U. differierenden Maßeinheiten) veröffentlichte Arens 1974: Die beiden Prämonstratenserkirchen von Knechtsteden (1138–1165) und Steinfeld (beg. 1142) stimmen in den meisten wichtigen Maßen überein – übrigens beträgt das Vierungsmaß in beiden Fällen 30 Fuß. Ähnliche Beispiele ib. und bei Heitz 1976, 412 und 423.

Vergleichbare Praktiken der Maßübernahme sind z. B. in der Literatur durchaus nicht unüblich: So wurde der Umfang von Vergils *Äneis* sowohl für die Verszahl von Dantes *Purgatorio* (dessen 4755 Verse genau dem Umfang der ersten Hälfte der *Äneis* entsprechen) als auch für Boccaccios *Teseida* (deren Umfang von 9896 Versen genau dem der *Äneis* entspricht) maßgebend; vgl. Hardt 1980; Tönnesmann 1979 machte die Entdeckung, daß Giovanni Pascoli (1855–1912) in der letzten Textfassung seines an Homers *Odyssee* inspirierten *Ultimo Viaggio* einen einzigen Vers strich, um den Umfang seiner (nunmehr 1211 Verse umfassenden) Dichtung exakt in das Zahlenverhältnis 1:10 zu Homers Epos (12110 Verse) zu setzen.

136 Die im folgenden näher ausgeführte Symbolik des Quadrates (vgl. auch den Artikel *Quadrat* von Angelo Lipinski, in: Lexikon der christlichen Ikonographie, Bd. 3, Rom/Freiburg/Basel/Wien 1971, 484) ist unabhängig von der Maßzahl seiner Seiten und bleibt in jedem Fall gewahrt, auch wenn die Maßentsprechung zur biblischen Länge von 20 Ellen (= 30 Fuß) nicht zu sichern ist. So nimmt Rave (zit. Anm. II 135) für Corvey einen Fuß von 33.0 – 33.5 cm an und erhält damit eine lichte Weite von 28 Fuß für das Emporenquadrum im Westwerk. Dieses Maß wird von Gerke 1973, 42 im Rahmen sehr weitgehender Zahlenspekulationen durch Zerlegung in 4×7 (7 als Zahl des Herrschers) mit dem Herrscherkult in Verbindung gebracht.

137 Siehe dazu Ernst H. Kantorowicz, *Laudes regiae. A Study in Liturgical Acclamations and Mediaeval Ruler Worship*, 2. Aufl. Berkeley/Los Angeles 1958 (= University of California Publications in History 33); in der oberen Öffnung des Thronerkers im Westwerk von Corvey, von dem aus sich

wie sie z. B. aus dem byzantinischen Bereich bekannt sind[138]. Der tiefere Sinn des *Quadrats,* das in der Bibel zur Kennzeichnung des Heiligen dient[139], erschließt sich aus der *Symbolik der Vier-*

138 der Kaiser vermutlich dem Volk zeigte, steht eine (allerdings erst aus der Barockzeit stammende, aber wohl einem früheren Vorbild folgende) Salvatorstatue, die nach Gerke 1973, 50 f. dafür gedacht war, die während der Abwesenheit des Kaisers leere Öffnung auszufüllen: »So stand Christus, der Salvator, als Stellvertreter seines Stellvertreters dort.«

138 Im Kaiserpalast von Konstantinopel war auf Veranlassung von Basileios I. (Regierungszeit 867–886) ein reich geschmücktes quadratisches Zimmer eingerichtet worden, dessen Darstellungen sich auf die Vierzahl-Symbolik bezogen. Quadratisch war auch der Grundriß der pyramidenförmig über- dachten Porphyra; vgl. Salvador Miranda, *Les palais des empereurs byzantins,* Mexico 1965, 101 f.; 108 f.; im Palast von Trapezunt befand sich nach einer Beschreibung des Kardinals Bessarion eben- falls ein quadratischer Raum, dessen Ausstattung der Entstehung der Welt und der Menschheit ge- widmet war. –

Auch der Saal der Gralsburg, der möglicherweise mit der Tradition irisch-keltischer Bankettsäle in Verbindung gebracht werden kann, wird im Perceval-Roman des Chrétien von Troyes als quadra- tisch beschrieben *(Li contes del Graal,* ed. A. Hilka, Halle 1932 = Christian von Troyes, *Sämtliche Werke,* Bd. 5, 138, Vers 3082 ff.); vgl. K. Jackson, *Les sources celtiques du roman du Graal,* in: Les romans du Graal aux XIIᵉ et XIIIᵉ siècles, Paris 1956 (= Colloques internationaux du centre national de la recherche scientifique III, Strasbourg 1954), 213–231. – Ein frühes Beispiel ist die quadratische Halle mit 4 Stützen, die – vermutlich als Audienzhalle des Kaisers – zur Thronsaalarchitektur in Trier gehörte und die Keimzelle des Domes bildet; vgl. Theodor Konrad Kempf, *Die Deutung des römischen Kernes im Trierer Dom nach den Ausgrabungen von 1943–1946,* in: Das Münster 1/1947–48, 129–140. – Ein weiterer Bezugspunkt zwischen der herrscherlichen Bestimmung des Westwerksaales und seiner Quadratform war seine Funktion als Ort der Rechtsprechung (vgl. Bandmann 1951/2, 208); in der germanischen Rechtspraxis waren Bilder aus der mit dem Quadrat untrennbar ver- bundenen Vierzahlsymbolik (vgl. die folgenden Textausführungen) sehr häufig, z. B. saßen bei den Dinggerichten in der Wilstermarsch die Gerichtspersonen auf vier im Quadrat stehenden Bänken (W. Müller 1961, 95); vgl. id. ib. 112 f.

139 Quadratisch waren die Altäre der Stiftshütte, das Allerheiligste des Tempels und nach Ezechiel auch der ganze Tempelbezirk (vgl. Anm. II 123 und 132), dessen 500×500 Ellen messende Außenmauer »inter sanctuarium et vulgi locum« trennte *(Ezechiel* 42,20). Quadratischen Grundriß hat nach *Eze- chiel* 48,16 ff. auch die heilige Stadt, und dementsprechend auch das Himmlische Jerusalem in der Offenbarung des Johannes *(Apoc.* 21,16). – Von Beda *(Liber de templo Salomonis* 11; PL 91, 762) und Hrabanus Maurus *(Commentaria in libros IV regum* – in lib. III/6; PL 109, 152) wurde das Allerhei- ligste des Tempels als Hinweis auf die himmlische civitas interpretiert. Civitas kann nach Hrabanus Maurus *(Allegoriae in sacram scripturam;* PL 112, 897) gleichgesetzt werden mit patria coelestis, sancta ecclesia, mundus etc. In diese Assoziationskette fügt sich eine aus karolingischer Zeit stam- mende Inschrifttafel unter dem Thronerkerfenster auf der Westempore von Corvey: »Civitatem istam tu circumda Domine et angeli tui custodiant muros ejus.« Bandmann 1951/2, 112 stellt einen Zusammenhang Ecclesia-Civitas Dei-Nova Jerusalem her und sieht im Westwerk, dessen äußere Er- scheinung »vollkommen mit bildlichen zeitgenössischen Stadtsymbolen übereinstimmt, . . . nicht nur (eine) Eigenkirche für den Herrscher, sondern auch (eine) Abbreviatur der Gesamtkirche unter dem Symbol der Stadt.« (Vgl. auch Günter Bandmann, *Die vorgotische Kirche als Himmelsstadt,* in: Frühmittelalterliche Studien 6/1972, 67–93.) Gerke 1973, 31 ff. interpretiert die Corveyer Inschrift überdies zahlensymbolisch aufgrund der Wort- und Buchstabenzahl: 12 Worte (custo – diant steht in zwei Zeilen und wird als zwei Worte gezählt) »können Hinweis auf die 12 Türme, aber auch die 12 Grundsteine der Heiligen Stadt Jerusalem sein . . .« Die Anzahl von 56 = 8×7 Buchstaben soll aus- drücken: »Für Christus (8) in kaiserlichem Auftrag (7) errichtet.«

zahl[140]: sie bezeichnet die vier Elemente, die vier Jahreszeiten und die vier Himmelsrichtungen[141] bzw. Weltteile und gilt deshalb als *Zahl des Kosmos,* der geschaffenen Welt schlechthin. Diese im Mythischen wurzelnde Symbolik wird in der christlichen Deutung u. a. mit den vier Evangelien[142], den vier Kardinaltugenden und – als wichtigster Entsprechung – mit den vier Kreuzesarmen als Zeichen der Erlösung[143] verknüpft. Die Form des Kreuzes deckt sich mit dem uralten Bild des 'mundus tetragonus', der viergeteilten Welt[144] und symbolisiert so die Weltherrschaft CHRISTI. Die Verbindung von *Quadrat und Kreuz als Zeichen des die Welt erlösenden Salvators* ist dem bildhaften Denken des Mittelalters nicht nur Gegenstand umfangreicher theologischer Erklärungen[145], sondern findet mannigfache bildliche Darstellung[146], auch in Form

140 Siehe dazu die in den Anm. II 59, 71 und 72 genannte Literatur, ferner das Kapitel ›Das Problem des Vierten‹ bei Jung 1948, 395 ff.
141 Die Anfangsbuchstaben der griechischen Bezeichnungen für die vier Himmelsrichtungen, Ἀνατολή (= Osten), Δύσις (= Westen), Ἄρκτος (= Norden) und Μεσημβρία (= Süden) ergeben den Namen AΔAM (ADAM), der so als Namensträger der vier Weltgegenden eine Abbreviatur des Kosmos verkörpert. Christus hat als 'neuer Adam' die Welt durch seinen Kreuzestod erlöst – so besteht eine wesenhafte Verbindung zwischen der viergeteilten Gestalt des Kosmos und der Gestalt des Kreuzes als Zeichen der Erlösung; vgl. z. B. Hrabanus Maurus, *De laudibus sanctae crucis,* fig. 12 und declaratio (PL 107, 195–198); dazu Victor H. Elbern, *Species Crucis – Forma quadrata mundi,* in: Westfalen 44/1966, 174–185, bes. 182 f.; Barbara Bronder, *Das Bild der Schöpfung und Neuschöpfung der Welt als orbis quadratus,* in: Frühmittelalterliche Studien 6/1972, 188–210; zu den vielfältigen Bezügen Adam-Kosmos-Christus siehe auch Herbert von Einem, *Der Mainzer Kopf mit der Binde,* Köln und Opladen 1955 (= Arbeitsgemeinschaft des Landes Nordrhein-Westfalen, Geisteswissenschaften, Heft 37), bes. 14 ff.; Günter Bandmann, *Zur Deutung des Mainzer Kopfes mit der Binde,* in: Zeitschrift für Kunstwissenschaft 10/1956, 153–174.
142 Die Evangelien fanden ihr alttestamentliches Gegenstück in den vier Paradiesesflüssen: »Wie diese das Eden bewässerten, mußten jene das Wasser der Offenbarung nach den vier Weltgegenden tragen« (Sauer 1924, 62 mit einer Reihe von Quellenbelegen); vgl. Anm. II 145.
143 Vgl. H. Meyer 1975, 126 f.
144 Nach dieser in vielen Kulturen anzutreffenden Vorstellung ist die Erde eine nach den vier Himmelsrichtungen geteilte Scheibe, über der sich halbkugelförmig der Himmel wölbt. – Mundus hieß bei den Römern eine runde Grube (Abbild des runden Himmels?), die bis auf drei Tage im Jahr verschlossen blieb und als Zugang zur Unterwelt galt. Als mundus überliefert Plutarch auch die runde Baugrube, die Romulus als Zentrum für die zu gründende Stadt aushob.
145 Eine Verbindung von Christus mit dem Komplex der Vierzahlsymbolik läßt sich häufig nachweisen, insbesondere seit der karolingischen Zeit: Alkuin z. B. bezieht die Vierzahl der Paradiesesflüsse bzw. Evangelien auf Christus *(Epistola 203: De comparatione numerorum Veteris et Novi Testamenti;* PL 100, 477); Hrabanus Maurus spielt direkt auf das dem Quadrat eingeschriebene Kreuz an: ». . . qui in cruce quadrata totius orbis futurus erat redemptor et reparator« *(De laudibus sanctae crucis,* decl. fig. XII; PL 107, 197 – vgl. Anm. II 141); auch im 12. Jahrhundert wird diese Symbolik kommentiert: Honorius Augustodunensis deutet die Kreuzesform als Herrschaftszeichen Christi, indem er die vier Arme mit den vier Himmelsrichtungen und Weltteilen in Verbindung bringt *(Speculum Ecclesiae – De inventione sanctae crucis;* PL 172, 946); vgl. H. Meyer 1975, 126 f.
146 Siehe dazu Otto-Karl Werckmeister, *Irisch-northumbrische Buchmalerei des 8. Jahrhunderts und monastische Spiritualität,* Berlin 1967, bes. 153 ff.; Elbern (zit. Anm. II 141); Bronder (zit. ib.).

figurierter Gedichte[147] oder schließlich – um zu unserem Beispiel zurückzukehren – als architektonische Anordnung: der Hauptraum des in CENTULA dem SALVATOR geweihten Westwerkes umspannt im Grundriß ein Quadrat (Abb. 19)[148]. Unter diesem Raum befand sich die capsa maior[149], deren vornehmste Reliquie eine Partikel des Kreuzes CHRISTI war[150].

Die Vorstellung des 'mundus tetragonus' war aber keineswegs nur auf allegorische Spekulationen beschränkt geblieben, sondern hatte ihren konkreten und folgenreichen Niederschlag in der Tätigkeit der *römischen Agrimensoren* gefunden[151]. Ihre Feldmeßkunst, die nicht nur die Anlage von Städten, allen voran der Roma quadrata[152], von Militärlagern oder die Abgrenzung von Ländereien im Imperium Romanum bestimmte, geht zurück auf die kultische 'Vierteilung

147 Besonders bedeutsam sind die 2 Bücher *De laudibus sanctae crucis* des Hrabanus Maurus (PL 107, 139–294; vgl. Anm. II 141, 145), die 28 die Kreuzform variierende Figurengedichte mit mystischen Auslegungen des Kreuzes enthalten; vgl. Julius von Schlosser, *Eine Fuldaer Miniaturhandschrift der k. k. Hofbibliothek,* in: Jahrbuch der kunsthistorischen Sammlungen des Allerhöchsten Kaiserhauses 13/1892, 1–24; Hans-Georg Müller, *Hrabanus Maurus – De laudibus sanctae crucis – Studien zur Überlieferung und Geistesgeschichte mit dem Faksimile-Textabdruck aus Codex Reg. Lat. 124 der vatikanischen Bibliothek,* Ratingen/Kastellaun/Düsseldorf 1973 (= Beiheft zum 〉Mittellateinischen Jahrbuch〈, hg. von Karl Langosch, Nr. 11); zur Zahlensymbolik in Hrabans *De laudibus sanctae crucis* siehe Taeger 1970.
148 Der im Emporenquadrum des Westwerks angelegte Bezug zu Christus als Salvator mundi ist aufgrund der Quadrat-Vierzahl-Symbolik auch ohne das Salvator-Patrozinium gegeben (in Centula wird schon sehr bald das Richarius-Patrozinium der Hauptkirche auch auf das Westwerk ausgedehnt; andere Westwerke waren z. T. von vornherein anderen Patronen geweiht), an dessen Stelle vielfach ein Johannes-Patrozinium tritt. Die gleichzeitig im Westwerk nachweisbaren Taufakte bedeuten wegen des engen Zusammenhanges zwischen der Erlösung der Menschheit durch den Kreuzestod Christi und der Erneuerung des Menschen in der Taufe nur eine Akzentverschiebung innerhalb des durch das Quadrat bezeichneten Symbolkomplexes. Zum Salvator-Patrozinium siehe Adolf Ostendorf, *Das Salvator-Patrocinium, seine Anfänge und seine Ausbreitung im mittelalterlichen Deutschland,* in: Westfälische Zeitschrift 100/1950, 357–376.
149 »... capsam maiorem ... subtus criptam Sancti Salvatoris ponere studuimus« (*Libellus* – zit. Anm. II 86 –, 176; = Hariulf – zit. Anm. II 87 –, 66).
150 Vgl. Anm. II 95.
151 Dazu Cantor 1875; Dilke 1971; vgl. auch Raymond Chevallier, *Cité et territoire. Solutions romaines aux problèmes de l'organisation de l'espace,* in: Aufstieg und Niedergang der römischen Welt, Reihe II, Bd. 1, hg. von Hildegard Temporini, Berlin/New York 1974, 649–788; Heinsberg 1977. Es bedarf wohl kaum der Erwähnung, daß die römische Feldmeßkunst ihre Vorläufer (vor allem in Ägypten) sowie ihre Parallelen hatte; vgl. Paul Stephan, *Ortung in Völkerkunde und Vorgeschichte,* in: Zeitschrift für Vermessungswesen 1956, Sonderheft 5.
152 Quadratus (τετράγωνος/tetragonus) bedeutet in diesem Zusammenhang nicht viereckig, sondern vierteilig. Siehe dazu Szabó 1938; dazu Franz Dornseiff, *Roma quadrata,* in: Rheinisches Museum für Philologie NF 88/1939; W. Müller 1961, 22 ff. – Zur Anlage mittelalterlicher Städte und der römischen Tradition siehe Müller ib. 53 ff.; der Ausdruck 'Stadtviertel' erinnert noch an die vierteilige Anlage einer Stadt.

des Beobachtungsraumes' durch die Auguren[153]. Grundprinzip des Vermessens war, ausgehend von einem Nabelpunkt (terminus medius), das Ziehen einer Nord-Süd-Linie, des cardo, und senkrecht dazu des decumanus[154]. Durch die Endpunkte dieses Achsenkreuzes gezogene Parallelen grenzten eine Fläche ab, die als sakraler Ort, als templum aus ihrer Umgebung herausgehoben war. Diesen Vorgang der *Abgrenzung und Zueignung des heiligen Bezirkes an die Gottheit* hat die römische Kirche übernommen und legt in den Vorschriften des Pontificale Romanum[155] weiters fest, daß bei der Konsekration einer Kirche ein aus Asche gestreutes Kreuz, die 'crux decussata', die einander jeweils gegenüberliegenden Ecken verbinden soll[156]. Dieses Aschenkreuz in Form eines X[157], in das der Bischof mit seinem Stab zuerst das griechische und dann das lateinische Alphabet schreibt, symbolisiert die göttliche Besitzergreifung und besitzt apotropäische Schutzbedeutung.

Ein Musterbeispiel dafür, wie aus einem solchen Bemessungsvorgang im Ineinandergreifen von kultischer Handlung und mathematischer Gesetzmäßigkeit Architektur als sinnerfüllte Form entsteht, ist die um 1010 von Bischof BERNWARD gegründete Kirche ST. MICHAEL IN HILDES-

153 W. Müller 1961, 36ff.; der Augur teilt sein Gesichtsfeld in vier Regionen, links und rechts, vorn und hinten, indem er markante Punkte am Horizont als Grenzmarken anvisiert und mit seinem Krummstab nach den entsprechenden Seiten Linien in die Luft zieht. Notwendig war eine solche genaue Einteilung des Gesichtskreises für die augurale Tätigkeit, um beobachtete Himmelssigna (Blitz, Vögel etc.) eindeutig (z.B. rechts oder links) einordnen und so den Willen der Götter erkunden zu können; vgl. Heimberg 1977, 36f.

154 Cardo bedeutet – die nordsüdlich verlaufende – Achse (um die sich die Welt dreht); dagegen ist die Etymologie von decumanus unklar. Wahrscheinlich hängt die Bezeichnung mit decussis = Schnittwinkel zusammen und verweist so auf das kreuzförmige Zusammentreffen von cardo und decumanus im Schnittpunkt, dem Terminus medius (oder Tetrans). In diesem Punkt begann die Vermessung: Zuerst wurde mit Hilfe eines Schattenwerfers die West-Ost-Linie (eine ins einzelne gehende Beschreibung dieses Vorganges bei Cantor 1875, 67ff.) festgestellt und dann mit einem Visiergerät, der Groma, das Achsenkreuz konstruiert. Siehe dazu v. a. W. Müller 1961, 9ff.; Heimberg 1977, 12ff.

155 Das im Altertum ausschließlich den Priestern vorbehaltene Abgrenzen eines Bezirkes für die Gottheit nach der oben beschriebenen Methode hat sich im Ritus der katholischen Kirche bei der Einweihung eines Friedhofes *(Pontificale Romanum, De dedicatione coemeterii)* bis in die jüngste Zeit erhalten; vgl. Wolff 1912, 52ff.; dazu die Rezension von Adalbert Schippers OSB, in: Katholik 92/1912, 373–374.

156 Auch die römischen Agrimensoren bedienten sich neben dem Achsenkreuz von cardo und decumanus zweier Transversalen. Die Vorschrift *De dedicatione ecclesiae* im *Pontificale Romanum*, nach der zwei Akoluthen das Diagonalenkreuz aus Asche auf den Kirchenboden zeichnen sollen, setzt die Konstruktion von cardo und decumanus (die aber in den Anweisungen *De dedicatione coemeterii* beschrieben werden; vgl. Anm. II 155) stillschweigend voraus.

157 Dieses X als erster Buchstabe des griechischen Namens Christi (Χριστός) verweist wiederum auf die schon skizzierte Kreuz-Kosmos-Symbolik; vgl. Anm. II 145; siehe auch Otto-Karl Werckmeister, *Die Bedeutung der 'Chi'-Initialseite im Book of Kells,* in: Das erste Jahrtausend, Kultur und Kunst im werdenden Abendland an Rhein und Ruhr, Textband II, Düsseldorf 1964, 687–710; vgl. id. (zit. Anm. II 146), 147ff.

21   *St. Michael in Hildesheim (begonnen um 1010), Inneres nach Osten*

HEIM (Abb. 21)[158]. Die Konstruktion eines Grundrisses mit Hilfe dieser oben skizzierten Vermessungsmethode wird natürlich erst durch konkrete Maßangaben möglich. Nach den bisherigen Andeutungen über das mittelalterliche Zahlenverständnis erscheint es nicht verwunderlich, daß in Hildesheim die Wahl der Maßzahlen nicht nur nach technisch-konstruktiven oder nur formalästhetischen Kriterien erfolgte, sondern daß man sich für die wichtigsten Abmessungen einer Reihe von Zahlen bediente, die *per se* bedeutsam sind: aus denkbar einfachen Zahlen setzt sich, symmetrisch im Verhältnis 1:2:3 zur Vierung ansteigend, die lichte Querhausbreite aus $10+20+30+20+10$ Fuß[159] zusammen (Abb. 22). Rechnet man auf beiden Seiten die jeweils 5 Fuß dicken Mauern hinzu, ergibt sich ein Außenmaß von 100 Fuß[160]. Dieser klaren Zah-

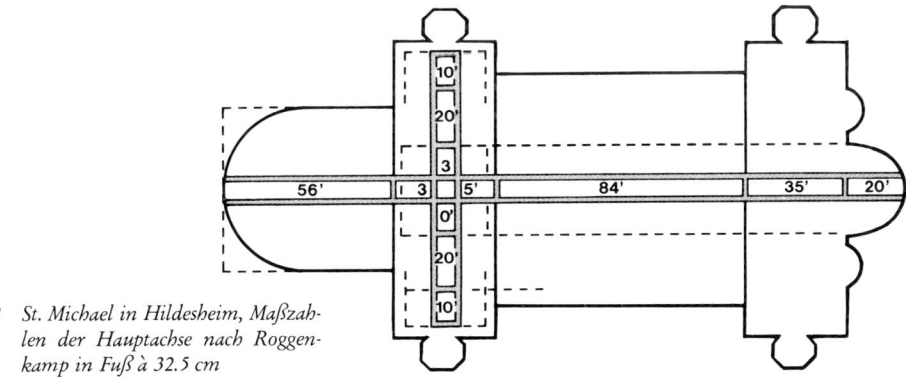

22 *St. Michael in Hildesheim, Maßzahlen der Hauptachse nach Roggenkamp in Fuß à 32.5 cm*

158 In einer (zusammen mit der umfangreichen bau- und stilgeschichtlichen Untersuchung von Hartwig Beseler in einem Band veröffentlichten) ebenso perspektivenreichen wie peniblen Studie gelang es Roggenkamp 1954, die Zahlengesetzmäßigkeiten von St. Michael in Hildesheim nicht nur am Bau schlüssig nachzuweisen, sondern auch quellenmäßig zu belegen. Die Rezensionen von Bandmann 1955, Lehmann 1955 und Thümmler 1956 spiegeln sehr deutlich die seltene Genugtuung über diesen Glücksfall innerhalb der »immer wieder veranstalteten, aber meist gescheiterten Versuch(e), die mathematischen, insbesondere die geometrischen Gesetze (eines) Bauwerks aufzudecken« (Bandmann ib. 260), während die Besprechung von Meyer-Barkhausen bezeichnend ist für die weitverbreitete Skepsis und auch Hilflosigkeit solchen Fragen gegenüber. Letztere tritt vor allem in den Rezensionen von Erwin Neumann (in: Österreichische Zeitschrift für Kunst und Denkmalpflege 8/1954, 122–123) und Hugo Schnell (in: Das Münster 15/1962, 304–305) zutage, die beide Roggenkamps Untersuchung übergehen und sich nur zur Arbeit Beselers äußern; vgl. auch Simson 1979, 298ff.
159 Roggenkamp 1954, 123ff. errechnet für St. Michael ein Fußmaß von 32.5 cm (Königsfuß); vgl. Kap. III/2; – die Proportion 1:2:3 der Querabmessungen beinhaltet – neben dem arithmetischen Mittel – die einfachsten musikalischen Intervalle der Oktave, Quinte und Duodezime (= Oktave + Quinte), worauf an dieser Stelle aber nicht weiter eingegangen werden soll; vgl. Kap. IV/2.
160 Die Vierungsbreite (Achsmaß) von 30 Fuß ist im Querhaus 3 mal enthalten; auch im übrigen Bau ist ein gewisser quadratischer Schematismus unverkennbar. »Um zum maßgebenden Prinzip erhoben zu werden, fehlt allerdings . . . die konsequente Unterordnung aller Mauerzüge und Stützen unter die konstruierten Leitlinien . . . Das Quadrat erfaßt nicht den Gesamtgrundriß.« (Roggenkamp 1954, 130.)

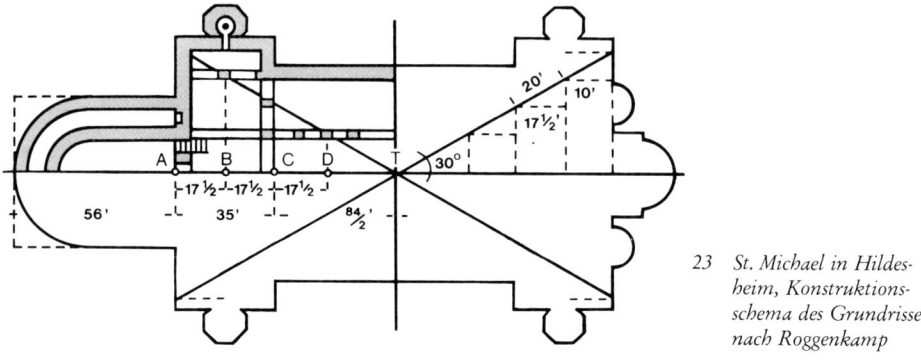

23 *St. Michael in Hildes-*
heim, Konstruktions-
schema des Grundrisses
nach Roggenkamp

lenreihe der Querachse stehen die Maße der Längsachse (die sich aus dem Langhaus und je zwei Querhäusern und Chören zusammensetzt) anscheinend beziehungslos gegenüber: 20+35+84+35+56=230 Fuß. Erstaunlicherweise aber hängen die *'runden' Zahlen*[161] der Querachse unmittelbar von den Maßen der Längsachse ab: errichtet man auf der – als decumanus angenommenen – Längsachse (Abb. 23) in den Teilungspunkten A, C und B, D (die sich durch Halbierung und Spiegelung der Querhaustiefe von 35 Fuß ergeben) jeweils, parallel zum cardo, Senkrechte und zieht durch das Achsenkreuz T (Terminus medius) in der Langhausmitte zwei Diagonalen[162] – wie im Kirchweihritus beschrieben – mit einem Winkel von 30°

161 Zum Begriff 'runde' Zahlen siehe Anm. II 182.
162 Die Konstruktion der Diagonalen unter einem Schnittwinkel von 60° (bzw. 30° zur Längsachse) verursachte sicherlich keine Probleme. Man konnte sich entweder der Sechseckkonstruktion bedienen (um den Achspunkt wird ein Kreis geschlagen und dessen Radius am Kreisumfang aufgetragen) oder man operiert, wie Roggenkamp 1954, 153 für diesen Fall annimmt, mit gleichseitigen Dreiecken, deren Höhe die jeweiligen Abschnitte auf der Längsachse bilden. Für das Verhältnis der

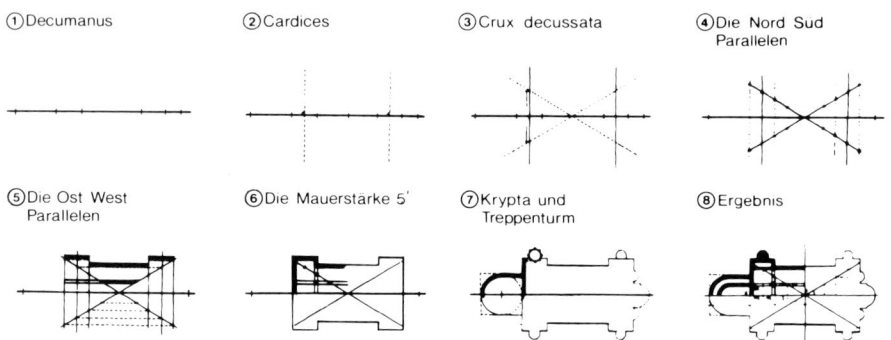

Verpflockung des Grundrisses von St. Michael in Hildesheim, nach Roggenkamp

zur Längsachse, so bestimmen die Schnittpunkte von Diagonalen und Senkrechten die Breitenmaße[163].

Worin aber liegt die Bedeutung der scheinbar willkürlich gewählten Maßzahlen der Längsachse? Sie entstammen einer Reihe der seit der Antike geschätzten und in den mathematischen Abhandlungen immer wieder beschriebenen *figurierten Zahlen,* die an geometrische Flächen oder Körper gebunden sind[164]. Die Glieder der als Punktdiagramm vorgestellten *Flächenzahlen* (vgl. Abb. 1 u. Abb. Anm. II 12) ergeben sich aus der sukzessiven Erweiterung dieser Figur nach dem Prinzip der arithmetischen Reihe. So beruht die Zahlenfolge der Dreieckszahlen 1, 3, 6, 10, 15, 21, 28 . . . auf der Summation der (als Linearzahlen geltenden) Glieder der natürlichen Zahlenfolge[165]. Aus der Summation von Flächenzahlen entstehen, analog dem Zusammenhang zwischen bestimmten Flächen und den von ihnen begrenzten Körpern, die entsprechenden *Körperzahlen;* so aus den Dreieckszahlen die des Tetraeders: 1, 4, 10, 20, 35, 56, 84, 120 . . .[166] Dieser Reihe der Tetraederzahlen nun entstammen die Maßzahlen, nach denen die Längsachse von ST. MICHAEL IN HILDESHEIM gegliedert ist.

163 Höhe zur Seite im gleichseitigen Dreieck (h = a $\sqrt{3}/2$) kannte man den Näherungswert 6/7, den z. B. Gerbert *(Ep. ad Adelboldum;* PL 139, 151ff.; vgl. Günther 1887, 119) nennt. Man brauchte daher nur 7/6 einer beliebig vom Achspunkt auf dem decumanus abgesteckten Strecke symmetrisch zu diesem, parallel zum cardo aufzutragen und deren Endpunkte mit dem Achspunkt zu verbinden bzw. über diesen hinaus zu verlängern, um die gewünschten Diagonalen zu erhalten. Tat man dies im Punkt B in der Querhausmitte (vgl. Abb. 23), der 59½ (≈ 60) Fuß vom Achspunkt entfernt ist (84/2 + 35/2), so brauchte man die Gerbert'sche Formel nur mit 10 zu multiplizieren. Durch die in Punkt B errichtete Senkrechte erhielt man die Langhausbreite von 70 Fuß (vgl. Anm. II 162). Die in Punkt A errichtete Senkrechte schnitt die Diagonalen in 45 Fuß Abstand von der Längsachse – gespiegelt ergibt dies die Querhausbreite von 90 Fuß. Genauso entsteht die Seitenschiffsmitte durch die Senkrechte in Punkt C und die Flucht der Mittelschiffspfeiler (Mittelschiffbreite = 30 Fuß) durch die Senkrechte in Punkt D. Siehe dazu im einzelnen Roggenkamp 1954, 146f. Wie der Absteckungsvorgang abgelaufen sein könnte, rekonstruierte Roggenkamp 1954, 150ff. (Fig. Anm. II 162–163). – Auch die Abtei Corvey wurde, wie Rave (zit. Anm. II 135), 33ff. wahrscheinlich macht, nach der Agrimensorentechnik angelegt.

164 Vgl. Anm. II 12.

165 Die (moderne) mathematische Formel für die n-te Dreieckszahl a_n lautet: $a_n = 1 + 2 + \ldots n = \frac{n}{2}(n+1)$; vgl. Anm. II 12; durch eine einfache Rechnung ist dann zu zeigen, daß $a_n + a_{n+1} = (n+2)^2$, i. e. die Quadratzahl $(n+2)^2$ kann als Summe der Dreieckszahlen a_n und a_{n+1} geschrieben werden.

166 Dem Dreieck als der einfachsten Fläche entspricht der Tetraeder als einfachster Körper; vgl. Anm. II 19; den Zusammenhang von Linear-, Dreiecks- und Tetraederzahlen veranschaulicht die nebenstehende Abbildung (nach Roggenkamp 1954, 143).

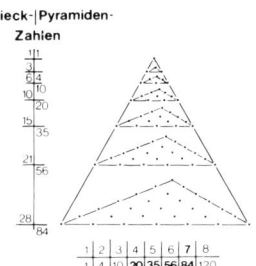

Figurierte Darstellung von Dreieck- und Pyramidenzahlen

Der Tetraeder ist der erste der regelmäßigen Körper, in denen für PLATON die Schönheit und Vielfalt der Welt beschlossen liegt[167]. Er ordnet sie den vier Elementen zu, wobei ihm der Tetraeder als der kleinste, beweglichste und leichteste dieser Körper »Grundbestandteil und Samen des Feuers« zu sein schien[168]. Die Wahl der dem Tetraeder zugeordneten Zahlen 20, 35, 56 und 84 für die wesentlichen Abmessungen der Hauptachse von ST. MICHAEL und die weitere Grundrißentwicklung mittels der auf augurale Riten zurückgehenden 'crux decussata' stellen dieses Bauwerk in einen tiefreichenden kosmologischen Zusammenhang. *Zahl und Gestalt*[169] verbinden mythische Schau, antike Weltvorstellung und mittelalterliche Spiritualität und verleihen dem derart erdachten Bauwerk eine 'intellektuelle Harmonie'[170].

Daß solche Überlegungen nicht nur Spekulationen des Nachforschenden aus einer Epoche pragmatischer Nüchternheit sind, beweist schließlich der Umstand, daß sich – abgesehen von der ohnehin Zufälle nahezu ausschließenden mathematischen Stringenz der Grundrißentwicklung – im Hildesheimer Domschatz als ›Liber mathematicalis‹ eine Abschrift der ›Institutio arithmetica‹ des BOETHIUS erhalten hat[171]. Die Schriften des Neuplatonikers BOETHIUS bildeten bis ins hohe Mittelalter die wichtigste Quelle PLATONISCHEN Gedankengutes; ›De institutione arithmetica‹ faßt die antike Zahlenklassifikation enzyklopädisch zusammen[172] und soll von BERNWARD als mathematischer Leitfaden zur Unterrichtung OTTOS III. (980–1002) benutzt worden sein[173]. Im 21. Kapitel des Hildesheimer ›Liber mathematicalis‹ finden sich auch die 'numeri solidi' des Tetraeders[174].

An Rang und Wertschätzung noch übertroffen wurden Flächen- und Körperzahlen wie hier die *'numeri solidi'* des Tetraeders durch die *'numeri perfecti'*, jene wenigen Zahlen, die identisch sind mit der Summe ihrer Teiler: Zwischen 1 und 1000 ist dies nur 6, 28 und 496[175]. Daß es einigermaßen schwierig ist, diese weit auseinanderliegenden 'numeri perfecti' in der Architektur zu verwenden, bedarf keiner näheren Erklärung. Wenn man sich ihrer dennoch zur Fest-

---

167 Vgl. Anm. I 35; II 17; IV 195.
168 Wie Platon (*Timaios* 55 dff.) den Tetraeder dem Feuer zuordnet, weist er der Erde den Würfel, dem Wasser den Ikosaeder und der Luft den Oktaeder zu. Der Pentagondodekaeder als fünfter Körper entspricht dem Weltganzen.
169 Im in Kap. II/1 besprochenen Sinn; siehe dazu auch Paneth 1952, 220 f.
170 Roggenkamp 1954, 138 ff.
171 Roggenkamp 1954, 145; Boethius 1966, 1–173 (= PL 63, 1079–1168); dazu Hellgardt 1973, 28 ff.
172 Vgl. Anm. II 70; zur Tradierung des arithmetischen Lehrstoffs von der Spätantike bis zum Frühmittelalter siehe die übersichtliche Darstellung bei Hellgardt 1973, 58 ff., der auch auf die besondere Bedeutung der Arithmetik des Boethius hinweist, die allein schon an Umfang die arithmetischen Schriften Cassiodors (*Institutiones* II/4; PL 70, 1204–1208) und Isidors (*Etymologiae* III/5–9; PL 82, 156–161) um ein Vielfaches übertrifft (vgl. Anm. II 171); zur Tradierung griechischen Gedankengutes überhaupt vgl. Bernhard Bischoff, *Das griechische Element in der abendländischen Bildung des Mittelalters*, in: B. B., Mittelalterliche Studien, Bd. 2, Stuttgart 1967, 246–275.
173 Roggenkamp 1954, 141.
174 Roggenkamp 1954, 145; Boethius, *De institutione arithmetica* II/23 (1966, 108).
175 Vgl. Anm. II 63, 64; Boethius, *De institutione arithmetica* I/20 (1966, 41 ff.).

legung wichtigster Abmessungen bediente, wird dadurch nicht nur die außergewöhnliche Größe eines Bauwerkes bestimmt, sondern vor allem auch dessen besonderer Rang bezeichnet. In der Tat handelt es sich bei der nach den 'numeri perfecti' bemessenen ABTEIKIRCHE VON CLUNY III (1088–1130; Abb. 24) um einen der aufwendigsten und größten Kirchenbauten der Christenheit[176]. Die Länge der Hauptachse (Innenlänge des rechteckigen Teiles der Kirche bis zum Ansatz des Chorhauptes) mißt 531 Fuß[177] (Abb. 25): 531 ist die Summe der 'numeri perfecti' $496+28+6+1$[178]. 35 $(=28+6+1)$ Fuß beträgt die Spannweite der Mittelschiffswölbung. Die durch Teilung von 496 entstehenden Zahlen geben eine Reihe weiterer wichtiger Abmessungen an: 248 $(=496/2)$ Fuß messen die Innenlänge des Langhauses (abzüglich der Stufe im Westen) und die Innenbreite des großen Querhauses (gemessen an den Pfeilersockeln), 124 $(=496/4)$ Fuß mißt die Langhausbreite (innen, gemessen an den Pfeilersockeln), 62 $(=496/8)$ Fuß die Tiefe des Chorhauptes und 31 $(=496/16)$ Fuß die Tiefe des großen Querhauses; die 165⅓ $(=496/3)$ Fuß messende Breite des kleinen Querhauses setzt sich zusammen aus 41⅓ $(=496/12$; Achsabstand der Pfeiler) und 2×62 Fuß usw. Da alle genannten Abmessungen durch stetige Teilung einer einzigen Ausgangszahl (496) entstanden sind, stehen sie zueinander in einfachsten – musikalischen[179] – Verhältnissen. Die 'numeri perfecti' und ihre Unterteilungen bestimmen die Dimensionierung der ABTEIKIRCHE VON CLUNY III aber nicht ausschließlich, sondern überlagern sich auf subtile Weise mit anderen Gliederungssystemen: Mit bestimmten, geometrisch aus dem Quadrat abgeleiteten Maßen (worauf erst in Kapitel IV/2 eingegangen wird, da es hier vornehmlich um den ästhetischen oder symbolischen Aspekt der Zahl geht)[180], weiter mit einer Reihe Vielfacher von 7 (14, 21, 28, 35, 42, 49, 56, 70, 91 und 602) Fuß[181], deren

---

176 In jahrzehntelanger Arbeit hat sich K. J. Conant mit der zu Beginn des 19. Jahrhunderts weitgehend zerstörten Abtei Cluny beschäftigt und aufgrund zahlloser Grabungen und bauarchäologischer Untersuchungen die ursprüngliche Gestalt der Abteikirche rekonstruiert. Seine in vielen Publikationen (u.a. Conant 1957, 1960–61, 1962, 1963) veröffentlichten Ergebnisse sind zusammengefaßt in der großen, 1968 erschienenen Monographie über Cluny (= Conant 1968/1). Obwohl nur noch Teile der 3. Abteikirche des benediktinischen Reformklosters Cluny (üblicherweise als Cluny III bezeichnet) erhalten sind, beruhen die im folgenden zitierten Maßzahlen keineswegs nur auf Hypothesen (vgl. Heitz 1976, 410), sondern entsprechen mit hoher Genauigkeit dem gesicherten Baubestand.

177 Verwendet wurde in Cluny III der römische Fuß à 29.5 cm; vgl. Conant 1968/1, 140 ff.; vgl. Kap. III/2.

178 Die Eins wird üblicherweise nicht unter die 'numeri perfecti' gerechnet, obwohl sie die Bedingung erfüllt, identisch zu sein mit der Summe der ganzzahligen Teiler. Als 'Anfang und Ursprung aller Zahlen' nimmt die Eins eine Sonderstellung ein; vgl. Kap. II/1.

179 Vgl. Kap. IV/2.

180 Die Ost-West-Erstreckung der Abteikirche entspricht 5 diagonal aneinandergereihten Quadraten von 90 Fuß Seitenlänge, deren Diagonale $(90\sqrt{2}=127, 25\ldots)$ die Langhausbreite (innen) ergibt.

181 Abmessungen von 7, 14 und 21 Fuß bestimmen die Größe der Apsidiolen, 35 Fuß mißt der Abstand vom Chorscheitel bis zum Chormittelpunkt, 70 Fuß beträgt der Abstand zwischen jeweils 3 Arkaden des Langhauses usw. Die Gesamtlänge (außen) von 602 Fuß ist ebenfalls ein Vielfaches von 7 (86×7). Daß das Auftreten der Siebenzahl hier symbolischen Charakter hat, ist anzunehmen, wenngleich eine spezifische Bedeutung (wie z.B. Ruhe, Grabesruhe) schwierig zu bestimmen ist. Eher ist

24   Abteikirche Cluny III (1088–1130), Modell nach Conant, (Cluny, Musée Ochier)

Verbindung mit den 'numeri perfecti' durch die beiden Reihen angehörende Zahl 28 (= 'numerus perfectus': $1+2+4+7+14=4\times7$) hergestellt wird. Schließlich legt die Serie der *'runden'* Zahlen[182] 25, 50, 100, 125, 150, 200, 250 ebenfalls wichtige Abmessungen fest (Abb. 26): 250 Fuß messen die Langhauslänge (bis zur Außenflucht der westlichen Querhausmauern) und die Breite des großen Querhauses (von Wand zu Wand), 200 Fuß die Außenbreite des kleinen Querhauses, 150 Fuß die Langhausbreite (außen), 125 Fuß die Narthexlänge, 100 Fuß die Narthexbreite (außen) usw.

Die Verflechtung beider Zahlenreihen erfolgt dadurch, daß die durch unterschiedliche Maßansätze (z. B. Achsabstand oder lichte Weite, diese gemessen an der Wand oder den Wandvorlagen) entstehenden Varianten für die Abmessung eines Bauteils durch nahe beieinander liegende, aber nicht derselben Zahlenreihe entstammende Maßzahlen angegeben werden. Demonstrieren läßt sich dies z. B. an der Breite des großen Querhauses: diese beträgt, von Wand zu Wand gemessen, 250 Fuß (Abb. 26); gemessen an den Pfeilersockeln jedoch 248 Fuß (Abb. 25). 250 gehört der Reihe 'runder' Zahlen an, 248 ist die Hälfte des 'numerus perfectus' 496. Weitere derartige (den Plänen zu entnehmende) Maßverflechtungen zeigen, daß diese nicht zufällig sind, sondern die bewußte Schöpfung eines mathematisch geschulten Geistes, wie des als Musiker bekannten GUNZO[183], auf den der Entwurf zurückgeht[184].

wohl der in einem allgemeinen Sinn 'heilige' Charakter der Siebenzahl angesprochen; vgl. Anm. II 99. – Sunderland 1959 hat an einer Reihe romanischer und vorromanischer Kirchen die Verwendung von Maßzahlen nachgewiesen, die jeweils Vielfache zweier Grundzahlen sind, deren eine bevorzugt die 7 ist (7 und 4; 7 und 3; 3 und 4); vgl. hier die Beobachtungen von Ludwich 1914, dazu Anm. II 80.

182 Der Begriff 'runde Zahl' ist ein fester Bestandteil unseres täglichen Sprachgebrauchs und steht im allgemeinen für die Basis-Zahlen des uns vertrauten Dezimalsystems (dessen bevorzugte Stellung sich auch in den Zahlworten m. W. aller europäischen Kultursprachen spiegelt), 10, 100 und 1000 und weiter für alle durch 10 (und auch 5) teilbaren Zahlen. (Im Duodezimalsystem wären konsequenterweise 12, 72 oder 144 Rundzahlen – tatsächlich gibt es auch dafür sprachliche Parallelen, etwa in der Bezeichnung 'Dutzend'). Curtius 1954, 494 hebt vor allem die ästhetische Bedeutung solcher Rundzahlen hervor, die von einem Symbolwert begleitet sein kann, aber nicht muß; vgl. dazu auch Haubrichs 1969, 81, Anm. 19.

183 Gunzo war Abt von Baume und hatte sich im Alter nach Cluny zurückgezogen. Eine zeitgenössische Biographie des Abtes Hugo von Semur, der den Neubau von Cluny III begann, nennt Gunzo einen 'psalmista praecipuus' (Conant 1962, 237). – Bekanntlich war die Musik als Disziplin der artes liberales im Mittelalter vor allem die Wissenschaft ihrer mathematischen Grundlagen; vgl. Anm. I 90.

184 Wie sehr die Konzeption von Cluny III in allen Teilen von symbolischen Bezügen durchsetzt war, zeigen die 8 allegorischen Reliefs von höchster plastischer Qualität an 2 Kapitellen des Chorumganges: sie stellen Personifikationen der 8 Kirchentöne dar, deren Zahlenwerte die musica humana mit der musica mundana verbinden. Jede Darstellung ist von einer Inschrift umgeben, die auf – wiederum vor allem in den Zahlenwerten symbolisierte – außermusikalische Zusammenhänge verweist. In Verbindung mit weiteren Kapitelldarstellungen (4 Jahreszeiten, denen 4 Tugenden entsprechen) spielen diese Reliefs auf die kosmische Harmonie an, als deren Abbild der gesamte Bau mit seinen komplexen Bezügen zu verstehen ist; siehe dazu Leo Schrade, *Die Darstellung der Töne an den Kapitellen der Abteikirche zu Cluni*, in: Deutsche Vierteljahrsschrift für Literaturwissenschaft und Geistesgeschichte 7/1929, 229–266; Kathi Meyer, *The eight Gregorian modes on the Cluny capitals*, in: The Art Bulletin 34/1952, 75–94; Whitney S. Stoddard und Franklin Kelley: *The eight Capitals of the Cluny Hemicyle*, in: Gesta 20/1981, 51–58.

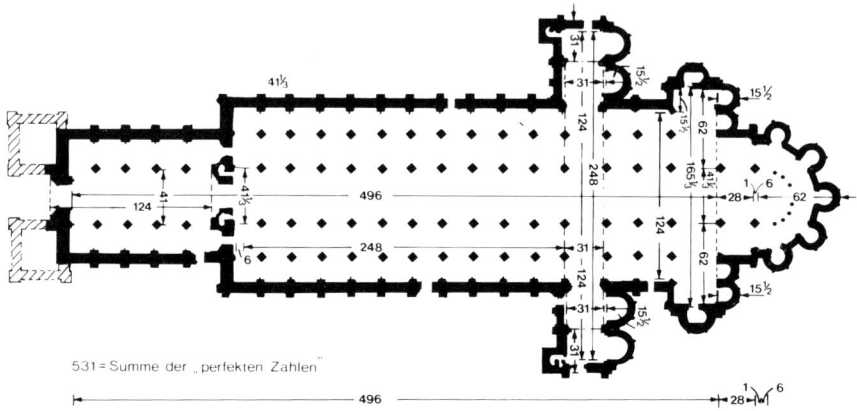

25   *Cluny III, Grundriß: 'perfekte' Zahlen nach Conant in römischen Fuß à 29.5 cm*

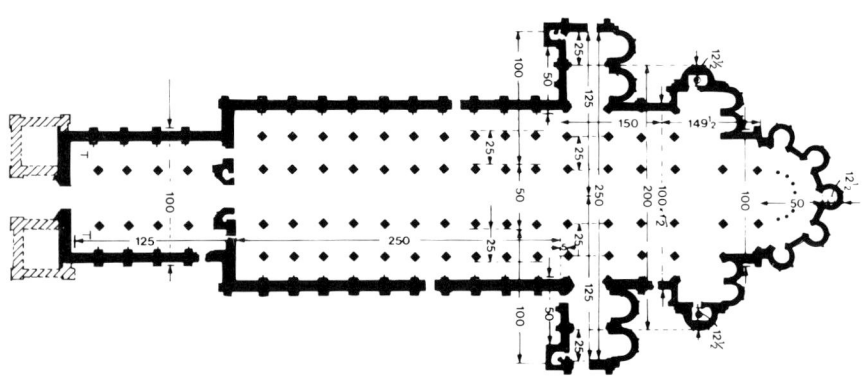

26   *Cluny III, Grundriß: 'runde' Zahlen nach Conant*

So großartig die architektonische Erscheinung mittelalterlicher Kirchenbauten wie der oben besprochenen ist, ihre Teilhabe an der Harmonie des Universums, ihre Verankerung im kosmischen ordo liegt letztlich hinter ihrer sinnlich erfaßbaren Gestalt – die freilich wesentlich aus den Beziehungen der Maßzahlen resultiert –, im Gehalt ihrer Zahlen selbst. Wie hoch dieser mit einer Zahl verbundene Gehalt bewertet und selbst in einer dem Sinnenhaften so zugewandten Epoche wie der italienischen Renaissance über die formal-ästhetische Gliederung eines Bauwerkes gestellt wurde, sei abschließend am schon erwähnten TEMPIO MALATESTIANO IN RIMINI

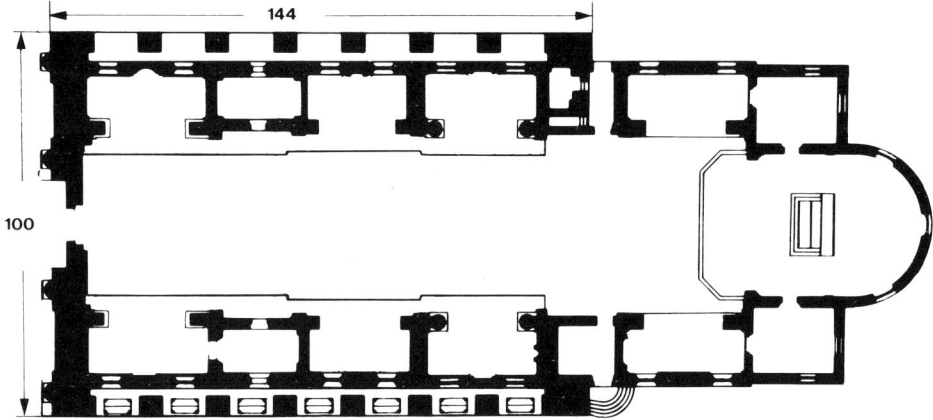

27 S. Francesco (Tempio Malatestiano) in Rimini, Fassade (Leon Battista Alberti, um 1450)

28 S. Francesco (Tempio Malatestiano) in Rimini. Grundriß nach Barlini, Maßangaben in römischen Fuß
à 29.6 cm

(Abb. 27) vorgeführt. Die Breite der von ALBERTI entworfenen Fassade beträgt genau 100 Fuß[185] (Abb. 28). Diese Breite setzt sich zusammen aus der Abfolge Pfeiler – Arkade – Pfeiler – Portalarkade – Pfeiler – Arkade – Pfeiler = 11 + 16½ + 11 + 23 + 11 + 16½ + 11 = 100 Fuß. Wäre die Portalarkade nicht 23, sondern 22 Fuß breit, ergäbe sich analog zur Gliederung der Seitenfronten (Abb. 15)[186] eine Abfolge in einfachsten – musikalischen – Proportionen: 2:3:2:4:2:3:2. Eine solche Gliederung hätte freilich eine Breite von 99 Fuß bedingt. ALBERTI sprengt die klaren Proportionen durch die – bautechnisch keineswegs notwendige[187] – Verbreiterung der Mittelarkade und erhält dadurch als Maß der Fassadenbreite die *'Rundzahl'*[188] 100.

Die besondere *Bedeutung der Zahl 100* ergibt sich schon aus der Tatsache, daß in ihr die Kraft der *'allvollendenden Zehnzahl'*[189] durch Multiplikation mit sich selbst noch gesteigert ist und sie so zum *Symbol der Vollkommenheit* schlechthin wird[190]. Die in der architektonischen Formensprache zum Ausdruck gebrachte Bevorzugung der säulengeschmückten Fassade gegenüber den glatten Pfeilerarkaden der Seitenfronten hat im Vorrang der im Dezimalsystem 'runden' Quadratzahl 100 gegenüber der im Duodezimalsystem ebenfalls 'runden' Quadratzahl 144 (Länge der Seitenfronten) ihre zahlentheoretische Parallele. Darüber hinaus stellt ALBERTI mit einer Fassadenbreite von 100 Fuß eine Beziehung zum 50 Fuß breiten römischen AUGUSTUSBOGEN IN RIMINI her, dessen Vorbildhaftigkeit für ALBERTIS TEMPIO an einer Reihe übereinstimmender Einzelformen ablesbar ist.

Die einzelnen Bedeutungsaspekte der Zahl, die sich in der Anwendung auf die Architektur oft überschneiden und zur Andeutung ihres Facettenreichtums hier bewußt vermittels assoziativ aneinandergereihter Beispiele besprochen wurden, seien noch einmal zusammengefaßt:

185 Naredi-Rainer 1977/1, 103 ff.; 1 röm. Fuß = 29.6 cm; zur architektonischen Gestaltung der Fassade siehe Hellmut Lorenz, *Zur Architektur L. B. Albertis – Die Kirchenfassaden,* in: Wiener Jahrbuch für Kunstgeschichte 29/1976, 65–100, bes. 75 ff.

186 Die aus je 7 Pfeilerarkaden bestehenden Seitenfronten gliedern sich nach dem Rhythmus Eckpfeiler-Arkade-Pfeiler-Arkade . . . Pfeiler-Arkade-Eckpfeiler = 12 + 12 + 6 + 12 + 6 + 12 + 6 + 12 + 6 + 12 + 6 + 12 + 6 + 12 = 144 Fuß; vgl. Kap. IV/2.

187 Alberti hatte die Aufgabe, eine bestehende gotische Kirche zu ummanteln und mußte sich im wesentlichen an die vorgegebene Dimensionen halten. Wie aber der Grundriß (Abb. 28) zeigt, klafft zwischen der alten Mauer und Albertis Seitenfronten zu beiden Seiten eine Lücke von 80 cm (= mehr als 2½ Fuß). Eine Breite von 99 Fuß wäre demnach technisch ohne weiteres möglich gewesen.

188 Vgl. Anm. II 182.

189 Vgl. Anm. II 14.

190 Diese Bedeutung beruht vor allem auf der bekannten mathematischen Tatsache, daß 10 die Summe der ersten 4 Zahlen (Tetraktys, vgl. Anm. II 11, 14), 100 nicht nur die Quadratzahl von 10, sondern auch noch die Summe der ungeraden Zahlen von 1–19 ist. – So spielte die Zahl 100 als Gliederungszahl (vgl. Anm. II 97) vor allem auch in der Literatur eine wichtige Rolle. Siehe dazu Tschirch 1960, der darüberhinaus nachweist, daß 100 im späten 13. und 14. Jh. auch als Marienzahl gilt, weil der englische Gruß 100 Buchstaben umfaßt – darin kann man ein Musterbeispiel für die Überlagerung eines zahlenimmanenten ästhetischen Gehaltes durch eine außermathematische Symbolbedeutung sehen. – Zu biblischen Belegen für die Bedeutung der Zahl 100 siehe H. Meyer 1975, 177 f.; vgl. auch Anm. IV 65.

Die *ästhetische Bedeutung einer Zahl* resultiert aus ihrer Stellung innerhalb des Ordnungssystems der Zahlenreihe als Wesen aller Form; je bedeutsamer ihre mathematischen Eigenschaften, desto höher ist der ästhetische Rang einer Zahl. Insofern die Ordnung der Zahlen die Harmonie des Kosmos spiegelt, enthält die ästhetische Wertigkeit einer Zahl auch einen ontologischen Aspekt[191].

Demgegenüber beruht die *symbolische Bedeutung einer Zahl* nicht auf ihren a priori-Eigenschaften, sondern auf außermathematischen Bezügen, die von naturphilosophischen Spekulationen bis zur Bibelexegese reichen. Da die Symbolzahl nicht Träger eines in ihrem eigenen Sein beschlossenen Gehaltes, sondern Zeichen für einen übertragenen Gehalt ist, können Symbolbedeutungen wechseln bzw. sich überlagern.

Nicht nur ein allgemeiner Symbolgehalt kann durch Zahlen bezeichnet und durch sie auf das an Raum und Zeit gebundene Kunstwerk übertragen werden, sondern Zahlen als das »ohne Zweifel universellste und daher am häufigsten verwendete Zeichensystem unserer Kultur«[192] ermöglichen auch die Übertragung der konkreten Bedeutung eines Kunstwerkes auf dessen Nachbildung auf einem anderen Weg als dem der formalen Kopie.

191 »In der Ontologie und Ästhetik der Zahl geht es um Sein und Form der Dinge, so wie sie eigentlich sind. Sofern es sich um Dinge in Raum und Zeit handelt, zu denen die Kunstwerke gehören, geht es im besonderen nicht um irgendeine geistige, sondern um die raumzeitliche, sinnlich wahrnehmbare Zahlhaftigkeit des Kunstwerks.« (Hellgardt 1973, 251.)
192 Hardt 1980, 236.

III Maß

III/1 Mensch und Maß

Die sprachliche Vielfalt der um den Begriff *Maß* angesiedelten Wortbildungen verschiedenster Nuancierung – Angemessenheit und rechtes Maß gegenüber Vermessenheit und Maßlosigkeit, Maßgebendes neben Mäßigem, Gemessenheit und Übermaß, schließlich Meßbarkeit, Vermessung usw. – zeigt *Maß* im Zentrum eines weiten Bedeutungsfeldes, das Ethik, Ästhetik und auch die Naturwissenschaften umfaßt[1]. Diese in der Sprache erhalten gebliebene Verbindung heute voneinander abgetrennter Bereiche weist auf den Ursprung des Maß-Begriffes im griechischen Denken, das aus der Gleichsetzung von Gutem und Schönem im Bildungsideal der 'Kalokagathia'[2] einen auf den Menschen bezogenen Maßstab entwickelt hat, der ebenso den ethischen wie ästhetischen, religiösen, politischen, physischen und psychischen Bereich einschloß[3]. »Der maßvolle Mensch handelt überall gegen die Götter angemessen . . .; da er gerecht, tapfer und fromm ist, wird er auch vollkommen gut sein. Der Gute aber wird schön und wohl in allem leben, . . . wird auch zufrieden und glückselig sein; der Böse hingegen, der dem Maßvollen sich entgegengesetzt verhält, der Maßlose wird elend leben«, lehrt SOKRATES (469–399 v. Chr.) in PLATONS ›Gorgias‹[4]. Orientiert ist dieses Maß an einer als unwandelbar erklärten göttlichen Ordnung des Universums, der sich der Mensch einfügen muß, um an ihr teilzuhaben[5].

Gegenüber dem an einer absoluten Wahrheit gemessenen Maß SOKRATISCH-PLATONISCHER Prägung erwächst der Maßstab der SOPHISTEN aus einem ethischen und erkenntnistheoretischen Relativismus. Weil jedes Individuum eigene und wechselnde Vorstellungen und Empfindungen

---

1 Vgl. Ottmann/Rücker 1980.
2 Siehe dazu Hermann Wankel, *kalos kai agathos,* Diss. Würzburg 1961.
3 Siehe dazu J. Schmidt 1968; vgl. Bollnow 1961, 33 ff.
4 Platon, *Gorgias* 507 a ff.
5 Vgl. Platon, *Politeia* 500 b ff.: »Denn wer in der Tat seine Gedanken auf das Seiende richtet, . . . auf Wohlgeordnetes und sich immer gleich Bleibendes schauend . . . sich nach Ordnung und Regel verhält, . . . wer mit dem Göttlichen und Geregelten umgeht, wird auch geregelt und göttlich, soweit es nur Menschen möglich ist.«

besitze, deren keine richtiger oder wahrer sei als eine andere, und weil jeder Mensch die Dinge nur so erkenne, wie sie ihm subjektiv erscheinen, gebe es keine Möglichkeit zur Erkenntnis objektiver Wahrheit und damit keinen allgemeingültigen Maßstab. »*Aller Dinge Maß ist der Mensch*«, konstatiert PROTAGORAS (5. Jh. v. Chr.)[6].

Sein berühmter, ursprünglich wohl auf das Individuum bezogener 'homo-mensura-Satz'[7] wird später vielfach gerade umgekehrt verstanden: nicht im einzelnen Menschen liege das jeweils nur für ihn gültige Maß, sondern der überindividuelle 'Mensch an sich' verkörpere als höchstes Wesen der Schöpfung das Maß kosmischer Ordnung[8]. Eine solche Interpretation, in der wieder die PLATONISCHE Vorstellung des Aufeinanderbezogenseins von Makro- und Mikrokosmos anklingt[9], korrespondiert mit der christlichen Anschauung der Gottebenbildlichkeit des Menschen, die schon im Beginn des alttestamentlichen Schöpfungsberichtes grundgelegt ist[10] und ihre Bestätigung durch die Menschwerdung CHRISTI erfahren hat. CHRISTUS kam in der »Wahrheit der menschlichen Gestalt«[11], die als höchste Ausprägung des kreatürlichen Schöpfungsgedankens Bezugspunkt und Symbol aller letztlich in Gott gründenden Ordnung ist[12].

Mit der Metapher des Leibes CHRISTI bezeichnet PAULUS die Gemeinschaft der christlichen Kirche[13]. CHRISTUS selber spricht einmal vom 'Tempel seines Leibes'[14] und verwendet damit ein

6 »Aller Dinge Maß ist der Mensch, der seienden, daß (wie) sie sind, der nicht seienden, daß (wie) sie nicht sind.« (Diels/Kranz 1956, II 263, Protagoras Frg. B 1.) Mit diesem Satz begann Protagoras sein Buch *Von der Wahrheit*.

7 Diese Interpretation, von der Mehrheit der Forscher als die historisch wahrscheinlichste angesehen, stützt sich vor allem auf die Überlieferung bei Platon (*Theaitetos* 152 aff.; 161 cff.); vgl. Ch. Grawe, Artikel *Homo-mensura-Satz*, in: Historisches Wörterbuch der Philosophie, hg. von Joachim Ritter, Bd. 3, Darmstadt 1974, 1175–1176.

8 Zu den verschiedenen Deutungsansätzen siehe Alfred Neumann, *Die Problematik des Homo-mensura-Satzes*, in: Classical Philology 33/1938, 368–379; Adolfo Levi, *Studies on Protagoras. The Man-Measure-Principle, its meanings and applications*, in: Philosophy 15/1940, 147–167.

9 Vgl. Rudolf Allers, *Microcosmus from Anaximandros to Paracelsus*, in: Traditio 2/1944, 319–407; vgl. Anm. I 7; siehe auch Saxl 1957; Richard Löwe, *Kosmos und Aion*, Gütersloh 1935 (= Neutestamentliche Forschungen, hg. von Otto Schmitz, 3. Reihe, 5. Heft); Jula Kerschensteiner, *Kosmos*, München 1962; Karl Clausberg, *Kosmische Visionen. Mystische Weltbilder von Hildegard von Bingen bis heute*, Köln 1980, 161 ff.

10 *Genesis* 1,26–27: »Gott sprach, lasset uns den Menschen machen, ein Bild, das uns gleich sei . . . Und Gott schuf den Menschen ihm zum Bilde, zum Bilde Gottes schuf er ihn; und schuf sie einen Mann und ein Weib . . .«

11 Augustinus, *De civitate Dei* XV/26.1 (PL 41,472).

12 Vgl. S. Braunfels 1973, 44 f.

13 *1 Korinther* 6,15; *Epheser* 1,22 f.; 5,30; Die in Analogie zu Haupt und Gliedern des Leibes Christi gesehene Struktur der Kirche als Vertreterin Christi auf Erden findet später ihre Entsprechung im mittelalterlichen imperium, dessen hierarchischer Aufbau als Abbild der göttlichen Ordnung legitimiert wird.

14 *Johannes* 2,21.

schon in vorchristlicher Zeit gebräuchliches Bild[15], das in der christlichen Deutung immer wieder aufgegriffen wird[16]. Ein über das Metaphorische hinausgehender Zusammenhang zwischen der Menschengestalt CHRISTI und dem Kirchengebäude ist bei AUGUSTINUS angelegt: Er sieht einen alttestamentlichen Hinweis auf CHRISTUS als Erretter der Menschheit und ein Vorbild der Kirche in der Arche, die NOAH und die Seinen vor der Sintflut gerettet hatte. Die Maßverhältnisse dieser Arche ($300 \times 50 \times 30$ Ellen)[17] versinnbildlichen den Menschenleib, in dessen Gestalt CHRISTUS die Welt erlöst hat: »Die Länge des menschlichen Leibes vom Scheitel bis zur Sohle beträgt nämlich das Sechsfache der Breite von einer Seite zur anderen und das Zehnfache der Tiefe vom Rücken zum Bauch.«[18]

Auf die *Vorbildlichkeit der menschlichen Figur für die Architektur* hatte schon VITRUV bei der Beschreibung des Tempels hingewiesen: »... kein Tempel kann ohne Symmetrie und Proportion eine vernünftige Formgebung haben, wenn seine Glieder nicht in einem bestimmten Verhältnis zueinander stehen, wie die Glieder eines wohlgeformten Menschen.«[19] Auf diese von VITRUV vollzogene, im folgenden näher ausgeführte Gleichung Tempel – Mensch beriefen sich fast alle mittel- und nachmittelalterlichen Maßvorstellungen[20]. Während aber die Proportionen des Menschen für das Mittelalter in erster Linie als Ausdruck metaphysischer Bezüge bedeutsam

15 Siehe dazu Flasche 1949, der die Tempelmetaphorik von der Antike bis Stefan George untersucht.

16 Z. B. von Paulus (*1 Korinther* 3,16), Augustinus (*De praesentia Dei liber seu epistola* 187/X.32; PL 33, 845) oder Bernhard von Clairvaux (*Aliae S. Bernardi Sententiae* 18; PL 183, 751); vgl. Flasche 1949, 88ff.

17 *Genesis* 6,15.

18 Augustinus, *De civitate Dei* XV/26.1 (PL 41, 472); vgl. Anm. III 97.

19 Vitruv III/1.1 (1964, 137); Borinski 1914/24, I 59 macht auf die unterschiedlichen Richtungen aufmerksam, in denen die Analogie Mensch – Gotteshaus nach antiker und christlicher Auffassung gesehen wurde: »Dem antiken Baukünstler gehorcht der Tempel der Grundlage und den Proportionen der menschlichen Figur. Dem Christen ist umgekehrt der Leib ein Tempel.«

20 Vgl. S. Braunfels 1973, die ihren vorzüglichen Abriß über die Auseinandersetzung der abendländischen Kunst mit dem Maß des Menschen so beginnt: »Die Geschichte der Vorstellung von Maß und Proportion des Menschen und seiner Schöpfungen ist in Europa von der christlichen Spätantike bis ins 18. Jahrhundert eine Geschichte der Wiederentdeckung und Deutung Vitruvs«; vgl. Naredi-Rainer 1993 und Anm. III 57.

21 Wie sehr sich in den um die Beziehung Mensch – Architektur kreisenden Maß-Spekulationen religiöse, ethische und ästhetische Komponenten überschneiden, erhellt – im Anschluß an die eingangs erwähnte Bedeutungsvielfalt der vom Begriff ›Maß‹ abgeleiteten Wortbildungen – aus einem weiteren sprachlichen Beispiel: Das Wort ›aedificatio‹ bezeichnet eigentlich die Tätigkeit des Bauens und metonym auch das Bauwerk selbst; daneben besitzt ›aedificatio‹ aber auch eine ethisch-moralische Bedeutung (*Thesaurus linguae Latinae*, Bd. 1, Leipzig 1900, 917f.; *Mittellateinisches Wörterbuch*, Bd. 1, München 1967, 284f.; vgl. auch Anno Schoenen OSB, *Aedificatio. Zum Verständnis eines Glaubenswortes in Kult und Schrift*, in: Enkainia, Gesammelte Arbeiten zum 800jährigen Weihegedächtnis der Abteikirche Maria Laach am 24. August 1956, hg. von Hilarius Emonds OSB, Düsseldorf 1956, 14–29) und wird im Mittelalter als »Ausdruck für die regulierende Tätigkeit von Verstand und Wille gegenüber den Affekten« (Heinrich Fichtenau, *Askese und Laster in der Anschauung des Mittelalters*, Wien 1948, 22; Nachdruck in: H. F., Beiträge zur Mediävistik, Bd. 1, Stuttgart 1975, 34) verwendet; diese

waren[21], sah die Renaissance in den menschlichen Maßverhältnissen darüberhinaus die rationale Grundlage der Schönheit und die Vorbedingung künstlerischen Schaffens[22].

Die Übertragung menschlicher Maße auf die Architektur ermöglichen Zahl und geometrische Form, in denen sich zugleich die Verankerung dieses Maßes im Kosmischen manifestiert. Die elementaren, als Symbole kosmischer Harmonie[23] ebenso hoch bewerteten wie als Grundformen architektonischen Entwerfens unverzichtbaren Figuren von Kreis und Quadrat erfassen nach VITRUV auch die menschliche Gestalt: »Liegt nämlich ein Mensch mit gespreizten Armen und Beinen auf dem Rücken, und setzt man die Zirkelspitze an der Stelle des Nabels ein und schlägt einen Kreis, dann werden von dem Kreis die Fingerspitzen beider Hände und die Zehenspitzen berührt. Ebenso wie sich am Körper ein Kreis ergibt, wird sich auch die Figur des Quadrates an ihm finden. Wenn man nämlich von den Fußsohlen bis zum Scheitel Maß nimmt und wendet dieses Maß auf die ausgestreckten Hände an, so wird sich die gleiche Breite und Höhe ergeben, wie bei Flächen, die nach dem Winkelmaß quadratisch angelegt sind.«[24] Das im Mittelalter vornehmlich als Abbreviatur des christlichen Universums verstandene Bild des *homo circularis* und des *homo quadratus*[25] erlangte in der Renaissance als Zeugnis, das unmittelbar aus der bewunderten und zum Vorbild genommenen Antike überkommen war, zentrale Bedeutung und wurde direkt mit der Architektur in Verbindung gebracht. Der christlich geprägte metaphysische Bezug wurde dabei keinesfalls aufgegeben, vielmehr stärker neuplatonisch orientiert[26]. Das dem Kreis und dem Quadrat eingeschriebene Menschenbild konnte zwischen Gott und der körperlichen, sichtbaren Welt eine Verbindung herstellen[27]. ›Warum der

entspricht weitgehend der Tugend der temperantia, die nach Thomas von Aquin (*Summa theologia* III/2, quaest. 141, art. 2; Turin/Rom 1952, 614) als Herrschaft der Vernunftnatur des Menschen über seine Tiernatur zum Maß christlicher Ethik gehört.

22   Panofsky 1975, 91ff.

23   »Der in sich geschlossene, nach allen Seiten gerundete Kreis ist sichtbarer Ausdruck für die Sehnsucht des Menschen, das Chaotische zu bändigen, Raum und Zeit zu heilen, um selbst heilig, vollkommen zu werden und so in Übereinstimmung zu gelangen mit der göttlichen Ordnung, mit der das All durchwaltenden Harmonie« (Lurker 1966, 533; ib. Nachweise und Literaturangaben). Zur Symbolik des Quadrates vgl. Kap. II/2, Literaturhinweise in den Anm. II 136, 140, 141.

24   Vitruv III/1.3 (1964, 139).

25   Dazu v. Einem (zit. Anm. II 141), 14ff.

26   Platons Gedanken waren vornehmlich in der Fassung Plotins bekannt und u. a. von Marsilio Ficino (1433–1499) aufgegriffen und verbreitet worden; siehe dazu Paul Oskar Kristeller, *Die Philosophie des Marsilio Ficino,* Frankfurt 1972; vgl. id., *Renaissance-Philosophie und die mittelalterliche Tradition,* in: P. O. K., Humanismus und Renaissance, Bd. I, München 1974, 112–144: »Die Renaissance hat vielleicht einige Gelehrte und Denker hervorgebracht, die dem Christentum gegenüber gleichgültig waren oder auf die einige seiner Lehren befremdend wirkten. Aber im großen und ganzen ist die Epoche weit davon entfernt, eine unchristliche zu sein, als die man sie manchmal dargestellt hat« (ib. 127).

27   Die folgenden Bemerkungen stützen sich, wie unschwer zu erkennen ist, auf die grundlegenden Ausführungen von Wittkower 1969, bes. 20ff.

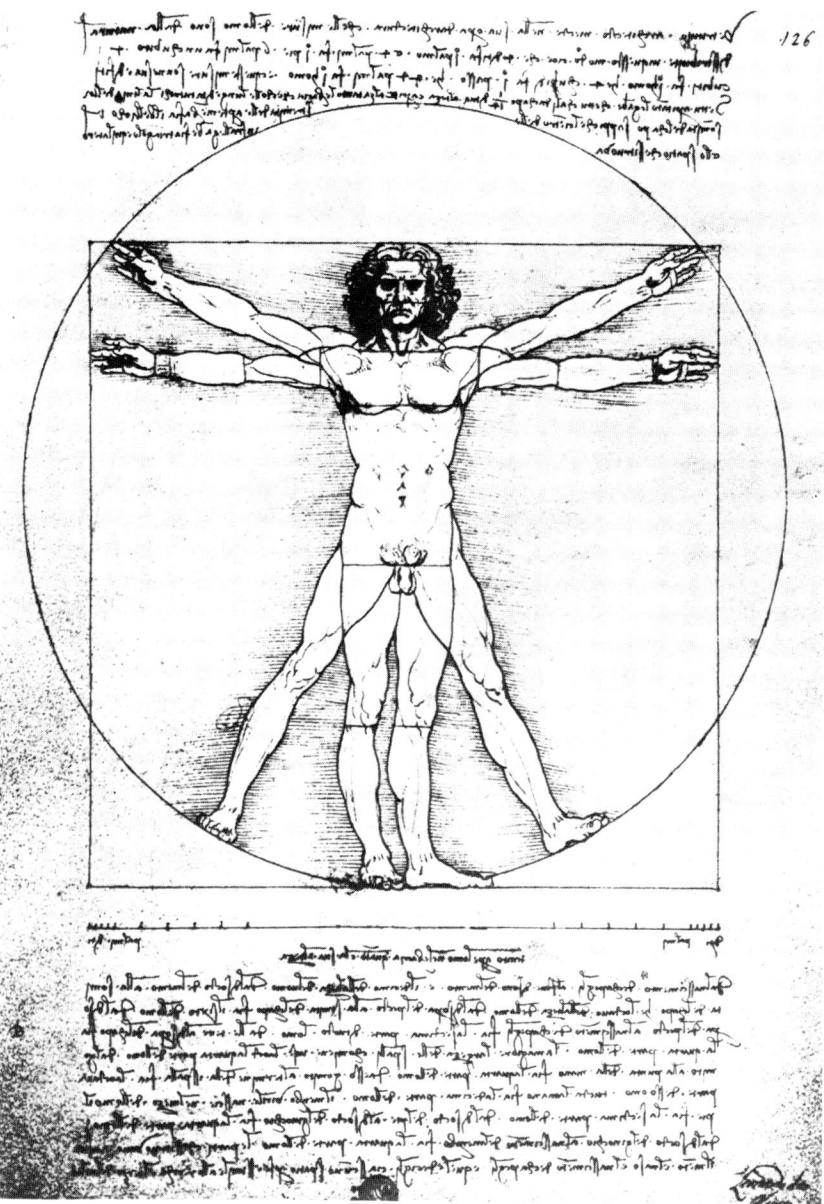

29 Leonardo da Vinci: Proportionsschema der menschlichen Gestalt nach Vitruv (1485/90, Venedig, Galleria dell' Accademia)

Mensch im Kreis ein Bild der Welt ist‹ überschreibt der Neuplatoniker FRANCESCO GIORGI ein Kapitel seines 1525 erschienenen Werkes ›Über die Harmonie der Welt‹[28]. Und der BRAMANTE-Schüler CESARE CESARIANO (1483–1543), bekannt geworden durch seine kommentierte, 1521 in Como erschienene VITRUV-Übersetzung[29], behauptet darin, daß man mit der VITRUVIANISCHEN Figur alles in der Welt proportionieren könne[30]. Daß dieses die Renaissance so faszinierende Schlüsselschema der Menschenmaße als Grundlage des Bauens immer wieder illustriert wurde, bedarf kaum der Erwähnung. Die berühmteste Zeichnung nach der Beschreibung VITRUVS schuf LEONARDO DA VINCI (1453–1519; Abb. 29)[31]. Sein Freund LUCA PACIOLI (um 1445–1514) faßt die Bedeutung dieser VITRUV'schen Schlüsselfigur für den Architekten der Renaissance zusammen: ».. . weil sich vom menschlichen Körper alle Maße und ihre Beziehungen ableiten und in ihm alle Zahlenverhältnisse und Maßbeziehungen zu finden sind, durch welche Gott die tiefsten Geheimnisse der Natur enthüllt, . . . proportionierten die Alten alle ihre Werke, besonders die Tempel, im Einklang damit. Denn im Menschenleib fanden sie die beiden Hauptfiguren, ohne welche kein Kunstwerk gelingen kann, nämlich den vollkommenen Kreis und das Quadrat.«[32]

Ihren unmittelbaren architektonischen Niederschlag fanden Kreis und Quadrat, die ihrer mathematisch-konstruktiven ebenso wie ihrer kosmologisch-symbolischen Qualität wegen freilich von jeher eine besondere Rolle in der Architektur spielen[33], in den Zentralbaukirchen der Renaissance, einem Lieblingsgedanken jener Zeit[34].

28 Francesco Giorgi (oder Zorzi), *De harmonia mundi totius cantica tria,* Venedig 1525, Kap. 2; vgl. Panofsky 1975, 118, Anm. 65; Wittkower 1969, 156f., Anm. 3.

29 Ein von Carol Herselle Krinsky kommentierter Nachdruck der Vitruv-Übersetzung Cesarianos erschien 1969 in München. Zu Cesarianos Bedeutung für die Vitruv-Rezeption zuletzt Germann 1980, 38ff.

30 Cesariano (zit. Anm. III 29), fol. 50 v. – Frau Dr. Sigrid Braunfels machte mich liebenswürdigerweise auf die originelle Arbeit von Lorenzen 1966 aufmerksam, der die – durchaus nicht unfundierte – Theorie entwickelt, daß in der Vitruv'schen Kreis/Quadrat-Figur ein in der Antike allgemein geläufiges, in der Skulptur ebenso wie in der Architektur angewandtes Maßsystem enthalten sei.

31 Venedig, Galleria dell'Accademia; die Zeichnung entstand um 1485/90; zur Interpretation des Vitruv-Textes durch Leonardo siehe Jean Paul Richter, *The literary works of Leonardo da Vinci,* Bd. 1, Oxford 1939, 255, Nr. 343; Saxl 1957, 70f. weist darauf hin, daß diese Zeichnung Leonardos nicht das Resultat kosmologischer Spekulation im mittelalterlich-dogmatischen Sinn darstellt, sondern vielmehr das Ergebnis sorgfältiger Meßexperimente. – Zu weiteren Illustrationen des Vitruv'schen Quadrat- bzw. Kreisschemas der Menschenmaße siehe Wittkower 1969, 20f., Abb. 6–11.

32 Pacioli 1889 (Anhang De architectura), 129ff./294ff. Übersetzung hier in Anlehnung an Wittkower 1969, 20.

33 Zur Bedeutung des Kreises als architektonischer Form siehe Hautecœur 1954; zur Bedeutung des Quadrates vgl. Kap. II/2.

34 Wesentliches zum Verständnis des Zentralbaugedankens in der Renaissance hat in einem dieser Thematik gewidmeten Kapitel wiederum Wittkower 1969, 11ff. beigetragen. Zu den Zentralbauentwürfen Leonardos, in denen die Variationsmöglichkeiten dieses Gedankens besonders schön zum Ausdruck kommen, siehe Ludwig Heinrich Heydenreich, *Die Sakralbau-Studien Leonardo da Vinci's,* 2. Aufl., München 1971.

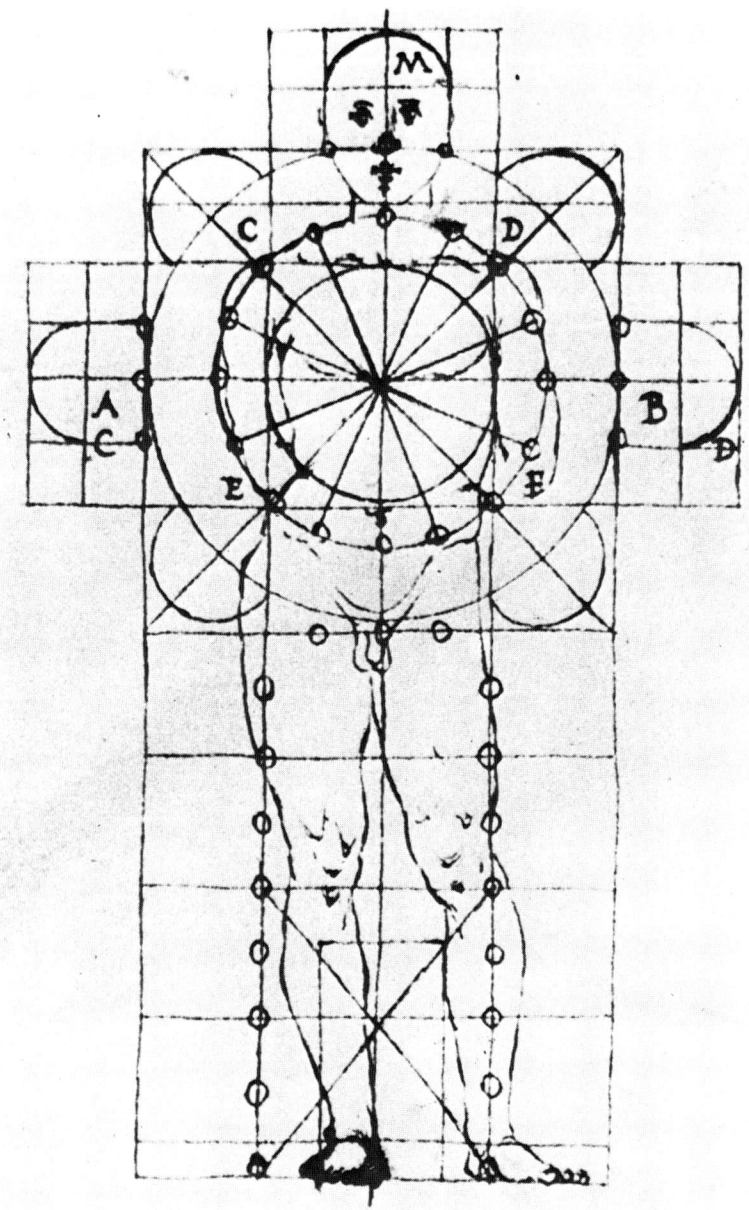

30 Francesco di Giorgio Martini: Kirchengrundriß nach dem Maß des Menschen
(1480/90), (Florenz, Biblioteca Nazionale, Cod. Magliabecchiano II.I.141, fol. 42 v)

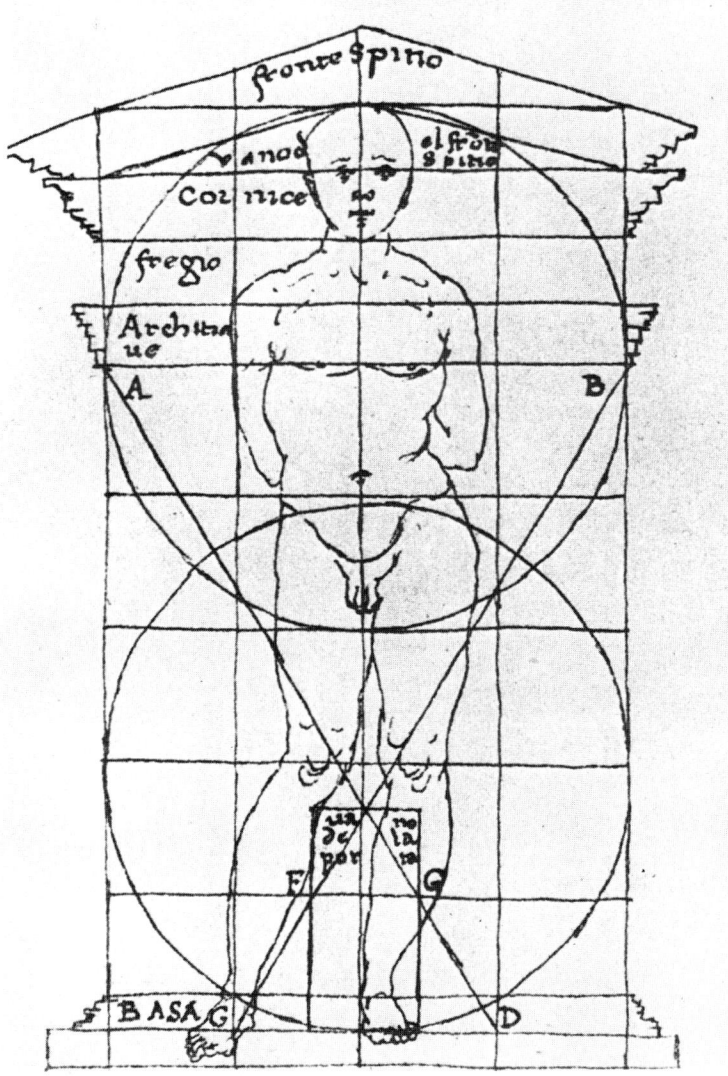

31 Francesco di Giorgio Martini: Kirchenfassade nach dem Maß des Menschen (1480/90), (Florenz, Biblioteca Nazionale, Cod. Magliabecchiano II.I.141, fol. 39v)

Waren Kreis und Quadrat durch die VITRUV'sche Figur bereits anthropometrisch legitimiert[35], so nahmen doch die Bemühungen um eine Ableitung der Architektur von den Maßverhältnissen des Menschen teilweise weit konkretere Formen an. Die Architekten ANTONIO AVERLINO, genannt FILARETE (um 1400 bis nach 1465)[36], und noch mehr FRANCESCO DI GIORGIO MARTINI (1439–1501) – nicht zu verwechseln mit FRANCESCO GIORGI – versuchten, die menschliche Gestalt unmittelbar auf den architektonischen Entwurf zu übertragen, wie dies ein Grundriß- und ein Fassadenentwurf MARTINIS zeigen (Abb. 30, 31)[37]. In diesen Zeichnungen, wohl Studien für die Kirche S. MARIA DELLE GRAZIE IN CALCINAIO BEI CORTONA, scheint die architektonische Form weitgehend von der menschlichen Gestalt bestimmt zu sein. Dies trifft vor allem auf die Grundrißzeichnung zu, in der Langhaus- und Zentralbau-Elemente als Ordnungssysteme von Quadrat- und Kreisfiguren, deren Ausgangspunkt der Mensch ist, zu einem organischen Ganzen verschmelzen.

Die in den Grundriß eingezeichnete menschliche Figur wirkt wie die Illustration einer auch dem Mittelalter durchaus geläufigen Vorstellung, die aber vor der Renaissance im Bereich des metaphorischen Gedankenbildes geblieben war: so vergleicht z. B. der Liturgiker WILHELM DURANDUS VON MENDE (um 1230–1296) die Anordnung des Gotteshauses mit der Gestalt des menschlichen Körpers[38], wobei der Altarraum dem Haupt, die Querschiffe den beiden Armen und das Langhaus dem übrigen Teil des menschlichen Körpers entsprechen. Ein ähnlicher Vergleich, der für die im 11. Jahrhundert erbaute Abteikirche ST-TROND BEI LÜTTICH[39] überliefert ist, geht noch weiter ins Detail und ordnet auch Hals, Brust, Bauch, Hüften und Beinen einzelne Bauteile zu[40].

35 Noch viel weiter in der Ableitung geometrischer Figuren aus dem Maß des Menschen ist man im *Codex Huygens* (New York, Pierpont Morgan Library, MA. II 39) gegangen, der um 1570 in der Nachfolge Leonardos entstanden ist; siehe dazu Erwin Panofsky, *The Codex Huygens and Leonardo da Vinci's Art Theory*, London 1940 (= Studies of the Warburg Institute 13), bes. 120ff.; fol. 7 (= Panofsky ib. fig. 5) zeigt die menschliche Figur eingegliedert in 2 Kreise, ein Quadrat, ein Achteck, ein Sechseck und ein Fünfeck sowie in mehrere Dreiecke.

36 Zu Filaretes anthropometrischer Architekturauffassung siehe Tigler 1963, bes. 54ff. und 69ff.

37 Florenz, Biblioteca Nazionale, *Cod. Magliabecchiano* (Ms. II.I.141), fol. 39v, 42v; siehe dazu Millon 1958; Soergel 1958, 35ff.; vgl. auch Lowic 1982.

38 Durandus, *Rationale divinorum officiorum* 1.1: »Dispositio autem materialis ecclesiae modum humani corporis tenet« (nach Sauer 1924, 111).

39 Georg Weise, *Die ehemalige Abteikirche von St. Trond,* in: Zeitschrift für Geschichte der Architektur 4/1910–11, 124–137.

40 Dieser Vergleich ist überliefert in den aus dem 14. Jh. stammenden *Gesta abbatum Trudonensium* (Julius von Schlosser, *Quellenbuch zur Kunstgeschichte des abendländischen Mittelalters*, Wien 1896, 242); vgl. H. Koch 1951, 15.

41 Tigler 1963, 80f. führt einige Beispiele aus der italienischen Literatur des 15. und 16. Jahrhunderts an, darunter auch einen Vergleich, den Gianozzo Manetti (1396–1459) in seiner Biographie Papst Nikolaus' V. zwischen dem Plan der künftigen Petersbasilika und der Gestalt eines am Boden ausgestreckten Menschen zieht; zwei Jahrhunderte später deutet Giovanni Lorenzo Bernini (1598–1680) die Kolonnaden des Petersplatzes, die die Gläubigen umfassen, als Arme Petri (Reinle 1976, 24;

Solche durchaus zu vermehrenden Beispiele[41] machen bewußt, daß der *menschliche Körper* auch – und zuallererst – *Benennungsvorbild für den Bau und seine Teile* ist. Dies wurzelt im mythischen Denken, dem der menschliche Organismus »gleichsam zum Modell dient, nach welchem es sich das Ganze der Welt aufbaut«[42]. Da in der mythischen Anschauung das Wesen jedes Dinges in seinem Namen beschlossen liegt, Wort und Sache nicht voneinander zu trennen sind[43], nehmen Formen und Bezeichnungen der einzelnen Teile des menschlichen Körpers bei der gestaltenden Erschließung der Welt – wozu das Schaffen von Architektur wesentlich zählt – einen besonderen Rang ein.

Die ursprüngliche Übertragung von Bezeichnungen für menschliche Körperteile auf Gegenstände, deren Form oder Gliederung eine gewisse Ähnlichkeit mit der Menschengestalt aufweisen – wie eben auch die Architektur –, blieb in vielen Fällen auch noch erhalten, als ein formaler Bezug kaum oder gar nicht mehr gegeben war[44]. So haben sich in der Sprache z. T. bis heute Zusammenhänge erhalten, die im Gestaltbereich längst verloren gegangen sind[45].

Dies betrifft vor allem auch die Tatsache, daß die anthropomorphisierende Ausdrucksweise in ihrer Anwendung auf die Architektur sich nicht nur auf die Benennung bestimmter Bauteile beschränkt, sondern sich auch auf Maßbezeichnungen wie Fuß, Schritt, Elle, Spanne etc. erstreckt und so darauf hinweist, daß der menschliche Körper mit seinen Bewegungen die Grundgröße darstellt, aus der ursprünglich Maßeinheiten abgeleitet wurden (siehe Kapitel III/2)[46].

Der elementarste Aspekt im Zusammenhang zwischen der menschlichen Gestalt und der Architektur liegt darin, daß dem Menschen die Beweglichkeit seiner Gliedmaßen nach bestimmten Richtungen »als Ausgangspunkt aller weiteren Ortsbestimmungen«[47] dient und zur Vorstellung räumlicher Ordnungen führt[48], ohne die Architektur als Verkörperung von Maßverhältnissen im Raum[49] nicht denkbar ist.

Aus dem menschlichen Körper sind so einerseits Maßeinheiten als an sich gestaltlose Quantitäten ableitbar, andererseits bestimmte Maßverhältnisse als gestalthafte Qualitäten, die aus dem Zusammenhang von Zahl und verkörperter Maßeinheit entstehen.

Abb. 23). Ein anderes Beispiel ist der vom spanischen Spätgotiker Rodrigo Gil de Hontañon (um 1500–1577) angestellte Vergleich zwischen dem Rippenbündel eines Gewölbes und den Fingern einer Hand (Kubler 1944, 140).

42 Cassirer 1964, I 159 (Zitat leicht verändert).

43 Vgl. Cassirer 1964, I 55 ff.

44 Vgl. Brzóska 1931, die die anthropomorphe Architekturauffassung vor allem an sprachlichen Quellen von 1525 bis 1750 untersucht.

45 Noch heute sprechen wir von Bau-Körper, Säulen-Fuß, Querhaus-Arm, Chor-Haupt, Gewölbe-Scheitel, Front etc.

46 Darauf macht schon Vitruv III/1.5 (1964, 138) aufmerksam.

47 Cassirer 1964, I 159.

48 Vgl. Soeder 1964, 23; vgl. Cornelis van den Ven, *Space in architecture*, Amsterdam 1978; zur Entwicklung des physikalischen Raumbegriffes siehe Max Jammer, *Das Problem des Raumes*, Darmstadt 1980 (amerikan. Erstausgabe 1953).

49 Vgl. Adler 1926, 50 f.

»Im Maaße sind, abstrakt ausgedrückt, Qualität und Quantität vereinigt«, formuliert GEORG WILHELM FRIEDRICH HEGEL (1770–1831)[50] und präzisiert in einem Kapitel über ›Das reale Maaß‹: »Das Maaß ist bestimmt zu einer Beziehung von Maaßen, welche die Qualität unterschiedener selbstständiger Etwas, geläufiger: Dinge ausmachen.«[51]

Diese Beziehung von Maßen ins 'rechte Maß' zu bringen, ist ein zentrales Anliegen allen künstlerischen und zumal architektonischen Schaffens. Da man nun dieses 'rechte Maß' im Menschen vorgegeben sah, wurde die Erfassung und mittelbare Formulierung der Bildungsgesetze des menschlichen Körpers zu einer wesentlichen Voraussetzung 'maßgerechter' Gestaltung. Die Ableitbarkeit für die Architektur gültiger Maßverhältnisse von der menschlichen Gestalt hängt daher eng zusammen mit den durch die gesamte Kunstgeschichte zu verfolgenden Bemühungen um ein Proportionsgesetz, das die Abbildbarkeit der menschlichen Figur als vornehmstes Thema der Bildkünste ermöglicht.

Die Versuche, einen gültigen *Kanon*[52] *der menschlichen Gestalt* festzulegen, reichen von den Ägyptern[53] bis in unsere Zeit[54] und fanden ihre Höhepunkte in der griechischen Klassik und in der Renaissance[55], in Epochen also, deren idealistische Zielsetzung einer normativen Ästhetik das Prinzip harmonischer Schönheit als Beziehung der Teile untereinander und zum Ganzen in der Gestalt des Menschen am reinsten verwirklicht sah. Eine Schlüsselposition in der Entwicklungsgeschichte der Proportionslehre des menschlichen Körpers nimmt (mangels anderer antiker Quellen) VITRUV ein, auch wenn seine Ausführungen zu den Maßverhältnissen des Menschen vergleichsweise spärlich sind[56]. Seine Bedeutung, deren Einfluß auf die Kunsttheorie vor

---

50 Georg Wilhelm Friedrich Hegel, *Wissenschaft der Logik,* Erster Teil II/3, Stuttgart 1958 (= Sämtliche Werke Bd. 4), 405.

51 Hegel, *Logik,* Erster Teil II/3.2 (zit. Anm. III 50), 431; vgl. dazu Bruno Liebrucks, *Sprache und Bewußtsein,* Bd. 6/1: Der menschliche Begriff, Frankfurt 1974, 761ff.

52 Zum Begriff 'Kanon' siehe Oppel 1937.

53 Dazu Iversen 1975; einen an der ägyptischen Kunst orientierten Kanon der menschlichen Gestalt entwickelte im 19. Jh. P. Desiderius (Peter) Lenz OSB (1832–1928), der Begründer der Beuroner Kunstschule; siehe P. Desiderius Lenz, *Der Kanon,* in: Benediktinische Monatsschrift 3/1921, 363–372.

54 Neben der wissenschaftlichen Anthropometrie als einer Disziplin der Naturwissenschaften (vgl. Georg Glowatzki, *Wissenschaftliche Anthropometrie – Anthropologische Meßmethoden und ihre Anwendung,* in: Der vermessene Mensch, München 1973, 107–145) kennt auch unser Jahrhundert künstlerische Bestrebungen um einen Kanon der menschlichen Gestalt, die sich mehr einer 'Metaphysik der Proportionslehre' verpflichtet fühlen; z. B. Oskar Schlemmer (vgl. Anm. III 113).

55 Panofskys 1921 geschriebene Studie (= Panofsky 1975) über die Entwicklung der Proportionslehre als Abbild der Stilentwicklung bietet den wohl geistreichsten Überblick von Ägypten bis zum Barock. Eine sehr brauchbare Zusammenstellung der wichtigsten Proportionslehren von der Antike bis zur Renaissance mit jeweils knappen Zusammenfassungen und ausführlichen Quellenbelegen bringt Speich 1957; vgl. ferner Ullmann 1958.

56 Vitruv III/1.2 (1964, 137): »Den Körper des Menschen hat nämlich die Natur so geformt, daß das Gesicht vom Kinn bis zum oberen Ende der Stirn und dem untersten Rande des Haarschopfes 1/10 beträgt, die Handfläche von der Handwurzel bis zur Spitze des Mittelfingers ebensoviel, der Kopf

allem der italienischen Renaissance kaum zu überschätzen ist[57], liegt in seiner Autorität als vermeintlicher Sammelpunkt aller antiken Kunstlehre – obwohl beispielsweise der berühmte Kanon des POLYKLET (um 480 bis um 410 v. Chr.)[58] in seiner Differenziertheit aus VITRUVS Angaben nicht zu erschließen ist.

Auf VITRUV fußen mehr oder weniger alle Proportionslehren der Renaissance einschließlich der auf genauer Naturbeobachtung beruhenden Aufstellungen von ALBERTI[59], LEONARDO[60] und schließlich ALBRECHT DÜRER (1471–1528)[61], die mit geradezu naturwissenschaftlicher Präzision die organische Gestalt des Menschen zu erfassen suchen. Neben diesen empirisch fundierten Bemühungen um eine exakte Anthropometrie sind andere Proportionslehren der Renaissance eher vom Bestreben geprägt, vorgegebene mathematisch-philosophische Zahlenspekulationen in den Maßverhältnissen des menschlichen Körpers bestätigt zu finden. Zu letzteren zählen die

vom Kinn bis zum höchsten Punkt des Scheitels ⅛, von dem oberen Ende der Brust mit dem untersten Ende des Nackens bis zum untersten Haaransatz ⅙, von der Mitte der Brust bis zum höchsten Scheitelpunkt ¼. Von dem unteren Teil des Kinns aber bis zu den Nasenlöchern ist der dritte Teil der Länge des Gesichts selbst, ebensoviel die Nase von den Nasenlöchern bis zur Mitte der Linie der Augenbrauen. Von dieser Linie bis zum Haaransatz wird die Stirn gebildet, ebenfalls ⅓. Der Fuß aber ist ⅙ der Körperhöhe, der Vorderarm ¼, die Brust ebenfalls ¼.«

57 Zur Rezeptionsgeschichte Vitruvs siehe H. Koch 1951; Germann 1980; Reudenbach 1980; Zöllner 1987; die vollständigste Bibliographie der Vitruv-Ausgaben und -bearbeitungen ist zusammengestellt bei Luigi Vagnetti/Laura Marcucci, *Per una coscienza Vitruviana. Regesto cronologica e critico,* in: 2000 anni di Vitruvio (Studi e documenti di architettura 8), Florenz 1978, 11–184; vgl. dazu die Rezension von Charles Davis in: Journal of the Society of Architectural Historians 39.3/1980, 251–253.

58 Neuerdings gelang Steuben 1973 eine schlüssige Rekonstruktion des Polyklet'schen Kanons, der demnach aus mehreren voneinander unabhängigen Maßstäben bestand, die aber alle in der Gesamthöhe aufgingen, wenn auch z. T. in Brüchen. In glatten Verhältnissen stehen nur Gesamthöhe:Fuß:Handbreite = 20:6:1.

59 In seiner 1464 veröffentlichten Schrift *De statua* (= Alberti 1877, 165–205) teilt Alberti die Körperlänge in 6 Fuß (pedes), diesen in je 10 Zoll (unceolae) und diese weiter in 10 Linien (minutae). Die kleinste Maßeinheit beträgt also ¹⁄₆₀₀ der Größe des Menschen. Mit diesem System wurden nun an einer Reihe gemeinhin als 'schön' geltender Menschen Messungen durchgeführt und aus den Mittelwerten eine Tabelle aus 67 Maßpositionen erstellt; siehe dazu Speich 1957, 158ff.; Soergel 1958, 26; Panofsky 1975, 94ff.

60 Leonardo hat seine Maß-Forschungen nie zu einem System vereinigt und nur fragmentarisch-skizzenhaft hinterlassen. Seine Grundidee war die Verbindung der Proportionen mit der organischen Bewegung des Körpers. Der im Leonardo-Umkreis entstandene Codex Huygens vermittelt diese Vorstellungen (vgl. Anm. III 35); siehe Panofsky 1975, 94ff.; S. Braunfels 1973, 57ff.

61 Albrecht Duerer, *Hierinn sind begriffen vier bücher von menschlicher Proportion . . .,* Nürnberg 1528 (Faksimileausgabe Unterschneidheim 1964); *Dürers schriftlicher Nachlaß,* hg. von Hans Rupprich, bes. Bd. II, Berlin 1966 und Bd. III, ib. 1969; Dürer übernimmt Albertis Fuß als 'Maßstab' und teilt ihn in je 10 'Zahlen', diese wieder in je 5 'Teile' und diese schließlich in je 3 'Trümlein'. Anders als Alberti stellt er keinen Mittelwert als idealen Schönheitskanon auf, sondern schafft eine differenziertere Typenlehre mit nicht weniger als je 13 verschiedenen männlichen und weiblichen Typen. Siehe dazu Giesen 1930; Thomae 1931–32; Panofsky 1915; id. 1975, 99ff.; id. 1977, 347ff.; S. Braunfels 1973, 62ff.

Kanones der Architekten FILARETE[62] und FRANCESCO DI GIORGIO MARTINI[63] und des Mathematikers LUCA PACIOLI[64]. Ihnen ging es unter Berufung auf VITRUV in erster Linie um eine direkte Übertragung menschlicher Maßverhältnisse auf die Architektur und darüberhinaus – man denke an MARTINIS Entwürfe – um den Anthrpomorphismus der Architektur überhaupt, während die weitaus differenzierteren Proportionslehren ALBERTIS, LEONARDOS und DÜRERS dafür weder geeignet noch vorgesehen waren. Sie sollten vielmehr als Grundlage zur Darstellung des Menschen in den Bildkünsten dienen, hatten aber, vor allem bei DÜRER, »die Grenze künstlerischer Anwendbarkeit immer weiter überschritten und schließlich den Zusammenhang mit der Praxis so gut wie verloren«[65].

Ungeachtet der unterschiedlichen Zielsetzungen solcher Proportionslehren gab es prinzipiell zwei – einander allerdings überschneidende – Möglichkeiten, die Maßverhältnisse des Menschen zu bestimmen[66]:

1. Die schon von POLYKLET verwendete und von VITRUV summarisch beschriebene Methode, die einzelnen Maße in *aliquoten Bruchteilen* der Gesamtlänge des Körpers auszudrücken.

2. Das angeblich auf den römischen Polyhistor MARCUS TERENTIUS VARRO (116–27 v. Chr.) zurückgehende und im byzantinischen ›Malerhandbuch vom Berge Athos‹[67] überlieferte Verfahren, die Maße als Produkte eines in ihnen allen enthaltenen *Moduls,* meist der Kopf-, Gesichts- oder auch Fußgröße, auszudrücken.

Einen Modulkanon, der in der italienischen Kunstliteratur zuerst um 1390 bei dem in der GIOTTO-Tradition ausgebildeten CENNINO CENNINI[68] auftaucht, verwenden mehr oder weniger variiert LORENZO GHIBERTI (1378–1455)[69], FILARETE und MARTINI[70], während LEONARDO das Modul- mit dem Bruchteilverfahren kombiniert[71]. DÜRER dagegen bevorzugte zuerst fast aus-

---

62   Filarete, *Trattato di architettura,* ed. Anna Maria Finoli und Liliana Grassi, 2 Bde., Mailand 1972. Filarete unterscheidet drei normale Grundtypen von 7, 8 und 9 Kopflängen. Siehe dazu Speich 1957, 155 ff.; Tigler 1963, 50 ff.

63   Francesco di Giorgio Martini, *Trattati di architettura ingegneria e arte militare,* ed. Corrado Maltese, 2 Bde., Mailand 1967. Siehe dazu Speich 1957, 161 ff.; Germann 1980, 83 ff.

64   Pacioli 1889, 130–138; 296–306. Siehe dazu Speich 1957, 164 ff.

65   Panofsky 1975, 101 f.

66   Panofsky 1975, 69; Rupprich (zit. Anm. III 61) II, 31.

67   *Das Handbuch der Malerei vom Berge Athos,* ed. G. Schäfer, Trier 1855, 82; zum pseudovarronianischen Kanon siehe auch Klein 1967.

68   Cennino Cennini, *Il libro dell'arte,* ed. Franco Brunello, Vicenza 1971, 81 ff. (= Cap. LXX); Cenninis Figur, die in ein Quadrat eingeschrieben werden kann, umfaßt 8 2/3 Gesichtslängen; vgl. Panofsky 1975, 82; Rupprich (zit. Anm. III 61) II, 29.

69   *Lorenzo Ghibertis Denkwürdigkeiten (Comentarii),* hg. von Julius von Schlosser, Berlin 1912, I 105–107, 226–233, II 32–37; Ghibertis bevorzugter Kanon setzt die Gesamtlänge des Körpers aus 9 1/2 Gesichtslängen zusammen; siehe dazu Speich 1957, 136 ff.

70   Vgl. Anm. III 62 und 63.

71   Leonardo drückt einerseits die Maße in aliquoten Körperbruchteilen aus, stellt aber auch Analogien zwischen der Gesichtslänge (= 1/9 Körperlänge) und anderen Körperteilen her, z.B.: Hand = 1 Gesichtslänge, Brustbreite = 2 Gesichtslängen etc.; vgl. Anm. III 60; Rupprich (zit. Anm. III 61) II, 30.

schließlich VITRUVS Methode der aliquoten Bruchteile[72], ergänzte sie später aber durch eine Modifikation des von ALBERTI entwickelten sog. *Exempeda-Verfahrens*[73], eines vom Modul- und Bruchteilkanon abstrahierenden Dezimalsystems.

Die schon als anschauliche Beispiele anthropomorpher Architekturkonzeption vorgestellten Zeichnungen FRANCESCO DI GIORGIO MARTINIS (Abb. 30, 31) zeigen, wie die Organisation sowohl eines Grundriß- als auch eines Fassadenentwurfes wesentlich nach einem – variablen – Modulkanon des Menschen erfolgen kann. Der Modul, im Grundriß als Gesichtslänge 9⅓ mal, im Aufriß als Kopflänge 7 mal in der Körperlänge enthalten, liegt als Quadratraster (vgl. Kapitel III/3) beiden Entwürfen zugrunde[74]. Wesentliche Punkte und Abmessungen wie z. B. Lage und Gliederung des Gebälks oder Mittelschiffsbreite und Kuppeldurchmesser sind von diesem aus der menschlichen Figur entwickelten Modulraster determiniert. Eine solche an der Idealgestalt des Menschen orientierte Architektur entspricht zugleich einfachsten, im wesentlichen musikalischen Zahlenverhältnissen (vgl. Kapitel IV/2)[75] und ist derart Ausdruck sowohl makro- als auch mikrokosmischer Gesetzlichkeit. Unter diesem Gesichtspunkt ist es zweitrangig, ob die Proportionen des Menschen bestimmte Zahlenverhältnisse zur Folge haben oder ob die menschliche Gestalt in den nach solchen Zahlenverhältnissen konstruierten Architekturentwurf eingepaßt wurde[76].

Ungleich wichtiger als die – vergleichsweise seltene – direkte Übertragung anthropometrischer Proportionsgesetze auf die Architektur war eine schon von VITRUV angesprochene Vorstellung: ». . . *daß die Säulen menschliche Proportionen und menschliche Charaktere haben*«[77]. Die Anfänge der »Eigenbedeutung der Säule als anthropomorph gedachtes Wesen reichen in Schichten animistischer Religiosität, als Stein und Baum an sich als Gottheit verehrt wurden«[78]. Als Götterbild oder Bild eines lebend gedachten Wesens ist die Säule ursprünglich ebensowenig mit dem Bauwerk verbunden wie als Mal oder Hoheitszeichen[79]. Zur tektonisch-plastischen Verkörperung des Auftragens und Lastens wurde die Säule von den Griechen ausgebildet. Auch als tragender Architekturteil besitzt sie anthropomorphen Charakter. Das unterstreicht der

72 Vgl. Anm. III 61.
73 Vgl. Anm. III 59; zum Begriff 'Exempeda' Panofsky 1975, 120, Anm. 80.
74 Im Grundriß ist, jedenfalls im Bereich von Chor und Querhaus, neben dem Gesichtsmodul ein Kopfmodul festzustellen, der sich zu jenem wie 3:2 verhält.
75 Hellmann 1961 nimmt an, daß Martinis Grundriß – ebenso wie Leonardos Figur; vgl. Anm. III 31 – das geometrische Verfahren der Quadratur (vgl. Kap. IV/2) zugrundeliegt, das sich freilich mit dem System musikalischer Zahlenverhältnisse überschneidet; vgl. Naredi-Rainer 1978, 148.
76 Millon 1958, 258; Hellmann 1961, 162; vgl. Arnheim 1977, 106: »Nachdem eine ideale menschliche Gestalt, die die geforderten einfachen Zahlenverhältnisse aufwies, konstruiert war, diente sie ihrerseits dazu, die Unantastbarkeit des Kanons zu beweisen: die Gesetzmäßigkeit des Kosmos ließ sich aus dem Mikrokosmos ablesen. Dieser Gedankengang, der sich im Kreis dreht, hat sich bis heute erhalten.«
77 Forssman 1956, 61; vgl. Anm. I 118.
78 Bandmann 1951/2, 79.
79 Vgl. Evers 1939, 93 ff.

32   Korenhalle des Erechtheions (414/413 v. Chr.) auf der Akropolis in Athen

Umstand, daß Säulen durch Stützfiguren (Koren, Karyatiden, Atlanten etc.)[80] ersetzt werden
können. Zugleich wird in Stützfiguren wie etwa den berühmten ERECHTHEIONS-Koren (414/413
v. Chr.) auf der AKROPOLIS IN ATHEN (Abb. 32), die Zeichen eines gewissen Machtanspruches und
politisches Mahnmal sind[81], auch die Bedeutung der Säule als Mal oder Hoheitszeichen evident.

Neben der Ersetzbarkeit der Säule durch menschliche Leiber und neben ihrer anthropomorph zu verstehenden Gliederung in Basis, schwellenden Schaft und Kapitell liegt ihr archi-

---

80   Siehe dazu Hans Lauter: *Die Koren des Erechtheion*, Berlin 1976; Andreas Schmidt-Colinet: *Antike Stütz-
     figuren. Untersuchungen zu Typus und Bedeutung der menschengestaltigen Architekturstütze in der
     griechischen und römischen Kunst*, Diss. (Köln) Frankfurt 1977.
81   Schmidt-Colinet (zit. Anm. III 80), 106 ff.; 155.

tektonisch wichtigster Bezug zum Menschen in der Ableitung ihrer Proportionen von denen des menschlichen Körpers[82]. Nach VITRUV entspricht die gedrungene Proportion der dorischen Säule der »Stärke und Anmut des männlichen Körpers«[83], die der jonischen Säule der »fraulichen Schlankheit«[84] und die der korinthischen schließlich der »jungfräulichen Zartheit« (Abb. 33)[85]. Zugrundegelegt wird dabei jeweils das Verhältnis von Fußgröße zu Körperhöhe, dem das Verhältnis von unterem Säulendurchmesser zu Säulenhöhe (einschließlich Kapitell) entspricht. Je nach Säulenordnung (die drei klassischen Ordnungen werden später noch um die komposite = italische und die toskanische Säulenordnung erweitert) ist der Säulendurchmesser 6–10 mal in der Säulenhöhe enthalten[86].

Der VITRUV'sche Säulenkanon behielt, mehr oder weniger modifiziert[87], von der Renaissance bis zum Ende des 18. Jahrhunderts seine Gültigkeit[88]. Die Lehre von den *Säulenordnungen* bildet einen wesentlichen Teil oder sogar das Kernstück der Architekturtraktate von ALBERTI[89], SERLIO (1475 bis um 1554)[90] oder VIGNOLA (1507–1573)[91] bis hin zu den französischen Abhandlungen[92] und nordischen Säulenbüchern[93] der folgenden Jahrhunderte, in denen sie ungezählte Variierungen und Interpretationen erfährt.

82 »Wo die Menschenähnlichkeit der Säule verlorengeht, müssen Figuren an den Säulen die Sinngebung der Säule aufrechterhalten, so die Apostelfiguren des Kölner Doms« (Germann 1980, 36); zur Symbolik der Säulen als Apostel oder Propheten siehe Sauer 1924, 134; Bandmann 1951/2, 78 ff.

83 Vitruv IV/1.6 (1964, 171).

84 Vitruv IV/1.7 (1964, 171).

85 Vitruv IV/1.8 (1964, 173).

86 Vitruv ersetzt in der Anwendung auf die Säulenproportionen praktisch das aliquote Bruchteilverfahren durch das einfachere Modulusverfahren – eine Methode, die in der Renaissance nahezu ausschließlich verwendet wurde. Vgl. Karl Kotraschek, *Die Säulenordnungen der Antike und Renaissance,* Wien 1948.

87 Vitruv IV/1.6–8 (1964, 170 ff.) gibt für die dorische und die jonische Säule jeweils zwei Möglichkeiten der Proportionierung an (6:1 bzw. 7:1 = dorisch, 8:1 bzw. 9:1 = jonisch).

88 Siehe dazu Forssman 1961; K. Mertens 1968; Schütte 1981.

89 Alberti VII/6 ff. (1912, 360 ff.; 1966, 562 ff.); dazu Naredi-Rainer 1976.

90 Sebastiano Serlio, *Regole generali di architettura sopra le cinque maniere de gli edifici, cioè, thoscano, dorico, ionico, corinthio et composito, con gli essempi dell'antiquità, che, per la magior parte concordemo con la dottrina di Vitruvio,* Venedig 1537, reprogr. Nachdruck Bologna 1979 (= Buch IV der Ausgabe Venedig 1584); Marco Rosci: *Il trattato di architettura di Sebastiano Serlio,* hg. von Anna Maria Brizio, Mailand 1966; vgl. William Bell Dinsmoor, *The literary remains of Sebastiano Serlio,* in: The Art Bulletin 24/1942, 55–91, 115–154; Forssman 1956, 62 ff.; Germann 1980, 110 ff.

91 Jacopo Barozzi da Vignola, *Regola delli cinque Ordini d'Architettura* (Rom 1562, Reprint Bologna 1974); vgl. Germann 1980, 115 ff.; Christof Thoenes, *Vignolas 'Regola delli cinque ordini',* in: Römisches Jahrbuch für Kunstgeschichte 20/1983, 347–376.

92 Philibert Delorme (um 1510–1570) schlägt z. B. eine Erweiterung der Säulenordnungen um eine 'französische Ordnung' und um eine 'Baumstammordnung' vor (*Architecture,* Rouen 1648, Nachdruck 1964); vgl. Germann 1980, 125 ff.; zu Perrault und Blondel vgl. Anm. I 119, 120.

93 Vgl. Forssman 1956; Schütte 1979.

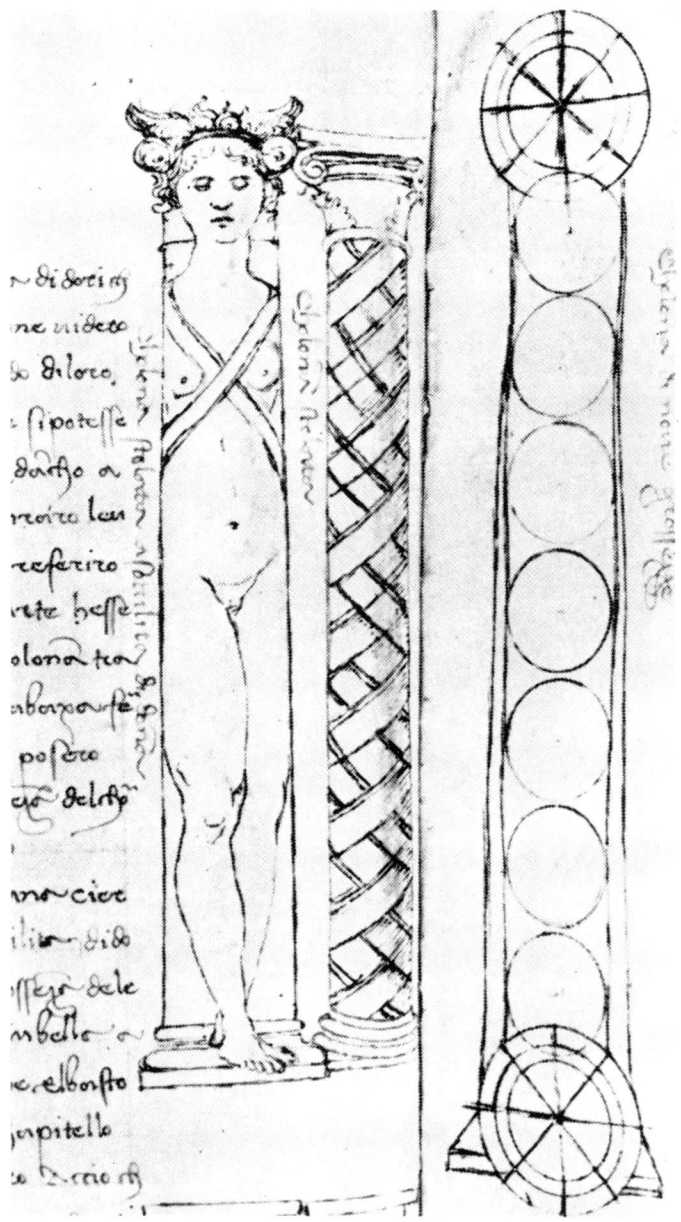

33 *Francesco di Giorgio Martini: Proportionsstudie zur korinthischen Säule*
(Turin, Biblioteca Reale, Cod. Saluzziano 148, fol. 114v/115r)

34   S. Spirito in Florenz, innen (Filippo Brunelleschi, begonnen 1444)

FILIPPO BRUNELLESCHI (1377–1446) knüpfte bewußt an die Antike an, als er anstelle der jahrhundertelang bevorzugten Pfeiler wieder die Säule verwendete (Abb. 34), die wie kein anderer Architekturteil mit der Vorstellung des Antikisch-Klassischen verbunden wurde – und wird. Die scharfkantigen oder bündelartigen Pfeiler konnten beliebig gedrungen oder gestreckt sein; die runde, plastisch geschwellte Säule aber war in ihren Proportionen einigermaßen festgelegt, weil sie nicht nur (wie die Pfeiler auch) Ausdruck ihrer materiellen Funktionen des Tragens und Lastens war, sondern *das architektonische Gleichnis des Menschen*[94]. Dabei war es von sekundärer Bedeutung, ob man – wie dies die Mehrzahl der Architekturtheoretiker tat – im Anschluß an VITRUV die Maßverhältnisse des Menschen direkt auf die Säule übertrug, oder so sublim wie ALBERTI verfuhr: er erwähnt zwar VITRUVS Analogien[95], zitiert aber auch den von AUGUSTINUS mit den Maßen der Arche NOAH in Verbindung gebrachten Kanon[96], wonach »der Durchmesser

94   Heinrich Klotz, *Die Frühwerke Brunelleschis und die mittelalterliche Tradition,* Berlin 1970, 15.
95   Alberti IX/5 (1912, 493; 1966, 816 f.); id. VII/6 (1912, 360 ff.; 1966, 562 ff.).
96   Vgl. Anm. III 18.

des Menschen von einer Seite zur anderen ein Sechstel, vom Nabel bis zu den Nieren ein Zehntel seiner Länge betrage«[97]. Aus den Werten 6:1 und 10:1 errechnet ALBERTI nun mit Hilfe des arithmetischen Mittels (vgl. Kapitel IV/2)[98] im Sinne der concinnitas die Proportionen 8:1 für die jonische, 7:1 für die dorische und 9:1 für die korinthische Säule[99].

Mit der Wiederentdeckung der Säule als Gleichnis des Menschen gab BRUNELLESCHI der Architektur für die nächsten Jahrhunderte ihr entscheidendes Gepräge. Bei BRUNELLESCHI ändern sich die absoluten Dimensionen der Säulen kaum; doch auch wenn später die Säulen monumentalisiert und ins Riesenhafte gesteigert werden, bleiben die *Proportionen des Gebäudes auf die anthropomorphe Gestalt der Säule bezogen*[100]. Die Säule charakterisiert wesentlich alle unter dem Begriff 'Palladianismus' gefaßte Architektur[101] und bleibt teilweise bis in unser Jahrhundert in Gebrauch[102]. Allerdings sind schon die Säulen an den Fassaden des 19. Jahrhunderts meist zur tektonisch überflüssigen Applikation verkümmert, die – ebenso wie das in unserem Jahrhundert deswegen leidenschaftlich abgelehnte Ornament – entfernt werden könnte, ohne an der Tektonik etwas zu ändern[103]. Entscheidend an Bedeutung verloren hatte die Säule spätestens in der Französischen Revolution, deren Architekten eine reine Körpergeometrie den herkömmlichen Säulenordnungen vorzogen[104]. Ihr einflußreichster Vertreter, JEAN-NICOLAS-LOUIS DURAND (1760–1834), zitiert VITRUV nur, um den behaupteten Zusammenhang zwischen Säule und menschlichem Körper zu entkräften[105].

Eine weitere Distanzierung vom Maß des Menschen vollzog sich in der Französischen Revolution mit der Einführung des Metermaßes, das als $^{40}/_{1\,000\,000}$ Teil des Erdumfanges an die Stelle der vom menschlichen Körper abgeleiteten Maßeinheiten Fuß, Elle etc. trat (vgl. Kapitel III/2)[106].

Die Lösung der Architektur von menschlichen Formen und Maßen bedeutete nicht unweigerlich einen 'Verlust der Mitte'[107], sondern barg durchaus positive Möglichkeiten[108]. Die

97   Alberti IX/7 (1912, 504; 1966, 834f.).
98   Kurz zuvor hatte Alberti IX/6 (1912, 502; 1966, 832f.) die drei Mittel beschrieben; vgl. Kap. IV/2.
99   Das arithmetische Mittel von 6 und 10 ist 8, das von 6 und 8 ist 7, das von 8 und 10 ist 9; an anderer Stelle hatte Alberti diese Proportionen allerdings durchbrochen; vgl. Naredi-Rainer 1976, 52f.
100 Thomae 1920, 398 weist darauf hin, daß die proportionale Vergrößerung vom Prinzip der Beibehaltung anthropometrischer Bauglieder zu trennen ist, etwa bei der Gestaltung großer Innenräume.
101 *Palladio: La sua eredità nel mondo,* Mailand 1980.
102 Allerdings verstand man im ausgehenden 19. und beginnenden 20. Jahrhundert Säulen kaum mehr als Gleichnis des Menschen, sondern eher als – vor allem von totalitären politischen Systemen bevorzugtes – Zeichen eines Machtanspruchs.
103 Hans Sedlmayr, *Die Revolution der modernen Kunst,* Hamburg 1955, 18ff.
104 Adolf Max Vogt, *Russische und französische Revolutionsarchitektur* 1917 1789, Köln 1974, 84.
105 Jean-Louis-Nicolas Durand, *Précis des leçons d'architecture données à l'école royale polytechnique,* Paris 1802–05; Nachdruck Unterschneidheim 1975; siehe dazu Germann 1980, 233.
106 H. J. v. Alberti 1957, 89; 126ff.; vgl. Anm. III 144, 154.
107 Die These, daß die Kunst im Grunde seit der Französischen Revolution 'ohne Mitte' sei, vertritt in einer der umstrittensten kulturkritischen Veröffentlichungen der letzten Jahrzehnte Hans Sedlmayr, *Verlust der Mitte,* Salzburg 1948; unter den zahlreichen Rezensionen siehe Hermann

Pervertierung dieser Möglichkeiten, etwa in einem mißverstandenen und oft unsozial ausgenutzten Funktionalismus[109], führte freilich zu der Misere weiter Teile unserer heutigen Architektur[110].

1925 diagnostizierte der spanische Philosoph JOSÉ ORTEGA Y GASSET (1883–1955) die 'Enthumanisierung der Kunst' – ohne allerdings diesen Vorgang nur negativ zu bewerten[111]; gleichzeitig aber wurde am Bauhaus, der wohl einflußreichsten Kunstschule unseres Jahrhunderts, von OSKAR SCHLEMMER (1888–1943) ein obligatorischer Kurs 'Der Mensch'[112] gehalten, der sich in einen formalen, einen biologischen und einen philosophischen Teil gliederte, »um sich zuletzt zur Totalität des Begriffes Mensch zu vereinen«[113]. SCHLEMMER betrachtet den Menschen als 'kosmisches Wesen'[114], in dem sich der Gedanke universaler Ordnung manifestiert. Im Anschluß an den – PLATONISCH verstandenen – homo-mensura-Satz des PROTAGORAS[115] formuliert er sein künstlerisches Programm: »Der Mensch als Maß aller Dinge bietet so viele Möglichkeiten zu Bau und Handwerk, daß es sich nur darum handeln kann, das Wesentliche herauszustellen. Also: Messung, Proportion und Anatomie, Typus, Besonderheiten . . .«[116].

Als bedeutendster moderner Versuch, der Architektur eine am Maß des Menschen orientierte mathematische Ordnung zu geben, kann LE CORBUSIERS *Modulor* angesehen werden[117]. Der alte Gedanke, daß menschliche Gestalt und mathematische Gesetzmäßigkeiten einander entsprechen, liegt auch dem *Modulor* zugrunde, obwohl LE CORBUSIER damit der Menschheit ein

---

Schnitzler, in: Jahrbuch für Ästhetik und allgemeine Kunstwissenschaft 1951, 217–222; Franz Roh, in: Kunstchronik 2/1949, 227–233 und 294–298; Werner Hofmann, in: Zeitschrift für Kunstgeschichte 14/1951, 118–123.

108 Vgl. Leonardo Benevolo, *Geschichte der Architektur des 19. und 20. Jahrhunderts,* 2 Bde., München 1964.

109 Vgl. Anm. I 146.

110 Siehe z. B. Brent C. Brolin, *Das Versagen der modernen Architektur,* Frankfurt/Berlin/Wien 1980.

111 José Ortega y Gasset, *Die Vertreibung des Menschen aus der Kunst,* München 1964, 7–38 (span. Erstveröffentlichung 1925: La deshumanización del arte); Ortegas Ausführungen zielen v. a. auf Malerei, Musik, Literatur.

112 Oskar Schlemmer, *Der Mensch. Unterricht am Bauhaus,* Mainz 1969; obligatorisch war der Kurs, der sich aus dem Unterricht im Figurenzeichnen entwickelt hatte, 1928 und 1929 geworden.

113 Oskar Schlemmer, *Unterrichtsgebiete: Der Mensch,* in: bauhaus 1928, Heft 2/3, 23.

114 Die Vorstellung des Menschen als Analogiebild des Universums hatte auch im 19. Jh. eine Rolle gespielt und u. a. Friedrich Wilhelm von Schelling (1775–1854) beschäftigt. Carl Gustav Carus (1789–1869) hatte sie in seiner 1856 in Leipzig erschienenen *Symbolik der menschlichen Gestalt* als ein Problem der Proportionslehre dargestellt; siehe dazu Gerlach 1971, 174; Carus' Schrift hat Schlemmer nachweislich stark beeinflußt; dazu Wulf Herzogenrath, *Oskar Schlemmer. Die Wandgestaltung der neuen Architektur,* München 1973, 133.

115 Vgl. Anm. III 7.

116 Oskar Schlemmer, *Briefe und Tagebücher,* hg. von Tut Schlemmer, München 1958, 120f. (Tagebucheintragung Anfang November 1922).

117 Le Corbusier 1978; siehe dazu Collins 1954; Hoesli 1954; Kask 1968; Wittkower 1970; vgl. Paul 1971.

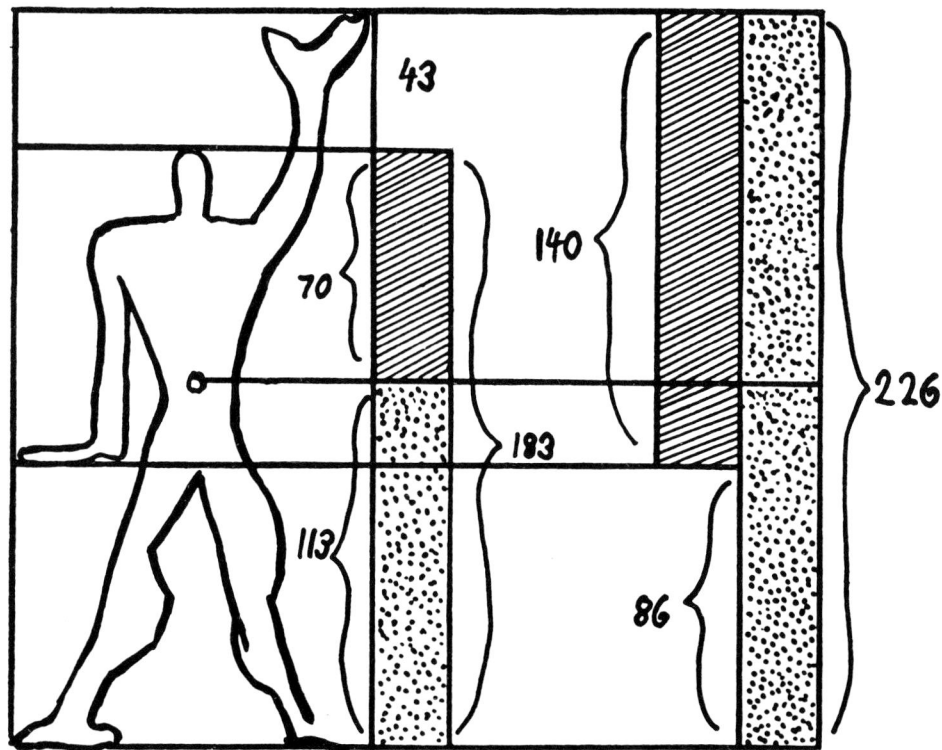

35 *Le Corbusier: Der Modulor (1950)*

ganz neues 'Maßwerkzeug' zu schenken meinte (Abb. 35)[118]. Sein Ausgangspunkt ist die Teil-
barkeit des – von einem Doppelquadrat umschlossenen[119] – menschlichen Körpers durch den
Goldenen Schnitt[120]: »Ein Mensch mit erhobenem Arm liefert in den Hauptpunkten der
Raumverdrängung – Fuß, Solarplexus, Kopf, Fingerspitze des erhobenen Arms – drei Inter-

118 Vgl. S. Braunfels 1973, 71 ff.
119 Das Quadrat wird bei Le Corbusier allerdings nur in der Höhe von der menschlichen Figur ausge-
     füllt und dient im übrigen mehr der Verdeutlichung der Konstruktion des Goldenen Schnitts (vgl.
     Kap. IV/2). »Die Strecken des Modulors sind allein aus der vertikalen Organisation des mensch-
     lichen Körpers abgeleitet« (Kask 1968, 16).
120 Durch Matila Ghyka (vgl. bes. Ghyka 1931) waren Le Corbusier die von Adolf Zeisig (Neue Lehre
     von den Proportionen des menschlichen Körpers, Leipzig 1854) vertretenen Vorstellungen bekannt
     geworden, wonach der Goldene Schnitt nicht nur dem Aufbau des menschlichen Körpers zugrunde
     liegt, sondern ein morphologisches Grundgesetz der Natur überhaupt sei; vgl. Wittkower 1970, 201;
     Le Corbusier 1978, 68; Ghyka 1948.

valle, die eine Reihe von Goldenen Schnitten ergeben … Die Mathematik andererseits bietet sowohl die einfachste wie die stärkste Variationsmöglichkeit eines Wertes: die Einheit, das Doppel, die beiden Goldenen Schnitte.«[121] Bei Annahme einer Körpergröße von 183 cm[122] ergibt sich für die menschliche Gestalt mit erhobenem Arm eine Höhe von 226 cm, aus der durch sukzessive Teilung nach dem Goldenen Schnitt die – beliebig nach oben und unten zu erweiternde – 'blaue Reihe' (226, 140, 86, 53 etc.) entsteht; aus der Nabelhöhe (113 cm) ist nach dem gleichen Prinzip die 'rote Reihe' (113, 70, 43, 27 etc.) abzuleiten[123]. Beide einander ergänzende Reihen von (absoluten, in cm ausgedrückten) Maßen sollen nicht nur die Proportionen eines Gebäudes regeln, sondern auch Normgrundlage für industrielle Serienanfertigungen sein (vgl. Kapitel III/3 und IV/2). Wenn auch einer universellen Anwendung des *Modulor*, bei allen Vorzügen, verschiedene Schwierigkeiten entgegenstehen[124], ist doch die Absicht wesentlich, der Architektur wieder eine menschliche und gleichzeitig objektive Ordnung zu geben.

Vielfältig unterscheiden sich im Wechsel der Epochen Wege und Methoden, die komplexe Beziehung Mensch – Architektur zu gestalten, abhängig von den Wandlungen des Welt- und Menschenbildes. Es bleibt – als Aufgabe und Verpflichtung – die Erkenntnis, »daß der Mensch nicht einzig in seiner körperlichen Erscheinung, sondern daß er ebenso als geistiges Wesen der Maßstab seiner Baukunst ist, daß alle Baukunst daher auch immer eine moralische Maßstab- und Normsetzung darstellt«[125].

121 Le Corbusier 1978, 55.
122 Ursprünglich war Le Corbusier von 175 cm als bekannter Durchschnittsgröße des Europäers ausgegangen, hatte sich aber dann für 183 cm entschieden, weil dies 6 englischen Fuß (= 182.88 cm) entspricht; Le Corbusier 1978, 43 ff.; 56 ff.
123 Le Corbusier's 'série rouge' und 'série bleue' sind geometrische Reihen (vgl. Anm. IV 182) der Form $aq^{-n} \ldots aq^{-1}, aq^0, aq^1 \ldots aq^n$, wobei in der roten Reihe $a = 113$ cm und $q = \frac{1}{2}(\sqrt{5}+1)$; die blaue Reihe ist eine Verdoppelung der roten, $a = 226$ cm. Durch rigoroses Auf- und Abrunden von Bruchzahlen – das in der Übertragung aus dem metrischen System in das angelsächsische Fuß-Zoll-System ein zweites Mal erfolgt – ergeben sich allerdings innerhalb des Bezugssystems beider Reihen Schwierigkeiten; vgl. Neufert 1961, 33 ff.; vgl. Anm. IV 185.
124 Zu praktischen Problemen bei der Anwendbarkeit des Modulor siehe Kask 1968; Neufert 1961, 35; zur theoretischen Brauchbarkeit des Modulors Kask ib.; Arnheim 1977, 107 ff. – Das lebhafte Interesse, das der Modulor auslöste, dokumentierte Le Corbusier selbst im Folgeband *Das Wort haben die Benützer* (= Le Corbusier 1979). Die Vielfalt der Meinungen zum Modulor bewegt sich zwischen Äußerungen wie »Der Modulor kann also nie der Universalmaßstab werden …« (Geiger 1954, 524) und »Der Modulor ist der Angelpunkt, um den sich alle Proportionsprobleme der modernen Architektur bewegen« (Ivan Matteo Lombardi, Präsident der 9. Mailänder Triennale unter dem Motto 'De divina Proportione' – vgl. Le Corbusier 1979, 145 ff. –, zit. nach Geiger ib.).
125 Brinckmann 1956, 172.

III/2 Maßeinheit und Maßstab

»Die eigentliche Tendenz aller abendländischen Mechanik – das bedeutet die Zurückführung aller qualitativen Eindrücke auf unveränderliche quantitative Grundwerte – geht auf eine geistige Besitzergreifung durch Messung«, schreibt der Geschichtsphilosoph OSWALD SPENGLER (1880–1936)[126]. In der Tat ist selbst die primitivste Technik auf das Maß angewiesen. Seit dem Beginn der menschlichen Kultur hat die Bestimmung von *Meßgrößen,* vor allem der von *Länge, Gewicht und Zeit,* grundlegende Bedeutung.

Messen heißt durch Zahlen vergleichen; es bedeutet die Darstellung einer Größe (Meßgröße) durch eine Zahl (Maßzahl), die angibt, wie oft die zugrundegelegte *Maßeinheit* in der zu messenden Größe enthalten ist[127]. Ohne Zahl und Maßeinheit ist also kein Messen – und ohne Messen kein Bauen möglich[128].

Im Zusammenhang mit der Architektur sind nur die *Längenmaße* von Interesse, die wahrscheinlich zuerst entwickelt und deren Einheiten, wie schon erwähnt, *ursprünglich dem menschlichen Körper entnommen* wurden: Die Elle (Länge des Unterarms vom Ellbogen bis zur Spitze des Mittelfingers), die Spanne (Abstand zwischen den Spitzen von Daumen und kleinem Finger bei gespreizter Hand)[129], die Handbreite, die Daumen- und die Fingerbreite, der Fuß, der Schritt, die Klafter (Abstand zwischen den Fingerspitzen ausgestreckter Arme) usw. Solche, anfangs nicht aufeinander abgestimmten Maßeinheiten[130] wurden allmählich in ein festes System gebracht, innerhalb dessen sie in bestimmten Verhältnissen zueinander standen.

Ihren Ausgang nahm die *Standardisierung von Maßeinheiten* in Mesopotamien[131] und Ägypten[132]. Die meisten der ägyptischen Maßeinheiten wurden von den Griechen übernommen. Das System der griechischen Längenmaße ist im wesentlichen von HERODOT (um 485 bis 425 v. Chr.) überliefert[133]: demnach beträgt die Fingerbreite (δάκτυλος) als kleinstes Längenmaß[134] ¼ der Handbreite (παλαιστή), die ihrerseits 3 mal in der Spanne (σπιθαμή), 4 mal im Fuß (πούς)

126 Oswald Spengler, *Der Untergang des Abendlandes,* München 1963, 482 (Erstausgabe 1923).

127 H. J. v. Alberti 1957, 3; schon Aristoteles (*Metaphysik* 1052 b) hatte festgestellt: »Das Maß ist etwas, wonach wir die Größe erkennen. Man erkennt die Größe als Größe durch Einheit oder Zahl, die Zahl wieder durch die Einheit . . .« und weiter (ib. 1056 b): »Es stehen sich also Einheit und Vielheit in den Zahlen gegenüber wie das Maß dem Meßbaren . . .«

128 Eine allgemeine Übersicht über den Zusammenhang zwischen Architektur und Maßkunde gibt Vagnetti 1971.

129 Bisweilen unterschied man von dieser normalen Spanne eine 'kleine Spanne' als den Abstand zwischen ausgestrecktem Daumen und Zeigefinger; vgl. Berriman 1953, 130.

130 Rottländer 1979, 3.

131 Berriman 1953, 51 ff.; H. J. v. Alberti 1957, 23 ff.; Rottländer 1979, 7 ff.

132 Blind 1896, 12 f.; Petrie 1926; Berriman 1953, 69 ff.; H. J. v. Alberti 1957, 15 ff.; Lorenzen 1966, 58 ff., 102 ff.; Rottländer 1979, 9 ff., 30 ff.

133 Herodot II. 149; vgl. Hultsch 1862, 5 ff., 28.

134 Wo es nötig war, konnte die Fingerbreite noch weiter unterteilt werden; vgl. Hultsch 1862, 28.

und 6 mal in der Elle (πῆχυς) enthalten ist. Den Übergang zu den größeren Maßeinheiten bildet die 6 Fuß lange Klafter (ὀργυιά), deren Hundertfaches 1 Stadion (στάδιον) ergibt[135]. Außerdem kannte man die 100 Fuß messende Furchenlänge (πλέθρον) und die 10 Fuß lange Meßrute (ἄκαινα)[136].

Während die kleineren, unmittelbar vom menschlichen Körper abgeleiteten Maßeinheiten nach dem *Duodezimal- (bzw. dem Sexagesimal-)System*[136a] verknüpft sind (Fingerbreite: Handbreite: Spanne:Fuß:Elle:Klafter = 1:4:12:16:24:96), kommen die größeren Maßeinheiten durch Vervielfachung von Fuß und Klafter nach dem *Dezimalsystem* zustande. Bis heute haben sich dezimal und duodezimal aufgebaute Maßsysteme nebeneinander erhalten[137].

Wesentlich auf dem griechischen Maßsystem basieren die römischen Maße, die ihrerseits jahrhundertelang verbindlich blieben und deren Einteilung z. B. GERBERT VON REIMS, der spätere Papst SILVESTER II. (940–1003), noch genauso beschreibt[138] wie ein Jahrtausend vorher VITRUV[139]. Das wichtigste Längenmaß ist der Fuß (pes), eingeteilt in 4 Handbreiten (palmae), 12 Daumenbreiten (pollices) bzw. Unzen (unciae)[140] oder 16 Fingerbreiten (digiti) sowie in 48 'Sichelbreiten' (sicilici). Eine selbständige Maßeinheit stellt der ¾ Fuß (dodrans) dar[141]. 1½ Fuß erge-

---

135 Die Länge der Rennbahn in Olympia – und ihr folgend auch in anderen Orten – maß 1 Stadion, jene Strecke, die Herakles als sagenhafter Begründer der olympischen Spiele zurückgelegt haben soll, ohne zwischendurch Atem zu holen; vgl. Hultsch 1862, 31f. – Neben dem olympischen Stadion von 600 Fuß gab es nach Dörpfeld 1890, 177ff. auch ein – vermutlich älteres – nur 500 Fuß messendes Stadion, das aus 100 Orgyen à 5 Fuß bestand.

136 Eine kurze und übersichtliche Aufstellung antiker Maße in: Lexikon der Alten Welt, Stuttgart/ Zürich 1965, 3422–3426; siehe auch Blind 1896, 15ff.; H. J. v. Alberti 1957, 34ff.

136a Vgl. Otto Neugebauer, *Zur Entstehung des Sexagesimalsystems*, in: Abhandlungen der Geschichte der Wissenschaften zu Göttingen, Math.-phys. Klasse, NF XIII/1, 1927.

137 Zwar setzt sich das dem metrischen System zugrundeliegende Dezimalteilung auch in den angelsächsischen Ländern zumindest partiell gegen das dort übliche Duodezimalsystem durch – man denke an die vor einem Jahrzehnt erfolgte Währungsumstellung in Großbritannien –, doch ist das Duodezimalsystem auch hierzulande neben dem Dezimalsystem noch anzutreffen, etwa in den Zeitmaßen: Die Unterteilung des Tages in Stunden, Minuten und Sekunden erfolgt nach dem Duodezimal- (bzw. Sexagesimal-)System; erst die weitere Teilung der Sekunde in $1/10$, $1/100$ etc. geschieht nach dem Dezimalsystem.

138 Gerbert, *De disciplinis mathematicis*: Geometria II (PL 139, 96–98); vgl. Anm. II 131.

139 Vitruv III/1.7–8 (1964, 140f.); ausführliche Quellenangaben zur metrologischen Überlieferung bei Hultsch 1862, 59ff.; vgl. id. 1864–66.

140 Unciae kommen allerdings häufiger als Gewichtseinheiten (Unzen) vor; vgl. H. J. v. Alberti 1957, 48ff.; Beda Venerabilis beschreibt in seinem *De ratione unciarum libellus* (PL 90, 699–702) ausführlich die Unterteilung der unciae, deren kleinster Teil der 'scrupulus' (vgl. Anm. III 150) als $1/24$ uncia (und demnach $1/288$ pes) ist.

141 So sind z. B. die Arkaden der Kaiserpfalz in Wimpfen in dodrans (des römischen Fußes) bemessen: die Maßfolge ergibt die ganzen Zahlen $25 + 3 + 25 + 3 + 20$, während diese Folge, in römischen Fuß ausgedrückt, lauten würde: $18^3/4 + 2^1/4 + 18^3/4 + 2^1/4 + 15$ (nach Spieß 1963/1, 255, Anm. 9). – Neben der Bezeichnung dodrans für den ¾ Fuß gab es auch für andere Unterteilungen eigene Termini: sextans = $1/6$ Fuß, quadrans = $1/4$ Fuß, triens = $1/3$ Fuß, quincunx = $1/12$ Fuß, semipes = $1/2$ Fuß, septunx = $7/12$ Fuß, bes = $2/3$ Fuß, dextans = $5/6$ (= $10/12$) Fuß, deunx = $11/12$ Fuß; vgl. Hultsch 1862, 60.

ben eine Elle (cubitus), 2½ Fuß einen Schritt (gradus), 5 Fuß einen Doppelschritt (passus) und 10 Fuß (decempeda) eine Meßrute, d. i. die Länge der Meßstange (pertica), derer sich die Architekten und Feldmesser bedienten[142].

Bis ins 19. Jahrhundert, in dessen Verlauf die meisten europäischen Länder das vom menschlichen Maß unabhängige *metrische System* einführten[143] (1 Meter ist der vierzigmillionste Teil eines Erdmeridians)[144], blieb das römische Maßsystem im wesentlichen verbindlich, bildeten Fuß und Elle die in der Architektur gebräuchlichsten Längenmaße. Während in Italien, regional unterschiedlich[145], die in 20 soldi oder 12 once geteilte Elle (braccio)[146] und die Spanne (palmo)[147] bevorzugt wurden, stellt in Deutschland, Frankreich und England der Fuß (Schuh,

---

142 Ausführliche Aufstellungen römischer Längenmaße bei Hultsch 1862, 59 ff.; H. J. v. Alberti 1957, 45 f.; vgl. Anm. III 136.

143 Am 30. 7. 1791 beschloß die französische Nationalversammlung die Einführung des 'mètre' als neuer Maßeinheit, 1840 wurde die Verwendung nichtmetrischer Maße in Frankreich verboten. Italien hatte sich 1861 dem metrischen System angeschlossen, Preußen 1868; 1871 folgte ein entsprechendes Gesetz für das frisch proklamierte Deutsche Reich, gleichzeitig schloß sich auch Österreich/Ungarn dem metrischen System an; vgl. Anm. III 153.

144 Die neue Maßeinheit nannte man 'mètre' nach dem griechischen μέτρον = Maß (schlechthin). »Es sollte ein Maß von internationaler Gültigkeit werden und unabhängig sein von jedem künstlichen Urmaß, es sollte ein Naturgesetz sein. Die Einteilung erfolgte nach dem Dezimalsystem. Die Bezeichnungen wurden zwei toten Sprachen entnommen. Der Holländer van Swinden schuf die entsprechenden Vorsatzwörter. Man ging davon aus, daß alle heutigen Kulturvölker eine gleiche Pietät für die Sprache jener Völker hegen, die unsere Bildung begründet haben, und wählte für die höheren Einheiten die griechische (1 Dekameter = 10 Meter, 1 Hektometer = 100 Meter, 1 Kilometer = 1000 Meter) und für die Unterabteilungen die lateinische Sprache (1 Decimeter = 1/10 Meter, 1 Centimeter = 1/100 Meter, 1 Millimeter = 1/1000 Meter) – ein Spiegelbild des Klassizismus!« (H. J. v. Alberti 1957, 89); –
' Zur Entstehung des Metermaßes, die eng verbunden ist mit der Entwicklung der Gradmessung, siehe H. J. v. Alberti 1957, 108 ff.; vgl. Anm. III 154; – Kottmann 1981, 8 ff. macht geltend, daß das Metermaß nicht erst seit der Französischen Revolution existiere, sondern als Länge von 3 Fuß à 33.3 cm (vgl. Anm. III 177–182) schon seit 4000 Jahren in Gebrauch sei. Neu sei nur seine Teilung in 100 Zentimeter.

145 Vgl. die Aufstellung bei Klimpert 1896, 404 f.; den Artikel *misura* von Francesco Sicardi, in: Grande Dizionario enciclopedico, Bd. 8, Turin 1958, 801–808, bes. 806 f.

146 Man unterschied je nach Verwendungszweck verschiedene Arten von bracci: so gab es z. B. neben einem 'braccio da terra' als Feldmaß die Handelselle 'braccio da mercante', die noch spezifiziert werden konnte in 'braccio da lana' (Wollelle), 'braccio da seta' (Seidenelle) oder 'braccio da panna' (Tuchelle); vgl. Zervas 1979; im Kirchenstaat kannte man ein 'braccio d'ara' (Altarelle), der in 6 'palmi sacri' unterteilt war (H. J. v. Alberti 1957, 258); vgl. den Artikel *braccio* von Carlo Todini, in: Enciclopedia Italiana, Bd. 7, Mailand/Rom 1930, 649.

147 Palmo meint im mittel- und nachmittelalterlichen Italien nicht, wie im römisch-antiken Maßsystem, die 4 Finger breite Handfläche (palma), sondern die ca. ½ Elle bzw. ¾ Fuß messende Spanne – andererseits ist der italienische palmo aber auch nicht mit dem römisch-antiken palmipes gleichzusetzen, einer zwischen Fuß und Elle angesiedelten Maßeinheit, die 20 Fingerbreiten umfaßte; – 3 palmi romani z. B. bilden einen braccio romano (Plan und Bauwerk 1952, 7). Dieser 'palmo archi-

pied, foot) das Grundmaß dar[148]. Seine Unterteilung erfolgte in der Regel nach dem Duodezimalsystem in 12 Zoll (pouces, inches)[149] und 144 Linien (lignes, lines)[150]. Neben dieser, vornehmlich in der Architektur verwendeten 'Werkmaßteilung' kannte man auch eine in der Feldvermessung übliche Dezimalteilung des Fußes in 10 Zoll und 100 Linien[151]. (Die übliche Schreibweise für 'Fuß' ist ein an die Maßzahl gehängtes Apostrophzeichen; zwei Apostrophe bedeuten 'Zoll', drei 'Linien': 3'5"2''' = 3 Fuß, 5 Zoll, 2 Linien.)

Haben sich auch die Strukturen längst außer Gebrauch gekommener Maßsysteme samt den Bezeichnungen der Maßeinheiten über Jahrhunderte in literarischen Quellen erhalten[152], so sind doch die absoluten Größen dieser Maßeinheiten meist verlorengegangen. Die Frage, wie groß eine Maßeinheit gewesen sei, ist nicht nur für den Metrologen, sondern auch für den Architekturhistoriker von Interesse: die Kenntnis der zugrundegelegten Maßeinheit − und damit auch der jeweiligen Maßzahlen − erlaubt es, den Entwurfs- und Entstehungsvorgang eines Bauwerkes adäquat nachzuvollziehen, den Zusammenhang zwischen Idee und Ausführung offenzulegen − woraus sich wertvolle Aufschlüsse über die Baugeschichte oder Anhaltspunkte für eine Restaurierung bzw. Rekonstruktion ergeben können; schließlich ist das Erkennen von Zahlen- und Proportionsgesetzlichkeiten (vgl. Kapitel II und IV) nicht möglich ohne das Wissen um die verwendete Maßeinheit und ihre Größe.

Die uns heute zur Verfügung stehenden Maßeinheiten sind konstante Größen, deren Erhaltung einen erheblichen Aufwand an Wissenschaft, Technik und staatlicher Organisation erfor-

tettonico' wurde in 12 once (die nicht zu verwechseln sind mit den once des braccio) oder 60 minute und 120 decimi unterteilt. 10 palmi ergeben 1 canna (H. J. v. Alberti 1957, 258).

148 In Italien verwendete man den Fuß (piede) seltener; vgl. den Artikel *piede* von Luigi Jacono in: Enciclopedia Italiana, Bd. 17, Rom 1935, 167f.; außerhalb Italiens gab es umgekehrt natürlich auch die Elle (aune, yard), allerdings vornehmlich als Handelsmaß, weniger in der Architektur.

149 Pouce kommt vom lat. pollex (Daumen), inch von uncia (ein Zwölftel).

150 Eine Linie konnte weiter unterteilt werden in 12 Punkte oder 'Skrupel' (scrupulus = Steinchen), eine in der Architektur nicht mehr verwendbare Größe; vgl. Anm. III 140.

151 Siehe z.B. den Artikel *Maaß* in: Großes vollständiges Universallexikon . . ., Bd. 19, Halle und Leipzig 1739, 11f.; Eytelwein 1810, 6f. unterscheidet zwischen dem brandenburgischen Werkfuß (= 12 Zoll = 144 Linien) und dem brandenburgischen Feldfuß (= 10 Zoll = 100 Linien). Das Dezimalsystem ist zur Berechnung von Flächen wesentlich bequemer zu handhaben als das Duodezimalsystem, das wiederum wegen seiner Teilbarkeit durch 2, 3, 4 als 6 als Längenmaß beträchtliche Vorteile bietet. −

Unter dem Einfluß des französischen metrischen Systems hatte man zu Beginn des 19. Jh. in Baden, in Württemberg und in der Schweiz die dezimale Teilung des Fußes anstelle der duodezimalen eingeführt. −

Für ein dezimal aufgebautes Maßsystem hatte sich zuerst der niederländische Mathematiker Simon Stevin 1585 eingesetzt.

152 Das griechische und römische metrologische Schrifttum ist bei Hultsch 1864−66 gesammelt. Eine wichtige Quelle sind auch die metrologischen Schriften des Humanisten und Naturforschers Georg Agricola (1494−1555), der alle ihm zugänglichen Nachrichten über Maße »mit viel Scharfsinn und unendlicher Mühe« verarbeitet hat; siehe dazu H. J. v. Alberti 1957, 30ff., 50ff. und 507.

dert. Alle Kulturstaaten gehören heute der Meterkonvention an[153], einem 1875 geschlossenen internationalen Vertrag, der die einheitliche staatliche Festlegung und Garantie der Maßeinheiten auf der Grundlage der in Paris aufbewahrten internationalen Prototypen für das Meter und das Kilogramm beinhaltet[154]. Staatliche Behörden überwachen aufgrund genau festgelegter Eichordnungen das Maß- und Gewichtswesen und sorgen so für die Einheitlichkeit und Konstanz unserer Maße[155].

Demgegenüber gab es z. B. allein im deutschsprachigen Raum des Mittelalters über 200 verschiedene Fußmaße[156], und »noch im 17. und 18. Jahrhundert war die Konstanz der meisten Längenmaße in Europa ein Wunschtraum«[157]. Neben den sicherlich nicht zu unterschätzenden technisch-organisatorischen Schwierigkeiten, Größenabweichungen einer festgelegten Maßeinheit über größere räumliche und zeitliche Distanzen zu verhindern[158], lag die eigentliche Ursache für die oft verwirrende Vielfalt an Maßen im Fehlen einer einheitlichen Maßkonvention. Die Gründe dafür sind in der politischen Zersplitterung zu suchen, die für Italien und noch mehr für Deutschland jahrhundertelang kennzeichnend war und der Durchsetzung einer einheitlichen Maßnorm im Wege stand. Daraus erklärt sich, daß bis ins vergangene Jahrhundert nahezu jede deutsche oder italienische Stadt ein anderes Maß besaß, ähnlich wie schon die griechischen Stadtstaaten der Antike.

---

153 Siehe die Aufstellung bei H. J. v. Alberti 1957, 132; auch die angelsächsischen Staaten haben sich, obwohl sie noch das alte Yard- und Pound-System benutzen, der Meterkonvention angeschlossen und ihre Maßeinheiten anhand des Metersystems gesichert. Metrische Maßeinheiten sind dort neben den alten Maßeinheiten erlaubt und werden von der Wissenschaft auch verwendet; vgl. den Artikel *Weights and measures,* Teil I, von Henry-James Chaney, in: The Encyclopaedia Britannica, 11. Aufl., Bd. 28, Cambridge 1911, 477–480. – Demgegenüber hatte der Nationalsozialismus die Vorzüge des metrischen Systems ideologisch zu begründen versucht: »Niemand, der amerikanische Zeichnungen von Fuß oder Zoll ... auf die europäischen Maßeinheiten einmal umrechnen mußte, wird einer Rückkehr vom Zentimeter zum Zoll ... das Wort reden – ganz abgesehen von der damit verbundenen außenpolitisch unerträglichen Unterordnung des europäischen Zentimetergrundmaßes unter das Grundmaß des Feindblocks« (Spiegel 1941, 473).

154 Zu den mit einem enormen technologischen Aufwand betriebenen und immer weiter perfektionierten Bemühungen um die Schaffung eines so weit als irgend möglich genauen und unveränderlichen 'Urmaßes' siehe H. J. v. Alberti 1957, 126 ff. Die 1960 erfolgte Meter-Definition durch die Vakuum-Wellenlänge λ der orangeroten Strahlung des Isotops Krypton 86 (1 m = 1 650 763,73 λ) wurde 1983 ersetzt durch eine Definition mittels der Lichtgeschwindigkeit: Das Meter ist die Länge der Strecke, die Licht im Vakuum während der Dauer von $\frac{1}{299\,792\,458}$ Sekunden durchläuft (*Maß und Messen* 1987, 89). Das ursprüngliche Ziel der Meterkonvention, Meter und Kilogramm mit höchster Präzision festzulegen und die nationalen Prototypen für das Meter und das Kilogramm regelmäßig mit den bei ihr lagernden internationalen Prototypen (Urmaßen) zu vergleichen, wurde allmählich auch auf eine Festlegung von elektrischen, photometrischen, Wärme- und Temperatureinheiten erweitert. Vgl. H. J. v. Alberti 1957, 133 ff., 516 ff.

155 H. J. v. Alberti 1957, 219 ff.   156 Schirmböck 1971–73, 213.

157 Hecht 1979/4, 111; *Ordo et Mensura* 1991, 95 ff.

158 »Kennzeichen aller dieser (mittelalterlichen) Maße ist, daß sie sich zum Ärger moderner Metrologen nicht exakt angeben lassen« (Arno Borst, *Lebensformen im Mittelalter,* Frankfurt/Berlin/Wien 1980, 145; Erstausgabe 1973).

Im Gegensatz dazu legten die politisch und verwaltungstechnisch begabten Römer Wert auf ein möglichst einheitliches und normiertes Maßsystem und bewahrten als heiliges Grundmaß im Tempel der JUNO MONETA auf dem KAPITOL IN ROM einen Normalstab ihres deshalb auch 'pes monetalis' genannten Fußmaßes (pes romanus) auf[159]. Die gewaltige Ausdehnung des römischen Weltreiches ermöglichte die weite Verbreitung des römischen Fußmaßes, das dank der vorzüglichen römischen Verwaltung innerhalb verhältnismäßig geringer Abweichungen konstant geblieben ist und noch Jahrhunderte nach dem Untergang des Imperium Romanum eine der wichtigsten Maßeinheiten darstellte[160].

Eine dem römischen Fuß vergleichbare Bedeutung erlangte der Pariser Königsfuß (pied du roi)[161] spätestens seit dem ausgehenden Mittelalter, als Frankreich ein zentralisierter Nationalstaat geworden war, der die Einheitlichkeit seines Maßwesens sichern konnte. So setzte sich der pied du roi allmählich zum anerkannten internationalen Vergleichsmaß durch, nach dem vor allem die Vielzahl der deutschen Maße bestimmt wurde. Indem man die einzelnen Maße jeweils in Pariser Linien (dem 144. Teil des Königsfußes) ausdrückte, machte man sie miteinander vergleichbar[162]. Selbst als in Frankreich schon das metrische System eingeführt war, behielt man die Definition deutscher Maßeinheiten in Pariser Linien noch einige Zeit bei[163]. Demnach entsprach z. B. ein brandenburgischer Werkfuß 139.13, ein Cölner Fuß 127.5 Pariser Linien[164]. Die Umrechnung zwischen den einzelnen deutschen Maßeinheiten war also reichlich kompliziert, so daß man sie nach Möglichkeit umging – wie der im Rechnen sicherlich nicht ungeübte Kauf-

159 Hultsch 1862, 71 f.; Dörpfeld 1882 und 1885 vermutet, daß die Römer diesen pes monetalis von den Griechen übernommen und an die Stelle eines alten italienischen Fußmaßes gesetzt haben.

160 Rottländer 1979, 17 nimmt an, daß auch die lange Existenz des oströmischen Reiches eine der Ursachen für die Kontinuität des pes romanus war.

161 Er geht möglicherweise auf ein altes gallisches Fußmaß zurück, das im Mittelalter fortlebte. Vielleicht stellt er eine Abweichung des alten dorisch-griechischen Fußmaßes dar; vgl. Bracker-Wester 1980, 503 f.; im Rahmen dieser Arbeit, die metrologische Probleme nur streift, soll die komplexe Frage der Tradierung und Verwandtschaft antiker Maßsysteme nicht weiter verfolgt werden. Siehe dazu z. B. J. Haase 1911–12; Lehmann-Haupt 1931, 303; Schirmböck 1973; Rottländer 1979.

162 Zur besseren Umrechnung deutscher Maße in Pariser Linien wurde die Linie noch in 10 Punkte unterteilt (ein Danziger Fuß maß z. B. 127.175 Pariser Linien oder 1271.75 Pariser Punkte). Trotzdem war es oft schwierig, ein Fußmaß eindeutig zu definieren: Eytelwein 1810, 21 f. gibt z. B. nicht weniger als 13 Varianten für den rheinischen Fuß an.

163 Eytelwein 1810, 2 begründet dies so: »Der königlich pariser Fuß (pied de roi) schickt sich sowohl wegen seiner Größe, als auch wegen der Genauigkeit, mit welcher er erhalten werden kann, am besten zu dieser Vergleichung; auch sind nach demselben bisher die meisten Fußmaße bestimmt worden. In Frankreich wird derselbe zwar jetzt durch den neu eingeführten Meter (Mètre) verdrängt, allein da die Bestimmung und Verfertigung des Meters selbst, nach dem alten Fußmaße (pied de roi) geschehen muß, so wird auch der pariser Fuß noch lange als Einheit zur Bestimmung anderer Längenmaße beibehalten werden.« Nelkenbrecher definiert in der 15. Auflage seines Maßlexikons (= Nelkenbrecher 1832) die deutschen Maße nebeneinander in französischen Linien und Metern.

164 Eytelwein 1810, 21 f.

mann SULPIZ BOISSERÉE (1783–1854), der eifrigste Propagandist für die Vollendung des KÖLNER DOMES[165]: Einem Brief an KARL FRIEDRICH SCHINKEL in Berlin vom 28. November 1816, in dem er ihn um die Übersendung einer Zeichnung in einer bestimmten Größe bittet, legt er zur unmißverständlichen Maßangabe einen Faden in der gewünschten Länge bei[166].

Die vorhin gestellte Frage, wie groß diese oder jene historische Maßeinheit gewesen sei, läßt sich nach den bisherigen Ausführungen für den pied du roi – in dessen Linien ja ursprünglich das Metermaß definiert werden mußte[167], ehe es seinerseits zur Maßgrundlage werden konnte – und natürlich für alle zu ihm in einem festen Verhältnis stehenden Maße beantworten: Der pied du roi maß 32.48... cm[168]. Die in den Maßlexika des vergangenen Jahrhunderts[169] genannten und in Pariser Linien definierten Maße sind allerdings nur selten mit den entsprechenden mittelalterlichen Maßen identisch, sondern gehen meist auf landesherrliche Reformen des beginnenden 19. Jahrhunderts zurück[170]. Auf diesem Wege sind die mittelalterlichen Maße daher nur dann erschließbar, wenn die Umrechnungsfaktoren dieser Maßreformen bekannt sind[171].

Die Größe der erwähnten antiken und der meisten mittelalterlichen Maßeinheiten läßt sich nur anhand überkommener Maßstäbe ermitteln oder aus den Abmessungen von Bauwerken rekonstruieren. Der ersten, relativ einfach scheinenden Methode sind enge Grenzen gesetzt, weil sich keine griechischen[172] und frühmittelalterlichen[173], sondern nur römische, meist

---

165 Vgl. Renate Eichholz, *Sulpiz Boisserée und der Kölner Dom. Versuch einer Biographie,* in: Der Kölner Dom im Jahrhundert seiner Vollendung, hg. von Hugo Borger, Bd. 2, Köln 1980, 17–23.

166 Eva Brües, *Karl Friedrich Schinkel – Lebenswerk: Die Rheinlande,* Berlin 1968, 309; bei der Zeichnung handelte es sich um eine Ansicht Kölns, die Boisserée als Titelvignette für sein großformatiges 'Domwerk' *(Ansichten, Risse und einzelne Theile des Doms von Köln,* Stuttgart 1821) vorgesehen hatte.

167 1 m = 443,29 593 Pariser Linien (Eytelwein 1810, 19).

168 Eytelwein 1810, 19.

169 Z.B. die schon mehrfach zitierten Nachschlagewerke von Eytelwein und Nelkenbrecher; siehe auch die Aufstellung bei Hecht 1979/4, 111, Anm. 12.

170 Maß- und Gewichtsreformen wurden u. a. durchgeführt 1806 in Württemberg, 1810 in Baden, 1811 in Bayern, 1816 in Preußen, 1817 im Großherzogtum Hessen, 1820 im Kurfürstentum Hessen, 1832 in der Schweiz, 1836 im Königreich Hannover (nach Tuczek 1971, 11).

171 Und auch dann müßte sichergestellt sein, daß sich die Größen dieser Maße einigermaßen konstant erhalten haben; vgl. Tuczek 1971, 12; Hecht 1979/2,1f., 16.

172 Allerdings haben sich ägyptische und mesopotamische Maßstäbe, darunter die berühmte 'Elle von Nippur' erhalten; vgl. Rottländer 1979, 7f., 71ff.; zur Möglichkeit, anhand erhaltener Blasinstrumente die Größe historischer Längenmaße zu bestimmen, siehe Hornbostel 1926.

173 Eine Ausnahme ist ein offenbar aus dem 10. Jahrhundert stammender, auf der Burg Elten am Niederrhein gefundener Schreibgriffel aus Knochen, der eine Maßeinteilung nach dem römischen Fuß (29.6 cm) und eine nach einem französischen pied du roi nahekommenden Fuß (32.2 cm) enthält; siehe dazu Günther Binding, ›Die Ausgrabungen 1964/65‹, in: Günther Binding/Walter Janssen/Friedrich K. Jungklaaß, *Burg und Stift Elten am Niederrhein, Archäologische Untersuchungen der Jahre 1964/65,* Düsseldorf 1970 (= Rheinische Ausgrabungen 8), 37.

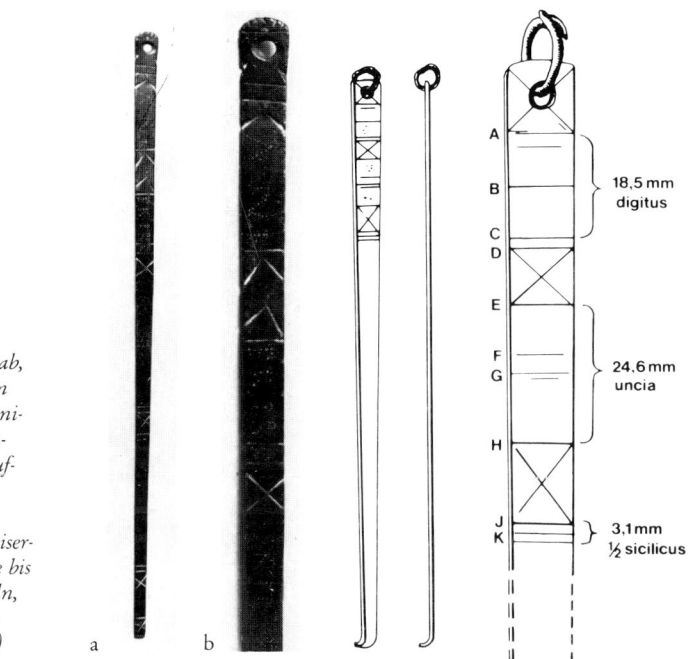

36 Römischer Band-Maßstab,
Bronze, Länge 27.15 cm
(Köln, Römisch-Germani-
sches Museum, Metallin-
ventar 31), a Gesamtauf-
nahme, b Detail

37 Römischer Maßstab (kaiser-
zeitlich), Bronze; Länge bis
Umbiegung 30 cm (Köln,
Römisch-Germanisches
Museum, Slg. Füngling)

a   b

A
B   18,5 mm
       digitus
C
D

E

F   24,6 mm
G   uncia

H

J   3,1 mm
K   ½ sicilicus

klappbare[174] oder bandförmige[175] Bronzemaßstäbe erhalten haben (Abb. 36 a, b). Ihre Länge beträgt in der Regel einen römischen Fuß, wie sich aus den durch eingetiefte Punkte oder Kerben
abzulesenden Markierungen ergibt, die der literarisch überlieferten Unterteilung des Fuß in
palmi, unciae, digiti und manchmal auch sicilici entsprechen (Abb. 37). Die Teilwertstrecken
dieser Skalen stimmen allerdings selten ganz exakt überein, und auch die Gesamtlänge dieser
Maßstäbe schwankt, so daß sich aus ihnen die Größe des römischen Fußes nur innerhalb eines
Bereiches von 29.14 bis 29.70 cm festlegen läßt[176].

174 »Sie sind von vierkantiger Form, in der Mitte durch ein Scharnier zusammenlegbar und aufgeklappt
      mit einem um zwei flache Knöpfe zu hakenden Bügel feststellbar« (Bracker-Wester 1980, 499).
175 Diese bestehen aus einem flachen Bronzeband, das sich meist etwas verjüngt und am unteren Ende etwas
      umgebogen ist, um bei flachem Aufliegen an einer Kante festgehalten werden zu können. Ein
      Beispiel dafür ist der von Matthias Bös (Römische Kleinfunde aus Köln, in: Kölner Jahrbuch für Vor-
      und Frühgeschichte 4/1959, 25 f.) beschriebene Bronzemaßstab.
176 Eine Zusammenstellung erhaltener römischer Maßstäbe bei Bracker-Wester 1980, 527, Anm. 26. –
      Prinzipielle Bedenken gegen die Erschließung einer Maßeinheit aus erhaltenen Maßstäben – wozu
      dann allerdings auch Darstellungen von solchen gerechnet werden – äußerte Gerkan 1940, 143: »Für
      gänzlich unzulässig halte ich die Versuche, die recht zahlreich erhaltenen Fußmaßstäbe, die eine
      erstaunliche Ungenauigkeit in weiten Grenzen aufweisen, durch Berechnung eines Mittelwertes aus-

Unmittelbar an den römischen Fuß gekoppelt war der 'pes drusianus', der ⅛ größer als der 'pes romanus' und in Niedergermanien üblich war – so berichtet es der zur Zeit TRAJANS (Kaiser von 99–117) lebende Feldmesser HYGINUS[177]. Die genaue Größe dieses drusianischen Fußes – in der Literatur wird er auch tungrischer[178], gallisch-germanischer, fränkischer[179], karolingischer[180] oder benediktinischer Fuß[181] genannt – ist daher nur innerhalb der Schwankungen des römischen Fußes anzugeben und beträgt demnach 32.78 bis 33.41 cm. Ein im Römerlager LAURIACUM (ENNS IN OBERÖSTERREICH) gefundenes Maßstabsfragment, das als authentischer Beleg für den drusianischen Fuß gelten kann, liegt an der oberen Grenze dieses Schwankungsbereiches[182].

Aus nachmittelalterlicher Zeit, etwa seit dem 16. Jahrhundert, haben sich in manchen Städten an Hauptkirchen oder Rathäusern angebrachte Normalmaße – zwei eingemauerte Eisenbolzen oder Eisenstäbe mit nach vorne gebogenen Enden – erhalten, die die Länge einer Maßeinheit sicherstellen sollten und in erster Linie den Kaufleuten zur Überprüfung ihrer Ellenmaße dienten (Abb. 38)[183]. Aus diesen Mustermaßstäben lassen sich ebenso wie aus den seit dem 16. Jahrhundert in steigender Anzahl überlieferten Gebrauchsmaßstäben – meist aus Kupfer oder Messing (Abb. 39)[184] – die regionalen Maßeinheiten mit den genannten Einschränkungen einigermaßen genau bestimmen.

zuwerten, denn erstens stammen die Beispiele aus nur wenigen bestimmten Gegenden, wie Pompeji, und zweitens sind es oft keine Gebrauchsinstrumente, sondern nur Darstellungen von solchen, Symbole und Grabbeigaben, und drittens kann ein Teil von ihnen durch Beschädigungen verkürzt worden sein. Die schematische Berechnung des Mittelwertes berücksichtigt also zu gleichem Recht ganz verschiedene Umstände und Bedingungen und wird dadurch zur Willkür. Schließlich handelt es sich dabei fast ausschließlich um Stücke von nur 1 Fuß Länge, die weder so genau ausgeführt noch gemessen werden können . . .«

177 *Corpus agrimensorum romanorum*, ed. Carolus Thulin, Leipzig 1913 (Nachdruck Stuttgart 1971), 86: »Item dicitur in Germania in Tungris pes Drusianus, qui habet monetalem pedem et secuniam.«

178 Arens 1938, 35.

179 Vgl. Hecht 1979/2, 1, Anm. 2.

180 Arens 1938, 35 ff.; Binding (zit. Anm. III 173), 34.

181 Hanftmann 1930.

182 Nowotny 1931.

183 Solche Mustermaßstäbe finden sich an der Rathauslaube in Alsfeld, am Altstadtrathaus in Braunschweig, am Münster in Freiburg, an der Marienkirche in Gelnhausen, am Treppenhaus des Rathauses in Marburg, an der Westfassade von St. Lorenz in Nürnberg, an der Pfarrkirche in Ochsenfurt usw. Siehe dazu die Aufstellung von Hecht 1979/2, 2 f., Anm. 7; vgl. auch Tuczek 1971, 14 f.; Pfeiffer 1973. Vgl. hier Abb. 38.

184 Z. B. der Messingstab A. Hirschvogels von 1552 (Historisches Museum der Stadt Wien), der den in 12 Zoll eingeteilten Wiener Werkschuh mit 31.7 cm angibt. Vgl. Schirmböck 1973, 212; Zotti 1974, 205, Anm. 11; – oder ein 1766 in Nürnberg entstandener Kupfermaßstab (Kölnisches Stadtmuseum), der den in 12 Zoll eingeteilten Nürnberger Werkschuh mit 30.25 cm angibt und zur Umrechnung in Cölnische Fuß vermerkt: »10½ Nürnberger WerckSchu in die Laenge machen 11¼₀theil Cölnischen fus: 9 Nürnberger Zoll in die breide machen 9⁹/₂₀theil Cölnischen Zoll . . .«. Vgl. hier Abb. 39.

38 Eiserne Mustermaßstäbe der Stadtmaße
    (»der stat schuch« = 31.8 cm – »der stat
    öln« – »der stat klaffter«) am Portal des
    Alten Rathauses (Reichssaalbau, 1408)
    in Regensburg.

39 Vergleichsmaßstab der 'Cölnischen Ell'
    (=57.5 cm) mit der Brabanter Elle, dem
    pied du roi sowie dem rheinländischen,
    römischen, drusianischen und Nürnber-
    ger Fuß, Messing (18. Jh.), (Kölnisches
    Stadtmuseum, Inv. KSM 1982/15)

Die umständlichste, aber in vielen Fällen einzig mögliche Methode, die unbekannte Größe einer Maßeinheit zu bestimmen, ist ihre Errechnung aus einem innerhalb des betreffenden Zeitraumes errichteten Bauwerk. Für den Architekturhistoriker, dem die Kenntnis der Größe der an einem Bauwerk verwendeten Maßeinheit bei der Entschlüsselung seiner Entwurfsprinzipien helfen soll, hat dieses Vorgehen einen zusätzlichen Vorteil: es vermittelt ihm die dem betreffenden Bauwerk tatsächlich zugrundeliegende Maßgröße, unabhängig davon, wie weit diese von einem eventuell bekannten Durchschnittswert oder der Normgröße der fraglichen Maßeinheit abweicht. Die Größe einer Maßeinheit aus einem Bauwerk zu errechnen, ist allerdings mit einigen Schwierigkeiten verbunden, deren größte sicherlich in der vorerst unbekannten Abweichung der ausgeführten Baumaße (Ist-Maße) von den geplanten Maßen (Soll-Maßen) liegt. Diese in der Baupraxis unvermeidliche Ungenauigkeit ist keine feste Größe, sie sollte aber eher zu niedrig als zu hoch veranschlagt werden[185]. Eine Reihe sorgfältiger Untersuchungen hat gezeigt, daß die Bauungenauigkeit gerade an antiken und mittelalterlichen Bauten meist erstaunlich gering ist[186] – gegenteilige Behauptungen wurden leider allzuoft nur zur Rechtfertigung mit dem Baubestand schlecht übereinstimmender Maß- und Proportionstheorien aufgestellt[187]. Man kann davon ausgehen, daß die Bauungenauigkeiten das Sollmaß in der Summe gleichermaßen über- und unterschreiten und sich daher bei einer ausreichend großen Anzahl von Baumaßen gegenseitig aufheben. Vorauszusetzen ist schließlich, daß die Maßzahlen nicht nur großer, sondern vor allem kleiner Abmessungen wie Mauerbreiten, Säulendurchmesser, Türöffnungen etc. in der Regel einfache Vielfache oder Teiler der Maßeinheit sind. Unter diesen Prämissen kann die Bestimmung der Maßeinheit erfolgen, indem möglichst viele – in Metern ausgedrückte und selbstverständlich exakt gemessene[188] – Baumaße durch eine versuchsweise

185 Herrn Dr.-Ing. Albrecht Kottmann, Stuttgart, verdanke ich folgende briefliche Mitteilung vom 12.4.1981: »... Bei Mauerdicken um 1 bis 2 Meter sind Abweichungen von ±2 cm vom Sollmaß nichts besonderes ... Bei Breiten zwischen 10 und 20 m sind ±10 cm Toleranz die Obergrenze ... Auch heute holt man für die Absteckung langer, wichtiger Maße einen Geometer, kleinere Maße überläßt man dem Handwerker, der andere Genauigkeitsvorstellungen hat.« – Es ist demnach, wie schon Arens 1938, 3 bemerkt, nicht ratsam, die Bauungenauigkeit in Prozentzahlen anzugeben. Siehe dazu auch Kottmann 1981, 96.

186 Vgl. die Tabelle griechischer Tempelmaße bei Coulton 1975, 97ff. oder die Untersuchungsergebnisse von Hecht passim (bes. 1976, 1977, 1979/1–4).

187 Vgl. die bei Hecht 1979/1, 90ff. zusammengestellten Zitate.

188 Eine nach wie vor mustergültige Zusammenfassung der Methoden und Probleme des Aufnehmens von Architekturen gibt Staatsmann 1910, I; sein Werk steht in der Tradition jener beispielgebenden und meist opulent edierten Architekturaufnahmen um die Jahrhundertwende, von denen stellvertretend *Die griechischen Tempel in Unteritalien und Sizilien* von Robert Koldewey und Otto Puchstein (Berlin 1899) oder die 12 Bände *Die Architektur der Renaissance in Toskana* von Carl von Stegmann und Heinrich von Geymüller (Berlin 1885–1909) genannt seien. Solche Pionierleistungen fanden allerdings wenig Nachfolge, so daß sich Rudolf Kautzsch 1940, 963 zur Feststellung veranlaßt sah: »Es fehlt höchst beschämend an wirklich genau gemessenen Aufnahmen.« Neue, aber aus finanziellen Gründen noch zu wenig genutzte Möglichkeiten eröffnet die Architekturphotogrammetrie. Siehe dazu die vom Landeskonservator Rheinland (Arbeitshefte 16–18) herausgegebenen Bände

eingeführte Maßeinheit ausgedrückt (dividiert) werden. Sofern epigraphisch oder literarisch überlieferte Maßzahlen für bestimmte Bauwerke bekannt sind[189], ist die Wahl einer annähernd richtigen Maßeinheit relativ einfach. Da solche Überlieferungen aber recht spärlich sind, bleibt nichts anderes übrig, als sich schrittweise zur richtigen Größe der gesuchten Maßeinheit vorzutasten. Man geht am besten von kleinen Abmessungen aus und versucht deren Metermaße durch möglichst einfache Vielfache eines angemessenen Fuß- oder Ellenmaßes (wobei die meist duodezimale Unterteilung dieser Maße zu berücksichtigen ist) auszudrücken. »Der aus der Summe der Meter- und der Summe der Fußzahlen dieser kleinen Maße gebildete Quotient gibt die Größe der Maßeinheit in ihrer ersten Annäherung. Diesen vorläufigen Wert kann man benützen, um den nächstgrößeren Meterzahlen die zutreffenden Fußzahlen an die Seite zu stellen. Aus der Summe beider ergibt sich für die Maßeinheit ein besser angenäherter Wert. Dieses Hin und Her vollzieht sich so lange, bis sämtliche verfügbaren Baumaße in die Rechnung eingegangen sind. So erhält man in einem zwar zeitraubenden, aber in allen Phasen leicht überschaubaren Vorgehen für die Größe der Maßeinheit schließlich in der letztmöglichen Annäherung den allen Baumaßen optimal entsprechenden Wert. Ihn kann man schließlich als Vielfaches der Maßeinheit einem jeden Baumaß gegenüberstellen, um zu ermitteln, um wieviel jedes einzelne Baumaß von seinem Sollwert abweicht.«[190]

Die systematische Anwendung dieser Methode, die Größe einer Maßeinheit aus Bauwerken zu ermitteln, führte zu sehr brauchbaren Ergebnissen[191]. So konnte z.B. der durch Auswertung

---

Architekturphotogrammetrie I–III, Köln 1976/77; Wilfried Wester-Ebbinghaus, *Zur Verfahrensentwicklung in der Nahbereichsphotogrammetrie,* Diss. Bonn 1981 (= Institut für Photogrammetrie der Universität Bonn, Heft 2); id., *Numerische Verfahren für die Architekturphotogrammetrie,* in: XIV. Kongreß der internationalen Gesellschaft für Photogrammetrie, Hamburg 1980, Kommission V, 813–823; id., *Architekturvermessung mit großformatigen farbigen Nicht-Meßbildern,* in: Marburger Jahrbuch für Kunstwissenschaft 20/1981, 177–187; Sumner Mck. Crosby, *Some uses of Photogrammetry by the Historians of Art,* in: Études d'art médiéval offertes à Louis Grodecki, Paris o.J. (1982), 120–123; neuere Darstellungen der Probleme des Aufnehmens von Architekturen geben Cramer 1984 und Wangerin 1986.

189 Eine Zusammenstellung solcher Nachrichten bei Hecht 1979/3, 74f., Anm. 9.

190 Hecht 1979/2, 5; die rigorose Anwendung dieser Methode zur Bestimmung von verhältnismäßig gut überlieferten Maßeinheiten kritisiert Saalman 1979 (bezugnehmend auf die von der traditionellen Überlieferung abweichende Berechnung des florentiner braccio durch Hecht 1976 am Beispiel der Pazzi-Kapelle in Florenz: Hecht schlägt 58.75 cm statt 58.83 cm vor; vgl. Anm. III 199) allerdings mit durchaus erwägenswerten Einwänden.

191 In einer Reihe von Untersuchungen hat Hecht (vgl. Anm. III 186) dieses Verfahren immer wieder angewandt; ähnlich ging auch Kottmann 1971, id. 1981 vor, der allerdings darauf verzichtet, ein an einem Bauwerk verwendetes theoretisches Mittelmaß zu errechnen: »Mir scheint der beste Weg, für jedes Maß (= Abmessung) errechnete Füße nebeneinanderzustellen. Dabei zeigt sich sehr rasch, welches Fußmaß am häufigsten auftritt – es war auf dem Maßstock des Meisters – und welche Abweichungen am betrachteten Bauwerk üblich waren. Nur dieses Verfahren vermeidet unnötige und verfälschende Umrechnungen« (Kottmann 1981, 96); vgl. auch Thoenes 1975, 57. – Die Methode, die Größe einer Maßeinheit von kleinen Abmessungen des Bauwerks her zu erschließen und schrittweise an immer größeren Maßen zu überprüfen – und nicht umgekehrt –, hatte schon Dörpfeld

erhaltener Maßstäbe erschlossene Größenbereich des römischen Fußes (29.14–29.70 cm) für stadtrömische Bauten, die zwischen etwa 100 v. Chr. und 300 n. Chr. entstanden sind, deutlich eingegrenzt werden (29.33–29,56 cm), während Fußwerte provinzialrömischer Bauten weiter gestreut sind und sich hier z. T. auch größere Ungenauigkeiten in der Bauausführung feststellen lassen[192]. Bemerkenswerter noch ist die Erkenntnis, daß das von KARL DEM GROSSEN anläßlich einer Maßreform 793/794[193] eingeführte Fußmaß offenbar nicht, wie vielfach angenommen, mit dem drusianischen Fuß (1⅛ des römischen Fußes) identisch[194], sondern merklich größer ist, nämlich 34.2–34.4 cm[195]. Auf ähnliche Weise wurden auch drei Systeme griechischer Fußmaße ermittelt: der ionische (34.74–34.96 cm), der dorisch-pheidonische (32.57–32.88 cm) und der attische Fuß (29.31–29.64 cm)[196].

Das Wissen um die Größe historischer Maßeinheiten bleibt, wie schon angedeutet, nicht Selbstzweck, sondern kann zu vielfältigen Erkenntnissen über Baugeschichte und Baugesinnung führen. So wurde jüngst festgestellt, daß die nach der Eroberung KONSTANTINOPELS 1453 unter Sultan MEHMET II. errichtete FATIH KÜLLIYE (Moschee-Komplex) nicht in allen Teilen nach der gleichen Maßeinheit gebaut ist[197]; während der Moscheehof in byzantinischen Fuß (oder osmanischen Arşinen)[198] bemessen ist, lassen sich die Maße der Medresen (um den Moschee-Hof

1882, 292 f. vorgeschlagen. Die Erforschung von Ziegelmaßen (vgl. Schirmböck 1973) kann dieser Methode an die Seite gestellt werden.

192 Für folgende Bauten in Rom hat Hecht 1979/4 diese Fußmaße errechnet: Rundtempel am Tiber (um 100 n. Chr.): 29.54 cm; Basilica Aemilia (78 v. Chr.): 29.56 cm; Rechtecktempel am Tiber (um 50 v. Chr.): 29.56 cm; Auditorium des Maecenas (um 40/35 v. Chr.): 29.45 cm; Tempel des Mars Ultor (2 v. Chr.): 29.51 cm; Dioskurentempel (augusteisch): 29.53 cm; Amphitheatrum Flavium (69–80 n. Chr.): 29.33 cm; Domus Flavia (81–96 n. Chr.): 29.33 cm; Pantheon (um 120/130 n. Chr.): 29.37 cm; Basilica Constantini (um 306/310 n. Chr.): 29.46 cm. – An provinzialrömischen Bauten ergibt sich (wieder nach Hecht 1979/4) für die Basilica in Pompeji ein Fußmaß von 29.35 cm, für die Heilthermen in Badenweiler ein Fuß von 29.72 cm und für das Mausoleum des Diokletians-Palastes in Spalato ein Fuß von 29.68 cm. Während z. B. am Flavischen Amphitheater in Rom 85% der (wichtigsten) Baumaße innerhalb eines Spielraumes von ±3 cm verwirklicht wurden, sind es bei den Heilthermen von Badenweiler nur 61%.

193 Die Nachrichten über diese Maßreform allerdings sind spärlich und sagen nichts Näheres über ihre Art und ihren Umfang aus; siehe dazu Arens 1938, 36 f.; Horn/Born 1966, 290 f.

194 Vgl. Anm. III 180.   195 Hecht 1977.

196 Diese Fußmaße, deren umfänglichste Bestimmung Dinsmoor 1961 durchgeführt hat, stehen nach Gerkan 1940, 145 ff. zueinander in den rationalen Verhältnissen 32:30:27, die wohl als offizielle Umrechnungsverhältnisse gegolten haben. – Eine gute und knappe Zusammenfassung metrologischer Forschungsergebnisse zu den griechischen Linearmaßen gibt Burkhard Wesenberg, *Zum metrologischen Relief in Oxford*, in: Marburger Winckelmann-Programm 1975/76, 15–22, bes. Anm. 4. – Zuletzt publizierte Bankel 1983 und 1984 methodisch vorbildliche Untersuchungen zur Größenbestimmung griechischer Fußmaße.

197 Marcell Restle, *Bauplanung und Baugesinnung unter Mehmet II. Fâtih*, in: Pantheon 39/1981, 361–367.

198 Der byzantinische Fuß mißt ca. 30.95 cm; die osmanische Arşine (Elle) ca. 75.78 cm. Mit letzter Genauigkeit läßt sich nicht entscheiden, welche der beiden Maßeinheiten dem Moscheehof zugrundeliegt. Nach der Abweichungsquote ist die osmanische Elle weniger wahrscheinlich. Die Ver-

gruppierter, als Schule dienender Bauten) überraschenderweise nur in florentinischen bracci[199] ausdrücken. Daraus ergibt sich die – durch Quellennachrichten überdies gestützte – Schlußfolgerung, daß ein italienischer Renaissancebaumeister, wahrscheinlich FILARETE, an der Planung maßgebend (im doppelten Sinn des Wortes) beteiligt war[200].

In vergleichbarer Weise konnten Maßanalysen die Baugeschichte des bayerischen Barockklosters FÜRSTENFELD klären helfen und zur näheren Bestimmung des architektonischen Œuvres seiner Erbauer beitragen[201]. Der heutige Bau des ehemaligen Zisterzienserklosters wurde 1691 von dem aus Graubünden stammenden Münchener Hofbaumeister GIOVANNI ANTONIO VISCARDI (1645–1713) begonnen und nach dessen Tod vom einheimischen Architekten JOHANN GEORG ETTENHOFER (1668–1741) weitergeführt. ETTENHOFER hielt sich im wesentlichen an die Planung seines Vorgängers, so daß trotz gewisser stilistischer Unterschiede – vor allem bei der Behandlung der Einzelformen – der Anteil ETTENHOFERS von dem VISCARDIS kaum zu scheiden war[202]. Eine Untersuchung der Maße führte aber zu dem Ergebnis, daß einige Bauteile konsequent nach dem palmo romano (22.33 cm), andere nach dem bayerischen Fuß (29.18 cm) bemessen sind. Bis ins Detail ist so die Konstruktion der Erdgeschoßarkaden des Westtraktes im westlichen Hof aus einem Quadratraster (vgl. Kapitel III/3) in palmi romani (Abb. 40), der des Nordtraktes im gleichen Hof aus einem naturgemäß etwas gröberen Raster in bayerischen Fuß nachzuweisen (Abb. 41), woraus auf die Urheberschaft VISCARDIS im ersten und ETTENHOFERS im zweiten Fall geschlossen werden kann.

Daß die Kenntnis der verwendeten Maßeinheit nicht nur baugeschichtliche Hinweise liefern, sondern auch die Voraussetzung für die Erschließung der Symbolik eines Bauwerkes bilden kann, wurde an den Beispielen karolingischer Westwerke, der romanischen ABTEIKIRCHE CLUNY III oder der Renaissance-Nachbildung des HL. GRABES IN DER CAPPELLA RUCELLAI gezeigt (Kapitel II/2).

Schließlich ist auch die Untersuchung der Proportionen eines Bauwerkes, die in einem hohen Grade seine ästhetische Wertigkeit festlegen, meist nur möglich, wenn man die Größe der dem Entwurf zugrundegelegten Maßeinheit kennt. Die Darstellung verschiedener Proportionierungsmethoden (Kapitel IV) wird dies erweisen.

Andererseits ist es unmöglich, einen 'maßstäblichen' und somit realisierbaren architektonischen Entwurf, sei es eine Bauzeichnung oder ein Modell, ohne eine konstante Maßeinheit an-

---

wendung des byzantinischen Fuß kann dadurch erklärt werden, daß der Baukomplex Mehmets sich an die alten byzantinischen Arealgrenzen hält.

199 Der florentiner braccio schwankt zwischen 58.3 cm (dieses Maß wird üblicherweise angegeben) und 58.75 cm (von Hecht 1976 an der Pazzi-Kapelle errechnet); Benevolo/Chieffi/Mezzetti 1968 kamen bei der Untersuchung von Brunelleschis S. Spirito auf einen Wert von 58.6 cm.

200 Restle (zit. Anm. III 197), 366 stieß auf einen Brief, aus dem hervorgeht, daß Filarete im Herbst 1465 in Istanbul eingetroffen sein muß.

201 Schmalhofer 1965.

202 »Der Anteil Viscardis und des ihn ablösenden Ettenhofers ist noch nicht abgeteilt« (Hugo Schnell, *Kirchenführer Fürstenfeld*, 3. Aufl. 1959, 14); vgl. auch Norbert Lieb, *Barockkirchen zwischen Donau und Alpen*, 3. Auflage München 1969, 28 ff.

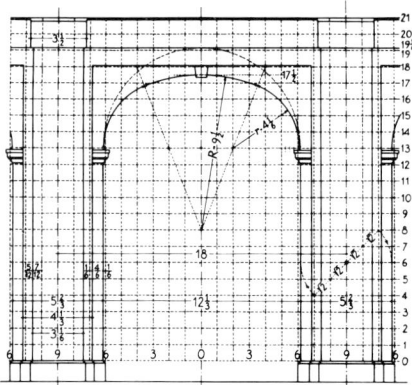

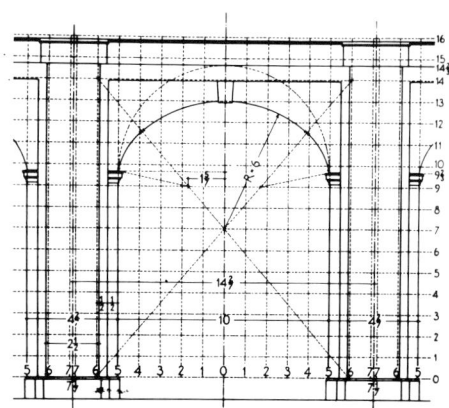

40 *Kloster Fürstenfeld, Arkade aus dem West-trakt des westl. Hofes (Antonio Viscardi, ab 1691); Konstruktion auf der Grundlage eines nach palmi romani (à 22.33 cm) bemessenen Quadratrasters, nach Schmalhofer*

41 *Kloster Fürstenfeld, Arkade aus dem Nord-trakt des westl. Hofes (vermutl. Johann Georg Ettenhofer); Konstruktion auf der Grundlage eines nach bayerischen Fuß (à 29.18 cm) bemessenen Quadratrasters, nach Schmalhofer*

zufertigen. Der *Maßstab* beinhaltet die *Größenrelation zwischen der Zeichnung und der gebauten* (bzw. zu bauenden) *Wirklichkeit* und wird seit dem späten 19. Jahrhundert in der Regel als Verhältniszahl (z. B. 1:100) angegeben.

Als Maßstab wird umgangssprachlich auch die den heutigen Architekturzeichnungen meist beigefügte Meßlinie bezeichnet, auf der die Maßeinheiten aufgetragen sind, der Größenrelation entsprechend reduziert: bei einem Maßstab 1:100 entspricht demnach ein Zentimeter der gezeichneten Meßlinie einem Meter in der Wirklichkeit[203]. Diese scheinbar banale und uns heute selbstverständliche Tatsache verdient deshalb erwähnt zu werden, weil die kunsthistorische Literatur bis vor kurzem die Meinung vertreten hat, maßstäbliches Zeichnen sei erst eine Erfindung der neueren Zeit und dem mittelalterlichen Architekten unbekannt gewesen[204]. Mittlerweile weiß man, daß nicht nur die ab ca. 1220 erhaltenen mittelalterlichen Architekturzeich-

---

203 Der Zeichenmaßstab einer Zeichnung geht verloren, wenn die Zeichnung photomechanisch vergrößert oder verkleinert wird. Über die Meßlinie – die Kenntnis der Maßeinheit und ihrer Größe vorausgesetzt – ist das Maßstab-Verhältnis aber zu erschließen.

204 Dehio 1894, 20; Dehio/Bezold 1901, 568; Witzel 1914, 12; Durach 1928, 21; Discher 1932, 66; Kletzl 1935, 61; id. 1936, 19; id. 1938, 106; id. 1944, 134; Prak 1966, 209 u.a.; vgl. die Zusammenstellung entsprechender Zitate bei Hecht 1979/1, 375 ff.

205 Zu Architekturzeichnungen allgemein siehe Frey 1937; Branner 1963 vertritt die These, daß nicht zufällig erst ab ca. 1220 (abgesehen vom St. Gallener Plan – vgl. Anm. III 216) Architekturzeichnungen erhalten seien: erst der linear so gut darstellbare gotische Baustil habe die Anwendung von Archi-

nungen[205] maßstäblich gezeichnet sind[206], sondern daß man sich schon in der Antike maßstäblicher Architekturzeichnungen bediente[207].

Da auf gotischen Bauzeichnungen keine Maßstab-Verhältniszahlen angegeben sind und auch meist Meßlinien fehlen[208], kann der Maßstab solcher Pläne nur ermittelt werden, wenn sie entweder einem bestimmten Bauwerk zuzuordnen und die gezeichneten Abmessungen (Planmaße) in Relation zu den Baumaßen zu bringen sind[209] oder wenn mindestens für ein Planmaß eine Maßzahl angegeben ist[210]. Im letzten Fall ist zur Bestimmung des Maßstabes die Kenntnis der Maßeinheit und ihrer Größe unentbehrlich. In beiden Fällen aber ist außerdem als zusätzlicher – nicht eindeutig quantifizierbarer – Faktor die Größenverzerrung (Schwindmaß) der meist auf Pergament gezeichneten mittelalterlichen Pläne zu berücksichtigen, die durch eine altersbedingte Schrumpfung des Pergaments verursacht wird[211]. Bringt man nun diese, in ihrer Fülle etwas verwirrend erscheinenden Größen (Planmaß, Baumaß, Maßzahl, Maßeinheit, Schwindmaß) in den hier grob skizzierten Zusammenhang[212], erhält man für mittelalterliche Bauzeichnungen Maßstab-Verhältnisse, die nur auf den ersten Blick etwas fremdartig erscheinen, z. B. 1:24, 1:36 oder 1:144. Zieht man aber die duodezimale Teilung der mittelalterlichen Maßeinheiten in Betracht[213], so erweisen sich solche Relationen als durchaus sinnvoll: im Maß-

tekturzeichnungen suggeriert. – Einen gut kommentierten Katalog gotischer Architekturzeichnungen in Deutschland mit ausführlicher Bibliographie verfaßte Pause 1973.

206 Diese Erkenntnis ist vor allem den ebenso sachkundigen wie sorgfältigen, wenn auch »bisweilen durch eine Überdosis Agnostizismus vergifteten« (Germann 1980, 257) Forschungen von Hecht (v. a. 1965, 1966, 1978/2 und 1979/1) zu verdanken.

207 Dazu Pause 1973, 31 und Petronotis 1972; über den Maßstab ib. 28 ff.; vgl. Hecht 1979/1, 381, Anm. 701; – Zur sensationellen Entdeckung der über Hunderte von Quadratmetern in die glatten Steinflächen des Apollontempels von Didyma eingeritzten Bauzeichnungen siehe Haselberger 1980; id. 1983/1 und 1983/2.

208 Beispiele gotischer Architekturzeichnungen, die solche Meßlinien aufweisen, sind gesammelt bei Hecht 1979/1, 374, Anm. 697; noch in der Renaissance sind solche Meßlinien nicht allzu häufig, sie werden erst im 17. Jh. zur Regel.

209 Die Zuordnung mittelalterlicher Pläne an bestimmte Bauten wird dadurch erschwert, daß diese Pläne selten beschriftet sind (Beispiele von Beschriftungen bei Hecht 1979/1, 373, Anm. 694) – abgesehen davon, daß viele dieser erhaltenen Pläne niemals oder nur in veränderter Form ausgeführt worden sind.

210 Beispiele gotischer Bauzeichnungen mit Planzahlen sind gesammelt bei Hecht 1979/1, 310 ff.

211 Dazu kommt noch, daß auch wechselnde Luftfeuchtigkeit die Größe von Pergament (und in geringerem Maße auch Papier) verändert; siehe dazu Hecht 1966.

212 »Zwischen den abgehandelten Maßgrößen – Fußmaß, Maßzahl, Maßstab, Schwindmaß – und dem Planmaß besteht folgender Zusammenhang: Im Einzelnen: Fußmaß × Maßzahl = Baumaß; Baumaß × Maßstab = Planmaß (des Zeichners); Planmaß (des Zeichners) – Schwund = Planmaß (heute); im Ganzen also: (Fußmaß × Maßzahl × Maßstab) – Schwundmaß = Planmaß (heute)« (Hecht 1978/2, 90).

213 Daß man dies zu wenig getan hat, ist sicherlich eine der Ursachen für die Annahme, mittelalterliche Architekten hätten nicht maßstäblich gezeichnet. Auf die Abhängigkeit der Maßstäblichkeit mittelalterlicher Pläne vom Duodezimalsystem hat zuerst Booz 1956, 76 hingewiesen. –
Dennoch ist die Verwendung auch geometrischer Maßstäbe (auf Grund einer gegebenen Basislänge werden mit Hilfe einer geometrischen Figur bestimmte Abmessungen festgelegt; die Verwen-

stab 1:24 entspricht ein halber Zoll in der Zeichnung einem Fuß am Bauwerk, anders ausgedrückt: ½" – 1'; und entsprechend: 1:36 = ⅓" – 1'; 1:144 = 1'" – 1'. Mit einem in Zoll und Linien unterteilten Lineal ist demnach eine Zeichnung im Maßstab 1:144 ebenso leicht anzufertigen wie im metrischen System ein Plan im Maßstab 1:100. Aus dem Spätmittelalter überkommene Schriftquellen bestätigen die Verwendung duodezimaler Maßstab-Verhältnisse. So beschreibt der pfälzische Baumeister LORENZ LACHER in seinen 1516 abgefaßten ›Underweysungen und Lehrungen für seinen Sohn Moritz‹, wie aus dem »alten Maßstab« des Bauwerkes durch sukzessives Unterteilen des gebräuchlichen Werkschuhs der »junge Maßstab« zu gewinnen sei, etwa nach den Verhältnissen 1:24 (½" – 1'), 1:72 (⅙" bzw. 2'" – 1') oder 1:144 (1'" – 1')[214].

Im Maßstab 1:192 (¹⁄₁₆" – 1' bzw. 1'" – 1')[215] gezeichnet ist der berühmte karolingische Klosterplan von ST. GALLEN, die einzige aus dem frühen Mittelalter erhaltene Architekturzeichnung (Abb. 42). Erst die Auffindung der originalen Maßeinheiten – hier des an gleichzeitigen Bauten feststellbaren karolingischen Fußes (ca. 34.4 cm) – konnte zu dieser Erkenntnis führen[216]; Maßeinheit und Maßstab, dies sei abschließend noch einmal betont, stehen in einem untrennbaren Wechselverhältnis.

dung der gleichen Figur über verschiedenen Basislängen ermöglicht die proportionale Übertragung bestimmter Maßverhältnisse, z.B. von der Zeichnung auf die Baustelle), die man lange für die einzige mittelalterliche Methode, Maßstäblichkeit herzustellen, gehalten hat (vgl. Anm. III 204), nicht völlig auszuschließen. Siehe dazu die vorsichtigen Überlegungen von Booz 1956, 77ff.

214 Lacher (= Reichensperger 1856), 148: »Item wer ein wercklich werkh der ein khor oder ein kapellen fissieren oder Reissen will recht, als wan ers grösser machen wolt, wie es stehn soll, der soll nemen einen alten schuech an einem massstab und soll denselben schuech teillen in vier und zweinzigteill, und ein Jecklliches teil bedeut einen Jungen schuech, darnach soll er dise fissirung stellen zu einem jecklichen Werkh.«; ib. 146: »Item wer gewinen will den jungen masstab auf dem alten masstab, der nemb drey Zoll an dem alten masstab und theill die drey Zoll in Neun theill und daß der neunteil so lang ist als der ander, daß ist an dem alten schuech Zwey und sibenzig Junger, und Deill den Jungen schuech Einen in Zweyteil, daß sint hundert und vier und sibenzig schuech an dem alten schuech, dissen Jungen masstab sollstu brauchen, wans du ein fissirung zu einem Werkh wilst stellen, so trifft dir darnach der alt Masstab dem grossen werkh auch zue.« Durch Halbierung von 72 'jungen schuech' erhält man aber, wie Lacher irrtümlich schreibt, 174, sondern 144 Teile; vgl. Shelby 1979, 115.

215 Dies würde bedeuten, daß der Zoll in 16 Linien unterteilt ist, analog der Teilung des pes romanus in 16 digiti – eine durchaus plausible Möglichkeit. Allerdings fehlen für die Einteilung des karolingischen Fuß Quellenbelege und auch erhaltene Maßstäbe.

216 Diese Erkenntnis gewannen etwa gleichzeitig und unabhängig voneinander Hecht 1965 und Horn/Born 1966 (Horn schreibt schon im Ausstellungskatalog *Karl der Große*, Aachen 1965, 409, daß der Plan im Maßstab ¹⁄₁₆" – 1' gezeichnet sei). Horn veranschlagt allerdings das Schwindmaß des Plans geringer und kommt daher zu einem Fußmaß (32.16 cm), das kleiner ist als das Hechts (1965, 188ff). errechnet Hecht einen Fuß von 34.0 cm aus dem karolingischen Pfund; dieses Maß wird aufgrund von Messungen an karolingischen Bauten bei Hecht 1978/2 auf einen Mittelwert von 34.3 cm erhöht). – Einen Maßstab 1:200, der dem Größenverhältnis 1:192 zwar sehr nahe kommt, aber in anachronistischer Weise eine Dezimalteilung des Fußmaßes voraussetzt, nimmt Reinle 1963–64 an. Die verschiedenen Maßstabs-Thesen für den St. Gallener Plan sind zusammengefaßt bei Hecht 1978/2, 86f. – Die besondere Schwierigkeit bei der Maßstabsbestimmung des St. Gallener Plans liegt im scheinbaren Widerspruch zwischen einigen für die Kirche angegebenen Maßzahlen und den Planmaßen; verschiedene Lösungsvorschläge, die hier nicht zu referieren sind, bei Boeckelmann 1956,

III/3 Raster und Modul[217]

Die sinnvolle, vom Geiste benediktinischen Mönchtums geprägte Konzeption und die formale Geschlossenheit des Baugefüges im ST. GALLENER Klosterplan finden ein Äquivalent in der graphischen Ordnung seines Erscheinungsbildes, das als »rasterhaft fortschreitender Rhythmus«[218] charakterisiert wurde (Abb. 43). In der Tat dürfte der karolingische Klosterplan über einem *quadratischen Raster*[219] entworfen sein, dessen Linien die Fluchten des Plans wesentlich bestimmen. Einem Quadratnetz mit der Maschenweite von 2½ Fuß – das entspricht einem Schritt (vgl. Kapitel III/2) – fügen sich Umfassungen und Binnenteilungen aller Bauten ein[220]. Wird der *Modul* des Grundrasters von 2½ Fuß viermal verdoppelt, entsteht ein übergeordneter Raster von 40 Fuß Maschenweite, der offenbar als Grundwert für größere Baueinheiten, vor allem die Kirche, benutzt wurde. Ein Riesen-Modul von 160 Fuß schließlich diente der Bemessung des gesamten Klosterareals und seiner Flächenunterteilungen (Abb. 44)[221].

Schöne 1961, Puttfarken 1968 und am plausibelsten bei Günter Binding, *Köln – Aachen – Reichenau. Bemerkungen zum St. Galler Klosterplan von 817–819,* Rektoratsrede, Köln 1981 = Kölner Universitätsreden 58, 28. – Eine Zusammenfassung der vielfachen Bedeutung des St. Gallener Plans bringt (mit umfangreichen Literaturangaben) die dreibändige Monographie von Horn/Born 1979; vgl. dazu die sehr divergenten Rezensionen von Spiro Kostof (in: The Art Bulletin 63/1981, 317–321) und Werner Jacobsen (in: Kunstchronik 35/1982, 89–96), dessen 1981 approbierte Dissertation *Der Klosterplan von St. Gallen und die karolingische Architektur* 1992 in Berlin erschienen ist; aus dem Nachlaß von Konrad Hecht (1918–1980) erschien eine Monographie *Der St. Galler Klosterplan,* Sigmaringen 1983; vgl. dazu die Rezension von Werner Haas, in: architectura 14/1984, 86–88. – Florian Huber (*Der St. Galler Klosterplan. Eine mathematisch-metrologische Analyse,* in: arcus 1986, 264–268) vertritt neuerdings die These, dem St. Galler Plan liege der (in 16 digiti geteilte) römische Fuß à 29.63 cm zugrunde, wonach 1 digitus im Plan 10 Fuß entspräche, d. h. sich ein Maßstab 1:160 ergäbe.

217 Unter dem Thema *Das Prinzip Raster und Modul in der Architektur* wurden auf den 'Dortmunder Architekturtagen' 1976 eine Reihe von Vorträgen gehalten, deren geplante Veröffentlichung (ausgenommen Naredi-Rainer 1978, Pehnt 1983 und Winterfeld 1984) als *Dortmunder Architekturheft Nr. 5* leider nicht zustande gekommen ist.

218 Schöne 1961, 150.

219 Das Wort 'Raster' geht zurück auf das lateinische 'rastrum', eine mehrzinkige Harke zur Bearbeitung des Bodens. Nach dem dabei entstehenden Liniennetz bedeutet 'Raster' in allgemeinster Definition ein System von (parallelen bzw. sich kreuzenden) Linien – bzw. das dadurch gebildete System schmaler Streifen oder kleiner Flächen.

220 Ein dem St. Gallener Plan zugrundeliegendes quadratisches Schema hat zuerst Arens 1938, 62 ff. vermutet. Die Annahme eines Quadratrasters von 2½ Fuß Maschenweite findet sich bei Hecht 1965, 172 ff., und Horn/Born 1966, 301 ff.; Hecht hatte diese These schon 1957 vertreten (vgl. Hecht 1965, 173, Anm. 27), Horn unabhängig davon auf der vom 12.–16. Juni 1957 in St. Gallen abgehaltenen Tagung über den Klosterplan (in: Duft 1962, 49, 113 ff.).

221 Horn/Born 1966, 302 ff.; id., *New Theses about the Plan of St. Gall,* in: Die Abtei Reichenau, hg. von Helmut Maurer, Sigmaringen 1974, 421 ff.; id. 1975, 355; id. 1979, I 89 ff.; neben dem 'standard module' von 2½ Fuß, dem 'large module' von 40 Fuß und dem 'super module' von 160 Fuß nimmt Horn noch einen 'submodule' von 1¼ Fuß an, der zur Festlegung gewisser Einzelheiten gedient haben soll. Skeptisch zu Horns Rasternetzen (deren Anwendung an den von Horn zum Vergleich herangezogenen karolingischen Bauten tatsächlich problematisch ist) äußert sich Jacobsen 1982 (zit. Anm. III 216), 93 ff.

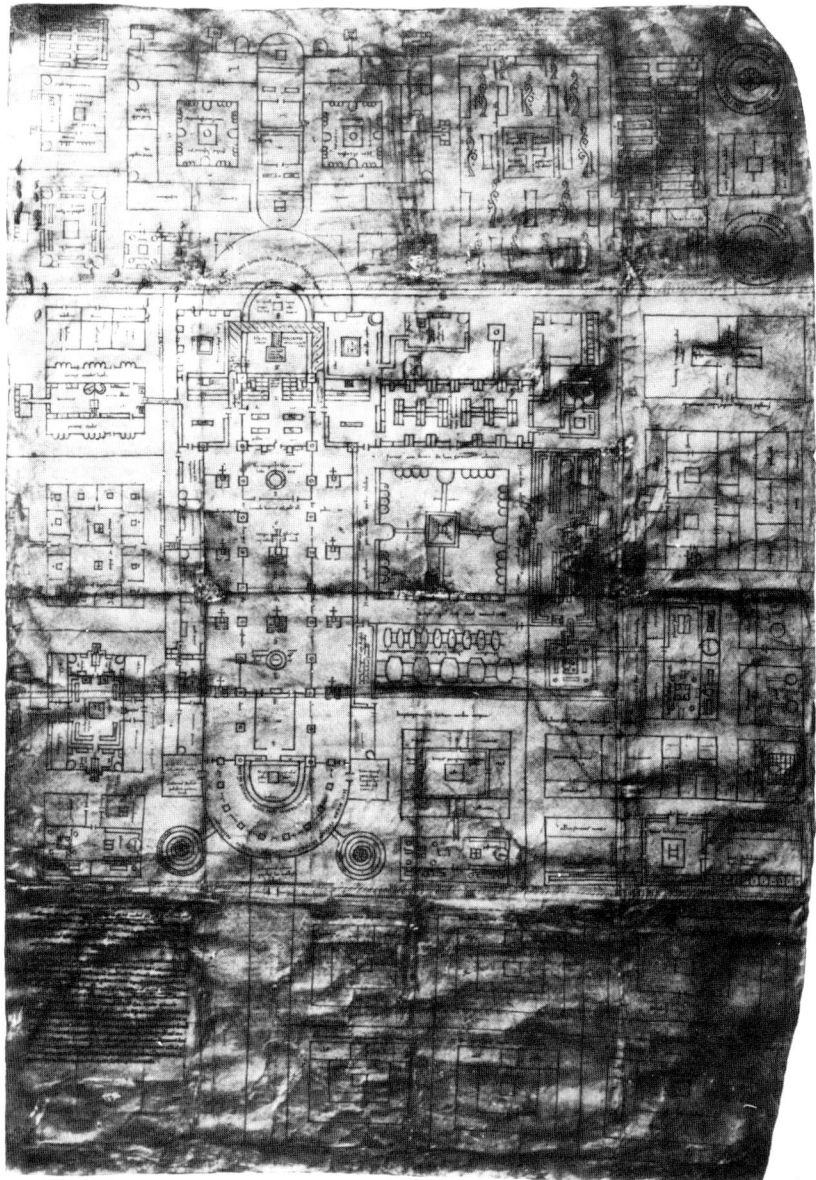

42   *Der karolingische Klosterplan von St. Gallen (um 820) (St. Gallen, Stiftsbibliothek)*

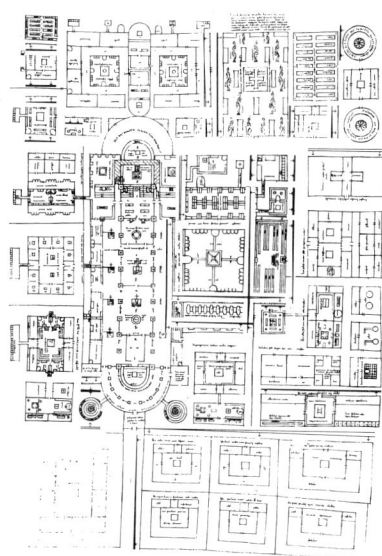

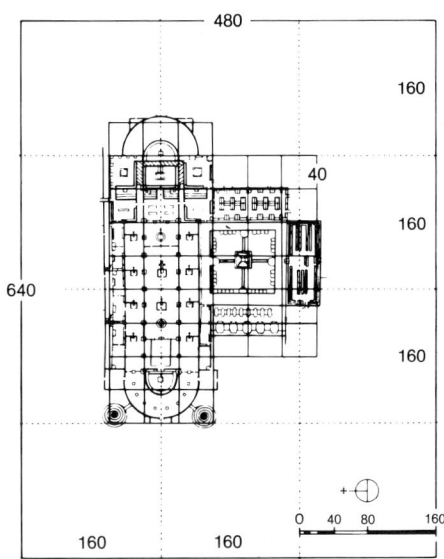

43 Der Klosterplan von St. Gallen (um 820),
    Umzeichnung

44 St. Gallener Klosterplan – Umzeichnung von
    Kirche und Kreuzgang; 40- und 160-Fuß-Raster
    nach Horn/Born

Am überzeugendsten nachzuweisen ist die maßgebende Funktion des Grundrasters (2½ Fuß), der die Linienführung des Plans bis hin zu den Abmessungen der Altäre und Chorstallen bestimmt. Besonders deutlich wird dies am Beispiel des Dormitoriums, des gemeinsamen Schlafraums der Mönche (Abb. 45): Lage und Abmessungen sämtlicher Betten folgen dem Rasternetz[222]. Das teilweise Abweichen der Planzeichnung von den Linien des Rasters hat seinen Grund darin, daß der ST. GALLENER Plan kein Original, sondern eine Kopie ist[223]. So erklären sich die Unregelmäßigkeiten aus einer Verschiebung des auf die Vorlage gelegten Pergaments während des Kopierens und aus einer gewissen Flüchtigkeit des Kopisten.

222 Hecht 1965, 174 unterstellt glaubhaft, daß die Länge des Dormitoriums auf 35 Modul berechnet und damit genau symmetrisch geplant gewesen sei, während sich bei Horn (1966, Fig. 12; 1975, Fig. 10; zuerst in: Duft 1962, 91) nur 34 Modul ergeben. Dies gehe aber, so Horn (1966, 302, Anm. 93; id. 1970, I 90, Anm. 49) nicht auf seinen, sondern den Irrtum des Planzeichners zurück; vgl. dagegen die Zusammenfassung der Argumente Hechts 1978/2, 71ff.

223 Walter Horn, *The Plan of St. Gall – Original or Copy?* in: Duft 1962, 79ff.; vgl. Hecht 1965, 171; Horns These, daß der St. Gallener Plan eine Kopie sei, ist zuletzt wiederholt in: Horn 1979, I 15ff.; Norbert Stachura *(Der Plan von St. Gallen – ein Original?* in: architectura 8/1978, 184–186; id., *Der Plan von St. Gallen: Der Westabschluß der Klosterkirche und seine Varianten,* in: architectura 10/1980, 33–37) zog diese These in Zweifel; vgl. Jacobsen 1982 (zit. Anm. III 216), 92 und Warren Sanderson, *The Plan of St. Gall Reconsidered,* in: Speculum 60/1985, 615–632, bes. 618f.

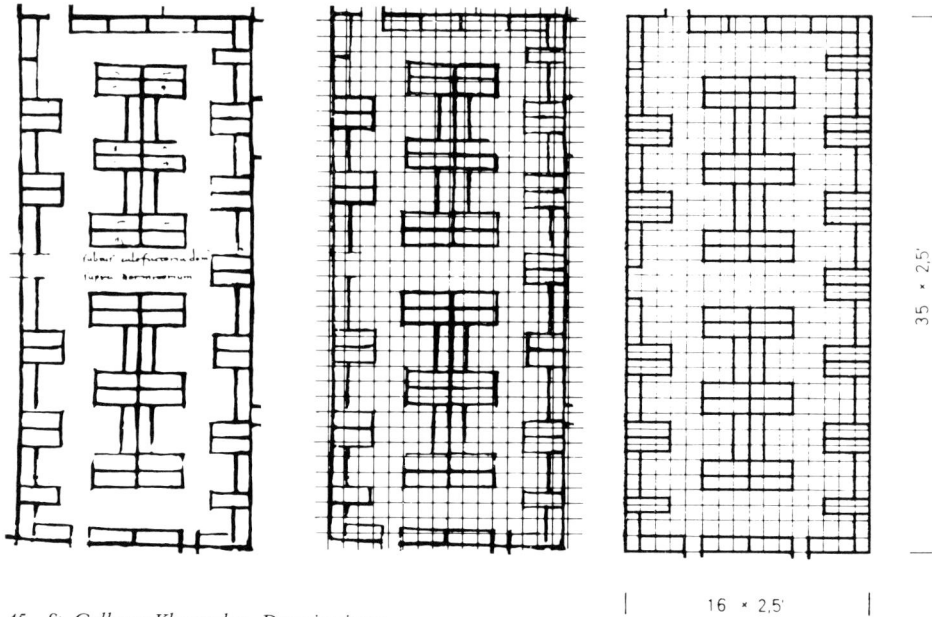

45 *St. Gallener Klosterplan, Dormitorium:*
links: Faksimile; Mitte: Faksimile mit übergelegtem 2½-Fuß-Quadratraster, nach Horn/Born; rechts:
Wahrscheinliche Konstruktionsmethode, nach Hecht

Obwohl auf dem ST. GALLENER Plan keine Mauerstärken angegeben, sondern die Grundrisse der einzelnen Gebäude nur einlinig gezeichnet sind, ist er kein bloßes Schema, sondern ein realisierbarer Bauplan[224]. Den Planlinien entsprechend konnte ein Schnurgerüst zur Markierung der Mauerfluchten gezogen werden[225]. Auf welcher Seite der Abschnürungen die Mauern liegen sollten[226], entschied der Bauleiter[227], der auch die Mauerstärke aufgrund von Erfahrungswerten festlegte. Um die Planlinien adäquat auf den Bauplatz übertragen zu können, mußte zuerst das Rasternetz eingeschnürt werden.

224 Hecht 1965, 198 ff.; gegenteilige Meinungen referiert Hecht 1978/2, 57 f., Anm. 1.
225 Zu Fragen der Bauausführung Spieß 1959, 69 ff.; »Etwa ein Meter über Gelände wurde ein Schnurgerüst angelegt, das beim Ausschachten nicht hinderte und von dem aus die nötigen Maße auf Fundamente und aufgehendes Mauerwerk übertragen werden konnten« (id. ib. 78).
226 Unter Umständen konnte die Schnur auch die Mauerachse bezeichnen; vgl. Hecht 1965, 201 f.
227 Der Bauleiter (edificator) überwachte die Ausführung eines Gebäudes, das der Architekt (designator) entworfen hatte. Zur Unterscheidung dieser Termini vgl. Otto Lehmann-Brockhaus, *Schriftquellen zur Kunstgeschichte des 11. und 12. Jahrhunderts für Deutschland, Lothringen und Italien,* Berlin 1938, Textband, 470 f., Nr. 2262; siehe auch Pevsner 1941/1 und 2.

Die Interpretation des ST. GALLENER Planes als eines über einem Quadratraster entworfenen Bauplanes erfährt ihre Bestätigung, wenn man umgekehrt bestehende Bauten aus der Karolingerzeit auf entsprechende einlinige Grundrisse zurückzuführen versucht[228]. Ein geeignetes Beispiel ist die SYLVESTERKAPELLE IN GOLDBACH BEI ÜBERLINGEN AM BODENSEE (Abb. 46), die nach demselben karolingischen Fuß (34.24 cm) bemessen wurde wie der ST. GALLENER Plan[229]. Sowohl die Lage der äußeren Fluchten von Chor und Westbau wie der Innenflucht des Schiffes auf derselben Geraden als auch die rhythmische Längengliederung (3:5:3) lassen klar erkennen, daß diesem Grundriß ein Quadratraster zugrundeliegt, dessen Maschenweite 6 Fuß beträgt (Abb. 47)[230]. Ein dem ST. GALLENER Plan vergleichbarer Bauriß muß im Entwurf wie als Abschnürung an der Baustelle die wesentlichen Grundrißabmessungen der SYLVESTERKAPELLE festgelegt haben (Abb. 48). Es bedurfte lediglich zweier Entscheidungen, um auf der Grundlage dieses Rasternetzes ihre Grundrißgestalt eindeutig festzulegen: »Chor und Westwerk sollen 3×3 Rastereinheiten erhalten, das Schiff jedoch 3×5, und: an die Rasterlinien seien die Mauerstärke von Chor und Westraum nach innen, die des Schiffs dagegen nach außen anzuschließen.«[231]

Der Quadratraster erfüllt so eine doppelte Funktion: er dient beim Entwurf als Regulativ und bei der Ausführung als Hilfsmittel, den Plan in die Wirklichkeit zu übertragen. Die Verwendung solcher Raster ist keineswegs auf die Architektur beschränkt, sondern läßt sich als Ordnungsprinzip von der ›Teilung des Gesichtsfeldes‹ durch die Auguren[232] über die römische Feldmeßkunst[233] bis zur heute jedermann geläufigen Planquadrierung von Landkarten und Stadtplänen verfolgen. Auch die Bildkünste bedienen sich quadratischer Raster, sei es zur Sicherung kanonisch festgelegter Proportionen, wie dies ein ägyptisches Papyrusfragment zeigt (Abb. 49, S. 128), oder zur Übertragung von Entwurfszeichnungen mittels karierter Kartons, wie sie z. B. in der Freskomalerei seit dem 15. Jahrhundert üblich waren[234]. Vom Gradnetz solcher Kartons ist die in der Renaissance entwickelte Methode perspektivischer Verkleinerung und Verkürzung durch einen sogenannten ›Schachbrett-Boden‹ zu unterscheiden[235].

228 Als erster unternahm diesen Versuch Walter Boeckelmann, *Das karolingische Münster zu Neustadt am Main und sein quadratisches Schema,* in: ›Koldewey-Gesellschaft‹, die Jubiläumstagung der Koldewey-Gesellschaft in Stuttgart vom 31. Juli bis zum 5. August 1951, 43 ff.
229 Hecht 1977, 138 ff.; vgl. dazu die etwas summarische und wenig überzeugende Gegendarstellung bei Kottmann 1981, 100 f.
230 Hecht 1977, 147.
231 Hecht 1978/2, 79; – nach dem gleichen Prinzip sind die Grundrisse der romanischen Kirchen von Elsted und Bjerager bei Århus/Dänemark gestaltet; vgl. Poulsen 1983, 48 f.
232 Vgl. Anm. II 153.
233 Vgl. Anm. II 151.
234 Vgl. Knut Nicolaus, *DuMont's Handbuch der Gemäldekunde,* Köln 1979, 98 ff.
235 Siehe dazu Erwin Panofsky, *Das perspektivische Verfahren Leone Battista Albertis,* in: Kunstchronik 26/1914–15, 505–516; William M. Ivins, *The Albertian Scheme,* in: Bulletin of the Metropolitan Museum of Art 1936, 278–280; Hersey 1976, 81 ff.; Panofsky 1977, 328 ff.

46 *Sylvesterkapelle in Goldbach bei Überlingen (karolingisch)*

Rasternetze haben in den Bildkünsten vor allem technische Bedeutung, in der Architektur dagegen ist zwischen ihrem mechanischen Zweck[236] und ihrer gestaltenden Funktion kaum eine Grenze zu ziehen, wie die beiden karolingischen Beispiele gezeigt haben. Von jeher spielen Raster – vor allem Quadratraster; denkbar sind aber auch Rechteck- oder andere Polygonraster – in der Architektur eine entscheidende Rolle[237]. Ein Rasternetz unterstellt schon die Bibel in der Tempelvision des EZECHIEL, wo der Riesenkomplex von 500 Ellen Seitenlänge in 50-Ellen-Quadrate aufgelöst wird[238].

Nach Quadrat- oder Rechteckrastern eingerichtet sind nicht nur Achsen und Fluchten römisch-antiker Heerlager und Städte – vor allem von Neugründungen in den Kolonien[239] –,

236 Man denke z. B. an das heute unentbehrliche 'Millimeterpapier'; der früheste mechanisch quadrierte Grundriß ist – nach Soergel 1958, 57 – der um 1506/16 datierte Plan Uff. A 20 von St. Peter in Rom, dessen feinmaschige Felder eine Größe von 5×5 palmi bedeuten.

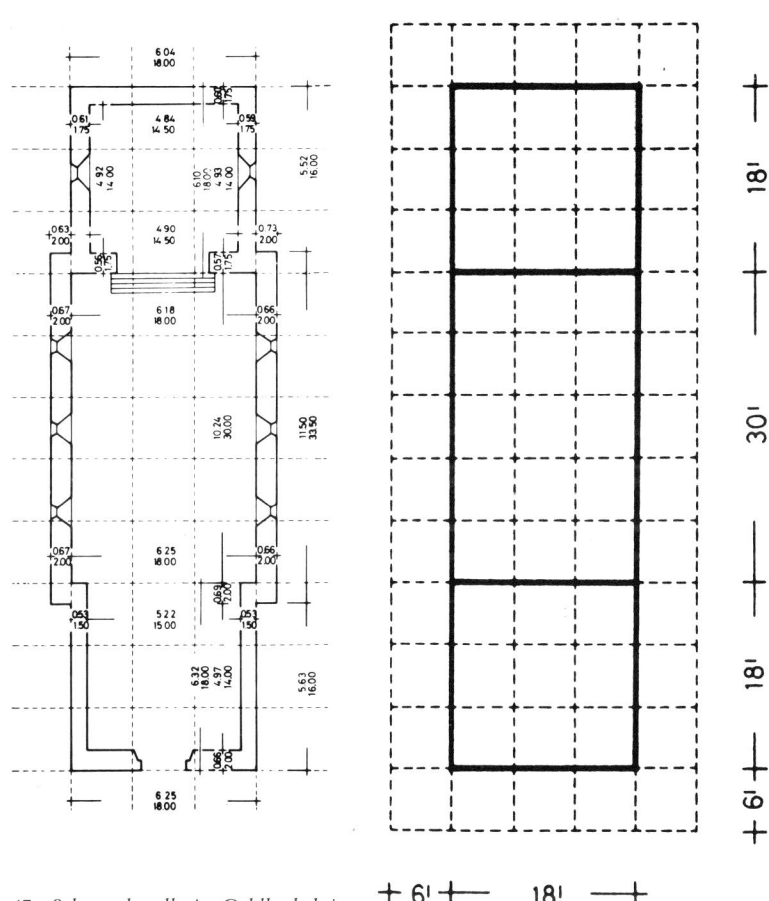

47 *Sylvesterkapelle in Goldbach bei Überlingen, Grundriß (Maßangaben in m bzw. in Fuß à 34.32 cm) nach Hecht*

48 *Sylvesterkapelle in Goldbach bei Überlingen, Rasterplan (Quadratraster von 6 Fuß – à 34.32 cm – Maschenweite) nach Hecht*

237 In diesem Zusammenhang muß allerdings davor gewarnt werden, jedem beliebigen Grund- und Aufriß einen Quadratraster unterlegt sehen zu wollen, wenn sich dies nicht aufgrund genauer Aufmessungen zwingend ergibt.

238 *Ezechiel* 40–42; vgl. Arens 1938, 11.

239 Die bekanntesten Beispiele römischer Rechteckstädte – die exakt naturgemäß nur in der Ebene angelegt werden können – sind in Italien Bologna, Lucca, Como, Turin und Aosta. In den römischen Kolonien finden sich regelmäßig angelegte Städte häufiger. Eine übersichtliche Auflistung der Maße römischer Limeskastelle bringt Kottmann 1981, 23ff.

49 *Thronender Pharao,*
Zeichnung über einem
Quadratraster auf einem
Papyrusblatt (4. Jh. v. Chr.?),
(Berlin, Ägyptisches Museum)

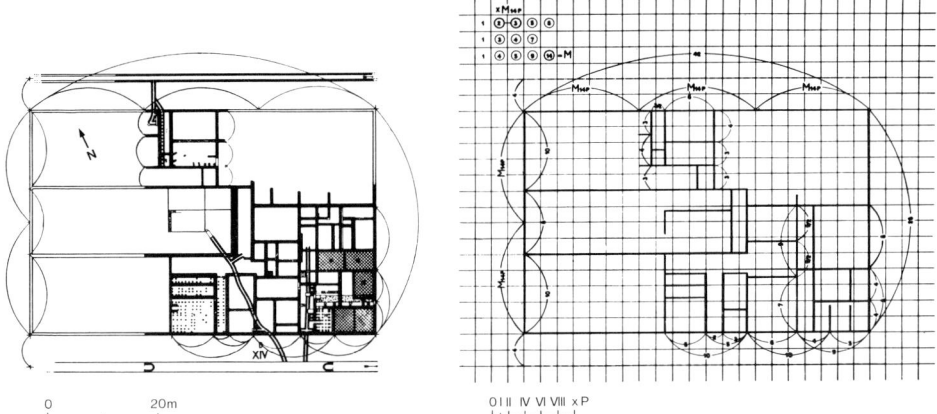

50   Emona (augusteisch), links Grundriß und rechts Rasterplan (Quadratraster von 2 passus = 10 Fuß à ca.
29.03 cm – Maschenweite) des Hauses XIV, nach Detoni/Kurent

sondern oft auch einzelner Bauten[240]. Ein anschauliches Beispiel dafür ist die um 34 v. Chr. von
AUGUSTUS gegründete Veteranenkolonie EMONA (COLONIA IULIA), heute LJUBLJANA, die über
einem Quadratraster von 50 passus Maschenweite innerhalb eines mauerumgebenen Rechtecks
von 360×300 passus errichtet wurde[241]. Nicht nur die Lage der Straßen und Häuser ist mehr
oder weniger abhängig von diesem Rasterschema, sondern auch die Grundrißgliederungen der
einzelnen Häuser lassen deutlich ein zugrundeliegendes Rasterprinzip erkennen. Das Haus XIV
etwa ist nach bestimmten Zahlengesetzen, die hier außer Acht bleiben sollen (vgl. Kapitel IV/2),
über einem Quadratraster von 2 passus (= 10 Fuß) Maschenweite konstruiert (Abb. 50)[242].
14×14 solcher Quadrate lassen sich zu übergeordneten Einheiten zusammenfassen. Eine solche
'modulare Koordination' beschränkt sich nicht nur auf den Entwurf, sondern äußert sich auch
in der Ausführung der Bauten von EMONA, deren genormte Ziegelmaße[243] von einem hohen

---

240   Z. B. die Basilica Iulia, die Basilica Ulpia oder der Rechtecktempel am Tiber in Rom; vgl. Hecht
1978/2, 81 ff.; auch Vitruvs etruskischer Tempel (IV/7; 1964, 194 ff.) ist über einem Netz entworfen.
241   Die in den Jahren 14/15 n. Chr. mit Mauern und Türmen versehene Stadtfestung hatte eine Ausdehnung von 522.30 m × 435.50 m (vgl. Walter Schmid, *Emona*, in: Jahrbuch für Altertumskunde
7/1913, 61–188; id., *Ausgrabungen in Emona 1916*, in: Jahreshefte des österreichischen Archäologischen Institutes 19–20/1919, Beiblatt 155–164). Die Größe des in Emona verwendeten Fuß betrug
demnach nur 29.01–29.03 cm; zum folgenden siehe Detoni/Kurent 1963. Eine Zusammenfassung
der Forschungsergebnisse über Emona bei J. Šašel, Artikel *Emona*, in: Paulys Realencyclopädie der
classischen Altertumswissenschaft, Supplementband XI, Stuttgart 1968, 540–578.
242   Detoni/Kurent 1963, 36 f.
243   Detoni/Kurent 1963, 9 ff.; vgl. Schirmböck 1973.

129

Maß an *Standardisierung* zeugen, die in manchem an Methoden des modernen industriellen Bauens denken läßt[244].

Bevor dieser Gedanke weiterverfolgt wird, muß der schon am Anfang dieses Kapitels stillschweigend verwendete Begriff *Modul* erläutert werden: bei der Erörterung der fünf Arten von Tempeln bezeichnet VITRUV als *modulus* das Grundmaß[245], auf dem die Symmetrie eines Bauwerkes als »Wechselbeziehung der einzelnen Teile für sich gesondert zur Gestalt des Bauwerkes als Ganzem« beruht[246]. Dieses *Grundmaß ist der untere Säulendurchmesser*[247]. Da die Säule nach der Gestalt des Menschen proportioniert ist (vgl. Kapitel III/1), besteht eine Verbindung zwischen Modul und menschlichem Maß. Wesentliche Abmessungen werden in der antiken und der an ihr orientierten Architektur in Säulen-Moduli angegeben, die in 30 minutae unterteilt werden können. So bezeichnet z. B. auch PALLADIO in seinem Architekturtraktat bei der Behandlung der Säulenordnungen die Abmessungen von Säulenabstand, Säulenhöhe, Gebälkhöhe und Gebälkausladung in Moduli (Abb. 51), obwohl er im übrigen Maßangaben in (vicentinischen) Fuß bevorzugt[248]. Auf diese Weise bleiben die Proportionen der jeweiligen Säulenordnungen, unabhängig von ihrer absoluten Größe, in jedem Fall gewahrt.

Vielfach hat man auch, um kleinere Abmessungen leichter ausdrücken zu können, als Modul den halben Säulendurchmesser genommen[249]. Der Architekturtheoretiker und Mathematiker NIKOLAUS GOLDMANN (1611–1665) geht dabei so weit, den Modul in 360 'Theilichen' zu teilen, um so auch die kleinste Abmessung innerhalb der kanonischen Säulenordnungen in ganzen Zahlen angeben zu können[250].

Die mit den Säulenordnungen verbundene Modullehre (modulatio) wurde oft mit einem Quadratraster – die deutschen Architekturtheoretiker um LEONHARD CHRISTOPH STURM (1669–1719) sprechen von 'Gitter'[251] – verbunden, wobei die Abstände der Netzlinien einem Modul

244 Detoni/Kurent 1963, 56: »The result of this research is the conclusion that the Roman empire in the time of Emona was master of a highly developed art of building. The manufacture of the standardized modular building elements and the compositional and proportional systems for the design of towns and buildings are coordinated in the higher degree than in the building trade of today.«

245 Vitruv III/3.7 (1964, 148).

246 Vgl. Anm. I 46.

247 Vgl. Anm. III 245; Aurés 1862 nahm an, daß Vitruv den Säulendurchmesser in der mittleren Schafthöhe gemeint habe. Dagegen wandte sich schon Reber 1868.

248 Palladio 1570, I 15ff. (Cap. I/12–18).

249 Schon Vitruv nimmt bei der Beschreibung des dorischen Baustils 2 moduli für den Säulendurchmesser (IV/3.3 – 1964, 182; V/9.3 – 1964, 238) an, während er für die ionische Säule 1 modulus als Säulendicke angibt (V/9.4 – 1964, 238).

250 Nicolai Goldmann, *Tractatus de stylometris sive instrumentis quibus quinque ordines Architecturae Methodo ... designantur ... Gebrauch dehr Baustäbe ...* 1662; vgl. Habicht 1917, 212 f.

251 Leonhard Christoph Sturm, *Vollständige Anweisung alle Arten von regularen Pracht-Gebäuden ... zu erfinden,* Augsburg 1716; vgl. Schädlich 1957, 227 ff.; Golücke 1974, 100 ff.

51 *Andrea Palladio: Die toskanische Säulenord-*
nung und ihr Modulsystem (Säulendurchmesser =
1 Modul)

entsprechen. Das Proportionsschema eines Porticus aus dem 1648 erschienenen Architekturtraktat von PHILIBERT DELORME (um 1515–1570) mag dies illustrieren (Abb. 52).

Mit der Wahl des Moduls als größten gemeinsamen Maßes ist der Differenzierungsgrad in der
Gliederung eines Bauwerkes festgelegt. Der Modul kann mit der zugrundegelegten Maßeinheit
identisch, durch diese teilbar oder – dies am häufigsten – deren Vielfaches sein[252].

Dies gilt nicht nur für den Säulen-Modul, sondern auch für den a priori nicht sichtbaren
Modul, der als abstrakte Grundeinheit eines Meßwertes – z. B. als Quadrat von bestimmter
Größe – »das geometrische System einer gedachten modularen Ordnung bestimmt«[253]. Solch
ein abstrakter Modul – den man mit der feststehenden Tonskala einer Klaviatur vergleichen
könnte, die dennoch unendliche Variationsmöglichkeiten in sich schließt – bestimmt nicht unmittelbar das Erscheinungsbild eines Gebäudes, sondern liefert eine Maßskala für seine Konstruktion[254]. Deshalb ist es nicht verwunderlich, daß ansonsten kaum zu vergleichende Bau-

252 Häufig sind die Modul-Zahlen einer Abmessung einfacher als die Fuß- oder Ellen-Zahlen; z. B. lautet
     die Höhengliederung der Fassade von S. Maria Novella in Florenz in bracci: 20 – 10²/₃ – 16 – 13¹/₃; in
     Moduli: 15 – 8 – 12 – 10; vgl. Naredi-Rainer 1977/1, 121.
253 Wachsmann 1962, 31.
254 Ehrenkrantz 1969, 118.

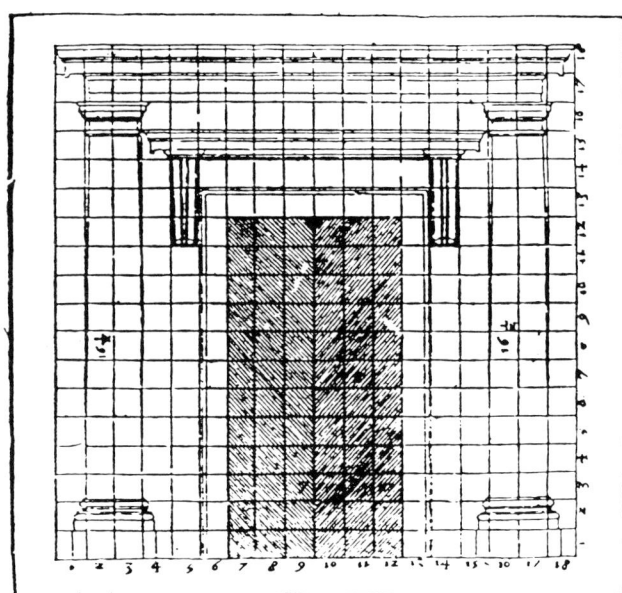

52 *Philibert Delorme:*
Proportionsschema für ein
Portal über einem Quadrat-
raster (Säulendurchmesser =
2 Moduli)

werke wie die erwähnten römischen und karolingischen Beispiele oder BRUNELLESCHIS 1444 begonnene Kirche S. SPIRITO IN FLORENZ (Abb. 34)[255] gleichermaßen über einem Quadratraster
(Abb. 53) entworfen sind wie – jedenfalls im Grundriß – das von HENDRIK PETRUS BERLAGE
(1856–1934) erbaute BÖRSENGEBÄUDE IN AMSTERDAM (Abb. 54, 55). »Es kommt nur darauf an, die
richtige Einheit, also das Grundquadrat zu wählen, wobei selbstverständlich, wenn nötig, auch
eine Unterteilung stattfinden kann«, schreibt BERLAGE, einer der großen Erneuerer der Architektur um 1900[256].

Eine modulare Grundeinheit kann in zwei Ebenen, also dem Grund- und Aufriß, wirksam
werden[257], kann aber auch von einer anderen ergänzt werden. So verwendet BERLAGE im AMSTER-
DAMER BÖRSENGEBÄUDE den Quadratmodul nur im Grundriß, während er der Fassade bis zur

255 Benevolo/Chieffi/Mezzetti 1968; Beltrame 1972; der Modul als halber Abstand von Säulenmitte zu
     Säulenmitte mißt 5½ bracci (à 58.6 cm – vgl. Anm. III 199). Die im Grundriß – der im Westen nach
     dem Entwurf G. da Sangallos, vermutlich im Sinn Brunelleschis, durch das herumgeführte Seiten-
     schiff ergänzt ist – eingetragenen Modulzahlen 12 – 18 – 24 – 30 sind wieder einfacher als die bracci-
     Zahlen 66 – 99 – 132 – 165 (vgl. Anm. III 252).
256 Berlage 1908, 59. Zum Börsengebäude in Amsterdam siehe A. W. Reinink, *Amsterdam en de Beurs*
     van Berlage. reacties van tijdgenoten, 's-Gravenhage 1975 (= Cahiers van het Nederlands centrum voor
     de Bouwkunst, deel 1). – Beeinflußt von Berlage verwendet auch Peter Behrens (1868–1940) quadrati-
     sche und rechteckige Rasternetze, zuerst an den Bauten für die Oldenburger Landesausstellung 1905;
     vgl. Asche 1982.
257 Hersey 1976 nimmt für den italienischen Palastbau der Renaissance ein dreidimensionales Raum-
     gitter als durchgehende Grundstruktur (»omnidirectional cubic grid«) an. Zu seinen teilweise etwas
     überzogenen Überlegungen siehe die Kritik von Lorenz 1979.

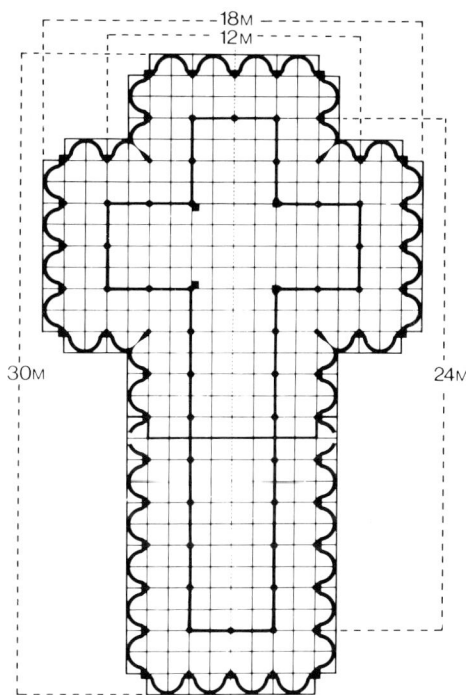

53 *S. Spirito in Florenz (Filippo Brunelleschi, begonnen 1444), Grundriß – mit dem von G. da Sangallo vorgeschlagenen 'deambulatorio'; Rasterschema mit Modulzahlen (Achsabstand zwischen den Säulen = 2 Moduli à 5½ florentinische bracci), nach Benevolo/Chieffi/Mezzetti*

Formung der Details ein Netzwerk zugrunde legt, das auf dem sog. 'ägyptischen Dreieck'[258] aufgebaut ist (Abb. 56).

Mit dem Modul als größtem gemeinsamen Maß, das als gleichförmige Maßskala rasterförmig über eine oder mehrere Ebenen des Bauwerks gelegt zu denken ist und so die Voraussetzung für den Aufbau eines Proportionsgefüges (vgl. Kapitel IV)[259] bildet, ist der *Modulor* LE CORBUSIERS nicht vergleichbar: er stellt als stetig wachsende Folge von Meßwerten kein gemeinsames Maß als Ausgangspunkt proportionaler Gestaltung dar, sondern bereits eine Proportionierungsmethode. Ein nach dem *Modulor* gezeichneter Raster ist kein gleichförmiges Netz, sondern eine gerichtete, dynamische Struktur[260] (Abb. 57).

---

258   Gleichschenkelig, Höhe:Basis = 5:8; vgl. Anm. IV 270.
259   Das heißt aber nicht, daß jedes Bezugssystem von Proportionen einer derartigen Rastergrundlage bedarf; vgl. Kap. IV/2.
260   In einem Brief vom 25. August 1954 stellt der Schweizer Architekturhistoriker Siegfried Giedion den Modulor als dynamisches Prinzip dem statischen der Renaissance gegenüber: »Leonardo und seine Zeitgenossen – wir denken an Vitruv – hatten die Proportionen des Menschen dargestellt, indem sie seinen Körper mit geöffneten Armen einem Kreis einschrieben. Es ist der statische Mensch, der einer statischen Architektur entspricht. Am Eingang seiner Wohnungseinheit in Marseille stellt Le Cor-

133

54   *Börsengebäude in Amsterdam (Hendrik P. Berlage, 1897–1903)*

Nicht nur formal-ästhetische Funktionen soll der *Modulor* erfüllen, sondern auch Grundlage serienmäßiger Herstellung von Bauelementen sein[261]. In dieser Hinsicht besteht allerdings ein unmittelbarer Zusammenhang zwischen *Modulor* und *Modulsystem,* das die entscheidende Voraussetzung für die Herstellung standardisierter Elemente bildet, worauf das industrielle Bauen beruht. Standardisierung verlangt eine möglichst kleine Anzahl verwendeter Einheiten zu möglichst vielseitiger Kombinierbarkeit, geregelt durch ein Baukastensystem, die 'Modularkoordination'[262]. Diese ist so nicht künstlerischer Selbstzweck, sondern Voraussetzung für die ökonomische Nutzung industrieller Produktionsmethoden. Daß die Verwendung möglichst weniger Standardelemente innerhalb eines modularen Koordinationssystems[263] keine Einschränkung

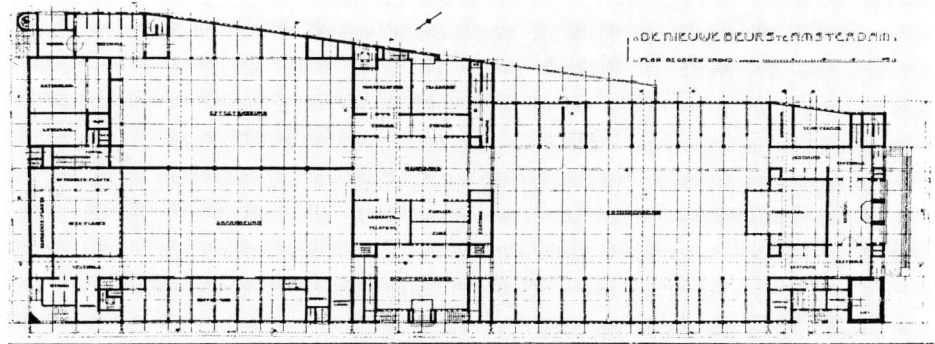

55 Hendrik P. Berlage: Börsengebäude in Amsterdam, Grundriß mit Quadratraster

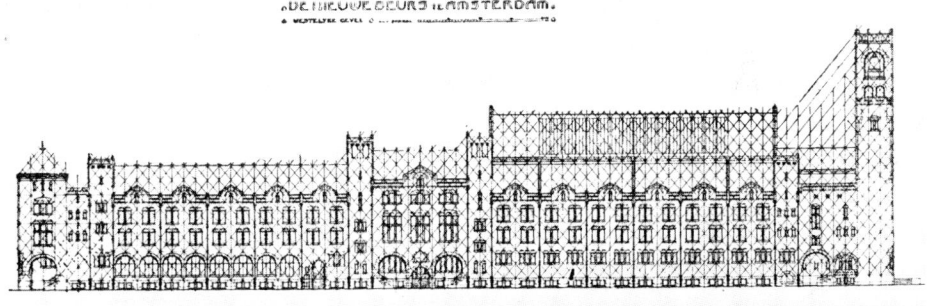

56 Hendrik P. Berlage: Börsengebäude in Amsterdam, Fassade mit 'ägyptischem Dreieck'-Raster

busier sein System bildlich durch einen Mann mit erhobenem Arm dar. Es ist der Mensch, der den Raum durcheilt. Es ist der dynamische Mensch, der einer dynamischen Architektur entspricht« (in: Le Corbusier 1979, 77).

261 Vgl. Anm. III 124.

262 Siehe dazu Leonhardt 1947; Döcker 1947; H. Schmidt 1965, 176ff.; Borisowski 1967, 9ff.; Storck 1968, 227ff.

263 »Modulare Koordinationssysteme beziehen sich nicht nur auf rechteckige und gerade Flächen, sondern ebenso auf Abstand und Volumen von Punkten, Linien, Flächen und Körpern, ganz gleich, ob auf die Ebene oder in den Raum projiziert oder in sich selbst gekrümmt. Sie bestimmen auch Installationen . . ., Dimensionierung der Objekte, aber auch bewegliche Teile und in gewisser Hinsicht, im abstrakten Sinn, Bewegung und Zeit« (Wachsmann 1962, 30).

135

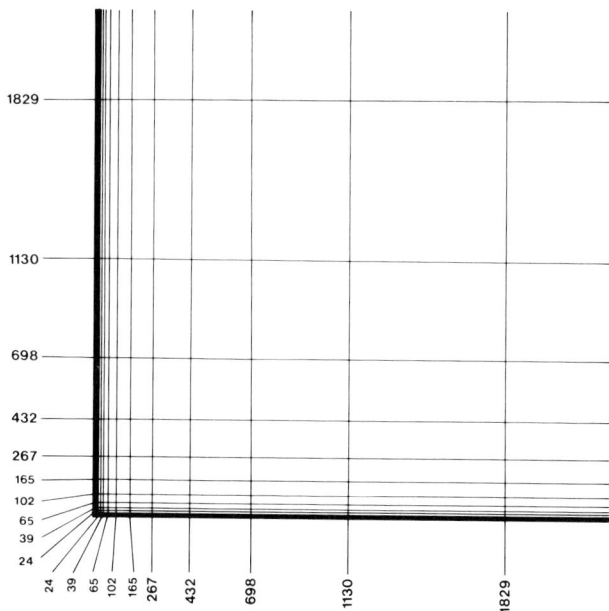

57   *Maschennetz nach Le Corbusiers Modulor-Maßen*

58   *Kristallpalast in London (Joseph Paxton, 1850)*

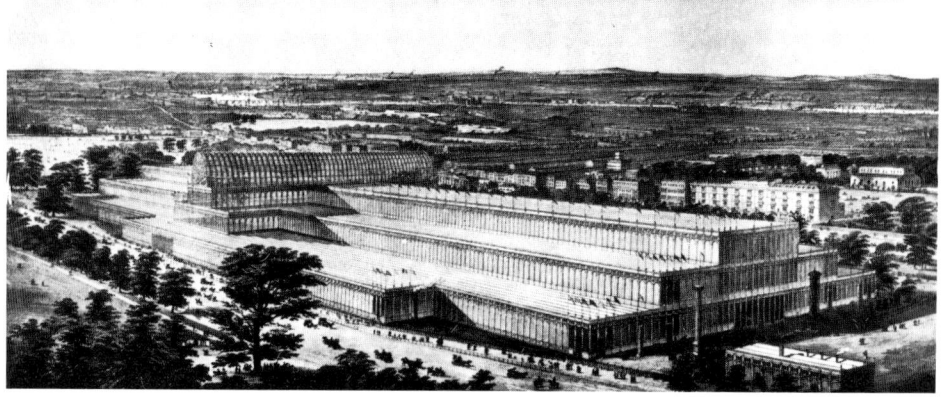

künstlerischer Möglichkeiten[264] bedeuten muß, hat schon JOSEPH PAXTON (1803–1865) mit seinem KRISTALLPALAST IN LONDON (Abb. 58) bewiesen. Ausschließlich mit vorgefertigten, aus einem Grundmodul von 4 Fuß entwickelten Bauelementen auf einem Modulraster von 24 Fuß innerhalb weniger Wochen des Jahres 1850 errichtet, ist dieses bis dahin größte Bauwerk nicht nur eine bewundernswerte Ingenieurleistung, sondern auch ein epochemachendes Kunstwerk[265].

264 Welch verheerende Folgen ein mißverstandenes Rasterprinzip allerdings unter den Händen nur spärlich mit schöpferischer Phantasie ausgestatteter Architekten zeitigt, veranschaulicht eine – leider gar nicht so realitätsfremde – ironische Zeichnung ›Der Rastertechnokrat‹ des Wiener Architekten Gustav Peichl (geb. 1928), der als Karikaturist unter dem Pseudonym 'Ironimus' bekannt ist (in: Ironimus, *Laßt Linien sprechen,* München 1982); vgl. Walther Schmidt, *Rasteritis,* in: Bauen und Wohnen 2/1947, 290–292; siehe dazu auch die wohlbegründeten Überlegungen von Sasse 1956.

Ironimus: Der Rastertechnokrat

265 Georg F. Chadwick, *The works of Sir Joseph Paxton,* London 1961, 104 ff.; vgl. Wachsmann 1962, 13 ff.; E. Werner, *Der Kristallpalast zu London 1851,* Düsseldorf 1970; Georg Kohlmaier/Barna von Sartory, *Das Glashaus – ein Bautypus des 19. Jahrhunderts,* München 1981, bes. 410–425.

IV Proportion

IV/1 Erscheinungsform – Entwurfsschema

Zu den faszinierendsten und zugleich umstrittensten Problemen künstlerischen Gestaltens gehört die Frage nach der *richtigen Proportion*[1], dem 'rechten Maß'. »Eine rechte Maß gibt eine gute Gestalt, und nit allein im Gemäl, sunder in allen Dingen, die fürbrocht werden«, sagt DÜRER[2], der sich ein Leben lang – vor allem bei der Darstellung der menschlichen Gestalt[3] – mit der Suche nach dem 'rechten Maß' beschäftigt und schließlich erkannt hat, daß es ein einziges 'rechtes Maß' als das 'wirklich Beste' und absolut Schöne nicht gebe. Die Natur offenbare sich in vielfältigen Formen und erlaube daher nur die Erkenntnis einer 'bedingten Schönheit'[4]. Die Nachbildung der Natur als Gestaltung der Form, die – wie HEINRICH WÖLFFLIN (1864–1945) es nennen sollte – eigentliche künstlerische 'Tat'[5], könne daher keiner eindeutigen Regel unterlie-

---

1 Vom 27.–29. September 1951 fand in Mailand im Rahmen der 9. Triennale ein Kongreß über *Proportionen in der Kunst* statt, auf dem Harmonie-Forscher, Kunsthistoriker, Mathematiker, Philosophen, Architekten und bildende Künstler das Phänomen 'Proportion' jeweils aus der Sicht ihrer Disziplin beleuchteten und ihre Gedanken dazu austauschten. Der angekündigte Kongreßbericht ist m. W. leider nie erschienen; vgl. die kurzen Artikel von Roth 1951 und Wittkower 1952 sowie einen Bericht in der Neuen Züricher Zeitung vom 11. 10. 1951, 1f.

2 Dürer, *Salus* 1512 (Transkription nach Konrad Lange/Friedrich Fuhse, *Dürers schriftlicher Nachlaß*, Halle 1893, Nachdruck Niederwalluf 1970, 297; vgl. die kritische Textausgabe von Rupprich 1966 – zit. Anm. III 61–II 113).

3 Vgl. Kap. III, Anm. III 61.

4 Vgl. Panofsky 1977, 366; Panofsky 1915, 127ff.

5 »Form ist Tat« formuliert Wölfflin in seiner 1886 erschienenen Dissertation (= Wölfflin 1946, 39), die (architektonische) Formen auf ihren Ausdrucksgehalt hin untersucht, während seine späteren Schriften vor allem dem Wesen und der Entwicklung der Form als Kern künstlerischen Schaffens gewidmet sind. Wölfflins *Kunstgeschichtliche Grundbegriffe* (München 1915; 16. Auflage Basel/Stuttgart 1979) gehören zu jenen bahnbrechenden Arbeiten, die um die Jahrhundertwende Kunst als Form verstehen lehrten; Conrad Fiedler, *Über den Ursprung der künstlerischen Tätigkeit* (Leipzig 1887; wiederabgedruckt in: C. F., *Schriften über Kunst*, Köln 1977, 131–240); Adolf von Hildebrand, *Das Problem der Form in den bildenden Künsten* (Straßburg 1893; neu herausgegeben von Henning Bock, in: A. v. H., *Gesammelte Schriften zur Kunst*, Köln/Opladen 1969, 17–350); Alois Riegl, *Stilfragen. Grundlegungen zu einer Geschichte der Ornamentik* (Berlin 1893; 2. Auflage Berlin 1923); Die beste Übersicht über diesen Problemkreis gibt das Kapitel ›Form‹ bei Lützeler (zit. Anm. II 78), II 1021–1101.

gen und auch nicht geometrisch faßbar sein[6]. Doch sei ein wesentliches Kriterium der Schönheit das 'rechte Mittel' zwischen zu viel und zu wenig[7], woraus sich die 'Vergleichlichkeit der Teile'[8] ergibt, nämlich die Harmonie als richtiges Verhältnis der Teile untereinander und zum Ganzen, das Universalprinzip klassischer Ästhetik.

Harmonie als in sich schlüssige Beziehung von Proportionen kann nur durch die Form anschaulich werden. *Proportion ist ein Teilproblem der Form,* kann aber – ebensowenig wie Harmonie an sich – keine Form schaffen[9], wohl aber »die in Entstehung begriffene Form regeln und der gestalteten Form Dauer verleihen«[10]. Dies gilt, mehr noch als für die Bildkünste, für die Architektur, die meist nicht die Wirklichkeit abbildet, sondern »sich darauf beschränken kann, Gesetzmäßigkeit in einer natürlichen Umgebung darzustellen«[11]. Weil in der Baukunst das Schöne vornehmlich in der Proportion bestehe, ist es nach JOHANN JOACHIM WINCKELMANN (1717–1768) hier leichter zu erfassen als in der Malerei oder Bildhauerei[12]. Auch wenn man dieser klassizistischen Auffassung heute nicht überall zustimmen wird, ist festzuhalten, daß *wesentliche Teile der Architekturtheorien von* VITRUV *bis* LE CORBUSIER *Proportionslehren sind.*

Proportion ist im allgemeinen und auch im kunsthistorischen Sprachgebrauch ein terminologisch unklarer Begriff. Er wird einerseits verwendet im Sinne von 'ratio' (λόγος), womit nach der auf EUKLID zurückgehenden mathematischen Definition das *Verhältnis zweier gleichartiger Größen (a:b)* bezeichnet wird[13], andererseits – und richtiger – in der Bedeutung von EUKLIDS 'proportio' (ἀναλογία), der *Ähnlichkeit zweier oder mehrerer Verhältnisse (a:b=c:d)*[14]. Dennoch soll

---

6 Panofsky 1915, 153; siehe auch Theodor Hetzer, *Dürers deutsche Form,* in: T. H., *Aufsätze und Vorträge,* Leipzig 1957, Bd. 2, 7–21.

7 Panofsky 1915, 140 f.; id. 1977, 366.

8 Panofsky 1915, 142 ff.; id. 1977, 367 f.

9 »... es braucht wohl nicht erklärt zu werden, daß künstlerischer Sinn und schöpferischer Geist, auf die es letzten Endes allein ankäme, sich zwar immer eine Form schaffen werden, doch niemals mit der leeren Form eingefangen werden können ...« (Ueberwasser 1935, 254).

10 Graf 1933, 48.

11 Arnheim 1977, 117 f.; dem heutigen Architekten stellt sich freilich meist die Frage, wo er überhaupt noch in natürlicher Umgebung bauen kann?

12 Johann Joachim Winckelmann, *Abhandlung von der Fähigkeit der Empfindung des Schönen in der Kunst,* Dresden 1763, 22 (Nachdruck der Ausgabe von Joseph Eiselein 1825, hg. von Otto Zeller, Osnabrück 1965 = J. J. W., *Sämtliche Werke,* Bd. 1, 261, § 36).

13 Euklid, *Elemente* V Def. 3 (1883–88, II 3): »Ratio est duarum eiusdem generis magnitudinum secundum quantitatem quaelibet habitudo«; Thaer übersetzt (1969, 91): »Verhältnis ist das gewisse Verhalten zweier gleichartiger Größen ihrer Abmessung nach«.

14 Euklid, *Elemente* V Def. 6 (1883–88, II 3): »Magnitudines autem eandem rationem habentes proportionales vocentur«; (1969, 91): »Und die dasselbe Verhältnis habenden Größen sollen in Proportion stehend heißen«. Das Verständnis der Def. V 6 setzt allerdings Def. V 5 voraus (1969, 91): »Man sagt, daß Größen in demselben Verhältnis stehen, die erste zur zweiten wie die dritte zur vierten, wenn bei beliebiger Vervielfältigung der Gleichvielfachen die ersten und dritten den Gleichvielfachen der zweiten und vierten gegenüber, paarweise entsprechend genommen, entweder zugleich größer oder zugleich gleich oder zugleich kleiner sind«; vgl. Thaers Kommentar (1969, 430); – zum Begriff ἀναλογία vgl. Szabó 1969, 193 ff.; H. Schwarz/A. Remane, Artikel *Analogie,* in: Historisches Wörterbuch der Philosophie, hg. von Joachim Ritter, Bd. 1, Darmstadt 1971, 214–229; Falus 1979.

im folgenden nicht, wie es mathematischer Exaktheit entspräche, konsequent zwischen den Begriffen 'Verhältnis' – 'Proportion' (bzw. 'Proportion' – 'Proportionalität') differenziert[15], sondern – in Anlehnung an den in der kunsthistorischen Literatur eingebürgerten Sprachgebrauch – 'Proportion' weiterhin als übergreifender Begriff gebraucht werden, der allgemein die Beziehung zwischen zwei und mehr Größen bezeichnet. Diese Gewohnheit soll vor allem deshalb beibehalten werden, weil andernfalls das Flächen-Verhältnis von Höhe (Länge) zu Breite nicht unter den Begriff 'Proportion' fallen würde. Architektur wird aber nicht nur dreidimensional im Raum als Beziehung zwischen Höhe zu Breite und Tiefe (Länge), sondern auch von der Fläche her erfaßt, der unmittelbarsten architektonischen Erscheinungsform.

Damit ist die wesentliche Frage berührt, *wie Proportionen in der Architektur erfahrbar werden.* Das Wesen und die ureigenste Funktion der Architektur als Befriedigung des elementaren menschlichen Bedürfnisses nach Schutz und Geborgenheit liegen im *Räumlichen*[16]. Wir erleben den räumlichen Eindruck einerseits expansiv mit dem Körper[17], wobei eine wesentliche Komponente dieses Erlebens die Beziehung zwischen der eigenen Körpergröße und der Größe des Bauwerks, seiner Dimension bildet[18]. Andererseits aber erfassen wir das Räumliche bildhaft auf dem Wege einer *geometrischen Abstraktion,* indem wir den gebauten Raum in die ihn umgebenden *Flächen* zerlegen[19]. Diese erschließen sich vor allem von ihren Umrissen her[20], die wir – be-

---

15 Anstelle der Begriffe 'ratio' – 'proportio' verwendet z. B. Boethius in seiner *Arithmetik* II cap. 40 (= Boethius 1966, 137) die Bezeichnungen 'proportio' und 'proportionalitas': demnach ist 'proportionalitas' in allgemeinster Definition eine Zahlenreihe, in der sich zwei oder mehr 'proportiones' aus ungleichen Größen zueinander ähnlich verhalten; vgl. Hellgardt 1973, 35. Zwischen 'ratio' und 'proportio' unterscheidet dagegen, im Anschluß an Euklid, Vitruv III/1.1 (1964, 136); die Übersetzung Fensterbuschs (= Vitruv 1964, 137) folgt dieser terminologischen Trennung allerdings nicht konsequent. Mathematisch exakt unterscheidet auch Wittkower 1955, 10 zwischen 'ratio' und 'proportion'; vgl. auch Scholfield 1958, 19ff.; eine vorzügliche philosophisch-mathematische Darstellung des Proportionsbegriffs gibt W. Schulze 1978, 1ff.

16 Vgl. Schumacher 1938, 190ff.; Frey 1946; Sedlmayr 1959.

17 Die folgenden Überlegungen verdanken Wesentliches den glänzenden Ausführungen von Wersin 1956.

18 Vgl. Hildebrand 1969; siehe auch Friedrich von Schiller, *Von der ästhetischen Größenschätzung* (1793); in einer interessanten Studie untersucht Heinz 1969 die Frage nach der Größenordnung am Beispiel einiger deutscher Barockkirchen.

19 »Die Baukunst als ein Gestalten in drei Dimensionen wird gleichwohl erfaßt in zwei Dimensionen, im Verhältnis von Höhe zur Breite« schreibt T. Fischer 1956, 82. Theodor Fischer (1862–1938), selbst ein bedeutender Architekt, befaßte sich in seinen späten Jahren auch theoretisch mit dem Problem der Proportionen (zur Proportionierung des von ihm entworfenen Museums in Wiesbaden z. B. siehe Paulgerd Jesberg, *Klassizismus in Wiesbaden,* in: Baukultur 1982.2, 52–57). Seine am 9. und 10. November 1933 in der Technischen Hochschule in Stuttgart gehaltenen, 1934 in erster Auflage erschienenen *Zwei Vorträge über Proportionen* (= T. Fischer 1956) gehören trotz einiger strittiger Details noch immer zum Besten und Ausgewogensten über dieses Thema.

20 Zu den hier berührten Fragen der Wahrnehmungspsychologie siehe Lipps 1966, 70ff.; Anton Hajos, *Wahrnehmungspsychologie,* Stuttgart 1972; Metzger 1975; eine breit gefächerte Darstellung bringt der Halbband *Wahrnehmung und Bewußtsein* (= *Handbuch der Psychologie* I/1), hg. von W. Metzger, Göttingen 1966, bes. Teil III und IV; vgl. auch Schuster/Beisl 1978, 19ff.

wußt oder unbewußt – an gedachten Vertikalen und Horizontalen orientieren[21]. »Es liegt in unserer senkrechten Stellung zur Erde, andererseits in der horizontalen Lage unserer beiden Augen, daß die senkrechte und die waagrechte Richtung, als Grundrichtungen aller anderen, uns eingeboren sind. Wir verstehen alle anderen, beurteilen und messen sie erst im Verhältnis zur Waagrechten und Senkrechten«, erkannte ADOLF VON HILDEBRAND (1847–1921)[22]. Aus der Verschmelzung dieser beiden Grundrichtungen zu Flächen entstehen *Rechtecke, die als Verhältnis von Höhe zu Breite (Länge) nicht nur mathematisch faßbar sind, sondern auch einen Ausdruckswert besitzen.* Herrscht die Vertikalrichtung vor, entsteht die Illusion einer steigenden Bewegung; größere Horizontalausdehnung dagegen vermittelt den Eindruck des Lastens, und annähernd gleiche Höhe und Breite – mathematisch exakt gegeben im Quadrat – erzeugt die Wirkung ruhigen Schwebens (Abb. 59). Dieser *gestische Gehalt*[23] von Flächenwerten, die sich zu

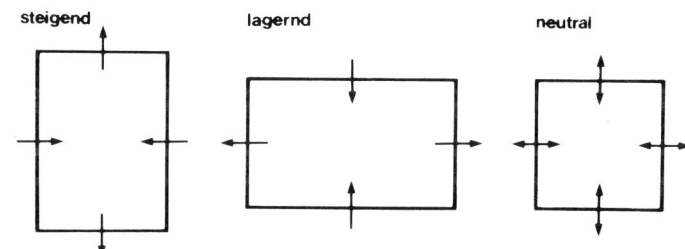

59 *'Gestik' des Rechtecks*

einem unendlich vielfältigen Wechselspiel von Lasten und Streben, Ruhe und Bewegung zusammenfügen können, bestimmt wesentlich den ästhetischen Eindruck eines Bauwerkes[24]. Das Erleben und Betrachten, das ästhetische Beurteilen von Architektur ist also ebenso ein Wägen und

21 Das ist z. B. auch der Grund, warum Architekturphotographien mit stürzenden (senkrechten) Linien – sofern diese nicht bewußt als Stilmittel eingesetzt sind – so unbefriedigend wirken.
22 Hildebrand, *Das Problem der Form* (zit. Anm. IV 5), 86; siehe dazu auch das Kapitel ›Vertikal und Horizontal‹ bei Arnheim 1980, 40 ff.
23 Wersin 1956, 24 f.; vgl. Lipps 1966, 92 ff., 321 ff.; Th. Fischer 1956, 74.
24 Vgl. Klopfer 1940; wie bedeutende Kunsthistoriker (Alois Riegl, August Schmarsow, Heinrich Wölfflin, Paul Frankl, Dagobert Frey, Hans Sedlmayr) den ästhetischen Eindruck von Architektur zu fassen und beschreiben suchen, analysiert Vogt-Göknil 1951; – beeinflußt von der Informationsästhetik (vgl. Anm. IV 37) versucht Januschke 1971 ästhetische Form im Bereich des geometrisch Faßbaren mit Hilfe seiner 'Koinzidenztheorie' zu berechnen. Er geht davon aus, daß ästhetisch bedeutsame Beziehungen nicht nur zwischen Strecken und Winkeln, sondern auch zwischen Flächeninhalten, der Lage von Abstandshalbierenden sowie zwischen Rauminhalten und Schwerpunkten bestehen (id. ib. 16). Angewandt auf die Architektur unternimmt die Koinzidenztheorie den Versuch, »verschiedenartige Elemente der Form – Punkte, Strecken, Flächen- und Körperinhalte – so zu bemessen, daß sie und ihre wechselseitigen Beziehungen den widersprüchlichen rationalen und irrationalen mathematischen Grundverhältniswerten entsprechen und sich dabei doch nahtlos ineinanderfügen (koinzidieren)« (Richard Januschke, *Das Wahre in der Kunst und der ästhetische Schein*, Bielefeld 1976, 2).

Prüfen des gestischen Gehaltes wie ein Messen geometrischer Formen[25]. Dabei ist meist kaum zu entscheiden, »ob die Vollendung der Form vorwiegend gestischer oder vorwiegend proportioneller Art ist«[26].

Deshalb ist der Vorgang des Erfassens und Beurteilens nicht ohne weiteres umkehrbar und als Schlüssel zum Nachvollziehen des Entwurfsprozesses zu verwenden. Denn der schöpferische Akt als Wahl und Verbindung von Formen und Inhalten zu einer in sich schlüssigen Gestalt erfolgt in einem nicht zu trennenden Ineinandergreifen von intuitiver Imagination und intellektueller Kontrolle, wobei – cum grano salis – der Intuition das Gestische der Form, dem Intellekt die Proportion zuzuordnen ist. Die Form, abhängig von historischen, soziologischen, stilistischen, technischen und anderen Bedingtheiten, gibt den Grundcharakter an; die Proportion, »mathematische Formel für den Gedanken der künstlerischen Wirkungsrelativität«[27], stellt innerhalb der gestischen Komposition[28] die ordnende Bindung her. »Die Form ist zeitgebunden, die proportionale Struktur nicht.«[29] Das bedeutet jedoch keineswegs, daß es eine ideale Proportion schlechthin gäbe[30] oder daß eine bestimmte Proportionierungsmethode über Jahrhunderte in unterschiedlichen Stilepochen gleichbleibend Anwendung gefunden hätte, wie manche Proportionsforscher behaupten, die zudem jeweils ein anderes Proportionssystem als das einzig maßgebende favorisieren[31]. Vielmehr bediente man sich im Laufe der Architekturgeschichte durchaus verschiedener Proportionierungsmethoden[32], wobei den einzelnen Stilen nicht ohne weiteres jeweils ein bestimmtes Proportionssystem zuzuordnen ist[33].

Aufschlußreicher als die Bevorzugung dieser oder jener Methode des Proportionierens ist für das Verständnis von Gestaltungsprinzipien die grundsätzliche Bewertung der Proportionen als

---

25 Gietmann 1903, 25; vgl. Klopfer 1919.
26 Wersin 1956, 11.
27 Hoeber 1906, 12.
28 Wersin 1956, 11 bezeichnet die »Auswägung der gestischen Tendenzen im größeren Zusammenhang« recht glücklich als 'Ponderation'. »Die Ponderation erfüllt die Forderungen unseres statischen Empfindens in einer seelischen Entsprechung« (id.ib. 13).
29 Januschke 1971, 19.
30 Vgl. dazu das kluge Kapitel ›Gibt es eine Proportionsschönheit?‹ bei Schlikker 1940, 50 ff.
31 Vgl. Anm. IV 239.
32 Vgl. Wittkower 1955 und 1960.
33 Da Proportionen nicht nur formalästhetische, sondern – worauf im folgenden noch einzugehen ist – auch technisch-konstruktive Bedeutung besitzen, ist die Affinität zwischen bestimmten Stilen und bestimmten Proportionssystemen in der Architektur nicht so eng, wie sie Panofsky 1975 anhand der Darstellungen der menschlichen Gestalt nachgewiesen hat: so ist es z. B. durchaus möglich, daß bestimmte Proportionsmethoden nicht nur auf eine Stilepoche beschränkt blieben, daß man sich aber andererseits innerhalb einer Stilepoche u. U. verschiedener Proportionssysteme gleichzeitig bediente. – Dennoch überwiegen insgesamt die Parallelen zwischen der jeweiligen Formensprache und zeitgleichen mathematisch-theoretischen Vorstellungen. So konnte z. B. Bense 1949, 18 f. nachweisen, daß die von Wölfflin in seinen *Kunstgeschichtlichen Grundbegriffen* (zit. Anm. IV 5) aufgestellten Begriffspaare, die den Unterschied zwischen der Formensprache von Renaissance- und Barockkunst charakterisieren, auch eine mathematikgeschichtliche Deutung zulassen.

Faktor künstlerischen, zumal architektonischen Schaffens. »Ars sine scientia nihil est« erklärte im Jahre 1400 der französische Baumeister JEAN MIGNOT in einer Sitzung der Baukommission für den MAILÄNDER DOM und meinte mit 'scientia' die Wissenschaft der Geometrie als Grundlage des Proportionierens[34]. 1957 wurde im Royal Institute of British Architects nach ausführlicher Diskussion mit 60:48 Stimmen eine Vorlage abgelehnt, die besagte, »daß Proportionssysteme einen guten Entwurf leichter und einen schlechten schwerer machen«[35]. In diesem vor einem Vierteljahrhundert gefaßten Votum ist die dem Architekten der Spätgotik selbstverständliche Überzeugung, daß Freiheit und Gesetzlichkeit einander notwendig bedingen, einer für unsere Zeit charakteristischen Unsicherheit gewichen. Auf der einen Seite äußert sich eine tiefe Skepsis allem Regelhaften gegenüber[36], erwachsen aus der romantischem Geniekult verhafteten Auffassung vom Widerspruch zwischen Intuition und Intellekt; dem steht auf der anderen Seite ein unbedingter Glaube an die quantitative Meßbarkeit 'ästhetischer Zustände' gegenüber, wie ihn die Informationsästhetik vertritt[37]. Einen Ausweg aus diesem scheinbar unlösbaren Dilemma hat schon KANT angeboten. Er lehrt, daß *jede Kunst Regeln voraussetze, daß es aber das Genie sei, durch welches die Natur der Kunst die Regel gebe*[38]. Dies besagt, auf das Problem der Proportionen bezogen, daß diese als mathematische Gesetzmäßigkeiten naturgegebene Ordnungsprinzipien darstellen, mit denen sich jede Kunst auf ihre Weise auseinanderzusetzen hat. Die mechanische Anwendung bestimmter Proportionen kann aber kein Garant bequemer Schöpferfreuden sein, weil Form – wie gesagt – nicht aus der Proportion entsteht, sondern umgekehrt die Form- und Kompositionsvorstellung die Wahl der Proportion bestimmt. *»Es gibt eine ideale Proportion nur für einen bestimmten Zweck, eine bestimmte Formabsicht, nicht an sich.«*[39]

Aus unendlich vielen verschiedenen Figuren oder Grundformen, die an sich weder schön noch häßlich genannt werden können, entsteht nach der vielbeachteten Ähnlichkeitstheorie des Architekten AUGUST THIERSCH (1843–1916)[40] »das Harmonische ... erst durch Wieder-

34 *Annali della fabbrica del Duomo di Milano dall' origine fino al presente,* ed. C. Cantù, 5 Bde., Mailand 1877–1885, I 209; vgl. Ackerman 1949; Hecht 1979/1, 167 ff., wo vor allem die technisch-konstruktive Bedeutung der 'scientia' hervorgehoben wird.
35 Report 1957.
36 Diese Skepsis äußert sich nicht allein in einer Ablehnung von Berechenbarem, sondern führt bisweilen bis zur Manifestation von »disproportion as a principle of art« (vgl. Heinemann 1968).
37 Siehe dazu Bense 1954–1960; id. 1969; Artikel *Informationsästhetik* in: Lexikon der Kunst, Bd. 2, Leipzig 1971, 394–395; Günter Schulte, *Physik und Kunst. Zum Problem einer informationstheoretischen Ästhetik,* in: Zeitschrift für Ästhetik und allgemeine Kunstwissenschaft 19/1974, 225–235; Schuster/Beisl 1978, 42 ff. Zur Anwendung der Informationsästhetik speziell auf die Architektur siehe Kiemle 1967.
38 Kant, *Kritik der Urteilskraft* § 46; vgl. auch Anm. IV 43.
39 Schlikker 1940, 52.
40 Siehe dazu Hermann Thiersch, *August Thiersch als Architekt und Forscher,* München 1923; eine Kurzbiographie Thierschs bei Birgit Stenger, *Die evangelische Gemeinde Eichstätt. Die Bauplanungen und Bauten im 19. Jahrhundert,* in: Sammelblatt des Historischen Vereins Eichstätt 71–72/1978–79, 41 f.; siehe v. a. Birgit Stenger, *August Thiersch (1843–1916). Geplante und ausgeführte Kirchenbauten,* Diss. TU München 1981. Für die Beantwortung einiger Fragen in diesem Zusammenhang sowie für die

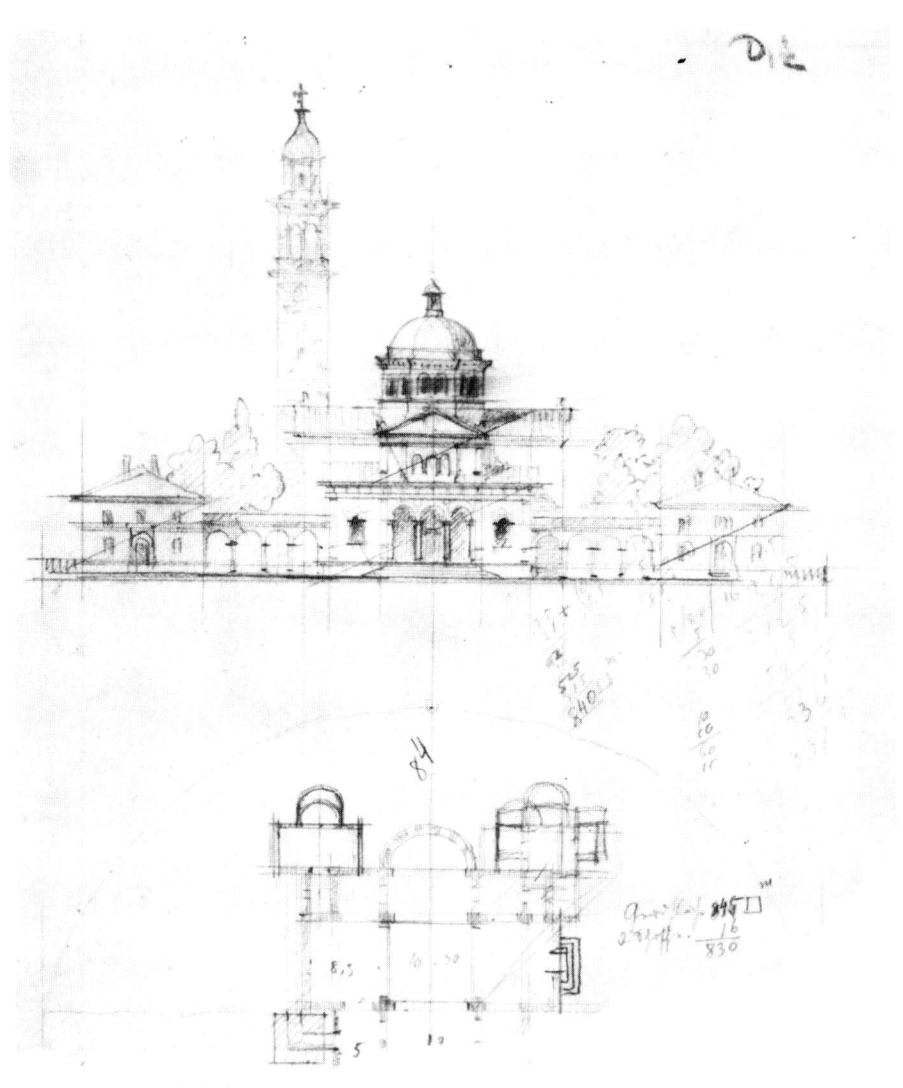

60 *August Thiersch: Proportionsskizze für die Kirche St. Ursula in München, ca. 1894*

61 *St. Ursula in München, Fassade (August Thiersch, 1894–1897)* ▷

holung der Hauptfigur des Werkes in seinen Unterabteilungen«[41]. THIERSCH, der seine Vorstellungen von der *Analogie der Verhältnisse* vor allem anhand antiker und klassizistischer Säulenarchitektur sowie an Renaissancefassaden erläutert[42], wollte diese Theorie jedoch keineswegs als starres und mathematisch exaktes Gesetz verstanden wissen[43]. Dies bestätigt eine Proportionsskizze zu seinem Hauptwerk, der Kirche ST. URSULA IN MÜNCHEN (1894–1897; Abb. 60, 61), die weder im Grundriß noch im Fassadenaufriß genaue Maßangaben enthält, sondern die Ähnlichkeit der Verhältnisse nur durch parallele Schräglinien angibt[44]. Weil sich nach THIERSCHS Auffassung das Auge bei geringfügigen Proportionsveränderungen neutral verhält, wird seine Theorie von der Analogie der Verhältnisse als Kern richtigen Proportionierens nicht unbedingt durch die Tatsache widerlegt, daß viele der von ihm gewählten Demonstrationsbeispiele einer rechnerischen Überprüfung nicht standhalten: im Falle des sog. POSEIDONTEMPELS IN PAESTUM (5. Jh. v. Chr.; Abb. 62)[45] oder der Fassade des PALAZZO RUCELLAI IN FLORENZ (L. B. ALBERTI, begonnen 1451; Abb. 63)[46] z. B. weichen die durch parallele bzw. durchlaufende Diagonalen als propor-

Überlassung eines Fotos (Abb. 60) möchte ich Frau Dr. Stenger, München, herzlich danken. – Zur Entstehung der Thiersch'schen Theorie siehe auch Paul 1971.

41 Thiersch 1904, 38; Wölfflin 1889, 278 kommentiert Thierschs Theorie, die seinen die Klarheit des Klassischen bevorzugenden Anschauungen sehr entgegenkam, überschwenglich: »Nach den glänzenden Entdeckungen im Gebiete der Proportionalen, die wir August Thiersch verdanken, kann in dieser Sache grundsätzlich nichts Neues mehr gesagt werden. Jeder Fortschritt in der Erkenntnis des Wesens schöner Proportionalität wird nur eine Erweiterung des Thierschischen Gesetzes sein.« Hecht 1978/1, 45 ff. stellt eine Reihe von Zitaten zusammen, in denen Thierschs Lehre von den architektonischen Verhältnissen ein begeistertes Echo findet; vgl. dagegen die grundsätzliche Ablehnung der Theorie Thierschs bei Borissavliévitch 1926, 188 ff.

42 Von 89 Abbildungen widmet Thiersch 54 der antiken Architektur und 30 der Architektur der Renaissance und des Klassizismus. Nur je 2 Beispiele sind der frühchristlichen und der mittelalterlichen Architektur zugestanden (diese Zahlen nach der 3. Auflage, 1904; in anderen Auflagen geringfügig verändert).

43 Thiersch 1904, 89 f.: »Keine Regel der Kunst ersetzt den Mangel des Genies. Der fleißige Gebrauch des Reimlexikons macht noch keinen Dichter; doch muß der Dichter die Regeln des Reimes sorgfältig beobachten. So wird auch die Kenntnis des hier dargelegten Gesetzes noch niemanden zum Baukünstler machen. Doch es wird dem Talent dienen, um den Weg des Versuches abzukürzen und die Arbeit zu erleichtern. Es bezeichnet ihm eine heilsame Schranke, innerhalb deren sich das Genie zu bewegen hat, um Werke hervorzubringen, die das ästhetische Gefühl befriedigen und sich zugleich vor dem forschenden Verstande rechtfertigen können.« Thiersch wendet sich anschließend (ib. 90, Anm. 34) gegen ein unter Benutzung seiner Grundsätze aufgestelltes Schema, das als Anleitung zum Entwerfen dienen sollte. Er lehnt es ab, weil es »zu einseitig mechanisch ist und weil ohne Gefühl für das Schickliche kein Kunstwerk entstehen kann«. Er lehnt aber auch (id. 1889) eine von Wölfflin 1889 vorgeschlagene Erweiterung der 'lex Thierschia' ab, die die Ähnlichkeit von gleichgerichteten Figuren auch auf die von stehenden mit liegenden Figuren ausdehnt.

44 Architektursammlung der Technischen Universität München 80/16 A/4.5; vgl. Stenger 1981 (zit. Anm. IV 40), 45 ff.

45 Der seit dem 18. Jahrhundert dem Poseidon zugeschriebene Tempel war möglicherweise der Hera oder, nach jüngsten Funden noch wahrscheinlicher, dem Zeus geweiht; siehe dazu Koldewey/Puchstein 1899, 24 ff.; Krauss 1978, 46 ff.; Gruben 1980, 256 ff. (dort jeweils weitere Literatur).

46 Siehe dazu Naredi-Rainer 1977/1, 110 ff. (mit weiteren Literaturangaben); vgl. Kap. IV/2 (Abb. 70–73).

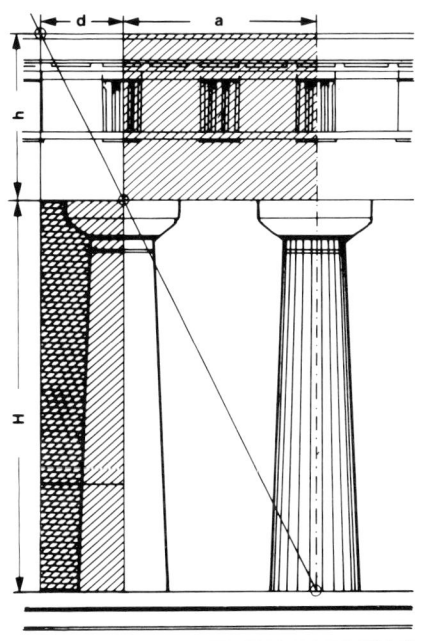
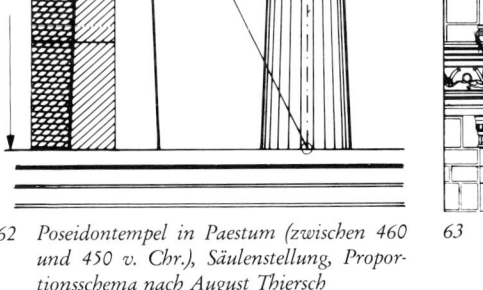
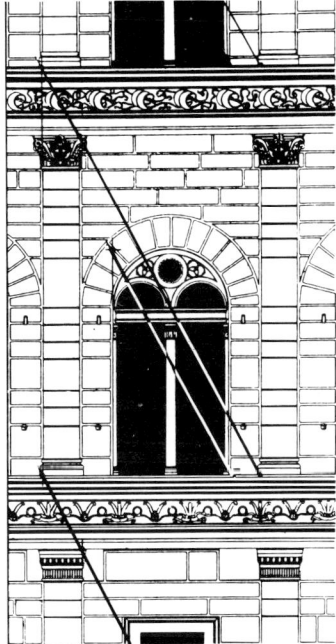

62 *Poseidontempel in Paestum (zwischen 460 und 450 v. Chr.), Säulenstellung, Proportionsschema nach August Thiersch*

63 *Palazzo Rucellai in Florenz (L. B. Alberti, begonnen 1455), Fassadenausschnitt, Proportionsschema nach August Thiersch*

tionsgleich gekennzeichneten Rechtecke in ihren Verhältnissen um 5%–7% voneinander ab[47], was in musikalischen Intervallen ausgedrückt (vgl. Kapitel IV/2) immerhin der Differenz von etwa einem Halbton entspricht.

47 Poseidontempel (Maßangaben nach Koldewey/Puchstein 1899 bzw. Krauss 1978): Säulenhöhe: 8.89 bzw. 8.88 m; Säulen-Achsabstand: 4.50 m (= Normaljoch; Eckjoch = 4.26 m, vorletztes Joch = 4.34 m; aus der Frieseinteilung ergibt sich, daß Thiersch wohl ein Normaljoch gemeint hat); Gebälkhöhe: 3.79 bzw. 3.73 m; Metopenbreite + ½ Triglyphenbreite: 1.78 m; daraus ergibt sich: großes Rechteck = 8.89 (8.88):4.5 = 1.975 (1.973); kleines Rechteck = 3.79 (3.73):1.78 = 2.129 (2.095); trotz der leicht differierenden Maßangaben bei Koldewey/Puchstein und Krauss (eine Neuvermessung des Poseidontempels ist in Arbeit; vgl. Mertens 1981, 428, Anm. 5) ergibt sich in jedem Fall eine merkliche Differenz der Quotienten.

Palazzo Rucellai (Maßangaben nach Stegmann/Geymüller – zit. Anm. III 188 – III Bl. 1; vgl. Naredi-Rainer 1977/1, 171): Geschoßhöhe (= 1. Obergeschoß): 6.36 m; lichte Achsenbreite + Pilasterbreite: 3.40 m; Fensterhöhe: 3.38 m; Fensterbreite: 1.72 m; daraus ergibt sich: großes Rechteck = 6.36:3.40 = 1.87; kleines Rechteck = 3.38:1.72 = 1.96; (in der 2. Auflage 1893 bildet Thiersch – dort Fig. 77 – nicht

147

Trotz der erwähnten Abweichungen bleibt die harmonische Wirkung solcher Ähnlichkeitsverhältnisse durchaus erhalten, und auch eine dem Gestaltenden mehr oder weniger bewußt werdende Rolle solcher formaler Grundgesetze für die Vorstellungsentwicklung ist kaum zu leugnen. Doch davon abgesehen sagt THIERSCHS Theorie nichts darüber aus, wie die durch ihre Ähnlichkeit angenehmen Verhältnisse ihrerseits entstanden sind, worin – außer ihrer Kongruenz – ihre mathematische Gesetzmäßigkeit liegt. Außerdem ist auf diese Weise kaum ein Rückschluß auf den Bauvorgang zu ziehen[48]. Gerade aber das Erkennen der inneren Zusammenhänge, der Logik und zugleich der Praktikabilität eines Proportionsgefüges muß das eigentliche Ziel von Proportionsforschung sein, soll sie eine Methode darstellen, Architektur sowohl unter ästhetisch-theoretischen als auch technisch-praktischen Gesichtspunkten zu begreifen. Dies ist nur möglich, wenn die Untersuchung eines Bauwerkes sich nicht in ahistorische Spekulationen verliert, sondern bestimmten Grundforderungen gehorcht[49]:

Auszugehen ist von der spezifischen historischen Situation, in der ein Bauwerk entstanden ist, von seiner Bestimmung, seiner Stellung innerhalb der Entwicklungsgeschichte der Architektur, dem Wissen und den technischen Möglichkeiten seiner Zeit. Dazu gehört das Heranziehen zeitgenössischer Architekturtheorie und sonstiger Quellennachrichten ebenso wie die Berücksichtigung mathematischer Kenntnisse und deren praktischer Anwendbarkeit. Ein Entwurfsgedanke muß nicht nur sinnvoll und logisch, sondern vor allem auch ausführbar, am Bauvorgang nachzuvollziehen sein[50]. Unerläßlich ist – obwohl es gerade daran oft mangelt – die Verwendung exakter Bauaufnahmen in möglichst großem Maßstab und möglichst mit bezifferten Maßangaben[51]. Soweit originale Entwurfszeichnungen oder Pläne vorhanden sind, müssen diese natürlich herangezogen werden. Eine weitere elementare Forderung ist die Ermittlung der originalen Maßeinheit (vgl. Kapitel III/2). Leider sind die meisten der hier genannten Voraussetzungen für eine Proportionsuntersuchung immer wieder mißachtet und damit derartige Forschungen generell in Mißkredit gebracht worden[52].

nur das 1. Geschoß, sondern alle drei Geschosse des Palazzo Rucellai ab, wobei sich im Erdgeschoß und im 2. Obergeschoß jeweils größere Abweichungen ergeben als im 1. Obergeschoß); vgl. Hecht 1978/1, 51ff.

48 Zur Kritik an Thierschs These vgl. Auer 1896, 189f.; Eicken 1918, 125f.; Thomae 1933, 44; Riemann 1935, 205; Wittkower 1969, 128f.; Hecht 1978/1, 44ff. – In ähnlicher Weise wie Thiersch zeichnet auch Hasak 1902 diagonale 'Richtungslinien' in Bauaufnahmen v. a. gotischer Architektur, wobei die durch diese Linien verbundenen Punkte z. T. ziemlich willkürlich gewählt sind; vgl. dazu die Kritik von Thomae 1933, 43.

49 Zuletzt hat Mertens 1981, 430 diese Forderungen formuliert; für die Überlassung dieses Manuskripts noch vor der Drucklegung danke ich Herrn Dr. Dieter Mertens, Rom; Herr Dr. Florian Seiler, Berlin/Pompeji, hat mich liebenswürdigerweise auf diese Arbeit aufmerksam gemacht und mir das Manuskript vermittelt.

50 Erforschung der Proportionen als Mittel zur Erkenntnis des Bauvorganges hat sich vor allem Spieß 1959, 1963/1 u. 2 (vgl. Haas 1962) zum Anliegen gemacht und in vorbildlicher Weise durchgeführt.

51 Vgl. Anm. III 188.

52 Als besonders eklatante Beispiele solcher »modern architectural alchimists« (Bucher 1972/1,42) seien genannt: Lund 1921 (dazu Roosval 1944, 153f.); Plessner 1956 (dazu Gerkan 1957); Lesser 1957 (dazu

In den folgenden Beispielen werden die wichtigsten in der Architekturgeschichte angewandten Proportionssysteme skizziert, soweit sie aufgrund von Untersuchungen nachgewiesen sind, die den oben aufgestellten Forderungen einigermaßen genügen[53]. Die Frage, inwiefern die Berechnung oder Konstruktion bestimmter Proportionen »Anteil am schöpferischen Vorgang hat, inwiefern sie lediglich dazu dient, eine gefühlsmäßige Proportionsvorstellung zeichnerisch zu fixieren und zur Ausführung reif zu machen«[54], wird selten klar zu beantworten sein. Vielmehr wird man sich auf der Suche nach einer Antwort immer wieder der schon in der Überschrift zu diesem Kapitel angedeuteten Ambivalenz des Proportionsbegriffes bewußt werden.

Branner 1958/2); als vorbildlich hervorzuheben sind dagegen u. a. die Untersuchungen von Roggenkamp 1954, Weyres 1959, Spieß 1959, Mojon 1967, Tuczek 1971.

53 In den im folgenden referierten Proportionsuntersuchungen sind natürlich die einzelnen Maße in Metern gemessen und tabellarisch aufgelistet bzw. in Pläne eingetragen sowie in die originale Maßeinheit umgerechnet, wobei jeweils die Abweichungen (in cm oder/und in %) angegeben sind bzw. leicht festgestellt werden können. Hier werden im allgemeinen nur die Maßzahlen der originalen Maßeinheiten genannt und die entsprechenden in m gemessenen Aufmaße nicht aufgeführt, um den Anmerkungsapparat nicht noch weiter aufzublähen. Anhand der Literaturverweise können alle Maße (die den oben genannten Genauigkeitsanforderungen meist in hohem Maße genügen – vgl. Anm. III 185) mühelos überprüft werden.

54 Kubach 1953, 280.

IV/2   Kommensurable und inkommensurable Proportionen

Der Versuch einer Klassifikation von Architekturproportionen sieht sich einer zweifachen Problematik gegenüber: erfolgt er nach ausschließlich mathematisch-proportionsimmanenten Gesichtspunkten (die nur die Verhältnisse gegebener Größen zueinander berücksichtigen), riskiert man, Proportionierungsmethoden ohne Rücksicht auf ihren Stellenwert im architektonischen Erscheinungsbild in ein zu sehr vereinfachendes Schema zu pressen. Andererseits führen Einteilungskriterien, die nur von der Erscheinungsform der Proportionen am Bauwerk ausgehen, mehr oder weniger auf die ausgetretenen Pfade einer bloßen Stilgeschichte der Architektur; denn Proportionen werden an einer klassischen Säulenfront naturgemäß anders verwendet als an einem gotischen Maßwerkhelm – ohne daß dem Betrachter dabei offenbar würde, welches mathematische Entwurfsprinzip diesen Proportionen jeweils zugrunde liegt[55].

Aus diesen Gründen soll hier statt einer – ursprünglich geplanten – streng systematischen Darstellung architektonischer Proportionssysteme ein Mittelweg gewählt werden, der zwar im Prinzip der zuerst genannten Gliederungsmöglichkeit nach mathematischen Kriterien folgt, zugleich aber auch durch eine entsprechende Auswahl von Architekturbeispielen die unterschiedlichen Möglichkeiten zu erfassen versucht, wie Proportionen am Bauwerk sinnfällig werden können: *in linearer Teilung als vertikale oder horizontale Maßfolge, in der Fläche als Verhältniswert von Höhe (Länge) zu Breite, und im Raum.*

Grundsätzlich kann man zwischen *arithmetischen, d. h. numerischen,* und *geometrischen Proportionen* unterscheiden. Diese Trennung ist allerdings insofern mißverständlich, als Bauen ohne jede Maßzahl und elementare geometrische Konstruktionen nicht möglich ist. Deshalb sollte man es vorziehen, von rationalen und irrationalen, oder noch besser, von *kommensurablen* und *inkommensurablen Proportionen* zu sprechen, um damit zwei wesentlich unterschiedliche Gestaltungsprinzipien zu kennzeichnen. *Kommensurabel* heißen nach EUKLID *»Größen, die von demselben Maß gemessen werden, und inkommensurabel solche, für die es kein gemeinsames Maß gibt«*[56]. Kommensurabilität als Vergleichbarkeit der Maßverhältnisse (bezüglich zu einer festen Einheit) entspringt einem völlig anderen Kunstverständnis als das sukzessive, geometrisch konstruierte Hervorwachsen eines Maßes aus dem anderen. Obwohl auch auf diesem Wege keinesfalls nur inkommensurable, d. h. *irrationale Verhältnisse* entstehen, unterscheidet sich diese Proportionierungsmethode doch entscheidend von der kommensurabler Maßverhältnisse, deren wesentliches Prinzip darin besteht, daß jeder Teil zu jedem anderen und zum Ganzen in einem *rationalen Verhältnis* steht[57].

Die Proportionierung eines Bauwerkes nimmt in der Regel ihren Ausgang von einer besonders wichtigen Abmessung, für deren Dimensionierung man sich mit Vorliebe 'runder' (Maß-)

---

55 Nach der ersten Möglichkeit entwickelt Scholfield 1958, nicht von der gebauten Architektur, sondern ausschließlich von literarischen Zeugnissen ausgehend, eine 'Theory of Proportion in Architecture'; vgl. dazu Spencer 1960; umgekehrt verfährt Hoeber 1906, bes. 35 ff.

56 Euklid, *Elemente* X Def. 1 (1883–88, III 2/3; 1969, 213); vgl. Scholfield 1958, 12 f.; Szabó 1969, 112.

57 Siehe dazu die grundsätzlichen Ausführungen von Wittkower 1955, 15 ff.; id. 1969, 126 ff.

Zahlen[58] bediente, wie in anderem Zusammenhang schon festgestellt wurde (vgl. Kapitel II/2). Die Wahl eines kommensurablen oder inkommensurablen Proportionierungsprinzips erfolgt aber nicht mit dem Festlegen der Hauptabmessung, sondern erst im nächsten Schritt, dem Ableiten weiterer Maße aus diesem Grundmaß. Werden dazu geometrische Figuren benutzt (z. B. das gleichseitige Dreieck, dessen Höhe zur Seite im irrationalen Verhältnis $\frac{\sqrt{3}}{2}:1$ steht), entstehen in der Folge irrationale, dem Ausgangsmaß nicht kommensurable Maße. Dagegen bleiben Grundmaß und abgeleitete Maße einander kommensurabel, wenn diese durch rationale Teilung bzw. Vervielfachung aus jenem gewonnen werden.

Einfache Zahlenverhältnisse bilden die Entwurfsgrundlage des griechischen Tempels, dessen dorischer Typus im Grundriß durch das – immer wieder neu gestaltete und keineswegs schematisch erstarrte – Spannungsverhältnis der Rechtecke von Cella und Ringhalle gekennzeichnet ist[59]. Wie aus der Kombination weniger Grundelemente nach einer durchdachten und dennoch verblüffend einfachen mathematischen Planung der Baukörper des dorischen Peripteros entwickelt wurde, soll am Beispiel des um 510 v. Chr. entstandenen ATHENATEMPELS IN PAESTUM (Abb. 64) skizziert werden[60].

In durchgehend gleichem Achsabstand voneinander (Jochweite) umgeben 6 × 13 Säulen die Cella, deren Seitenverhältnis, gemessen an den Außenflächen der Wände und in den Achsen ihrer Frontsäulen, 3 × 9 Jochweiten beträgt. Bei der Planung ging man wohl von der Cella aus[61] und leitete aus ihrer Breite als deren Drittel die Jochweite ab. Daher mußte für die Cellabreite eine durch 3 teilbare Maßzahl gewählt werden: sie beträgt 24 dorisch-pheidonische Fuß à 32.8 cm[62]; die Jochweite mißt demnach 8', die Cellalänge 72' (Abb. 66). Umgibt man nun die Cella mit einer einjochigen Ringhalle (Peristasis), entsteht eine Tempelbreite von 5 Jochen

58 Vgl. Anm. II 182.

59 Die Konstruktionsprobleme des griechischen Peripteraltempels grundlegend untersucht und systematisch dargestellt hat Riemann 1935; vgl. dazu Gerkan 1937; aus neuerer Zeit sind zu dieser Thematik vor allem die Publikationen von Coulton 1974, 1975 und 1977 sowie Mertens 1984 zu nennen; vgl. dazu den Sammelband *Bauplanung und Bautheorie der Antike* 1984, bes. 137 ff.

60 Der früher als 'Cerestempel' bezeichnete Athenatempel ist der kleinste der Tempel von Paestum (Poseidonia) und liegt abseits der beiden übrigen Tempel im nördlichen Teil des Stadtgebietes; vgl. dazu Koldewey/Puchstein 1899, 18–24; Riemann 1935, 141 ff. und 185 f.; Krauss 1978, 36–45; Gruben 1980, 251–256; über den Athenatempel als einzigen der drei Tempel von Paestum ist eine gesonderte Publikation erschienen, die penible Aufmessungen und eine ausführliche Darstellung bauarchäologischer Untersuchungen, aber keine Äußerungen zum möglichen Planungsvorgang enthält: Friedrich Krauss, *Die Tempel von Paestum I/1: Der Athenatempel,* Berlin 1959, Text- und Tafelband.

61 Koldewey/Puchstein 1899, 23; Krauss 1978, 43.

62 Vgl. Anm. III 196; Krauss 1978, 42 nimmt aufgrund der Stylobatlänge von 32.88 m eine Fußgröße von 32.88 cm an, nachdem er in einer früheren Publikation (F. K., *Die Giebelfront des sog. Cerestempels in Paestum,* in: Mitteilungen des deutschen archäologischen Instituts, Römische Abteilung 46/1931, 1–8) einen »ionischen Fuß aus Lokri« à 35.2 cm vermutet hatte, der dann von Riemann 1935, 13 zugunsten des heute allgemein akzeptierten Fußmaßes von 32.8 cm (vgl. Gruben 1980, 252) als Maßeinheit des Athenatempels verworfen wurde. Waele 1980, 386 möchte, von der durchschnittlichen Jochweite ausgehend, das Fußmaß auf 32.75 cm präzisiert wissen.

64 *Athenatempel in Paestum (um 510 v. Chr.)*

65 *Athenatempel in Paestum, Rekonstruktion der Ostfront nach Krauss; Maßangaben in dorisch-pheidoni-* ▷
schen Fuß à 32.8 cm

66 *Athenatempel in Paestum, Grundriß, Maßangaben in dorisch-pheidonischen Fuß à 32.8 cm* ▷

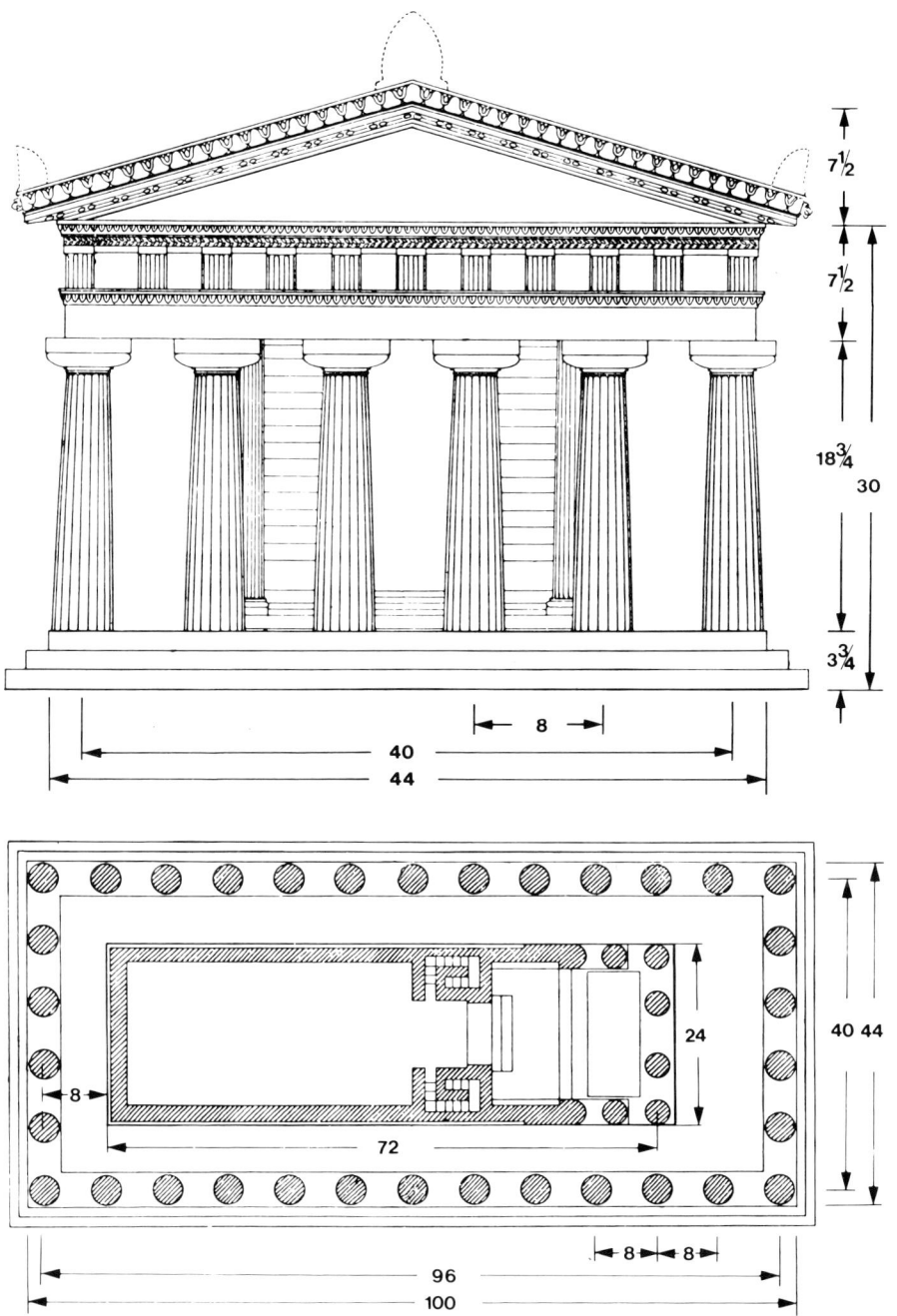

(Peristasis + Cellabreite + Peristasis = 1 + 3 + 1) und damit die kanonische sechssäulige Tempelfront. Die Länge des Tempels würde dementsprechend 11 Joche betragen (Peristasis + Cellalänge + Peristasis = 1 + 9 + 1), wurde aber um 1 Joch auf 12 Joche vergrößert, um die Eingangsseite durch eine größere Tiefe des Pterons, des Raumes zwischen Cella und Säulenkranz, hervorzuheben[63]. So ist der Tempel, gemessen an den Säulenachsen, 40' (5 × 8) breit und 96' (12 × 8) lang. Die Abmessungen des Stylobats, der obersten Stufe der Standfläche des Tempels, ergeben sich durch Hinzufügen eines halben Säulendurchmessers (2') an jeder Seite und betragen 44' × 100'[64].

Es ist kaum vorstellbar, daß das Maß von 100' der Stylobatlänge nur als zufällige Folge der additiven Aneinanderreihung von 12 Jochweiten und 2 Säulenhalbmessern zustande gekommen ist und nicht schon von vornherein festgelegt war[65]. Will man dem Schöpfer eines solchen Bauwerkes nicht die Fähigkeit absprechen, seinen Entwurf aus mehr als einer Prämisse entwickeln zu können, steht diese Annahme keineswegs im Widerspruch zum angedeuteten Planungsvorgang[66]. Vielmehr darf man die Grundrißkonzeption des ATHENATEMPELS IN PAESTUM als ein besonders schönes Beispiel für die geglückte Kombination von Cella- und Ringhallenrechteck auf der Basis einfachster Zahlenverhältnisse ansehen.

Ebenso klar wie im Grundriß[67] sind die Maßverhältnisse des ATHENATEMPELS auch im Aufriß (Abb. 65). Die 30' messende Tempelhöhe (ohne Giebel) ist durch 8 teilbar (30:8 = 3¾), wobei 1 Teil (3¾') auf die Krepis, den Stufenbau, 5 Teile (18¾') auf die Säulenhöhe und 2 Teile (7½')

---

63   Zur Differenzierung der Ptera siehe Riemann 1935, 19 ff.

64   Alle Maße sind dem Grundriß-Maßplan von Krauss 1959 (zit. Anm. IV 60), Taf. 2, entnommen. Zur Ausführung bemerkt Krauss (ib. 2), daß sie sorgfältig sei, aber nicht die höchste Genauigkeit erreiche; die Jochweiten schwanken um maximal 5 cm. Zu den errechneten Fußmaßen ergeben sich nur geringe Differenzen. – Nicht ganz exakt ist z. B. auch die Angabe von 2' für den halben Säulendurchmesser: bei einem Säulendurchmesser von 3³/4' mißt er nur 1⁷/8'; die Differenz von 1/8' entspricht etwa 4 cm – sie erklärt sich daraus, daß die Säulen nicht unmittelbar an der Stylobatkante stehen, sondern etwas nach innen gerückt sind.

65   Krauss 1978, 42 vermutet, daß das Maß von 100' das Bestellmaß des Bauherrn war. Auf die Zahl 100 als heiliges Maß weist Heinz Kähler (*Der griechische Tempel*, 2. Aufl. Frankfurt/Berlin/Wien 1981, 11) hin: ». . . als heiliges Haus hat er (der Tempel) ein heiliges, dem Zufall enthobenes Maß. Hundert Fuß, später zweihundert Fuß ist ein Tempel lang, wie dem Gott hundert Rinder und ein Vielfaches dieser Zahl geopfert werden«; vgl. Gruben 1980, 252; vgl. auch Anm. II 190.

66   Theuer 1918, 20 f. sieht im Grundrißverhältnis 9:4 das bestimmende Moment der Planung. Waele 1980 (vgl. id. 1981) meint dagegen, daß der griechische Tempel grundsätzlich nur aus der Jochweite entwickelt wurde und Cella-, Peristasis- und Stylobatmaße nur das Ergebnis einer additiven Aneinanderreihung sind. Gegen eine solche Theorie, die kaum dazu angetan ist, die organische Ganzheit des griechischen Tempels zu erklären, wendet sich mit Recht Mertens 1981. (Etwas abgemildert erscheinen Waeles Hypothesen in seinem Aufsatz: *I templi della Mater Matuta a Satricum*, in: Mededelingen van het Nederlands Instituut te Rome 43 – N.S.8/1981, 7–68, bes. 31 ff.)

67   Eine besondere Schwierigkeit bei der Planung des griechischen Tempels liegt in der Eckkontraktion, d. h. der Verkürzung der letzten und manchmal auch vorletzten Joche. Beim Athenatempel in Paestum fehlt diese Eckkontraktion; die Maßverhältnisse im Grundriß sind deshalb besonders klar.

auf das Gebälk entfallen[68]. Im unteren Säulendurchmesser, der ⅕ der Säulenhöhe beträgt, tritt diese Einheit sinnfällig in Erscheinung[69]. Der Giebel ist ohne Sima, die mit Lotosblüten und Palmetten geschmückte Rinnleiste, gleich hoch wie das Gebälk (7½'); ohne Sima entspricht die Gesamthöhe (37½') demnach der doppelten Säulenhöhe[70].

Wesentlich für die harmonische Wirkung des Baukörpers ist das gleiche Seitenverhältnis (1:2.3), das eine Verbindung herstellt zwischen dem an den Außenkanten des Gebälks sichtbar werdenden, liegenden Grundrißrechteck und dem aus Säulenhöhe und Tempelbreite gebildeten querstehenden Rechteck der Säulenfront[71]. Diese »Verschränkung der Proportionen« die z. B. am zwei Generationen später entstandenen PARTHENON IN ATHEN (begonnen 447 v. Chr.) zum »alles durchwebenden, alles vereinenden Prinzip«[72] erhoben ist, wurde am ATHENATEMPEL IN PAESTUM sehr genau realisiert – trotz der keineswegs runden, sondern relativ komplizierten Zahlen der Gebälkmaße (42¾' × 98¾'), die sich aus dem von der Säulenverjüngung[73] abhängigen Zurücktreten des Architravs gegenüber der Stylobatkante ergeben. Die Differenzierung der einfachen Grundrißmaße im Gebälk ist symptomatisch für die griechische Tempelarchitektur, deren Konstruktion ihren Ausgang von einfachen Zahlenverhältnissen nimmt[74], diese aber

68 Siehe dazu Riemann 1935, 185f.; die Maße sind wieder der Monographie von Krauss 1959 (zit. Anm. IV 60), Taf. 16, entnommen; – wenn man zur Gebälkhöhe die Sima mitrechnet, beträgt sie die Hälfte der Säulenhöhe (Gruben 1980, 387); Waele 1980, 387 bemißt nicht ganz einsichtig die Gebälkhöhe ohne das abschließende Eierstabkymation und erhält so eine Gebälkhöhe von nur 6¾'.

69 Hierin schon eine Vorstufe des Vitruv'schen modulus (vgl. Kap. III/3) zu sehen, ist insofern problematisch, als hier die Verhältnisse der Cella bzw. der Peristasis den Ausgangspunkt der Planung bilden und von ihnen die Jochweite abgeleitet ist. Da der Säulendurchmesser (3¾') der Jochweite nicht kommensurabel ist – obwohl der Unterschied zu 4' (= halbe Jochweite) nur gering ist; vgl. Anm. IV 64 –, kann er kaum als Grundeinheit der Maßverhältnisse angesehen werden.

70 Einschließlich Sima sollte sich wohl eine Höhe von 40', entsprechend der Peristasisbreite, ergeben. Nach der Rekonstruktion von Krauss 1959 (zit. Anm. IV 60), Taf. 16, wurde allerdings nur eine Höhe von ca. 39' erreicht.

71 Krauss 1978, 42f.

72 Gruben 1980, 253; – in ähnlicher Weise konnte Mertens 1984, bes. 43f. in seiner grundlegenden Untersuchung über den Tempel von Segesta dort und an einer Reihe anderer dorischer Tempel eine »enge Verknüpfung von Zahlenproportionen« feststellen.

73 Der obere Säulendurchmesser mißt hier ⅔ des unteren Säulendurchmessers, doch ist dieses rationale Verhältnis nicht die Regel; zur Säulenverjüngung vgl. Schlikker 1940, 119ff.

74 Die zuerst von Theuer 1918 nachdrücklich vertretene Ansicht, daß der griechisch-dorische Peripteraltempel nach rationalen Zahlenverhältnissen entworfen wurde, ist vor allem dank der Forschungen von Gerkan und Riemann heute weitgehend anerkannt (vgl. z. B. Coulton 1977, 65); aufgrund der statistischen Auswertung einer großen Zahl bekannter Baumaße kommen Falus/Mezös 1979 zum gleichen Ergebnis, das durch die in ihrer Präzision beispielhaften Forschungen von Mertens 1984 zumindest für die dorische Tempelbaukunst nun als gesichert gelten darf. Doch werden immer wieder auch verschiedene geometrische Schemata als mögliche Entwurfsverfahren griechischer Tempel vorgeschlagen (z. B. Hambidge 1924, Wolfer-Sulzer 1939, Hertwig 1968, Adam 1973 etc.). Von den für den Athena-(= Ceres)Tempel in Paestum in Anspruch genommenen geometrischen Proportionssystemen (Wolff 1912, 86f.; Wieninger 1950, 170f.; Brunés 1967, I 261ff.) sei das von Wedepohl 1967, 133ff. als in sich schlüssigstes näher betrachtet: ausgegangen wird von einem Kreis mit 100' Durchmesser (= Stylobatlänge). Aus den Schnittpunkten eines Kreises mit halbem Durchmesser und zweier

nicht in schematischer Wiederholung erstarren läßt, sondern subtil der plastischen Durchformung der Bauglieder anpaßt.

Das mit der Errichtung des ATHENATEMPELS etwa gleichzeitige Aufblühen der PYTHAGORÄISCHEN SCHULE läßt es immerhin möglich erscheinen, daß hier PYTHAGORÄISCHE Zahlenspeku-

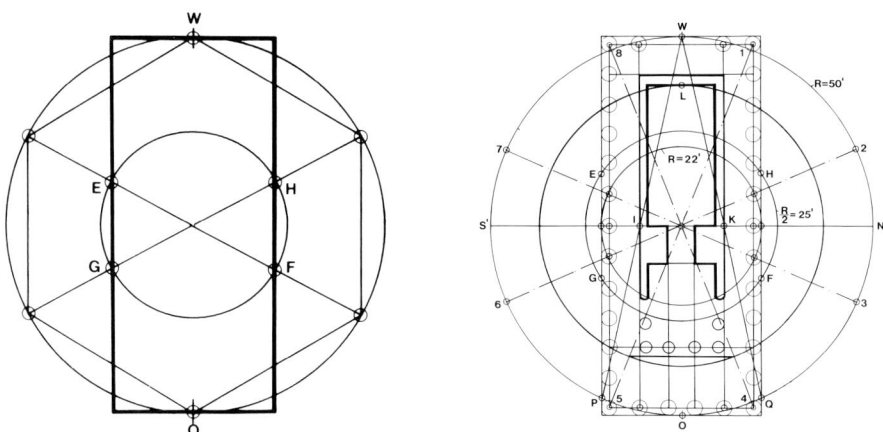

Athenatempel in Paestum, Grundrißkonstruktion (links) und Festlegung der Jochweiten (rechts), nach Wedepohl

Sechseckdiagonalen ergibt sich die Breite: 43¹/₃' statt 44' (Abweichung: ²/₃' = 21.6 cm). Wesentlich größer als diese Abweichung ist die Ungenauigkeit der von Wedepohl vorgeschlagenen geometrischen Konstruktion der Jochweiten: der Abstand der beiden mittleren Joche an den Langseiten ist laut Wedepohl festgelegt durch die Schnittpunkte eines Kreises (mit dem gleichen Mittelpunkt wie der Ausgangskreis) von 22' Radius mit den Strahlen eines Sechzehnecks, deren mittlerer parallel zur Tempelbreite steht. Der nächste Jochabstand ergibt sich aus dem Schnittpunkt eines Kreises vom Radius 25' mit den Säulenachsen, die durch die eben genannte Konstruktion festgelegt sind. Abgesehen davon, daß der mit 22' angegebene Radius des inneren Kreises (dessen Durchmesser der Tempelbreite entsprechen müßte) nach der laut Wedepohl verwendeten Konstruktion zur Bestimmung der Stylobatmaße nur 21²/₃' (= 43¹/₃':2) betragen müßte, differieren die Jochweiten untereinander erheblich und stimmen in keinem Fall mit den tatsächlichen Abmessungen überein:

	gemessene Maße		*Wedepohl* (R = 22')	*Wedepohl* (R = 21²/₃')
innere Joche	8' = 2.62 m	(vgl. Anm. IV 64)	8.42' = 2.76 m	8.29' = 2.71 m
folgende Joche	8' = 2.62 m		6.58' = 2.15 m	7.16' = 2.34 m

(Die trigonometrisch sehr einfache Berechnung dieser Maße braucht hier nicht im einzelnen aufgeführt zu werden.) Die Peristasislänge von 12 Jochweiten beträgt nach Krauss, Gruben, Waele übereinstimmend 96' = 31.48 m (übereinstimmend mit den Aufmaßen von Krauss; vgl. Anm. IV 64). Aus den differierenden 4 Möglichkeiten für die Abmessung der Jochlänge nach Wedepohl, von denen keine mit der Realität übereinstimmt, müßte sich eine Peristasislänge ergeben, die zwischen 78.96' und 101.02' schwankt. In Metern ausgedrückt, läge die größtmögliche Abweichung bei 5.51 m (!), die geringste immer noch bei 0.99 m. Es bedarf wohl keiner weiteren Nachrechnungen, um die Glaubhaftigkeit der Hypothese Wedepohls zu erschüttern. – Dessenungeachtet ist auf einen interessanten Briefwechsel zwischen Edgar Wedepohl und Arnim von Gerkan hinzuweisen (abgedruckt bei Wedepohl 1967, 284 ff.), der die Problematik des Proportionsforschers, grundsätzlich zwischen kommensurablen und inkommensurablen Verhältnissen unterscheiden zu müssen, in seltener Klarheit offenbart.

lationen ihren architektonischen Niederschlag gefunden haben. Die Zahlen der Achsmaße des Tempels, 40×96, könnten aus den für die PYTHAGORÄER heiligen Zahlen der *Tetraktys* (1 2 3 4)[75] abgeleitet sein: geteilt durch 4, die Maßzahl der halben Jochweite, ergeben sich 10 als Summe und 24 als Produkt der Tetraktyszahlen (40:4 = 10, 10 = 1 + 2 + 3 + 4; 96:4 = 24, $24 = 1 \times 2 \times 3 \times 4$)[76].

Es wurde schon auf die zentrale Bedeutung hingewiesen, die im PYTHAGORÄISCHEN Denken der wechselseitigen Entsprechung von Zahlen und Tönen beigemessen wurde (Kapitel I). HANS KAYSER (1891–1964), der in unserem Jahrhundert die PYTHAGORÄISCHE *Harmonik* neu belebt hat[77], unterzog die TEMPEL VON PAESTUM einer harmonikalen Analyse, d. h. er *übersetzte die rationalen Zahlenverhältnisse ihrer Maße in musikalische Intervalle*[78]. Geleitet von der romantischen Vorstellung, *Architektur als 'gefrorene Musik'*[79] aufzufassen, begreift KAYSER Zahlen und Proportionen nicht als »rein intellektuelle Größen«, sondern als »Töne, Intervalle und melodische Typen, 'Nomoi', die mit Formen unserer Seele identisch sind und diese in viel unmittelbarerer Weise aussprechen als nur Zahlen und Größen allein . . .«[80] Bei aller Faszination, die

---

75 Vgl. Anm. II 11.

76 Ross-Holloway 1966; dagegen Waele 1980, 385, Anm. 60.

77 Siehe dazu Rudolf Haase, *Hans Kayser. Ein Leben für die Harmonik der Welt*, Basel 1968; Kayser konnte sich auf die hochgelehrten, aber lange Zeit fast vergessenen Schriften des Freiherrn von Thimus (1806–1878) stützen (= Thimus 1868/76); siehe dazu Richard Hasenclever, *Die Grundzüge der harmonikalen Symbolik des Altertums*, Köln 1870 (Nachdruck in Thimus 1972 = Reprint Thimus 1876); Alfons Köster, *Die unmittelbaren Auswirkungen der harmonikalen Symbolik des Freiherrn Albert von Thimus,* in: Antaios 8/1967, 450–457; Rüdiger Wagner, *Albert von Thimus: Die harmonikale Symbolik des Alterthums – Ein seit 100 Jahren vergessenes Werk,* in: Zeitschrift für Ethnologie 96/1971, 90–97, Spitzer 1978; Die umfangreiche, in der Nachfolge Kaysers erschienene Literatur zur harmonikalen Forschung ist gesammelt in: Rudolf Haase, *Kaysers Harmonik in der Literatur der Jahre 1950–1964*, Düsseldorf 1967; die von 1965–1978 erschienene Literatur ist in bisher 4 von Rudolf und Ursula Haase zusammengestellten Bibliographien erfaßt, hg. vom 1967 gegründeten Hans-Kayser-Institut für harmonikale Grundlagenforschung an der Akademie für Musik und darstellende Kunst in Wien, Wien I 1969, II 1972, III 1975, IV 1979, V 1983; Eine übersichtliche, dem jüngsten Forschungsstand entsprechende Einleitung in die Harmonik gibt R. Haase 1980.

78 Kayser 1958; vgl. auch Kolk 1967; Intervall (= Zwischenraum) ist der Höhenunterschied zwischen zwei gleichzeitig oder nacheinander erklingenden Tönen; siehe dazu den Artikel *Intervall* in: Die Musik in Geschichte und Gegenwart, Bd. 6, Kassel/Basel/London 1957, 1326–1365, der den Begriff 'Intervall' unter physikalischen (Fritz Winckel), psychologischen (Albert Wellek), historischen und systematischen Gesichtspunkten (Martin Ruhnke und Jens Rohwer) behandelt.

79 Friedrich Wilhelm Joseph von Schelling (1775–1854) spricht in seiner *Philosophie der Kunst* (1802; gedruckt in *F. W. J. v. Schellings sämmtliche Werke*, Bd. I/5, Stuttgart/Augsburg 1859, 576 u. 593) von Architektur als »erstarrter Musik«. August Wilhelm von Schlegel (1767–1845) geht in seinem Gedicht *Der Bund der Kirche mit den Künsten* auch auf das Verhältnis von Architektur und Musik ein. Berühmt sind die Verse »Der Säulenschaft, auch die Triglyphe klingt, ich glaube gar, der ganze Tempel singt«, die Goethe den Astrologen im 1. Akt von *Faust II* sagen läßt; vgl. die von Hans Kayser herausgegebene harmonikale Anthologie *Bevor die Engel sangen*, Basel 1953; vgl. Ghyka 1943; Naredi-Rainer 1985.

80 Kayser 1958, 86; – Zum Versuch eines allgemeinen Strukturvergleichs zwischen der Musik und den bildenden Künsten siehe Stechow 1953.

von diesem harmonikalen Denkansatz ausgeht[81], muß doch in Frage gestellt werden, ob dem Baumeister der Antike die philosophisch-mathematischen Theorien seiner Zeit ähnlich vertraut waren[82] wie etwa dem humanistisch gebildeten Architekten der Renaissance[83].

Vom PYTHAGORÄISCH-PLATONISCHEN *Gedanken, daß die Harmonie des Kosmos nach musikalischen Zahlenverhältnissen aufgebaut sei, ist die Architekturästhetik der Renaissance geprägt*[84], die ihre erste und zugleich bedeutendste Formulierung in ALBERTIS Architekturtraktat ›De re aedificatoria libri decem‹ gefunden hat, das um die Mitte des 15. Jahrhunderts verfaßt, aber 1485 in Florenz erstmals gedruckt wurde[85]. Das ästhetische Grundprinzip, die 'concinnitas'[86], manifestiert sich nach ALBERTI in bestimmten Zahlen und Proportionen, die am klarsten in der Musik auftreten[87]. Deshalb solle man »von den Musikern, welche diese Zahlen am besten kennen, . . . das ganze Gesetz der Beziehung ableiten«[88]. ALBERTI nennt die in den Zahlen der Tetraktys 1 2 3 4[89] enthaltenen und als Konsonanzen geltenden Intervalle der Quinte (2:3), Quarte (3:4), Oktave (1:2), Duodezime (1:3) und Doppeloktave (1:4) sowie den Ganzton (8:9)[90]. Oktave, Quinte, Quarte und Ganzton bilden das Gerüst des griechischen Tonsystems, das durch eine

---

81 In zwei weitgehend unbeachtet gebliebenen Schriften stellte der Berliner Architekt Albert Eichhorn (1888 und 1899) fest, daß zwischen harmonikalen Raumproportionen und der Akustik solcher Räume enge Zusammenhänge bestehen; vgl. Naredi-Rainer 1977/3 (mit dem Zusammenhang zwischen den Proportionen und der Akustik von Räumen beschäftigt sich Voretzsch 1967; id. 1979); Eichhorn 1899, 41 versteht auch die von Vitruv überlieferten Maßverhältnisse von Tempeln als harmonikale Proportionen; siehe dazu Kayser 1950, 109 ff.; Schubert 1954, I 172 ff.; unter dem Einfluß Kaysers entwirft der Schweizer Architekt André Studer (vgl. id. 1976 und 1980) seine Bauten nach harmonikalen Proportionen.

82 Vgl. Coulton 1975, 66: »Indeed, although there is evidence that philosophers might be influenced by ideas of artists, there is no good evidence that artists were influenced by the mathematical theories of philosophers.« – Demgegenüber versucht Wagner 1971 nachzuweisen, daß auch an griechischer Plastik harmonikale Gesetzmäßigkeiten proportionsbestimmend waren.

83 Kayser 1958, 86 ist allerdings davon überzeugt, daß »selbst dort, wo der Baumeister nichts von harmonikalen Proportionen wußte, (er) diese dennoch anwandte, einfach weil ihn Instinkt und Gefühl dazu veranlaßten, seine Planidee nach diesen Proportionen auszurichten«. – Einen brauchbaren Überblick über Bildung und Berufsbild des Architekten von der Antike bis heute geben Vagnetti 1973/2; Ricken 1977; Kostof 1977 sowie der Katalog *Architekt und Ingenieur* 1984.

84 Vgl. Anm. I 98.

85 Alberti 1912, 1966, 1975–79; vgl. Carlo Lozzi, *Antiche edizioni in varie lingue del trattato di architettura dell' Alberti conservate nelle biblioteche del mondo,* in: Atti del convegno di studi organizzato dalla Città di Mantova con la collaborazione dell' Accademia Virgiliana nel quinto centenario della basilica di Sant' Andrea e della morte dell' Alberti 1472–1972, Mantua 1974, 327–331; Vincenzo Golzio, *Il V Centenario del ›de re aedificatoria‹ di Leon Battista Alberti,* in: Studi romani 1/1953, 638–647; Cecil Grayson, *Die Entstehung von Albertis decem libri de re aedificatoria,* in: Kunstchronik 13/1960, 359–361; id., *The composition of L. B. Albertis ›decem libri de re aedificatoria‹,* in: Münchner Jahrbuch für bildende Kunst, 3. Folge 11/1960, 152–161.

86 Vgl. Anm. I 102.

87 Vgl. Naredi-Rainer 1977/1, 86 ff.

88 Alberti IX/5 (1912, 496; 1966, 823).

89 Vgl. Anm. II 11.

90 Alberti IX/5 (1912, 496 f.; 1966, 823).

andere Form der Tetraktys, die sog. 'erste' Tetraktys[91] 6 8 9 12 in ganzen Zahlen ausgedrückt werden kann: die Tetraktys 6 8 9 12 enthält im Unterschied zur Tetraktys 1 2 3 4 zwar nicht die Intervalle der Duodezime (1:3) und Doppeloktave (1:4), besitzt aber den Vorzug, die doppelte Gliederung der Oktave (6:12 = 1:2) in Quinte und Quarte (6:9 = 2:3; 9:12 = 3:4) bzw. Quarte und Quinte (6:8 = 3:4; 8:12 = 2:3) sowie die im Ganzton (8:9) gegebene Differenz zwischen Quinte und Quarte erkennen zu lassen[92]. Beide Formen der Tetraktys sind dargestellt auf einer der Gestalt des PYTHAGORAS zugeordneten Tafel in der 1509–10 gemalten ›Schule von Athen‹, jener idealen Versammlung der größten Denker des Altertums, in der RAFFAEL (1483–1520) die Bewunderung seiner Zeit für die Antike unübertrefflich zum Ausdruck gebracht hat (Abb. 67)[93]. Einprägsam zeigt das Diagramm der Tetraktys 6 8 9 12 die vorhin beschriebene wechselseitige Teilung der Oktave durch Quinte und Quarte sowie ihre Gliederung in zwei vom Ganzton getrennte Quarten (Tetrachorde) – RAFFAEL verwendet die griechischen Intervallbezeichnungen Diapason, Diapente und Diatessaron[94], die auch ALBERTI samt ihren lateinischen Entsprechungen anführt[95].

91 Nikomachos von Gerasa nennt die 'erste Tetraktys' die »Quelle der Konsonanzen« (*harmonikon* II/7, in: Musici scriptores Graeci, ed. Carl von Jan, Leipzig 1895, 279).

92 Vgl. Münxelhaus 1976, 22 f.

93 Siehe dazu Emil Naumann, *Erklärung der Musiktafel in Raffaels ›Schule von Athen‹*, in: Zeitschrift für bildende Kunst 14/1879, 1–14; Hermann Hettner, *Italienische Studien*, Braunschweig 1879, 198 ff.; Anton Springer, *Raffaels ›Schule von Athen‹*, in: Die graphischen Künste 5/1883, 53–106, bes. 65 und 96 f.; vgl. auch Wittkower 1969, 101 f.; Simonetta Valtieri, *La Scuola d'Atene,* in: Mitteilungen des Kunsthistorischen Institutes in Florenz 16/1972, 63–72; aus der Sicht der harmonikalen Forschung vgl. Julius Schwabe, *Hans Kaysers letzte Entdeckung: Die pythagorische Tetraktys auf Raffaels ›Schule von Athen‹*, in: Symbolon 5/1966, 92–102; id. 1967, 423 ff.

94 Außer den genannten Bezeichnungen (vgl. Anm. IV 95) enthält die Tafel quasi als Überschrift das Wort ἐπόγδοον (= das Ganze und ein Achtel enthaltend), das Zahlenverhältnis des diazeuktischen (διαζεύξις = Trennung) Ganztones (9:8), der die Oktave in zwei Tetrachorde trennt. Heute ist statt des Buchstaben Δ fälschlich ein Λ zu lesen (vgl. Schwabe 1966 – zit. Anm. IV 93 – 97, Anm. 13); dieser Fehler ist aber kaum Raffael, sondern einer späteren Restaurierung anzulasten; gleichermaßen ist auch das Fehlen des letzten Balkens der Zahl VIII zu erklären. Naumann (zit. Anm. IV 93), in dessen Umzeichnung der Tafel das Λ ebensowenig vorkommt wie in den Umzeichnungen von Hettner und Springer (zit. Anm. IV 93), weist darauf hin, daß schon Vasari wenige Jahrzehnte nach Raffaels Tod die beiden Tetraktysdarstellungen nicht mehr verstanden und als »allerlei auf Vorausberechnung der Zukunft und auf die Astrologie bezügliche Zeichen« gedeutet hat.

95 Während die griechischen Bezeichnungen jeweils die Anzahl der in den Intervallen enthaltenen Töne angeben (διαπασῶν = durch alle, διαπέντε = durch fünf, διατέσσαρων = durch vier Töne hindurch), bezeichnen die lateinischen Termini die Zahlenverhältnisse (dupla = das Doppelte, sesquialter = das Eineinhalbfache, sesquitertius = das Eineindrittelfache). Eine Ausnahme bildet der üblicherweise für den Ganzton verwendete Terminus 'tonus', die latinisierte Form des griechischen τόνος, der meist der Bezeichnung sesquioctavus (= das Eineinachtelfache), entsprechend dem griechischen ἐπογδόον (vgl. Anm. IV 94), vorgezogen wird.

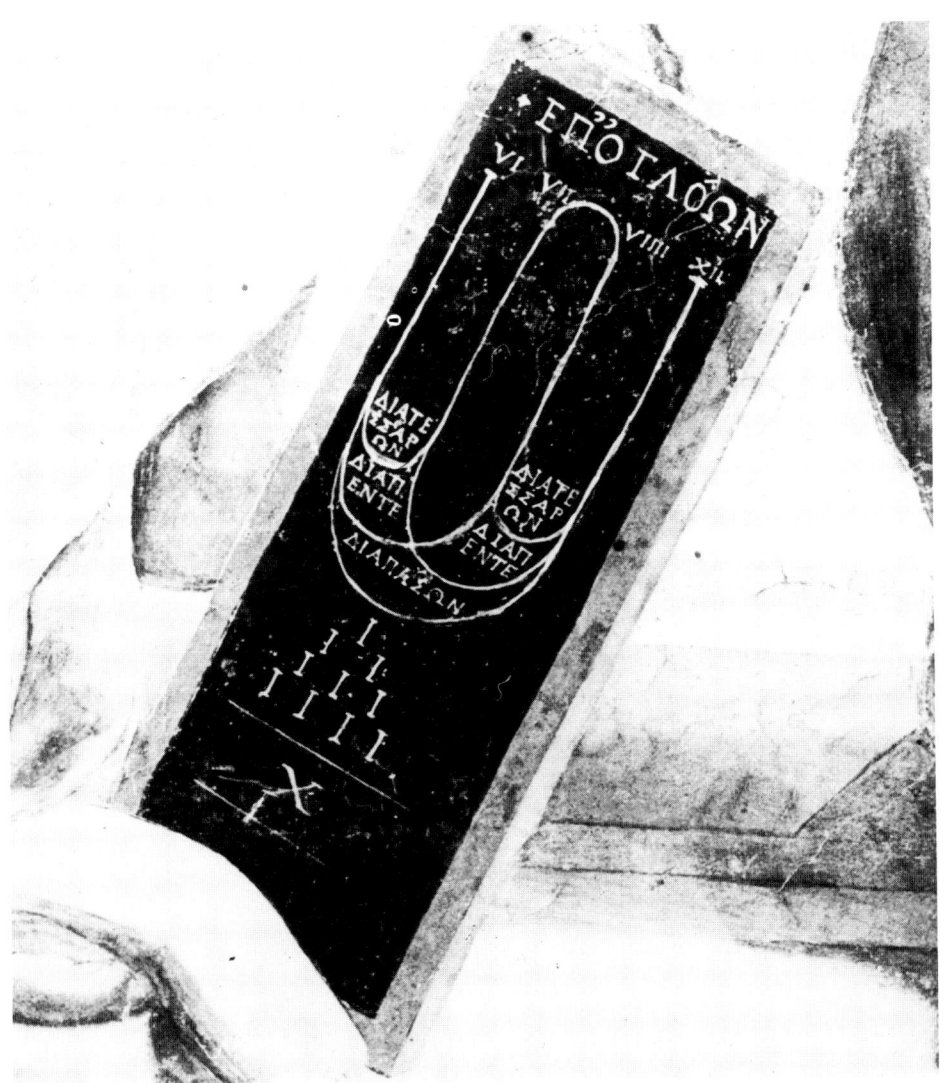

67   *Tafel der pythagoräischen Tetraktys. Raffael: ›Schule von Athen‹ in der Stanza della Segnatura im Vatikan, 1509–10*

Durch verschiedene Unterteilungen der Tetrachorde entstanden die *drei griechischen Tonge-schlechter: das diatonische, das chromatische und das enharmonische*[96]. In der pythagoräischen Skala, die traditionell als Erfindung des PYTHAGORAS galt und deshalb in der Musiktheorie bis zum 16. Jahrhundert eine bevorzugte Stellung einnahm[97], werden die leeren Quarten mit zwei Ganztönen gefüllt, als Restintervall bleibt der Halbton (243:256)[98]. Aus zwei Ganztönen ge-bildet wird die große Terz (64:81), ihr Komplementärintervall zur Oktave ist die kleine Sexte (81:128)[99]. Die große Sexte (16:27) ergibt sich aus Quinte und Ganzton, ihr Komplementär-intervall ist die kleine Terz (27:32)[100]. Aus Quinte und großer Terz entsteht die große Septime (128:243), aus der Differenz von Oktave und Ganzton die kleine Septime (9:16)[101]. Alle Inter-valle der pythagoräischen Skala beruhen auf dem Quintenverhältnis, bestehen daher ausschließ-lich aus Potenzen von 2 und 3[102].

96 Vogel 1963, I 28 ff.
97 Vogel 1975, 221 ff.
98 Dem Addieren zweier Intervalle entspricht auf der Ebene der Tonverhältnisse das Multiplizieren, die nächsthöhere Rechnungsart, dem Subtrahieren von Intervallen das Dividieren (im Unterschied zur logarithmischen Teilung der Oktave in 1200 Teile mittels der sog. Cent-Rechnung, die ein einfaches Addieren und Subtrahieren erlaubt). Schreibt man die Proportionen als Brüche an, wird beim Subtra-hieren von Intervallen der zweite Bruch umgekehrt und dann mit dem ersten Bruch multipliziert.

Zum musikalischen Rechnen vgl. Vogel 1975, 94 ff. – Im vorliegenden Fall wird die Quarte $\left(\frac{3}{4}\right)$ mit

2 Ganztönen gefüllt $\left(\frac{8}{9} \times \frac{8}{9} = \frac{64}{81}\right)$, der restliche Halbton entsteht durch Abziehen der beiden Ganz-

töne von der Quarte $\left(\frac{3}{4} : \frac{64}{81} = \frac{3}{4} \times \frac{81}{64} = \frac{243}{256}\right)$.

99 $\frac{8}{9} \times \frac{8}{9} = \frac{64}{81}$ (große Terz).

$\frac{1}{2} : \frac{64}{81} = \frac{1}{2} \times \frac{81}{64} = \frac{81}{128}$ (kleine Sexte).

100 $\frac{2}{3} \times \frac{8}{9} = \frac{16}{27}$ (große Sexte).

$\frac{1}{2} : \frac{16}{27} = \frac{1}{2} \times \frac{27}{16} = \frac{27}{32}$ (kleine Terz).

101 $\frac{2}{3} \times \frac{64}{81} = \frac{128}{243}$ (große Septime).

$\frac{1}{2} : \frac{8}{9} = \frac{1}{2} \times \frac{9}{8} = \frac{9}{16}$ (kleine Septime).

102 $8:9 = 2^3:3^2$; $27:32 = 3^3:2^5$; $64:81 = 2^6:3^4$ etc.
vgl. die Tabelle 3 im Artikel *Intervall* (zit. Anm. IV 78), 1342.

Wichtig an der Gliederung der chromatischen und der enharmonischen Skala, worauf hier ansonsten nicht weiter eingegangen werden soll[103], ist in unserem Zusammenhang das Auftreten der reinen Terzen (4:5 und 5:6). ARCHYTAS VON TARENT, ein Zeitgenosse PLATONS, kennt für das enharmonische Tongeschlecht die reine große Terz (4:5)[104], DIDYMOS VON ALEXANDRIA (1. Jh. n. Chr.) für die chromatische Skala die reine kleine Terz (5:6) sowie den Halbton (15:16)[105]. Im Gegensatz zu den PYTHAGORÄISCHEN Terzen sind die reinen Terzen – und folglich auch Sexten[106] – durch die Zahl 5 in einfachen Verhältnissen auszudrücken. Da sie aber in beiden Formen der Tetraktys nicht vorkommen, galten sie das ganze Mittelalter hindurch nicht als Konsonanzen[107], wenngleich sie in der Praxis häufig Verwendung fanden. Erst der spanische Musiktheoretiker BARTOLOMÉ RAMOS DE PAREJA (um 1440 bis nach 1491), der in Italien lehrte, räumt in seiner 1482 erschienenen ›musica practica‹ ein, daß die Terz durchaus wohlklingend sei[108]. Er bringt eine Monochordteilung[109], die beide reinen Terzen (4:5, 5:6) und Sexten (3:5, 5:8) enthält, aber auch noch die PYTHAGORÄISCHE Kleinterz (27:32)[110]. Einen Schritt weiter geht FRANCHINO GAFORI (1451–1522)[111], und für LUDOVICO FOGLIANO (Ende 15. Jh. bis nach 1538) steht die Konsonanz von Terzen und Sexten bereits außer Frage[112]. Die wissenschaftliche Klassifizierung der Terzen und Sexten als Konsonanzen innerhalb eines geschlossenen Systems, in dem die den PYTHAGORÄERN heilige Vierzahl (Tetraktys) durch die als 'vollkommen' geltende

---

103 Vgl. Anm. IV 96.
104 Die Tetrachordteilungen des Archytas sind u. a. durch Boethius, *De inst. musica* V/17 (1966, 396) überliefert.
105 Vgl. die Aufstellung antiker Tetrachordteilungen bei Vogel 1963, I 33 f.
106 Die große Sexte ist das Komplementärintervall zur kleinen Terz, die kleine Sexte zur großen Terz (vgl. Anm. IV 99, 100). – Die Bezeichnung 'reine' Terzen und Sexten ist in ihrem Vorkommen in der Obertonreihe begründet.
107 Vgl. Münxelhaus 1976, 95 ff.
108 Bartolomeus Ramos de Pareja, *Musica practica*, Bologna 1482, ed. Johannes Wolf, Leipzig 1901 (Publikationen der internationalen Musikgesellschaft, Beiheft 2), 94 (III/2.1): »Tertia vero dulcem ac delectabilem facit harmoniam.« Schon Walter Odington (*Summa de speculatione musicae*, ed. Frederick F. Hammond, Rom 1970 = Corpus scriptorum de musica 14, 70 f.) hatte um 1300 auf den Konsonanzcharakter der Terz hingewiesen, obwohl er sie in enger Anlehnung an die pythagoräische Lehre wegen ihrer Zahlenverhältnisse nicht als Konsonanz anerkennen kann; vgl. Münxelhaus 1976, 99 ff.
109 Das Monochord ist ein dem Pythagoras zugeschriebenes, aber wohl aus dem Orient stammendes akustisches Meßinstrument, das aus einem Resonanzkasten besteht, über den eine Saite (μόνος = einzig, χορδή = Saite) gespannt ist, deren schwingende Länge durch verschiebbare Stege reguliert werden kann. Obwohl später mehrere Saiten verwendet wurden, blieb die Bezeichnung 'Monochord'; siehe dazu Sigfrid Wantzloeben, *Das Monochord als Instrument und als System*, Diss. Halle 1911; Kayser 1950, 1 f.; Vogel 1975, 11 ff.
110 Ramos de Pareja (zit. Anm. IV 108) I/1.2 (3 ff.).
111 Franchino Gafori, *Practica musica*, Mailand 1496 (Nachdruck Franborough 1967), lib. 3, cap. 2 erklärt die Konsonanz der Terzen aus der Zerlegung der Quinte durch das arithmetische Mittel; vgl. Anm. IV 125.
112 Lodovico Fogliano, *Musica theorica*, Venedig 1529, II/1, fol. 11v; zur theoretischen Anerkennung der Terz siehe Vogel 1975, 221 ff.

Sechszahl (Senarius) (vgl. Kapitel II/2) ersetzt wird, erfolgte schließlich durch GIOSEFFO ZARLINO (1517–1590) in seinen 1558 in Venedig gedruckten ›Istitutioni harmoniche‹[113], die man als »Magna Charta der Musik im Zeitalter der Renaissance« bezeichnet hat[114].

In der folgenden Tabelle sind die wichtigsten Intervalle[115] mit ihren in der Musiktheorie üblichen Bezeichnungen[116] zusammengestellt:

pythagoräische Intervalle		reine Intervalle
256:243	Halbton (semitonium)	16:15
	kleiner Ganzton (tonus)	10:9
9:8	großer Ganzton (tonus)	9:8
32:27	kleine Terz (semiditonus)	6:5
81:64	große Terz (ditonus)	5:4
4:3	Quarte (diatessaron)	4:3
729:512	Tritonus (tritonus)	45:32
3:2	Quinte (diapente)	3:2
128:81	kleine Sexte (semitonium et diapente)	8:5
27:16	große Sexte (tonus et diapente)	5:3
16:9	kleine Septime (semiditonus et diapente)	9:5
243:128	große Septime (ditonus et diapente)	15:8
2:1	Oktave (diapason)	2:1

113 Gioseffo Zarlino, *Le istitutioni harmoniche,* Venedig 1558, II/39, 122 zeigt in einem Diagramm die harmonische Teilung der Oktave in reine Intervalle; vgl. Wittkower 1969, 108; siehe dazu auch das Kapitel ›Vom Quaternarius zum Senarius‹ bei Münxelhaus 1976, 107ff.

114 Friedrich Blume, Artikel *Renaissance* in: Die Musik in Geschichte und Gegenwart, Bd. 11, Kassel/Basel/London/New York 1963, 240.

115 Im bisherigen Text wurden Intervalle stets als Proportionen ausgedrückt, deren 2. Glied das 1. Glied übertrifft (schreibt man diese Proportionen als Brüche an, spricht man von 'echten' Brüchen, deren Nenner jeweils größer ist als der Zähler). Dies entspricht dem Verfahren der äquidistanten Saitenteilung zur Gewinnung von Tonrelationen (vgl. Vogel 1975, 12ff.) und stimmt überein mit der üblicherweise in aufsteigender Zahlenfolge geschriebenen Form der beiden Tetraktys. Bezogen auf Saitenlängen, erklingt die längere Saite jeweils tiefer, d. h. man hört die Intervalle in absteigender Tonfolge. Wenn in der folgenden Tabelle die umgekehrte Schreibweise gewählt wird (z. B. 3:2 statt 2:3), so geschieht dies in Anlehnung an die seit dem 17. Jh. bevorzugte Schreibweise (vgl. die Aufstellung in: *Riemann Musiklexikon, Sachteil,* 12. Aufl. Mainz 1967, 411–413), die vom Verhältnis der Schwingungszahlen zum Grundton ausgeht, das sich reziprok zum Verhältnis der Saitenlängen (zum Grundton) verhält. – In der Anwendung musikalischer Zahlenverhältnisse auf die Architektur sind solche Überlegungen freilich irrelevant (vgl. Anm. IV 132) und treten gegenüber den architektur-immanenten Gesetzmäßigkeiten zurück: demnach wird man z. B. das Oktavverhältnis von Höhe zu Breite einer Fassade als 2:1 anschreiben, wenn es sich um ein hochgestelltes, und 1:2, wenn es sich um ein quergelagertes Rechteck handelt.

116 Vgl. Anm. IV 95.

Alle über die Oktave hinausgehenden Intervalle werden als zusammengesetzte verstanden und durch Oktavreduktion in ihre Teile zerlegt, z. B. Duodezime (3:1) = Oktave + Quinte[117].

Der Vergleich zwischen den beiden Intervallreihen läßt ohne weiteres erkennen, daß die Zahlenverhältnisse der PYTHAGORÄISCHEN Terzen und Sexten weniger geeignet sind, auf die Architektur übertragen zu werden, als die der entsprechenden reinen Intervalle. Aber nicht nur ihre leichtere Anwendbarkeit, sondern auch ihre neue musiktheoretische Bewertung dürften der Grund für die Vorliebe sein, die z. B. PALLADIO für Verhältnisse wie 4:5, 5:6 oder 3:5 entwickelt[118]. Schon ALBERTI erwähnt solche Proportionen[119], doch ausdrücklich als musikalische Verhältnisse bezeichnet er nur die nach PYTHAGORÄISCHER Lehre als Konsonanzen geltenden, aus den Zahlen 1 2 3 4 gebildeten Intervalle sowie den Ganzton (8:9)[120]. Vor allem aus dem kosmologischen Aspekt der PYTHAGORÄISCHEN Musikauffassung, der bis ins 18. Jahrhundert wirksam war[121], ist diese Beschränkung auf die in den beiden Formen der Tetraktys enthaltenen Zahlenverhältnisse zu erklären.

Die grundlegende Bedeutung musikalischer Zahlenverhältnisse in der Renaissance-Architektur erhellt auch aus ALBERTIS und PALLADIOS Darstellung der *mittleren Proportionalen,* die vor allem zur Bestimmung der Raumhöhe bei gegebener Grundfläche dienen sollten[122]. Diese Proportionalen, *das arithmetische, das geometrische und das harmonische Mittel,* sind vermutlich zuerst in der Musiktheorie entwickelt worden[123] und werden u. a. in PLATONS ›Timaios‹ bei der Bildung der Tonleiter beschrieben[124]. Das arithmetische $\left(a - m = m - b \ \text{bzw.} \ m = \dfrac{a+b}{2} \right)$ und das harmonische Mittel $\left(\dfrac{a-m}{m-b} = \dfrac{a}{b} \ \text{bzw.} \ m = \dfrac{2\,ab}{a+b} \right)$ teilen ein Intervall in ungleiche Teil-

---

117 Bei der Oktavreduktion wird von einem über die Oktave hinausgehenden Intervall so lange eine Oktave abgezogen (d. h. die größere Zahl der Intervallproportion so lange halbiert bzw. die kleinere Zahl so lange verdoppelt), bis ein Intervall innerhalb der Oktave entsteht. Die Anzahl der Halbierungen bzw. Verdoppelungen entspricht der Anzahl der im ursprünglichen Intervall enthaltenen Oktaven, z. B. 8:3 (8:3, 1. Red. 4:3) = Oktave + Quarte, oder 9:1 (9:1, 1. Red. 9:2, 2. Red. 9:4, 3. Red. 9:8) = 3 Oktaven + Ganzton; vgl. Kayser 1950, 34.

118 Vgl. Wittkower 1969, 107 ff.

119 Alberti IX/3 (1912, 481 ff.; 1966, 797 ff.); vgl. Kiene 1950, 11 f.

120 Vgl. Anm. IV 90.

121 So findet der Pythagoräismus z. B. noch einen Höhepunkt in der englischen Philosophie des 18. Jahrhunderts bei Shaftesbury (1671–1713) – vgl. Golücke 1974, 22 ff.; zur weiteren Wirkungsgeschichte des pythagoräischen Harmoniegedankens in Frankreich und Italien siehe Wittkower 1969, 114 ff.; siehe auch hier Kap. I, bes. Anm. I 127 und 128.

122 Alberti IX/6 (1912, 498 ff.; 1966, 825 ff.); vgl. Michel 1934; Naredi-Rainer 1977/1, 88 ff.; Palladio I/23 (1570, I 53 f.); vgl. Wittkower 1969, 87 ff.

123 Es steht fest, daß Pythagoras diese 3 Mittel schon kannte; vgl. Cantor 1907, I 166; Waerden 1943, 181 ff.; Szabó 1969, 215 ff.; Münxelhaus 1976, 77 ff.

124 Platon, *Timaios* 35 c f.; vgl. Anm. I 20.

intervalle, etwa die Oktave in Quinte und Quarte (arithmetisches Mittel)[125] bzw. in Quarte und Quinte (harmonisches Mittel)[126]. Das geometrische Mittel (a:m = m:b bzw. $m = \sqrt{ab}$) zerlegt ein Intervall in zwei gleiche Teile und ist innerhalb der PYTHAGORÄISCHEN Konsonanzen nur auf die Doppeloktave (4:1) anwendbar, die so in zwei Oktaven geteilt wird[127].

Obwohl diese drei Mittel, die in allgemeiner Definition ein Verfahren darstellen, eine gegebene Proportion in zwei oder mehr Proportionen aufzugliedern[128], keineswegs nur musikalische Verhältnisse erzeugen können – durch Anwendung des geometrischen Mittels entstehen meist sogar irrationale Verhältnisse –, demonstrieren ALBERTI und PALLADIO diese Mittel ausschließlich anhand musikalischer Zahlenverhältnisse[129]. Besonders aufschlußreich ist das von beiden gleichermaßen für das geometrische Mittel gewählte Beispiel 4 6 9, in dem das Intervall der None in zwei Quinten zerlegt wird. Die Quinte ist konsonant, zwei aufeinanderfolgende bzw. übereinandergeschichtete Quinten jedoch ergeben das in der Musik als dissonant geltende Intervall der None[130]. Exemplarisch wird daran deutlich, daß die Renaissance-Architektur nicht einfach eine Umsetzung musikalischer Harmonien sein wollte[131], sondern sich durchaus

125   $\frac{12}{9} \times \frac{9}{6} = \frac{108}{54} = \frac{2}{1}$; $12 - 9 = 9 - 6$; $9 = \frac{6 + 12}{2}$; 9 ist das arithmetische Mittel zwischen 12 und 6. Zerlegt man die Quinte $\frac{6}{4}$ durch das arithmetische Mittel 5, erhält man die kleine Terz $\frac{6}{5}$ und die große Terz $\frac{5}{4}$; vgl. Anm. IV 111.

126   $\frac{12}{8} \times \frac{8}{6} = \frac{96}{48} = \frac{2}{1}$; $\frac{12 - 8}{8 - 6} = \frac{4}{2}$; $8 = \frac{2 \times 12 \times 6}{12 + 6} = \frac{144}{18}$; 8 ist das harmonische Mittel zwischen 12 und 6.

127   $\frac{4}{2} \times \frac{2}{1} = \frac{8}{2} = \frac{4}{1}$; $4:2 = 2:1$; $2 = \sqrt{4 \times 1}$; 2 ist das geometrische Mittel zwischen 4 und 1.

128   Boethius, *De institutione musica* II/40–54 (1966, 137ff.) unterscheidet zehn solcher Mittel, behandelt aber nur die drei oben genannten ausführlicher; vgl. Hellgardt 1973, 35ff.

129   Vgl. Anm. IV 122;

	arithmetisches Mittel			geometrisches Mittel			harmonisches Mittel		
Alberti	8	6	4	9	6	4	60	40	30
Palladio	12	9	6	9	6	4	12	8	6

130   Die None (4:9) setzt sich zusammen aus Oktave und Ganzton $\left(\frac{1}{2} \times \frac{8}{9} = \frac{8}{18} = \frac{4}{9} \right)$ bzw. aus zwei Quinten $\left(\frac{4}{6} \times \frac{6}{9} = \frac{24}{54} = \frac{4}{9} \right)$; die in der Regel als dissonant klassifizierte None wird allerdings von einem Theoretiker des 13. Jh. (Anonymus I, in: Scriptorum de musica medii aevi . . ., ed. Edmond de Coussemaker, Bd. 1, Paris 1864, 301b) als 'bona concordia' bezeichnet; vgl. Vogel 1975, 142.

131   Deshalb verzichtet Alberti IX/5 (1912, 496; 1966, 823) bewußt auf eine Darstellung der in den griechischen Tongeschlechtern vorkommenden Tetrachordteilungen, mit einem ironischen Seitenblick auf Vitruv V/4 (1964, 214), der die ihm »dunkel und schwer verständlich« erscheinenden Tetrachordteilungen des Aristoxenos (vgl. dazu Vogel 1963, I 42ff.) referiert, ohne daraus auf die Architektur anwendbare Schlüsse zu ziehen.

nach ihren eigenen, architekturimmanenten Gesetzmäßigkeiten der musikalischen Zahlenverhältnisse bediente, in denen man jene kosmische Harmonie beschlossen meinte, die in der Musik ihre klarste Ausprägung gefunden hat (vgl. Kapitel I)[132].

In diesem Sinne ist ALBERTIS briefliche Ermahnung an MATTEO DE PASTI, seinen Bauführer am TEMPIO MALATESTIANO[133] zu verstehen, die Maße und Proportionen der Pfeiler nicht zu verändern, um nicht »tutta quella musica« durcheinanderzubringen[134]. In der Tat ist der schon in anderem Zusammenhang besprochene TEMPIO MALATESTIANO IN RIMINI (vgl. Kapitel II/2) konsequent nach musikalischen Zahlenverhältnissen proportioniert[135]. Besonders klar tritt dies an den Seitenfronten zutage (Abb. 15), deren scharf gezeichnete, in gleichmäßigem Wechsel aufeinanderfolgende Rundbogenarkaden von 12 Fuß (à 29.6 cm)[136] lichter Weite gleich breit wie die flankierenden Eckpfeiler und doppelt so breit wie die übrigen Pfeiler sind (Abb. 68).

Die Arkadenfront gliedert sich in den horizontalen Rhythmus 2:2:1:2:1:2:1:2:1:2:1:2:2. Als kleinste tektonische Einheit bildet die Pfeilerbreite (6') den Modul (vgl. Kapitel III/3), dessen ganzzahlige Vielfache alle wichtigen Abmessungen ergeben: die Arkadenbreite (12'), die Kämpferhöhe (18'), die Gesamthöhe (48') und die Gesamtlänge (144'). Neben die horizontale Maßfolge Pfeiler–Arkade etc., die in musikalischer Terminologie eine Folge von Oktav-Verhältnissen darstellt (6:12 = 1:2), tritt als Flächenproportion das Verhältnis der Duodezime (Oktave + Quinte): als quergelagertes Rechteck im Verhältnis von Gesamtlänge zu Gesamthöhe (144:48 = 3:1) und als hochstehendes Rechteck im Verhältnis von Pfeilerbreite zu Kämpferhöhe (6:18 = 1:3).

132 Eine unmittelbare Übertragung der von Alberti zur Dimensionierung von Innenräumen genannten Zahlen (vgl. Anm. IV 122) in musikalische Akkorde, wie dies z. B. Kiene 1950, 13 ff. versucht, ist aus den genannten Gründen als methodisch falsch abzulehnen; vgl. Wittkower 1969, 94 f.; das heißt aber keineswegs, daß eine – in ihrer psychophysischen Bedeutung noch zu wenig erforschte – Analogie zwischen optischen und akustischen Sinnesreizen geleugnet werden soll; vgl. dazu T. Fischer 1938.

133 Vgl. Anm. II 116.

134 Zu diesem Brief, den Alberti im November 1454 aus Rom an Matteo de Pasti in Rimini schrieb, siehe Cecil Grayson, *Alberti and the Tempio Malatestiano – an autograph letter from L. B. Alberti to Matteo de Pasti*, New York 1957.

135 Eine im Prinzip richtige Proportionsanalyse, die allerdings wegen der Verwendung ungeeigneten Planmaterials zu teilweise fehlerhaften Ergebnissen kommt, wurde zuerst von Soergel 1958, 8 ff. vorgenommen. Siehe dazu und zum folgenden Naredi-Rainer 1977/1, 103 ff.; ib. 186 f., Anm. 142 wird auch Stellung genommen zu den m. E. verfehlten Versuchen, am Tempio Malatestiano die Anwendung des Goldenen Schnittes oder der Quadratur nachzuweisen. Zu im wesentlichen gleichen Ergebnissen kommen Petrini 1977, 44 ff.; id. 1981 sowie – aufgrund photogrammetrischer Aufmessungen – Tavernor 1994.

136 Petrini 1977, 72 und 1981, 46 vermutet den florentinischen braccio à 58.3 cm als Maßeinheit, räumt allerdings ein, daß die Differenz zwischen einem braccio und zwei römischen Fuß à 29.6 cm nur wenige Millimeter betrage. Meine Annahme, daß der römische Fuß das Werkmaß des Tempio Malatestiano darstellt, stützt sich nicht nur auf die Tatsache, daß Alberti von Rom aus den Bau leitete (vgl. Anm. IV 134), sondern vor allem auch auf die Zahlenstruktur der Fassade (Kapitel II/2). – Die den Bauaufnahmen von Fritz Seitz (*S. Francesco in Rimini*, in: Zeitschrift für Bauwesen 43/1893, 7–16, 205–220) entnommenen und durch eigene Messungen überprüften und ergänzten Maße sind aufgelistet bei Naredi-Rainer 1977/1, 170.

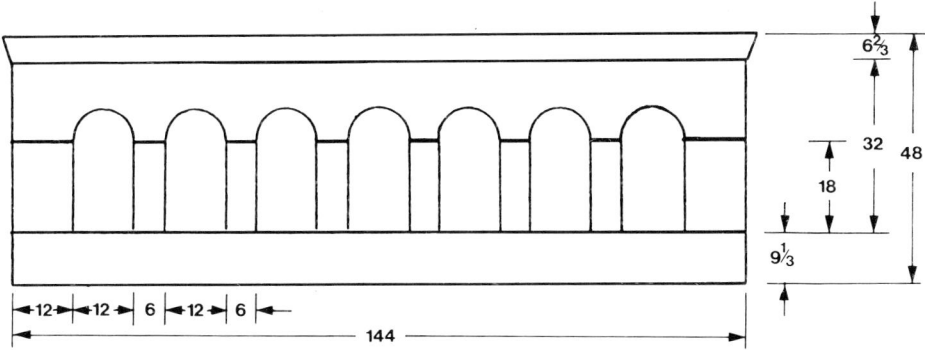

68 *Tempio Malatestiano in Rimini, Proportionsschema der Seitenfront; Maßangaben in römischen Fuß à 29.6 cm*

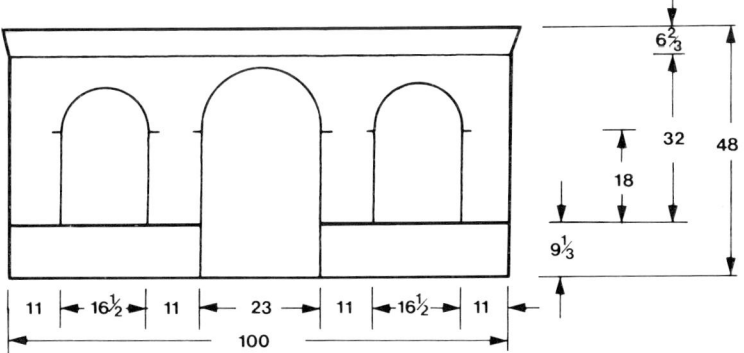

69 *Tempio Malatestiano in Rimini, Proportionsschema der Fassade; Maßangaben in römischen Fuß à 29.6 cm*

Etwas reicher ist die Proportionierung der durch Säulen und eine große Portalarkade ausgezeichneten Fassade (Abb. 69; vgl. Abb. 27). Während die Höhenmaße denen der Seitenfronten gleichen, sind die Breitenmaße der Pfeiler kleiner (11'), die der (seitlichen) Arkaden größer (16½'). Die Breite von 4 Pfeilern, 2 Seitenarkaden und der 23' messenden Portalarkade ergibt eine Fassadenbreite von 100'. Wie schon erläutert wurde, erreichte ALBERTI dieses wegen seines zahlensymbolischen Gehaltes bedeutsame Maß von 100' vermutlich dadurch, daß er die Breite der Portalarkade von 22' auf 23' vergrößerte[137]. Eine ursprünglich geplante Breite der Portal-

---

137 Vgl. Kap. II/2, bes. Anm. II 185 und 187; In einem nur scheinbar minuziös gezeichneten Fassadenplan bei Franco Borsi (*Leon Battista Alberti*, Mailand 1975, 139, fig. 141) wird diese Abweichung großzügig übergangen; vgl. dazu die Kritik von Naredi-Rainer 1977/2, 179.

arkade von 22' vorausgesetzt, lautete der horizontale Rhythmus der Fassade 2:3:2:4:2:3:2. Darin sind die musikalischen Verhältnisse der Oktave (4:2 = 2:1 = 22:11 = Portalarkade:Pfeiler), der Quinte (3:2 = 16½:11 = Seitenarkade:Pfeiler) und der Quarte (4:3 = 22:16½ = Portalarkade: Seitenarkade) enthalten.

Wenige Jahre nach dem TEMPIO MALATESTIANO entwarf ALBERTI die Fassade des PALAZZO RUCELLAI IN FLORENZ (Abb. 70)[138], die wahrscheinlich ab 1455 errichtet wurde[139]. Im Gegensatz zu den betont einfachen Proportionen des TEMPIO MALATESTIANO, die im wesentlichen auf den Zahlenverhältnissen von Oktave und Quinte beruhen, hat ALBERTI an der Fassade des PALAZZO RUCELLAI alle übrigen Intervall-Verhältnisse zu einem kunstvollen Proportionsgefüge verknüpft. Der Kontrast zwischen den elementaren Proportionen des TEMPIO MALATESTIANO und den höchst differenzierten der RUCELLAI-Fassade scheint die Vielfalt der in musikalischen Zahlenverhältnissen gegebenen Proportionierungsmöglichkeiten geradezu programmatisch vorzustellen.

Die dreigeschossige, durch Pilaster und Gesimse gegliederte Fassade des PALAZZO RUCELLAI ist heute 7 Achsen breit, war aber ursprünglich wohl auf eine Breite von 5 Achsen konzipiert (Abb. 71)[140]. Die Maßeinheit, der florentinische braccio à 58.3 cm[141], wird sichtbar in der Breite

---

138 Siehe dazu Piero Sanpaolesi, *Precisazioni sul Palazzo Rucellai,* in: Palladio 13/1963, 61–66; Dezzi-Bardeschi 1966 (zit. Anm. II 118); Hellmut Lorenz, *Studien zum architektonischen und architektur-theoretischen Werk L. B. Albertis,* Diss. Wien 1971 (masch.schr.), 51–66; Brenda Preyer, *The Rucellai Palace,* in: Giovanni Rucellai ed il suo Zibaldone II – A Florentian Patrician and his Palace, London 1981, 155–228, zur Fassade bes. 179 ff.; Piero Sanpaolesi, *L'architettura del Palazzo Rucellai,* ib. 229–240.

139 In der strittigen Frage der Datierung nimmt zuletzt Preyer (zit. Anm. IV 138) unter Heranziehung aller bekannten Fakten überzeugend eine Errichtung der Fassade zwischen 1455 und 1458 an. Sie bezieht auch entschieden Stellung gegen die These von Charles Randall Mack (*The Rucellai Palace: New Proposals,* in: The Art Bulletin 56/1974, 517–529), daß die Fassade des Palazzo Rucellai von Bernardo Rossellino nach 1461 entworfen sei, in Anlehnung an die Gestaltung des von ihm erbauten Palazzo Piccolomini in Pienza. Vielmehr bildete der Palazzo Rucellai das – mißverstandene – Vorbild für den Palazzo Piccolomini, an dessen Fassade sich aus der mittelalterlichen Bauhüttentradition stammende geometrische Proportionierungsmethoden finden (vgl. Naredi-Rainer 1994, 297). An Albertis Autorschaft der Rucellai-Fassade ist nicht zu zweifeln.

140 Sanpaolesi 1963 (zit. Anm. IV 138) kommt aufgrund von Beobachtungen an der Quaderstruktur zum Schluß, daß die Fassade ursprünglich nur fünfachsig geplant war. Preyer 1981 (zit. Anm. IV 138) ergänzt diese Beobachtungen und erhärtet sie durch Überlegungen zu den Besitzverhältnissen: auf dem Areal des heutigen Palazzo befanden sich ursprünglich 8 Häuser im Besitz verschiedener Mitglieder der Familie Rucellai, die erst schrittweise in der Hand des Bauherrn Giovanni di Paolo Rucellai vereinigt werden mußten, ehe die Errichtung der Fassade möglich wurde. Meine Untersuchungen der Proportionen der Palastfassade führten ebenfalls zum Ergebnis, daß die ursprüngliche Planung nur eine Fassadenbreite von 5 Achsen vorsah (Naredi-Rainer 1977/1, 110 ff.).

141 Die bei Naredi-Rainer 1977/1, 171 aufgelisteten Maße sind den Plänen bei Stegmann/Geymüller 1885 ff. (zit. Anm. III 188), III Bl. 1 entnommen, deren Exaktheit durch eigene Nachmessungen bestätigt werden konnte; vgl. auch Hecht 1978, 53; auf unzutreffenden Maßen basieren die – im Prinzip nicht ganz unrichtigen – Überlegungen von Hersey 1976, 173 ff. – Die Unterteilung des braccio in Fünftel entspricht seiner Zerlegung in 20 soldi – ⅘ br. sind demnach 16 soldi (vgl. Kap. III/2). Die in der Höhengliederung des obersten Geschosses auftretende Unterteilung in Fünfundzwanzigstel ist allerdings

70   *Fassade des Palazzo Rucellai in Florenz (Leon Battista Alberti, begonnen 1455)*

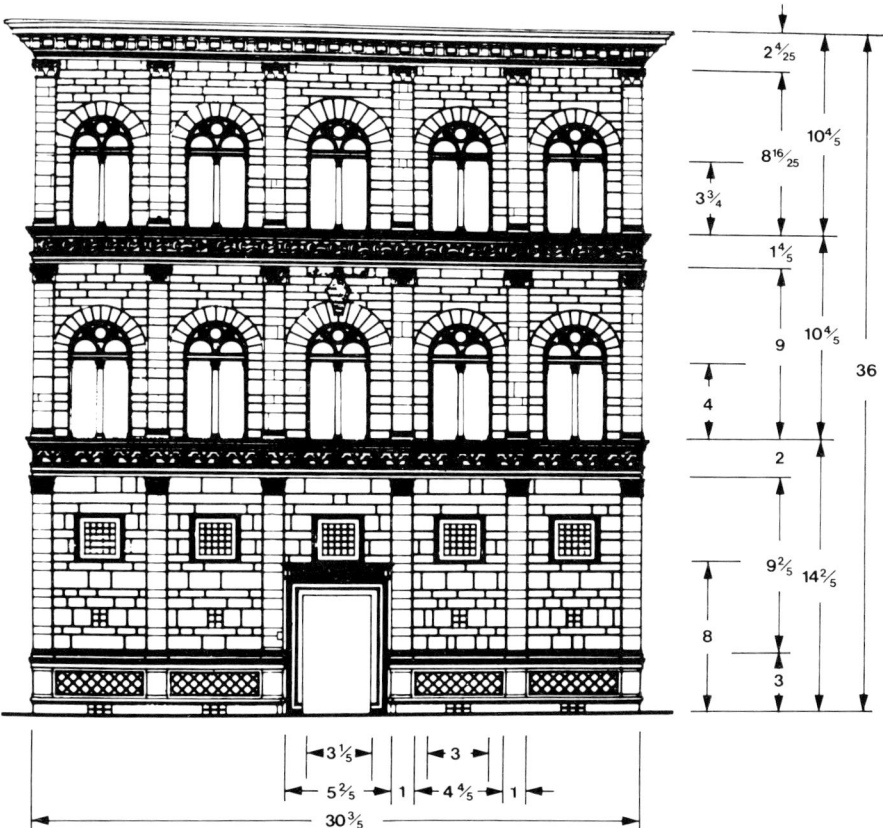

71 *Palazzo Rucellai in Florenz (vgl. Abb. 63), Rekonstruktion der Fassade mit 5 Achsen, nach Sanpaolesi, Maßangaben in florentinischen bracci à 58.3 cm*

der fein gezeichneten Pilaster, die zusammen mit den Gesimsbändern die Wandfläche in eine rasterhafte Ordnung gliedern und die dadurch entstehenden 'Schauflächen'[142] rahmen. Dieser Raster (vgl. Kapitel III/3) ist hier aber keineswegs ein gleichförmiges Maschennetz, sondern wird durch die Variierung der Geschoßhöhen und der Achsenbreiten subtil differenziert: die durch das Portal akzentuierte mittlere Achse ist gegenüber den übrigen Achsen im Verhältnis eines Ganztones verbreitert (5²/₅:4⁴/₅ = 9:8). Zieht man das Maß dieser Verbreiterung, ³/₅ br., von der Gesamtbreite (30³/₅ br.) ab, erhält man das runde Maß[143] von 30 br., das zur Gesamthöhe im Verhältnis einer kleinen Terz steht (36:30 = 6:5). Das Komplementärintervall zur kleinen Terz, der Proportion der Fassadenfläche insgesamt, ist die große Sexte. Sie bestimmt die

72 *Palazzo Rucellai in Florenz, Fassadenausschnitt,*
Proportionsschema der von Pilastern und Ge-
simsen gerahmten 'Schauflächen'

73 *Palazzo Rucellai in Florenz, Fassadenausschnitt,*
Proportionsschema der Fensteröffnungen

nur aus der Proportionsberechnung zu erklären und dürfte in der Bauausführung durch Annähe-
rungswerte in soldi ersetzt worden sein (z. B. $4/25$ br. = 0.16 br.; 3 soldi = $3/20$ br. = 0.15 br.; Differenz =
0.5 cm); vgl. Naredi-Rainer 1977/1, 189, Anm. 181.

142 Den Terminus 'Schaufläche' verwendet Hans Kauffmann, der in einer der italienischen Quattro-
centoarchitektur gewidmeten Studie (*Über 'rinascere', 'Rinascità' und einige Stilmerkmale der Quat-
trocentobaukunst,* in: Concordia decennalis, Festschrift der Universität Köln zum 10jährigen Bestehen des Deutsch-Italienischen Kulturinstituts Petrarcahaus 1941, Köln 1941, 123–146) u. a. auch eine
treffende Beschreibung (ib. 127 ff.) der Fassade des Palazzo Rucellai gibt. Er schreibt u. a.: »... tektonische Formen sehen wir in umrahmende Einfassungen umgedeutet ...«; »Sie (die Pilaster) haben
nicht so sehr zu stützen als vielmehr zu rahmen, jedes Pilasterpaar begrenzt ein in sich symmetri-
sches Feld.«

143 Vgl. Anm. II 182.

Proportion der zentralen, mit einem Wappenschild ausgezeichneten Schaufläche im 1. Obergeschoß, dem Piano Nobile (9:5²/₅ = 5:3). Die Schauflächen der übrigen Achsen sind im 1. Obergeschoß nach dem Verhältnis der großen Septime, im 2. Obergeschoß nach dem der kleinen
Septime proportioniert, während die Schaufläche der mittleren Achse im 2. Obergeschoß das
Verhältnis einer kleinen Sexte darstellt (Abb. 72)[144], das in einer quasi spiegelbildlichen Entsprechung auch aus dem Verhältnis von Portalhöhe zu Portalbreite (einschließlich Gewände) gebildet wird. Die Hochrechtecke der Fensteröffnungen wiederholen die Form der Schauflächen; sie
ergeben die Verhältnisse von Quarte und großer Terz (Abb. 73)[145].

Sext- und vor allem Terz-Verhältnisse bestimmen schließlich auch die vielfältigen Beziehun-
gen der Vertikalmaße untereinander und zum Ganzen: die Proportionen der Pilaster- zu den
Gesimshöhen, des Erdgeschosses zu den Obergeschossen und der einzelnen Geschosse zur
Gesamthöhe[146].

Bemerkenswert an der Proportionierung dieser Fassade ist nicht nur die nahezu ausschließ-
liche Verwendung solcher musikalischen Verhältnisse, die nach PYTHAGORÄISCHER Lehre als un-
kanonisch gelten, sondern auch das Verfahren, die subtile Variierung vor allem der Schau-
flächen-Proportionen durch »Sprengung« der in der Fassadenfläche gegebenen Grundpropor-
tionen zu erreichen.

Gegenüber einem derart souveränen und differenzierten Umgang mit Proportionen wirkt
die Maßgebung der PORTE ST-DENIS IN PARIS (Abb. 74), mit der FRANÇOIS BLONDEL mehr als zwei-

144 1. Obergeschoß, mittl. Achse 9:5²/₅ = 5:3 (gr. Sexte)
     1. Obergeschoß, norm. Achse 9:4⁴/₅ = 15:8 (gr. Sept.)
     2. Obergeschoß, mittl. Achse 8¹⁶/₂₅:5²/₅ = 8:5 (kl. Sexte)
     2. Obergeschoß, norm. Achse 8¹⁶/₂₅:4⁴/₅ = 9:5 (kl. Septime)
     Petrini 1977, 80ff. kommt in seiner Analyse des Palazzo Rucellai, der ich in einigen Details nicht
     zustimmen kann, im wesentlichen zu denselben Ergebnissen, insbesondere bei der Proportionierung
     der Schauflächen (ib. 85).
145 Portalhöhe (mit Verdachung):Portalbreite (einschl. Gewände) = 8:5 (kl. Sexte)
     Fensteröffnungen (bis Querbalken):
     1. Obergeschoß, mittl. Achse 4:3¹/₅ = 5:4 (gr. Terz)
     1. Obergeschoß, norm. Achse 4:3 (Quarte)
     2. Obergeschoß, mittl. Achse 3³/₄:3¹/₅ (kein musikalisches Verhältnis)
     2. Obergeschoß, norm. Achse 3³/₄:3 = 5:4 (gr. Terz)
146 1. Obergeschoß, Pilasterhöhe : Gesimshöhe = 9:1⁴/₅ = 5:1 (2 Oktaven + gr. Terz)
     2. Obergeschoß, Pilasterhöhe : Gesimshöhe = 8¹⁶/₂₅:2⁴/₂₅ = 4:1 (2 Oktaven)
     1. Obergeschoß, Gesamthöhe : Pilasterhöhe = 10⁴/₅:9 = 6:5 (kl. Terz)
     2. Obergeschoß, Gesamthöhe : Pilasterhöhe = 10⁴/₅:8¹⁶/₂₅ = 5:4 (gr. Terz)
     1. Obergeschoß, Gesamthöhe : Gesimshöhe = 10⁴/₅:1⁴/₅ = 6:1 (2 Oktaven + Quinte)
     2. Obergeschoß, Gesamthöhe : Gesimshöhe = 10⁴/₅:2⁴/₂₅ = 5:1 (2 Oktaven + gr. Terz)
     Erdgeschoß: (1./2.) Obergeschoß = 14²/₅:10⁴/₅ = 4:3 (Quarte)
     Gesamthöhe: Erdgeschoß   = 36:14²/₅ = 5:2 (Oktave + gr. Terz)
     Gesamthöhe: (1./2.) Obergeschoß = 36:10⁴/₅ = 10:3 (Oktave + gr. Sexte)

74   Porte St-Denis in Paris (François Blondel, 1671–73). Stich aus: Gabriel Perelle, *Les Delices de Paris et ses environs ou Recœuil de vues perspectives des plus beaux monuments de Paris, Paris um 1680*

hundert Jahre später ein Beispiel idealer Proportionierung geben wollte, dogmatisch starr. In seinem ›Cours d'architecture‹ hat BLONDEL die Maßverhältnisse des 1671–1673 in Form eines Triumphbogens erbauten Stadttores detailliert beschrieben[147]. Einheitsmaß ist ein Modul als $^{1}/_{24}$ der Seitenlänge eines Quadrates, das dem Bau (mit Ausnahme der Attika) umschrieben ist. Alle wichtigen Abmessungen sind einfache Unterteilungen der Quadratseite (Abb. 75): in der Breite in drei Teile, in der Höhe in zwei, wobei der untere Teil weiter halbiert, der obere gedrittelt wird. Die solcherart sich ergebenden Modulmaße 4, 6, 8, 12 und 24 stehen zueinander in den kanonischen Verhältnissen der Oktave, Quinte und Quarte (sowie deren Oktavpotenzierungen)[148].

An der PORTE ST-DENIS, deren Gestaltung auf praktische Anforderungen kaum Rücksicht zu nehmen brauchte und vornehmlich auf eine Verwirklichung strengster Proportionsgesetze

147   Blondel, *Cours d'architecture* (zit. Anm. I 120), 618 ff; siehe dazu Brinckmann 1915–16, 230 f.; Schädlich 1955; Brönner 1972, 95 ff.
148   Der Bau weicht allerdings in seiner tatsächlichen Gestalt von der Planung, wie sie Blondel beschreibt, in einigen Punkten ab; vgl. Brönner 1972, 104 f.

173

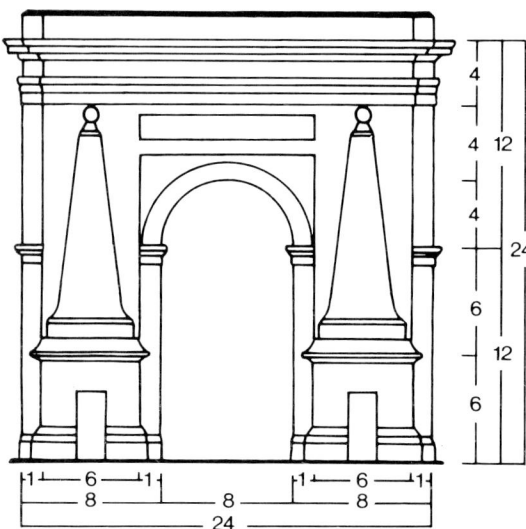

75 *Porte St-Denis in Paris, Proportions-schema, Maßangaben nach Blondel in Moduli*

zielte, werden alle Verhältnisse unmittelbar deutlich. Die Architekturglieder scheinen in eine modular gegliederte Fläche eingebunden, architektonische Zäsuren markieren konsequent die Modulteilung des umschriebenen Quadrates.

Daß die Proportionen einer Palastfassade wie der des PALAZZO RUCELLAI *in der Fläche* erfahrbar werden, bedarf keiner Erörterung. Bemerkenswert ist aber, daß hier Gebäudeachsen nicht von Pilastermitte zu Pilastermitte zu messen sind, wie es architektonisch-konstruktiver Vorstellung entspräche, sondern in lichten Weiten. Die Pilaster werden am PALAZZO RUCELLAI nicht so sehr als Träger der Gebälke, sondern eher als Rahmungen der zwischen ihnen liegenden, in ihrer Proportionierung selbstwertigen *Schauflächen* aufgefaßt. »Die Proportion ist wichtiger als die Funktion.«[149]

Demgegenüber regeln Proportionen an einer *körperhaft-plastischen Architektur* wie etwa dem griechischen Tempel nicht Flächenbeziehungen, sondern die *Stellung von Baugliedern zueinander.* Diesen Unterschied, der nicht in der Wahl der Proportionen, sondern in ihrer Anwendung liegt, mag ein kurzer Vergleich zwischen zwei Bauten des Quattrocento verdeutlichen: der von BRUNELLESCHI entworfenen, 1444 begonnenen Kirche S. SPIRITO IN FLORENZ und ALBERTIS letztem Werk, der nach seinem Tode 1472 begonnenen Kirche S. ANDREA IN MANTUA.

Der Grundriß von S. SPIRITO (Abb. 53) ist über einem Quadratraster entworfen (vgl. Kapitel III/3), Modul ist ein Quadrat von 5½ br. Seitenlänge[150], dem halben Abstand der Säulenachsen

---

149 Kauffmann 1941 (zit. Anm. IV 142), 128; id. ib. weist auch darauf hin, daß die Geschoßhöhen im Inneren nicht mit den Gebälkhöhen übereinstimmen.
150 Vgl. Anm. III 255; siehe dazu auch Beltrame 1972, 116ff.; Bartoli 1977.

(vgl. Abb. 34). Die wichtigsten Grundrißabmessungen (4, 12, 18, 24, 30 Modul) ergeben ebenso einfache musikalische Proportionen wie die Höhenabmessungen (Säulenhöhe = 3, Arkadenhöhe = 4 Modul usw.)[151]. Obwohl die klare modulare Gliederung durchaus spürbar ist, wird der *Quadratmodul* nicht unmittelbar evident, sondern *bleibt im Abstrakten verborgen*.

Sinnfällig verkörpert wird der *Modul* dagegen im Langhaus von s. ANDREA IN MANTUA (Abb. 76) durch die 3 bracci[152] breiten Riesenpilaster, die die Wände abwechselnd in 3 und 6 Modul breite Abschnitte unterteilen (Abb. 77). Die – wie in s. SPIRITO musikalischen – Proportionen dieser als 'rhythmische Travée' bezeichneten Wandgliederung[153], deren mehrschichtige Struktur hier außer acht bleiben soll[154], werden in den lichten Maßen der deutlich voneinander abgehobenen Wandabschnitte anschaulich vergegenwärtigt[155].

Das von einer mächtigen Tonne überwölbte Langhaus der Kirche s. ANDREA IN MANTUA[156] kann auch als Musterbeispiel klarer *Raumproportionierung* gelten. Seine Maße (Länge = 120 br., Breite = 40 br., Höhe = 60 br.)[157] stehen zueinander in den musikalischen Verhältnissen 6:3:2, wobei die Höhe das harmonische Mittel zwischen Länge und Breite bildet[158]; dies entspricht exakt ALBERTIS Vorschriften für die Proportionierung großer gewölbter Räume[159]. Nicht zuletzt in dieser Einfachheit und Folgerichtigkeit seiner Proportionen liegt der Charakter des

---

151 Vgl. die ausführliche Analyse bei Benevolo/Chieffi/Mezzetti 1968; im wesentlichen wiederholt bei Eugenio Battisti, *Filippo Brunelleschi*, Mailand 1976, 196 ff.; Sunderland 1974, 70 nimmt einen Fuß à 30.7 cm an, kommt aber davon abgesehen zu ähnlichen Ergebnissen.

152 Giovanni Cadioli, (*Descrizione delle pitture, sculture ed architetture, che si osservano nella Città di Mantova . . .*, Mantua 1763, reprogr. Nachdruck Bologna 1974, 48) überliefert u. a. die Langhausmaße von 120 × 40 bracci; demnach mißt der braccio 47 cm; vgl. die Auflistung der Maße bei Naredi-Rainer 1977/1, 177 f., die z. T. den Plänen von Ernst Ritscher (*Die Kirche von S. Andrea in Mantua,* in: Zeitschrift für Bauwesen 49/1899, Atlas Bl. 1–5) entnommen wurden.

153 Dieser Terminus wurde von Heinrich von Geymüller geprägt; vgl. Erich Hubala, *L. B. Albertis Langhaus von S. Andrea in Mantua,* in: Festschrift Kurt Badt zum 70. Geburtstag, Berlin 1961, 85, Anm. 4.

154 Siehe dazu Hubala 1961 (zit. Anm. IV 153), 83–120, bes. 102 ff.

155 Zur Maßanalyse des Langhauses (und der Fassade) von S. Andrea in Mantua siehe Naredi-Rainer 1977/1, 148 ff.; vgl. dort (und id. 1978, 144 f.) die Auseinandersetzung mit der Proportionstheorie von Sanpaolesi 1965 (wiederholt in id. 1977), der einen abstrakten Quadratmodul annimmt.

156 Das Langhaus und die Westfassade sind mit Sicherheit exakt nach Albertis Planung entstanden, während die wesentlich später errichteten Teile östlich des Langhauses nicht ohne weiteres auf Alberti zurückgeführt werden können. Hubala 1961 (zit. Anm. IV 153), bes. 91 ff., hat die Zweifel an einer Autorschaft Albertis für die Ostteile eingehend begründet; Eugene J. Johnson (*New information on the date of the Latin cross plan of Sant' Andrea in Mantua,* in: Atti del convegno di studi organizzato dalla Città di Mantova con la collaborazione dell' Accademia Virgiliana nel quinto centenario della basilica di Sant' Andrea e della morte dell' Alberti 1472–1972, Mantua 1974, 275–281; id., *S. Andrea in Mantua,* University Park/London 1975) vertritt dagegen die Auffassung, daß auch die Planung von Querschiff und Vierung in der heutigen Form auf Alberti zurückgehe.

157 Vgl. Naredi-Rainer 1977/1, 153 und 177.

158 Vgl. Anm. IV 126.

159 Vgl. Anm. IV 119.

76   S. Andrea in Mantua, Langhaus (Leon Battista Alberti, begonnen 1472)

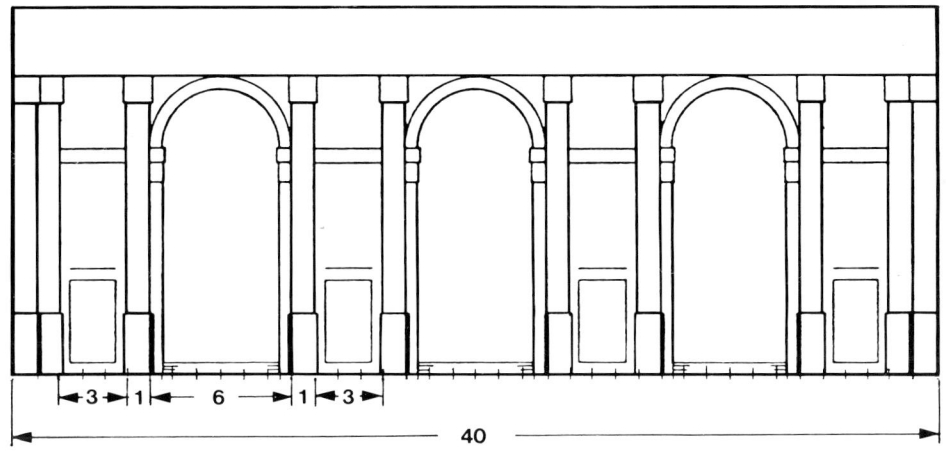

77 S. Andrea in Mantua, Langhaus. Schematische Darstellung der Wandgliederung, nach Hubala; Maßangaben in Moduli (1 Modul = 3 bracci à 47 cm)

Erhabenen begründet, der dem Langhaus von s. ANDREA IN MANTUA zu Recht nachgerühmt wird[160].

Harmonische Verhältnisse nicht nur innerhalb *eines Raumes* herzustellen, sondern auch in der *Beziehung mehrerer Räume oder Raumgruppen* zueinander, ist ein Hauptanliegen von ANDREA PALLADIO, mit dem er sich, zumal in seiner Villenarchitektur, immer wieder auseinandergesetzt hat[161]. Das 2. Buch seiner 1570 erschienenen ›Quattro libri dell' architettura‹, des bedeutendsten Architekturtraktates seit ALBERTI[162], enthält u. a. eine Reihe eigener Villenentwürfe, aus denen PALLADIOS Methode des Proportionierens deutlich abzulesen ist. Vor allem die vielfach variierte Organisation der Grundrisse zeigt PALLADIOS Fähigkeit, harmonischen Proportionen im Inneren und Äußeren eines Bauwerkes konsequent Geltung zu verschaffen. So beruht z. B. die Grundrißgliederung eines – nicht realisierten – Villenprojektes für den Grafen TORRE IN VERONA (Abb. 78)[163] im wesentlichen auf den Maßen von 15, 20, 36 und 40 Fuß. Auf den ersten Blick befremdet innerhalb dieser Abmessungen, die zueinander in ausschließlich

160 Vgl. Heiner Mühlmann, *Albertis St. Andrea-Kirche und das Erhabene,* in: Zeitschrift für Kunstgeschichte 32/1969, 153–157.
161 Siehe dazu James S. Ackerman, *Palladio's Villas,* New York 1967 und v. a. Wittkower 1969, 60 ff. Der ideologisch-einseitige Versuch von Reinhart Bentmann und Michael Müller (*Die Villa als Herrschaftsarchitektur,* Frankfurt 1970, bes. 29 ff.), Palladios Proportionierung nur als Ausdruck repressiver gesellschaftlicher Hierarchiestrukturen zu deuten, erfährt in der Rezension von Thomas Hoelscher (in: Zeitschrift für Ästhetik und allgemeine Kunstwissenschaft 19/1974, 102–119) eine glänzende Replik.
162 Palladio 1570; vgl. Forssman 1965, bes. 130 ff.; Germann 1980, 128 ff.
163 Palladio 1570, II 76; siehe dazu Lionello Puppi, *Andrea Palladio – Das Gesamtwerk,* Bd. 2, Stuttgart 1977, 339 f., Kat.-Nr. 72.

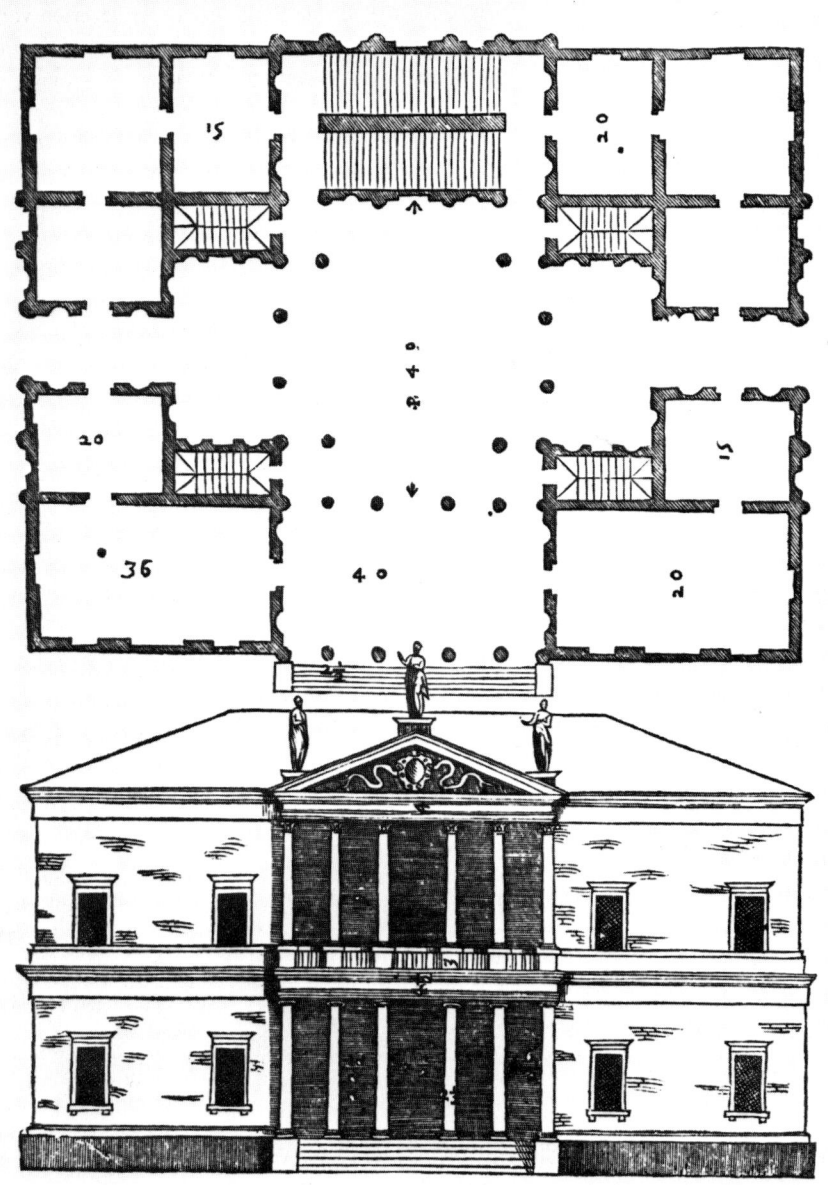

78   Andrea Palladio: Projekt einer Villa für den Grafen Torre in Verona, Grundriß und Aufriß

musikalischen Verhältnissen stehen, das Maß von 36 Fuß, die Breite der quergelagerten vorderen Räume. Man würde bei der offensichtlichen Drittelung der Gebäudebreite ein Maß von 40 Fuß erwarten, analog der Portikusbreite. Gerade aber um diese gleichmäßige Dreiteilung in der Fassadenansicht exakt einzuhalten, verringert PALLADIO die Innenmaße der quergelagerten Räume um jeweils 2 Mauerstärken von 40 auf 36 Fuß – d. h. er reduziert im Grundriß dieser Räume das Oktav-Verhältnis 40:20 zum Septimen-Verhältnis 36:20. Dadurch erreicht er, daß in der Außenansicht die seitlichen Wandabschnitte die gleiche Breite erhalten wie der Portikus[164].

Das Veranschaulichen einfachster Proportionen am Außenbau und das sorgfältige Bemühen, auch die dafür notwendigen Differenzierungen im Inneren streng im Rahmen musikalischer Zahlenverhältnisse vorzunehmen, sind bezeichnend für PALLADIOS Streben nach vollkommener Harmonie[165]. Es ist diese Klarheit der Proportionen, die Vergleichbarkeit der Maße, die RUDOLF WITTKOWER (1901–1973), dem wir die grundlegende Darstellung dieses Problems verdanken[166], als »das Herzstück der Renaissance-Ästhetik« bezeichnet hat[167].

Daraus darf freilich nicht gefolgert werden, daß die Verwendung kommensurabler Maßverhältnisse ausschließlich auf die Architektur der Renaissance und allenfalls der Antike beschränkt geblieben wäre[168]. Man erinnere sich etwa der – mutatis mutandis – einfachen Zahlenverhältnisse von ST. MICHAEL IN HILDESHEIM (Kapitel II/2)[169]. Selbst die Barockarchitektur bietet

164 Naredi-Rainer 1978, 150f.
165 Proportionsuntersuchungen an anderen Bauten (Moritsch 1988) und speziell Villen Palladios zeitigten ähnliche Ergebnisse; siehe z. B. die Studie von Bonhôte 1971 über die Villa Rotonda in Vicenza; in ihrer statistischen Untersuchung aller Pläne in Palladios Buch II der 'Quattro Libri' kommen Howard/Longair 1982 zum Ergebnis, daß zwar nicht alle, aber doch die Mehrzahl seiner Villen ganz oder zumindest teilweise nach musikalischen Proportionen gestaltet sind. Zusammenhänge zwischen der Struktur der von Palladio verwendeten musikalischen Proportionen und rhetorischen Figuren werden von Battisti 1973 konstatiert; vgl. dazu auch Streitz 1973; – eine kritische Würdigung der Proportionsuntersuchungen zu Palladios Villenarchitektur unternimmt Bender 1984; vgl. auch Feinstein 1988.
166 Wittkower 1953, 1955, 1960 und vor allem 1969; die große Wirkung dieses Buches, die sich in der Übersetzung in mehrere Sprachen und zahlreichen Rezensionen (vgl. Bibliographie) erweist, erstreckt sich auch auf die Interpretation moderner Architektur (vgl. Millon 1972).
167 Wittkower 1969, 127; – ein interessantes Beispiel später Anwendung musikalischer Proportionen untersuchte Fellner 1992 an südamerikanischer Jesuitenarchitektur des 18. Jhdts.
168 Andererseits ist darauf hinzuweisen, daß trotz der zweifellos dominierenden Bedeutung kommensurabler Maßverhältnisse für die Architektur der Renaissance – nicht nur Alberti, Brunelleschi, Palladio, und, zumindest teilweise, auch Michelangelo (vgl. Pirina 1985) bedienten sich solcher Proportionen, sondern auch weniger bekannte Architekten: so ist z.B. die 1487 von Cronaca (eig. Simone del Pollaiuolo, 1451–1509) begonnene Kirche San Salvatore al Monte in Florenz, von Michelangelo »la bella villanella« genannt, konsequent nach musikalischen Zahlenverhältnissen gestaltet; siehe dazu Bartoli 1971/2 – in diesem »Zeitalter des Humanismus« (Wittkower) auch irrationale Proportionen verwendet wurden, die man ebenfalls unter Berufung auf antike Autoritäten zu legitimieren suchte; vgl. Scholfield 1958, 50ff.; Frommel 1961, 62ff. stellt z. B. an der 1508–11 von Baldassare Peruzzi (1481–1536) erbauten Farnesina in Rom irrationale Proportionen fest.
169 Nach einfachen ganzzahligen Verhältnissen sind z. B. auch die Grundrisse ravennatischer Basiliken proportioniert (Deichmann 1962); auf dem Zahlenverhältnis 3:4:6 war der Grundriß der (zerstörten) Kathedrale auf der Burg in Eger (Ungarn) aus dem 15. Jh. aufgebaut (Csemegi 1954, 22f.) etc.

Beispiele kommensurabler Proportionen: so gestaltet JOHANN BERNHARD FISCHER VON ERLACH (1656–1723) – das sei hier nur angedeutet[170] – den Prunksaal der ehemaligen HOFBIBLIOTHEK IN WIEN (Abb. 79)[171] nach einfachsten Zahlenverhältnissen (Länge = 240, Breite = 45, Tonnenhöhe = 60, Kuppelhöhe = 90 Schuh usw.), die in ihrer Klarheit an diejenigen des Langhauses von S. ANDREA IN MANTUA (Abb. 76) erinnern, obwohl dessen düstere Erhabenheit ansonsten kaum in Verbindung mit der barocken Festlichkeit des kaiserlichen Bibliothekssaales zu bringen ist. Aber gerade diese willkürliche Gegenüberstellung zeigt, daß *Proportionsgesetzlichkeiten a priori nicht an bestimmte Stilformen gebunden sind und ebensowenig bestimmte Gestaltungsweisen bedingen, umgekehrt aber jeder Form Klarheit und Prägnanz verleihen können* (vgl. Kapitel IV/1).

Diesen Sachverhalt, der nicht genug betont werden kann, mag eine weitere Gegenüberstellung zweier Bauwerke unterschiedlichster Stilrichtung unterstreichen: PALLADIOS VILLA FOSCARI ALLA MALCONTENTA, ab 1560 in GAMBARARE DI MIRA AN DER BRENTA errichtet (Abb. 80)[172], und LE CORBUSIERS HAUS STEIN IN GARCHES aus dem Jahre 1927 (Abb. 82–84)[173] sind nach einfachsten Zahlenverhältnissen aus einem verblüffend ähnlichen Grundschema entwickelt[174]. Nach den elementaren musikalischen Zahlenverhältnissen der Quinte, Quarte und Oktave ist der Grundriß der VILLA MALCONTENTA (Abb. 81) auf den Fuß-Maßen[175] 12, 16, 24 und 32 aufgebaut (für die Differenzierung einiger Abmessungen gilt das zur VILLA TORRE Gesagte)[176].

Zurückzuführen ist die Struktur dieses Grundrisses auf einen Modul-Raster (1 Modul = 8 Fuß), der sich in den Rhythmus 2 + 1 + 2 + 1 + 2 (in der Breite) bzw. 1½ + 2 + 2 + 1½ (in der

---

170 Wie Fischer von Erlach neben einfachen Zahlenverhältnissen auch elementare geometrische Figuren zur Proportionierung seiner Bauten verwendet, legt Fuhrmann 1983 am Beispiel der Kollegienkirche in Salzburg dar.

171 Vgl. Walther Buchowiecki, *Der Barockbau der ehemaligen Hofbibliothek in Wien, ein Werk J. B. Fischers von Erlach,* Wien 1957 (= Mouseion, Veröffentlichungen der österreichischen Nationalbibliothek in Wien, NF II/1); Hans Sedlmayr, *Johann Bernhard Fischer von Erlach,* 2. Aufl. Wien 1976, 189 ff.

172 Palladio 1570, II 50; siehe dazu Ackerman 1967 (zit. Anm. IV 161), 53 ff.; Puppi 1977 (zit. Anm. IV 163), II 328 ff., Kat.-Nr. 65; Forssman 1973.

173 Siehe dazu Le Corbusier et Pierre Jeanneret, *Oeuvre complète de 1910–1929,* ed. W. Boesiger/ O. Stonorov, 5. Aufl. Zürich 1948, 140–149.

174 Rowe 1947; vgl. Paul 1971.

175 Palladio verwendet meist den vicentinischen Fuß à 34.7 cm, so auch hier. Forssman 1973 hat der Villa Malcontenta eine Monographie gewidmet, die auch eine Gegenüberstellung der von Palladio in den *Quattro libri* angegebenen (vgl. Anm. IV 172) mit den tatsächlich ausgeführten Maßen enthält (ib. 34). Dabei erweist sich, daß Palladios Planung bis auf wenige Ausnahmen – nach Junecke 1987 mit Hilfe der aus pythagoräischen Dreiecken bestehenden »Meßfigur« (vgl. Anm. IV 239) – sehr genau realisiert wurde. Aufschlußreich ist ferner die – in den *Quattro libri* nicht angegebene – unterschiedliche Bemessung der Raumhöhen, die in der Regel ebenfalls musikalischen Zahlengesetzen entspricht: so ist die Höhe der vorderen Räume, 20', das arithmetische Mittel zwischen ihren Grundrißmaßen 16' × 24', d. h. die Quinte 24:16 wird durch die Höhe 20 (das arithmetische Mittel) in die kleine Terz 24:20 und die große Terz 20:16 geteilt.

176 Beispielsweise ist die Breite des kleinen, symmetrisch zur Treppe gelegenen Raumes von 8' auf 7' reduziert, um die im folgenden besprochene rhythmische Breitengliederung 2 – 1 – 2 – 1 – 2 nicht zu stören.

79 *Prunksaal der ehemaligen Hofbibliothek (heute Nationalbibliothek) in Wien (errichtet von Josef Emanuel Fischer von Erlach 1723–26 nach Plänen seines Vaters Josef Bernhard Fischer von Erlach)*

80 *Villa Foscari alla Malcontenta in Gambarare di Mira, Gartenseite (Andrea Palladio, 1560)*

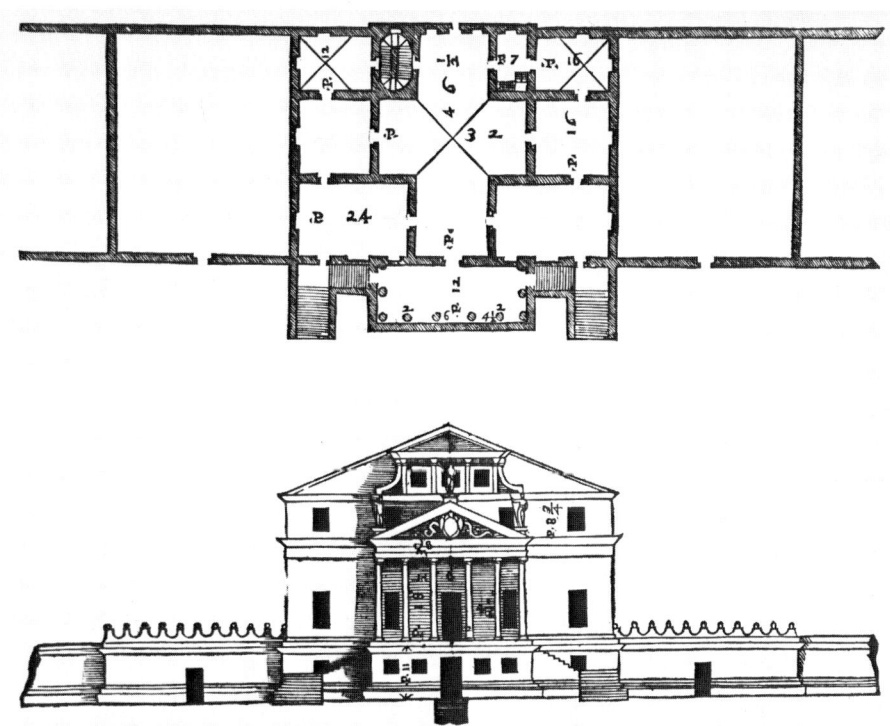

81   Andrea Palladio: Villa Foscari alla Malcontenta (1560), Grundriß und Aufriß; Maßangaben in vicentinischen Fuß à 34.7 cm

Tiefe) gliedert (Abb. 85 links)[177]. Obwohl LE CORBUSIERS asymmetrischer Villengrundriß
(Abb. 83) prima vista kaum mit der symmetrisch-strengen Raumaufteilung PALLADIOS vergleichbar scheint, liegt ihm doch ein nahezu identischer Raster zugrunde: 2 + 1 + 2 + 1 + 2 (in der
Breite), 1½ + ½ + 1½ + 1 + 1½ + ½ (in der Tiefe) (Abb. 85 rechts). Während aber die symmetrische
Rastergliederung im symmetrischen Erscheinungsbild der PALLADIANISCHEN Villa ihre Entsprechung findet, betont LE CORBUSIER die asymmetrische Gestalt seines Hauses, indem er architektonische Zäsuren so setzt, daß die Fassade im Verhältnis 3:5 geteilt wird. Das Zahlenverhältnis
3:5 ist bei LE CORBUSIER kaum als musikalisches (große Sexte) zu verstehen. Vielmehr muß man
die Zahlen 3 und 5 hier als Glieder einer Zahlenfolge auffassen, deren aus den jeweils benachbarten Zahlen gebildete Quotienten sich mit wachsender Genauigkeit jenem irrationalen Ver-

177   Wittkower 1969, 62 hat elf Villengrundrisse Palladios auf ihr 'geometrisches Skelett', ein immer neu
      variiertes Rasterschema, zurückgeführt; siehe dazu zuletzt Richard Freedman, *A Computer Recreation
      of Palladian Villa Plans,* in: architectura 17/1987, 58–66.

82 Villa Stein in Garches, Gartenseite (Le Corbusier, 1927)

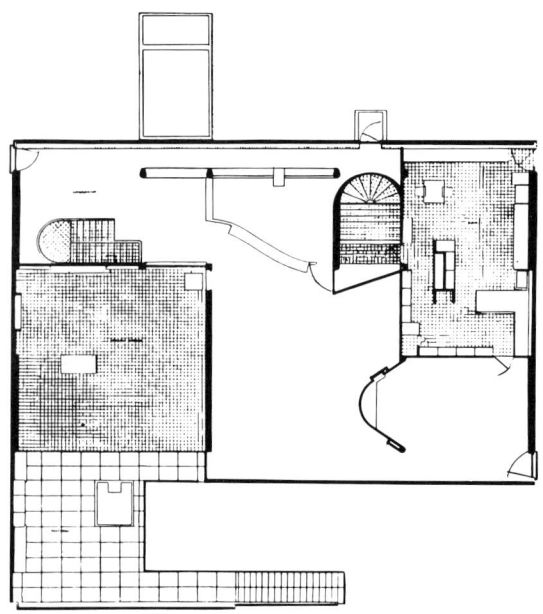

83 Le Corbusier: Villa Stein in Garches
(1927), Grundriß der 1. Etage

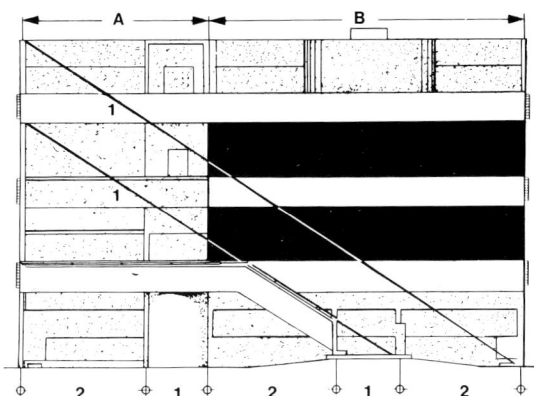

84 *Le Corbusier: Villa Stein in Garches*
    (1927), Aufriß der Gartenfassade

hältnis annähern, das LE CORBUSIER seinem *Modulor* (vgl. Kapitel III/1) zugrundegelegt hat: dem sog. *'Goldenen Schnitt'*[178].

Dieses wahrscheinlich schon PLATON bekannte[179] und von EUKLID beschriebene[180] Teilungsverhältnis teilt eine *gegebene Strecke in zwei ungleiche Abschnitte, deren kleinerer sich zum größeren verhält wie dieser zur ganzen Strecke,* formelhaft ausgedrückt *a:b = b:(a + b).* In rationalen Zahlen ist diese in beide Richtungen sukzessiv fortsetzbare Teilung, deren geometrische Konstruktion vorerst ausgeklammert bleiben soll, *nicht* auszudrücken: setzt man in der angegebenen, beliebig zu erweiternden Formel[181] b = 1, erhält man die geometrische Reihe[182] 0.618. . ., 1, 1.618. . ., 2.618. . ., 4.236. . . etc., in der jede Zahl zur nächsthöheren den Quotienten $\dfrac{\sqrt{5}-1}{2}$ (= 0.618. . .), zur nächstniedrigeren den Quotienten $\dfrac{\sqrt{5}+1}{2}$ (= 1.618. . .) ergibt.

178 Siehe dazu Pfeifer 1885; Timerding 1919; Baravalle 1950; Schenck 1959; Huntley 1970, 23 ff.; Hagenmaier 1977; Beutelspacher/Petri 1989; Walser 1993. – Obwohl sich Le Corbusier schon lange vor der Entwicklung des Modulor mit dem Goldenen Schnitt beschäftigt hat (vgl. Fischler 1979), hat er dieses Proportionsprinzip dem Entwurf der Villa Stein offenbar zunächst nicht bewußt zugrundegelegt, sondern – wie Herz-Fischler 1984 nachweisen konnte – erst nachträglich entsprechende Proportionsskizzen angefertigt.

179 Burkert 1962, 429.

180 Euklid, *Elemente* II § 11 (1883–88, I 152 ff.; 1969, 41 f.); XIII §§ 1–5 (1883–86, IV 248 ff.; 1969, 386 ff.); vgl. dazu Cantor 1907, I 178 f. und 240 f.

181 Erweiterung einer im Goldenen Schnitt geteilten Strecke (b > a): a:b=b:(a+b)=(a+b):b+(a+b). . .; Verjüngung einer im Goldenen Schnitt geteilten Strecke (b > a): (a+b):b=b:a=a:(b–a) etc.

182 Das Kennzeichen der geometrischen Reihe ist, daß der Quotient zweier aufeinanderfolgender Glieder konstant ist, d.h. jedes Glied das geometrische Mittel (vgl. Anm. IV 127) aus den beiden Nachbargliedern darstellt.
       Bei der arithmetischen Reihe, deren Glieder jeweils das arithmetische Mittel (vgl. Anm. IV 125) aus den beiden Nachbargliedern darstellen, ist die Differenz zweier aufeinanderfolgender Glieder konstant.

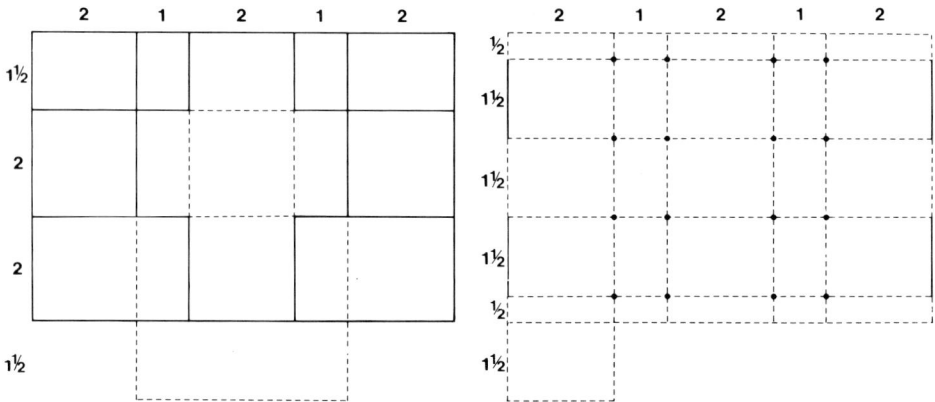

85 *Rasterschema der Grundrisse von Palladios Villa Malcontenta (links) und Le Corbusiers Villa Stein in Garches (rechts)*

Schon in der Antike wußte man, daß das Verhältnis 5:8 (= 0.625), das vom Wert 0.618... nur um 1.1% abweicht, an die *irrationale Proportion des Goldenen Schnittes eine Annäherungslösung in rationalen Zahlen* darstellt[183]. Zunehmend genauer nähern sich der irrationalen Zahl $\dfrac{\sqrt{5}-1}{2}$ die Quotienten aus den jeweils benachbarten Gliedern einer Zahlenfolge, der auch die Zahlen 5 und 8 angehören (Abb. 86). Diese Zahlenfolge soll der bedeutende mittelalterliche Mathematiker LEONARDO DA PISA (um 1180–1240) als Antwort auf die ihm angeblich von Kaiser FRIEDRICH II. (1194–1250) gestellte Frage gefunden haben, wieviele Kaninchenpaare während eines Jahres aus einem Paar entstehen, wenn jedes neue Paar ab dem 2. Monat nach seiner Geburt jeden Monat ein neues Paar zur Welt bringe. Die jeweiligen Zahlen der monatlich geborenen Kaninchenpaare ergeben die Zahlenfolge 1, 1, 2, 3, 5, 8, 13, 21, 34, 55, 89, 144 etc. *Jedes Glied dieser nach* LEONARDOS *Beinamen* 'FIBONACCI' (= filius Bonacci) *benannten Zahlenfolge*[184] *ist die Summe der*

183 Vgl. Siegfried Heller, *Die Entdeckung der stetigen Teilung durch die Pythagoreer*, Berlin 1958 (= Abhandlungen der deutschen Akademie der Wissenschaften zu Berlin, Klasse für Mathematik, Physik und Technik, Jg. 1958, Nr. 6); – zum Zusammenhang zwischen Goldenem Schnitt und musikalischen Proportionen (der Quotient des Goldenen Schnittes, 0.618..., liegt zwischen dem Quotienten von großer Sexte, 0.6, und kleiner Sexte, 0.625) siehe Bösenberg 1911; Kayser 1950, 112 und 304 sowie v. a. R. Haase 1968 und 1975; vgl. auch W. Hofmann 1973.

184 Diese auch unter dem Namen Lamé'sche Reihe (nach dem französischen Mathematiker Gabriel Lamé, 1795–1870) bekannte Zahlenfolge, die Leonardo da Pisa in seinem berühmten ›Liber abaci‹ (vgl. dazu Cantor 1913, II 3 ff.; Juschkewitsch 1964, 341 ff.) in die erwähnte Kaninchenaufgabe eingekleidet (vgl. Pfeifer 1886), war schon im alten China bekannt (vgl. Cantor 1913, II 26); zu den mathematischen Eigenschaften der Fibonacci-Folge siehe Huntley 1970, 46 ff. und 131 ff.; Worobjow 1971 sowie die seit 1963 in den USA von der 'Fibonacci Association' herausgegebene Zeitschrift *The Fibonacci Quarterly* (vgl. Basin 1963).

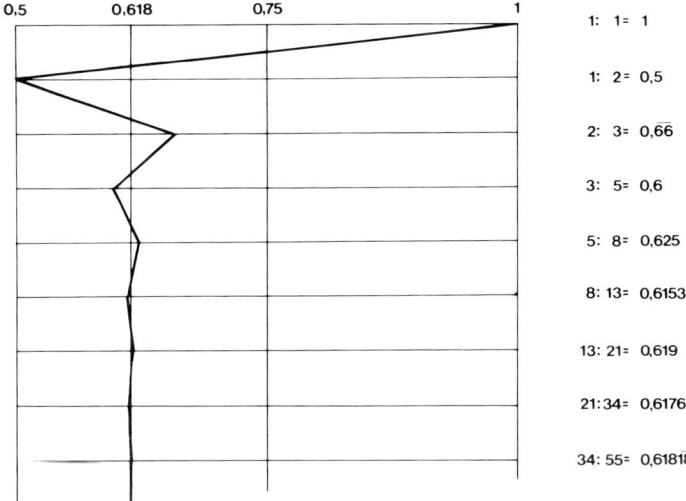

	0,5	0,618	0,75	1

1: 1 = 1

1: 2 = 0,5

2: 3 = 0,$\overline{66}$

3: 5 = 0,6

5: 8 = 0,625

8: 13 = 0,6153

13: 21 = 0,619

21: 34 = 0,6176

34: 55 = 0,61818

86 *Annäherung der aus den Fibonacci-Zahlen gebildeten Quotienten an das irrationale Verhältnis des Goldenen Schnittes*

beiden vorhergehenden Glieder, formalhaft ausgedrückt $a_{n+1} = a_n + a_{n-1}$, mit der Anfangsbedingung $a_1 = a_2 = 1$.

LE CORBUSIERS *blaue und rote Modulor-Reihen* (vgl. Kapitel III/1) *sind im Prinzip* FIBONACCI-*Folgen*, die allerdings nicht von den Gliedern 1, 1, 2, 3 etc. ihren Ausgang nehmen, sondern von den an durchschnittlichen Zentimeter-Abmessungen des menschlichen Körpers orientierten Zahlen 113 bzw. 183 *(rote Reihe)* und 226 *(blaue Reihe)* (Abb. 87)[185]. Konsequent nach dem *Modulor* bemessen hat LE CORBUSIER z. B. die 1947–52 erbaute UNITÉ D'HABITATION IN MARSEILLE (Abb. 88). Wie er selbst schreibt, stellen alle Maße dieses Wohngebäudes für 1600 Bewohner und 26 Gemeinschaftseinrichtungen Glieder der *roten und blauen Reihe* dar, angefangen von den Hauptdimensionen in Grund- und Aufriß bis hin zu den Abmessungen der Fassadendetails (Abb. 89) und auch der Wohnungseinrichtung (Abb. 90)[186]. Da die Maße aus beiden – jeweils nach dem FIBONACCI-Prinzip aufgebauten – Reihen beliebig entnommen werden können, ergeben sich bei der Anwendung des *Modulor* natürlich nicht nur Verhältnisse im *Goldenen Schnitt*.

185 Da Le Corbusier überdies manche Zahlen auf- oder abrundet (vgl. Anm. III 123, IV 186), ist die Gesetzlichkeit der Fibonacci-Folge mehrfach durchbrochen.
186 Le Corbusier 1978, I 134ff.; einige kleinere Maße hat Le Corbusier noch nicht – wie er es später in seiner Modulor-Tabelle tat – auf- bzw. abgerundet; zur 'Unité d'Habitation' siehe Le Corbusier, Œuvre complète 1946–1952, ed. W. Boesiger, Zürich 1953, 189–224; vgl. die Kritik von Geiger 1954, 524f.

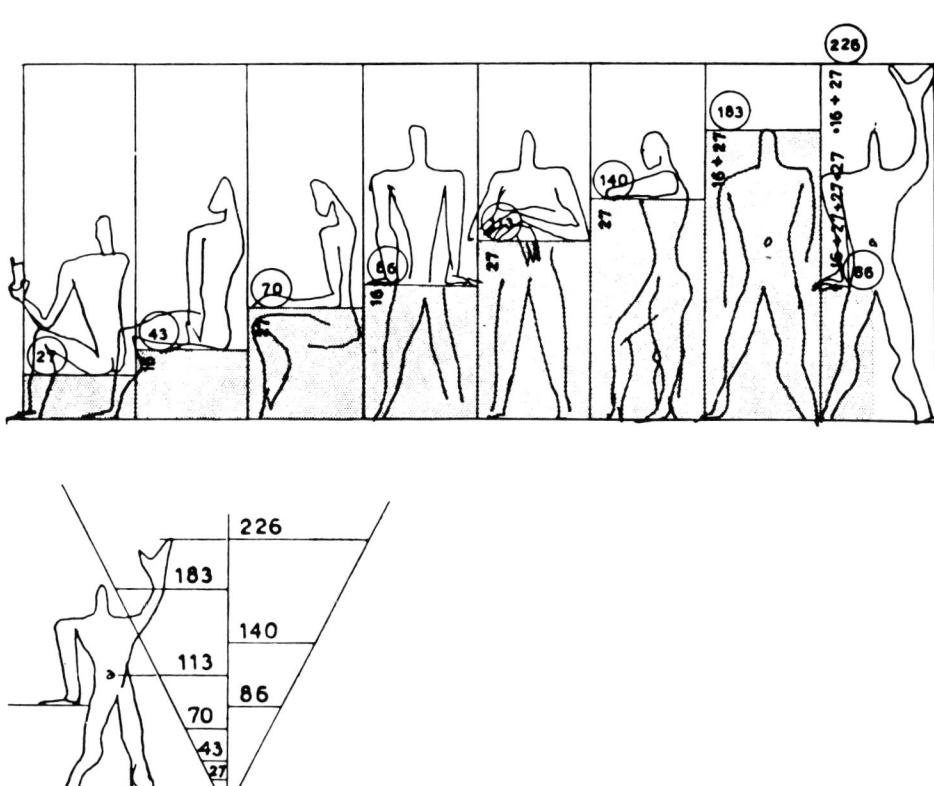

87   Le Corbusier: Modulor-Maße

Nicht erst bei LE CORBUSIER gelangt eine solche Zahlenfolge zu künstlerischer Verwendung. Schon in der höchst kunstvollen Zahlenstruktur der ABTEIKIRCHE VON CLUNY III (vgl. Kapitel II/2) spielen die Zahlen 13, 21, 34, 55, 89 eine gewisse Rolle[187]. Ein prominentes Beispiel für die Verwendung von FIBONACCI-Zahlen in der Architektur ist die FLORENTINER DOMKUPPEL (Abb. 91), deren Maße im Modell der 'otto maestri e dipintori' von 1367 festgelegt wurden und auch noch für BRUNELLESCHI verbindlich waren, obwohl er letztendlich im oberen Drittel der Kuppel von den ursprünglich vorgesehenen Größen abgewichen ist[188]. Die gesamte Innenhöhe der Kuppel sollte nach diesem Modell 144 bracci betragen, das Doppelte der Breite des acht-

187   Conant 1963, 7f.
188   Zum folgenden siehe W. Braunfels 1963–65; dort ist auch die umfangreiche Literatur zum Florentiner Dombau zitiert, soweit sie in diesem Zusammenhang relevant ist.

88   *Unité d'Habitation in Marseille (Le Corbusier, 1947–52)*

	Rote	Blaue
	\multicolumn{2}{c|}{Reihe}	
A	6,55	
B	16,55	
C		20,5
D		33
E	43	
F		53
G	70	
H		86
I	113	
J		226
K	296	
L		366
M	419 =	L+F

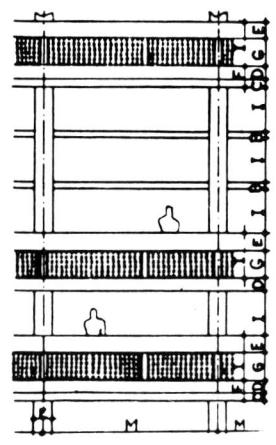

89 Le Corbusier: *Fassadendetail der Unité d'Habitation in Marseille (1947–52); Proportionierung nach dem Modulor*

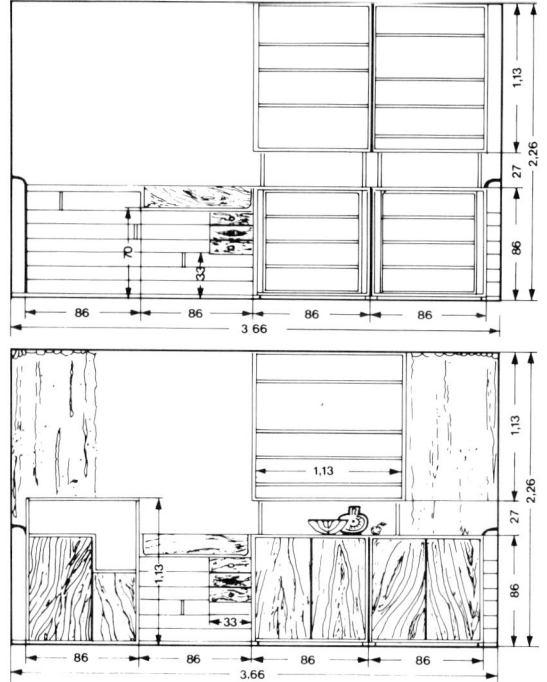

90 Le Corbusier: *Zwei Vorschläge für die Gestaltung einer Wohnungseinrichtung in der Unité d'Habitation in Marseille nach dem Modulor*

eckigen Kuppelraumes[189]. Davon entfielen je 72 br. auf die Arkaden- und die Kuppelhöhe (einschließlich Tambour) bzw. 55 br. auf die Kuppel (ohne Tambour) und folglich 89 br. auf die Höhe vom Boden bis zum Ansatz der Kuppelwölbung (Abb. 92)[190]. Während die Zahlen 144, 89 und 55 Glieder der FIBONACCI-Folge darstellen, sind die Zahlen 72 und 17 (das Maß der Tambour-Höhe) durch Halbierung der FIBONACCI-Zahlen 144 und 34 gewonnen.

Welch große Bedeutung man diesen Maßzahlen beigemessen hat, zeigt in frappanter Weise die für die Weihe des Domes am 25. März 1436 von GUILLAUME DUFAY (1400–1474) komponierte Festmotette ›Nuper rosarum flores‹: DUFAY, der bedeutendste Musiker seiner Zeit, nimmt im Aufbau dieser Motette vielfach Bezug auf die Architektur und spielt in der Anzahl der den einzelnen Stimmen zugeteilten Töne unverkennbar auf die FIBONACCI-Zahlen der Kuppel-Maße an[191].

GUSTAV THEODOR FECHNER (1801–1887), der Mitbegründer der experimentellen Psychologie, hat in dem bekannten und später mit verfeinerten Methoden mehrmals wiederholten Experiment festgestellt, daß unter zehn verschieden proportionierten Rechtecken das dem *Goldenen Schnitt* am meisten angenäherte mit dem Seitenverhältnis 21:34 von der Mehrzahl der Testpersonen als das wohlgefälligste empfunden wurde (Abb. 93)[192]. Daraus mag die oft sicherlich un-

---

189 Die Breite des Kuppelraumes (d. h. der Durchmesser des dem Achteck eingeschriebenen Kreises) ist identisch mit der ebenfalls 72 br. (à 58.4 cm) messenden Scheitelhöhe des Langhauses. Zu den Langhausproportionen des Florentiner Domes vgl. Gori-Montanelli 1968.

190 Die Zahlen 144 und 72 sind ausdrücklich in den Quellen überliefert (Cesare Guasti, *La Cupola di Santa Maria del Fiore*, Florenz 1857, Reprint Bologna 1974, 194, Doc. 178), die Zahl 55 ist aus dem Riß des Giovanni di Gherardo da Prato von 1426 (Howard Saalman, *Giovanni di Gherardo da Prato's Designs concerning the Cupola of Santa Maria del Fiore in Florence*, in: Journal of the Society of Architectural Historians 18.1/1959, 11–20) zu errechnen. Daraus ergibt sich auch die Tambourhöhe von 17 bzw. 89 br. (W. Braunfels 1963–65, 208); vgl. auch Howard Saalman, *Santa Maria del Fiore: 1294–1418*, in: The Art Bulletin 46/1964, 471–500, bes. 487ff.; id., *La Cupola of Santa Maria del Fiore*, London 1980, bes. 77ff.

191 Siehe dazu Dammann 1964; Croll 1968; Warren 1973; – Sandresky 1981 weist nach, daß Dufay den Goldenen Schnitt mehrfach als Gliederungsprinzip in seinen Kompositionen verwendet. Wie fast drei Jahrhunderte später der kaiserliche Hofkompositeur Johann Josef Fux (1660–1741) den Goldenen Schnitt in raffinierter Weise – z. T. auch unter Verwendung von Fibonacci-Zahlen – benutzt, legt Neuwirth 1979 am Beispiel des Te Deum K 270 überzeugend dar. – Auch in der mittelalterlichen Dichtung scheint der Goldene Schnitt vorzukommen; siehe dazu Eggers 1960; Langosch 1970, 117 und 121; – Rolf Linnenkamp (*Neues zu Michelangelos ›Ursünde und Vertreibung aus dem Paradies‹* in der Sixtina, in: Kunsthistorisches Jahrbuch Graz 15–16/1979–80, 117–133) macht geltend, daß Michelangelo die Fibonacci-Folge zur Festlegung markanter Punkte seiner Bildkomposition verwendet hat.

192 Fechner 1876, I 184ff., bes. 191ff.; Fechners Experiment aus dem Jahre 1876 wurde mehrfach wiederholt (von Witmar 1894, von Lalo 1908 und von Thorndike 1917), ohne daß sich die Ergebnisse wesentlich geändert hätten; vgl. Huntley 1970, 64; – Theis 1953 nimmt an, daß unser Wohlgefallen am Goldenen Schnitt auf dem Flächenverhältnis $\sqrt{e^n}:\sqrt{e^{n+1}}$ (e = Basis des natürlichen Logarithmus = 2.7182...) beruhe, d. h. auf dem Verhältnis 0.607....:1.00 (statt 0.618....:1.00).

91   Dom in Florenz (begonnen 1296)

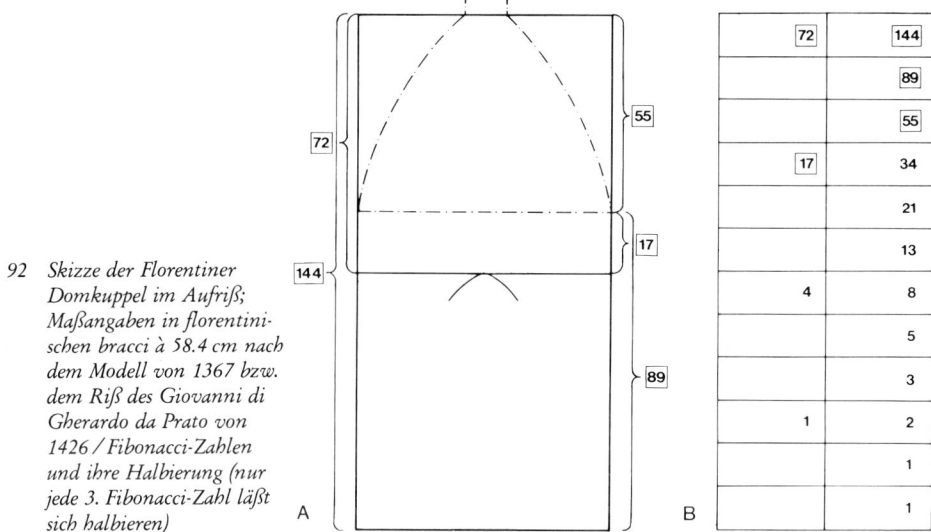

92 *Skizze der Florentiner Domkuppel im Aufriß; Maßangaben in florentinischen bracci à 58.4 cm nach dem Modell von 1367 bzw. dem Riß des Giovanni di Gherardo da Prato von 1426 / Fibonacci-Zahlen und ihre Halbierung (nur jede 3. Fibonacci-Zahl läßt sich halbieren)*

72	144
	89
	55
17	34
	21
	13
4	8
	5
	3
1	2
	1
	1

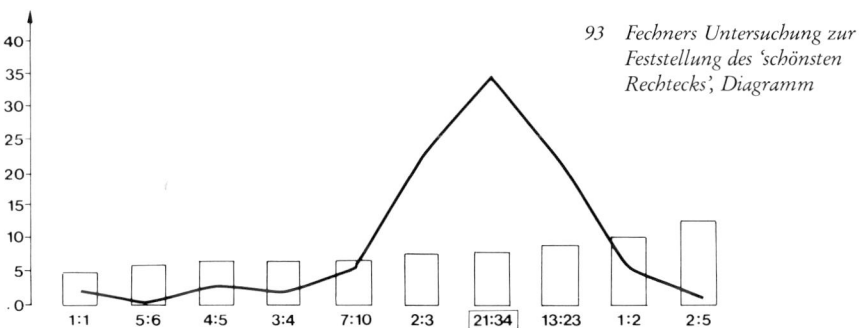

93 *Fechners Untersuchung zur Feststellung des 'schönsten Rechtecks', Diagramm*

bewußte künstlerische Verwendung von Proportionen zu erklären sein, die dem *Goldenen Schnitt* mehr oder weniger nahe kommen. Dabei darf unterstellt werden, daß dessen Vorzüge sowohl als Streckenverhältnis als auch in der Fläche wirksam werden.

Der eigentliche Grund für die vom *Goldenen Schnitt* ausgehende Faszination liegt aber nicht nur in seiner ästhetischen Qualität, sondern vor allem auch in seiner mathematischen Eigenschaft der sukzessiven, *bis ins Unendliche fortsetzbaren Teilbarkeit in beide Richtungen*. Stellt man diese – in die schon genannte algebraische Formel a:b = b:(a + b) gekleidete – Gesetzmäßigkeit als geometrische Streckenteilung dar, wird man sich des Zusammenhanges zwischen *Goldenem Schnitt* und der Geometrie des von den PYTHAGORÄERN als Erkennungszeichen verwendeten *Pentagramms* bewußt, das in der Antike als Heils- und Gesundheitssymbol, im Mittelalter als wirksames Abwehrmittel (Drudenfuß) gegen dämonische Mächte galt[193].

Die einfachste geometrische Methode, den *Goldenen Schnitt* zu konstruieren, ist folgende: Man errichtet im Endpunkt B der zu teilenden Strecke AB eine Senkrechte, auf der man von B aus die Hälfte von AB aufträgt. Um den so gewonnenen Punkt E schlägt man mit $BE \left(= \dfrac{AB}{2} \right)$ einen Kreisbogen auf AE und erhält den Punkt F. Schlägt man schließlich von A aus die Strecke AF auf AB, gewinnt man den Punkt C, der AB im *Goldenen Schnitt* teilt, so daß sich der kleinere Abschnitt (minor) CB zum größeren (maior) AC verhält wie dieser zur gesamten Strecke AB (Abb. 94)[194].

Trägt man in der durch C stetig geteilten Strecke AB die Länge CB von A aus nach D auf (AD = CB), erhält die Strecke AB in D einen zweiten Teilungspunkt (Abb. 95). DC steht zu AD sowie zu CB im Verhältnis des *Goldenen Schnittes;* daraus ergibt sich, daß DC:AD (= CB) = AD:AC (= DB) = AC:AB. Umgekehrt zu dieser – beliebig fortsetzbaren – 'inneren Teilung' nach dem *Goldenen Schnitt* erhält man eine 'äußere Teilung', indem man die Länge AB über B hinaus nach D' aufträgt. Dadurch entsteht die *Goldene-Schnitt-Folge* BC – CA – BD'.

Alle diese Teilungsverhältnisse sind abzuleiten aus der Figur des *regelmäßigen Fünfecks (Pentagons)*, das die Flächen des *Pentagondodekaeders*, des fünften PLATONISCHEN Körpers[195], begrenzt. Eine der Grundeigenschaften dieses Polygons (Abb. 96) besteht darin, daß seine Diagonalen (= Verbindungslinien zwischen zwei nicht aneinanderliegenden Eckpunkten) sich nicht in einem Punkt schneiden, sondern eine selbständige Figur bilden, das *Pentagramm (Fünfstern)*, das seinerseits ein neues Fünfeck einschließt (Abb. 97)[196]. Aus den Diagonalen dieses neuen Fünfecks (DCKJH) ergibt sich wiederum ein Pentagramm mit eingeschlossenem Fünfeck usw. Die Diagonalen schneiden sich derart, daß die einzelnen Abschnitte jeweils im Verhältnis des *Goldenen Schnittes* zueinander stehen – so erscheint hier z.B. die vorhin beschriebene zweifache Teilung der Strecke AB durch die Punkte D und C. Die Strecke DC (fett gezeichnet) (Abb. 96) verhält sich zu CB (halbfett) wie diese zu DB (= JB) (punktiert). Der größere Diagonalenabschnitt DB (= JB etc.), der die gleiche Länge hat wie die Fünfeckseite AF (= FB etc.), steht zur Länge der ganzen Diagonale AB (= EB etc.) wiederum im Verhältnis des *Goldenen Schnittes*.

193 Zur Symbolik des Pentagramms siehe J. Schouten, *The Pentagramm as a Medical Symbol*, Niewkoop 1968; Otto Stöber, *Drudenfuß-Monographie*, Linz/Donau 1981; vgl. Zeising 1868/1; Knapp 1934.

194 Hagenmaier 1977, 35; ib. 34 ist auch die bei Euklid (*Elemente* II § 11 – vgl. Anm. IV 180) beschriebene Konstruktion angeführt, die von der genannten etwas abweicht.

195 Vgl. Anm. I 35, II 168; vgl. Ronald F. Kotrč, *The dodecahedron in Plato's ›Timaeus‹*, in: Rheinisches Museum für Philologie, N.F. 124/1981, 212–222; siehe dazu auch Schubert 1954, I 352ff.

196 Zur Geometrie des Fünfecks bzw. des Pentagramms siehe Timerding 1919, 7ff.; Baravalle 1950.

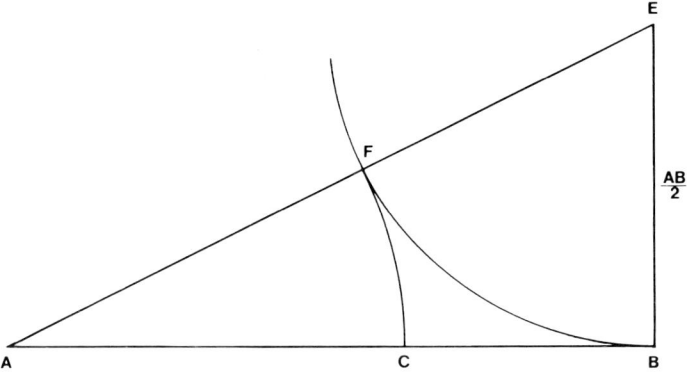

94 *Konstruktion des Goldenen Schnittes*

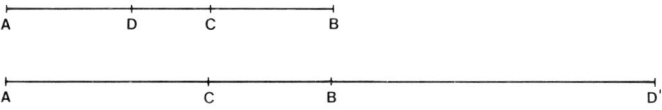

95 *Innere und äußere Teilung einer Strecke im Goldenen Schnitt*

96 *Fünfeck mit eingezeichneten Diagonalen und ihren Teilungsverhältnissen nach dem Goldenen Schnitt*

97 *Pentagramm mit eingeschriebenem Pentagramm*

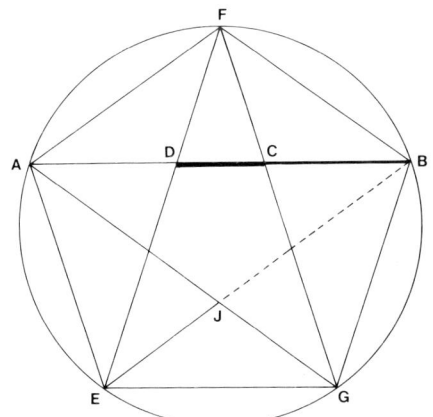

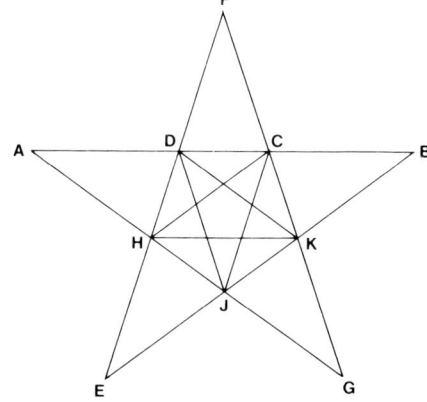

195

Insgesamt nicht weniger als 6000 (!) mal kommt der *Goldene Schnitt* in der Figur der beiden auf-einanderfolgenden Pentagramme vor (Abb. 97)[197].

Die in den wechselseitig aufeinander bezogenen Figuren des Fünfecks und des Pentagramms eindrucksvoll in Erscheinung tretende Gesetzmäßigkeit des *Goldenen Schnittes* macht verständlich, warum ihm zeitweilig höchste Bedeutung beigemessen wurde. Als *'divina proportione'* bezeichnet der Theologe und Mathematiker LUCA PACIOLI in seiner gleichnamigen, 1509 in VENEDIG gedruckten Schrift den *Goldenen Schnitt*, weil er in dessen drei aufeinander bezogenen Teilen ein Symbol der göttlichen Trinität sah[198]. LEONARDO DA VINCI, der für PACIOLIS Buch die Zeichnungen schuf[199], soll den Ausdruck *'sectio aurea' (= Goldener Schnitt)* geprägt haben. Wahrscheinlich aber stammt diese Bezeichnung erst aus dem 19. Jahrhundert[200], als man den *Goldenen Schnitt* auch naturwissenschaftlich betrachtete[201] und als umfassendes, Natur und Kunst gleichermaßen durchdringendes Grundgesetz verstanden wissen wollte[202].

In dieser Vorstellungstradition, aus der auch LE CORBUSIERS *Modulor* abzuleiten ist[203], stehen die zahlreichen Versuche, den *Goldenen Schnitt* als wichtigstes Proportionsgesetz der Architektur an Bauten aller Epochen nachzuweisen[204]. Eine Überprüfung dieser These erweist allerdings, daß der *Goldene Schnitt* nur selten mathematisch genau, sondern meist – wenn überhaupt –

197 Baravalle 1950, 13 f. errechnet für zwei aufeinanderfolgende Pentagramme mit umschriebenem Fünfeck (d. h. für insgesamt 4 ineinanderliegende Fünferfiguren: 2 Fünfecke + 2 Pentagramme) 7500 Gruppen von je drei Längen, die zueinander im Verhältnis des Goldenen Schnittes stehen. Da in Abb. 96 hier das umschriebene Fünfeck weggelassen ist, ergibt sich der Goldene Schnitt 6000 mal.

198 Luca Pacioli, *De divina proportione,* Cap. V (= 1899, 43 f./193 f.); Pacioli führte auch die Bezeichnungen maior und minor für die beiden zueinander im Goldenen-Schnitt-Verhältnis stehenden Streckenabschnitte ein.

199 Pacioli 1899, 2 (= Einleitung von Constantin Winterberg).

200 Hagenmaier 1977, 17 f.

201 Schon Kepler brachte den von ihm 'sectio divina' genannten Goldenen Schnitt in Beziehung zu fünf-zähligen Pflanzenblüten u. a.

202 Hier ist vor allem Adolf Zeising (1816–1876) zu nennen, der zahlreiche Schriften über die naturwissenschaftliche und ästhetische Bedeutung des Goldenen Schnittes verfaßte (*Neue Lehre von den Proportionen des menschlichen Körpers,* Leipzig 1854; *Ästhetische Forschungen,* Frankfurt 1855; *Das Normalverhältnis der chemischen und morphologischen Proportionen,* Leipzig 1856; id. 1868/1 und 2; id. 1884); in ähnlicher Weise versuchte auch Franz Xaver Pfeifer (= id. 1969), den Goldenen Schnitt in Kunst und Natur nachzuweisen; siehe dazu die Kritik von Timerding 1919, 35 ff.; R. Haase 1975, 243 ff.; vgl. auch Scholfield 1958, 98 ff.

203 Vgl. Anm. III 120.

204 Witzel 1914, 17 spricht vom Goldenen Schnitt als »wichtigstem Kunstgesetz, das uns die Natur geoffenbart hat«; vgl. hier z. B. die Schriften von Jay Hambidge (id. 1924; *The Elements of Dynamic Symmetry,* New Haven 1926 u. a.; siehe dazu Scholfield 1958, 116 ff.), Ernst Mössel (v. a. 1926; siehe dazu die in der Bibliographie genannten Rezensionen sowie Ueberwasser 1939/2, 360; Schlikker 1940, 40; Scholfield 1958, 106 f.) oder Miloutine Borissaviliévitch (bes. 1958).

205 So ist – um zwei beliebige Beispiele herauszugreifen – der Goldene Schnitt entgegen den Theorien von Langlebert 1969 bzw. Angelis d'Ossat 1958 weder an der Kathedrale von Amiens (dazu Prak

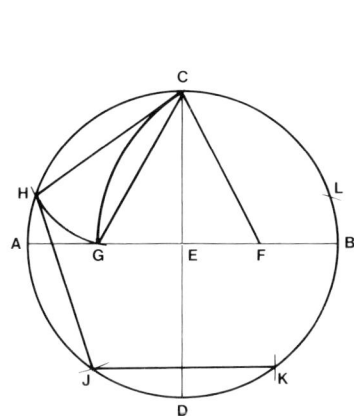

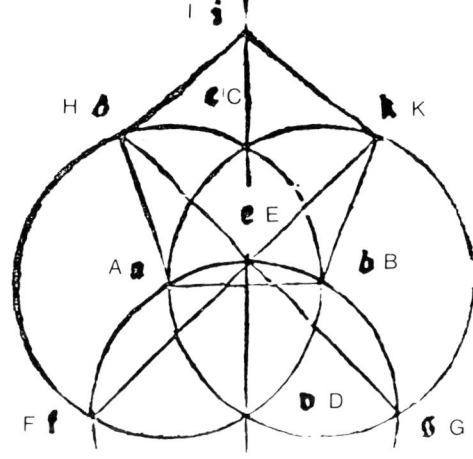

98 Konstruktion des Fünf-(und Zehn-)Ecks aus einem gegebenen Kreis

99 Näherungskonstruktion des Fünfecks bei gegebener Fünfeckseite mit 'unverrücktem Zirkel' aus der ›Geometria Deutsch‹ (um 1487/88)

nur in grober Annäherung und wahrscheinlich, wie schon angedeutet, unbewußt verwendet wurde[205].

Ein entscheidender Grund dafür dürfte in der relativ umständlichen Konstruktion des mit dem *Goldenen Schnitt* unmittelbar zusammenhängenden *Fünfecks* liegen (Abb. 98). Man erhält die Seitenlänge eines regelmäßigen, d. h. dem Kreis eingeschriebenen Fünfecks, indem man zwei aufeinander senkrecht stehende Durchmesser in einen gegebenen Kreis zeichnet (AB, CD), einen der Radien (EB) halbiert, den Halbierungspunkt (F) mit einem Endpunkt des ungeteilten Durchmessers (C) verbindet und die so gewonnene Länge (FC) um den Halbierungspunkt (F) auf den Durchmesser (AB) schlägt. Im derart entstandenen rechtwinkeligen Dreieck (GEC) ist die kleinere Kathete (GE) die Seite eines regelmäßigen Zehnecks, die Hypotenuse (GC) die gesuchte Fünfeckseite, die nun am Kreisumfang aufgetragen werden kann (CH, HJ, JK etc.)[206]. Diese Fünfeckkonstruktion beruht auf dem EUKLID'schen Lehrsatz, daß Zehneckseite, Fünf-

1966) noch am Tempio Malatestiano in Rimini (dazu Naredi-Rainer 1977/1, 186, Anm. 142) als Proportionierungsprinzip verwendet worden; glaubhafter ist die vorsichtig formulierte Studie von Auberson Marron 1963, die den Goldenen Schnitt als eine der wichtigsten Proportionen bei der Gestaltung des Escorial geltend macht. Wilkinson 1985 weist an Juan de Herrera's Fassade der Kirche des Escorial allerdings ausschließlich kommensurable, teilweise musikalische Proportionen nach.

206 Vgl. Baravalle 1950, 21f.

eckseite und Umkreisradius ein rechtwinkeliges Dreieck bilden[207]. Erstmals seit der Antike wird sie im Abendland von DÜRER in seiner 1525 erschienenen ›Underweysung der messung‹ beschrieben[208].

Die um 1487/88 vom Regensburger Dombaumeister MATTHÄUS RORITZER verfaßte ›Geometria Deutsch‹[209] kennt dagegen nur eine – bei DÜRER ebenfalls angeführte[210] – mathematisch unexakte Näherungskonstruktion, die von der Fünfeckseite ausgeht (Abb. 99): um die Endpunkte einer – als Fünfeckseite angenommenen – Strecke (A B) werden mit dieser Strecke als Radius zwei Kreise beschrieben, die einander in C und D schneiden. Ein dritter Radius um D geschlagen, ergibt die Schnittpunkte E, F und G. Zieht man durch E jeweils eine Sehne von F und G, erhält man in H und K zwei weitere Punkte des Fünfecks, von denen aus auch der letzte Fünfeckpunkt I konstruiert werden kann[211].

Keine der beiden hier genannten Konstruktionen[212] läßt das Fünfeck als besonders geeignete Grundlage eines architektonischen Entwurfes[213] und noch weniger als praktisches Hilfsmittel bei der Vermessung auf der Baustelle mittels Meßlatte und Schnurzirkel erscheinen[214].

In einem der seltenen Fälle, da als Grundfigur der Konzeption und Ausführung eines mittelalterlichen Bauwerkes das Fünfeck mit guten Gründen geltend gemacht werden kann, wird eine literarisch nicht überlieferte Fünfeckskonstruktion vorgeschlagen, die ohne Verwendung des Kreises von der Höhe des Fünfecks ausgeht (Abb. 100). Faßt man diese Fünfeckshöhe (A B) als kleinere Kathete eines rechtwinkeligen Dreiecks (A B C) auf, die zur Hypotenuse (A C) im Verhältnis 10:17 steht, erhält man mit annähernder Genauigkeit[215] die Länge der Fünfeckseite

207 Euklid, *Elemente* XIII § 10 (1883–88, . . . 1969, 394 f.). Euklid beschreibt allerdings die genannte Konstruktion nicht, sie ist erst bei Ptolemäus von Alexandria (2. Jh n.Chr.) im *Almagest* I/9 nachweisbar; siehe dazu Mitzscherling 1913, 18; Tropfke 1940, IV 242.

208 Dürer (1971) II, Fig. 15; Dürer geht bei der Beschreibung dieser Fünfeckkonstruktion mit keinem Wort auf die stetige Teilung einer gegebenen Strecke und den damit zusammenhängenden Goldenen Schnitt ein; vgl. Eberhard Schröder, *Dürer, Kunst und Geometrie*, Basel/Boston/Stuttgart 1980, 27 ff.

209 Heideloff 1844, 95 ff.; Roritzer 1965; Shelby 1977 (in den beiden zuletzt genannten Ausgaben der *Geometria Deutsch* finden sich auch ausführliche Angaben zur Person Roritzers und zur Überlieferung der *Geometria Deutsch*, die lange Zeit dem Baumeister Hans Hösch aus Schwäbisch-Gmünd zugeschrieben wurde).

210 Dürer (1971) II, Fig. 16; vgl. einige Handskizzen Dürers zur Fünfeckgeometrie, in: Walter L. Strauss, *The complete Drawings of Albrecht Dürer*, Bd. 6, New York 1974, 2861.

211 Vgl. dazu Günther 1887, 349; Cantor 1913, II 450 f.

212 Zu einer im Skizzenbuch des Villard de Honnecourt angedeuteten Fünfeckskonstruktion ohne Verwendung des Zirkels siehe Meckseper 1983; zu weiteren Fünfeckskonstruktionen, die aber im Zusammenhang mit der Architektur keine Rolle spielen, siehe Mitzscherling 1913, 17 ff.; Tropfke 1940, IV 242 f.

213 Diese und alle folgenden Überlegungen gelten nur eingeschränkt für die Architektur unserer Zeit, die sich technischer Hilfsmittel bedienen kann, mit deren Hilfe auch schwierigste Konstruktionen leicht zu vermessen sind.

214 Zur Übertragung eines (mittelalterlichen) Architekturentwurfes auf die Baustelle und den dabei benutzten Geräten siehe Booz 1956, 80 ff.; Shelby 1971; Hecht 1979/1, 223 ff.

215 Zu dieser Fünfeckkonstruktion und ihrem mathematischen Beweis siehe Spieß 1959, 33 ff.

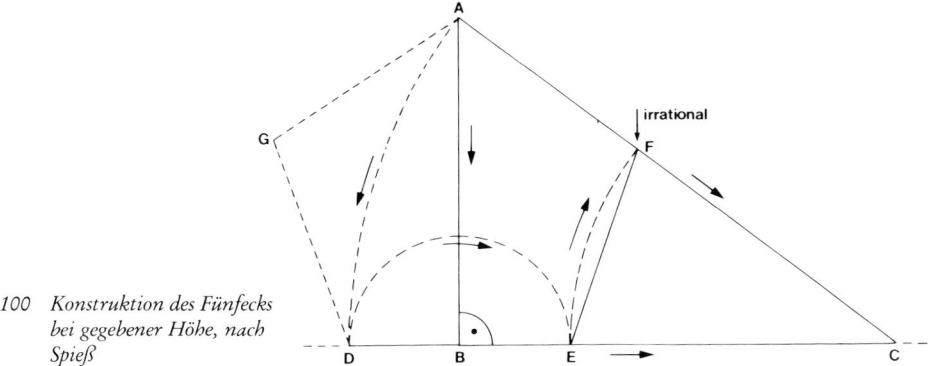

100 *Konstruktion des Fünfecks*
bei gegebener Höhe, nach
Spieß

(DE) durch Herunterschlagen der Hypotenuse auf die verlängerte größere Kathete (BC) und Spiegelung des so gewonnenen Punktes D um B nach E.

Ausgehend von der 150 römische Fuß (à 29.6 cm) messenden Fünfeckshöhe scheint derart ein ganzes Netz von Fünfecken konstruiert worden zu sein, dessen Schnittpunkte alle Fluchten der romanischen Bauten des ZISTERZIENSERKLOSTERS EBERBACH (begonnen um 1145) bestimmen (Abb. 101, 102)[216].

Beispielhaft ist hier das Prinzip inkommensurabler Proportionierung zu erkennen: *Aus einem ganzzahligen, 'runden' Maß werden auf dem Wege geometrischer Ableitung alle übrigen, zum Ausgangsmaß in irrationalen Verhältnissen stehenden Maße gewonnen.* Besonders deutlich wird am Pentagonnetz von EBERBACH auch, *daß die Gestalt einer geometrischen Entwurfsfigur sich*

---

216 Spieß 1959 setzt sich in seiner äußerst sorgfältigen, vor allem auf den Nachvollzug des Werkvorganges abzielenden Maßuntersuchung auch mit anderen Proportionsuntersuchungen an Zisterzienserbauten (Kossmann 1925; Hanno Hahn, *Die frühe Kirchenbaukunst der Zisterzienser,* Berlin 1957, 66ff.) auseinander und weist nach, daß die dort getroffenen Annahmen unzutreffend sind. Kottmann 1981, 79ff. wendet sich gegen die Theorie von Spieß und schlägt (id. 1971, 173ff.; zuerst in: id., *Maßverhältnisse in Zisterzienserbauten,* München und Zürich 1968) als Bemessungsgrundlage zwei aneinandergereihte Sechsecke vor. Die Übereinstimmung seiner Konstruktion mit den am Bau abgenommenen Maßen steht der von Spieß an Genauigkeit nicht nach, umfaßt allerdings nur die Klosterkirche, so daß das Spieß'sche Pentagonnetz dadurch noch nicht als widerlegt gelten kann. Für die These von Spieß spricht auch der Umstand, daß die aufgrund des Pentagonnetzes angenommene ursprüngliche Ausdehnung des in der Barockzeit veränderten romanischen Refektoriums durch nachträgliche Grabungen bestätigt wurde (Ferdinand Kutsch/Herwig Spieß, *Das romanische Refektorium in Kloster Eberbach im Rheingau,* in: Nassauische Annalen 71/1960, 201–211). Bemerkenswert ist schließlich auch, daß an den Stellen, »an denen äußerer Einfluß die Mönche in ihrer Abgeschiedenheit erreichen und stören könnte« (Spieß 1959, 88), das Pentagramm (vgl. Anm. IV 196) als Steinmetzeichen zu finden ist.

199

101   Zisterzienserkloster Eberbach (begonnen um 1145), Luftaufnahme

keineswegs in der Gestalt des Bauwerkes spiegeln muß[217], sondern daß vielmehr die aus geometrischen Gesetzmäßigkeiten abzuleitenden Maßverhältnisse jeder wie auch immer gearteten
Formidee innere Folgerichtigkeit verleihen können. Schließlich klingt an diesem Beispiel auch
die Frage der praktischen Anwendbarkeit einer geometrischen Konstruktion bei der Errichtung eines Bauwerkes an. Als einzige unter den drei beschriebenen Fünfeckskonstruktionen

217   Vgl. Booz 1956, 108: »Die nachgewiesene Benützung geometrischer Hilfsmittel nicht allein während
des Mittelalters, sondern noch in der Renaissance- und Barockzeit, führt vor Augen, daß zwischen
ihnen und der äußeren Erscheinungsform des Baustiles entweder keine oder doch nur sehr unterge-
ordnete Beziehungen bestehen.«

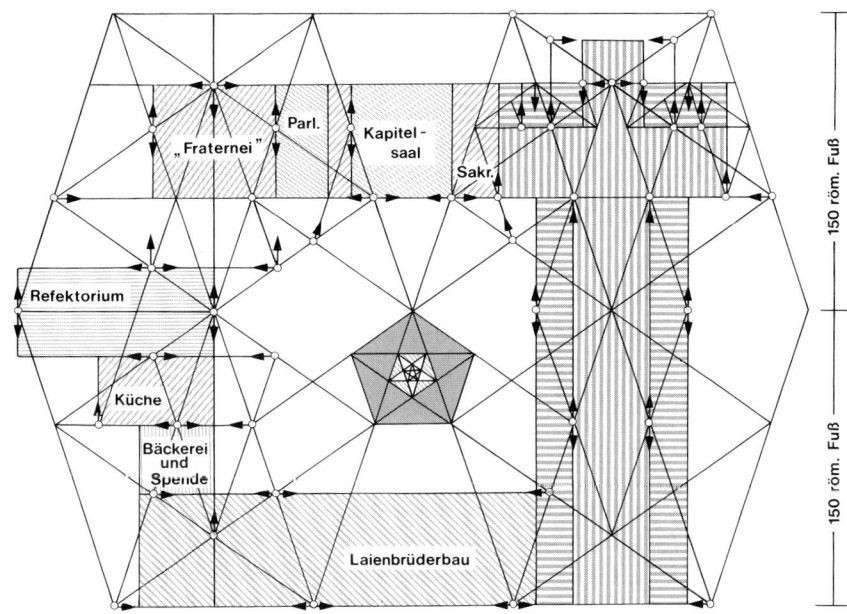

102 *Grundriß der romanischen Bauten des Klosters Eberbach (begonnen um 1145) im Fünfeck-netz, nach Spieß*

scheint die zuletzt genannte nicht nur zeichnerisch darstellbar, sondern auch in großem Maß-stab auf der Baustelle realisierbar zu sein. Diese Konstruktion operiert nicht mit Kreisen, sondern mit Hilfsdreiecken, die auf dem Gelände leicht einzufluchten sind. So wird ersichtlich, daß geometrische Figuren nicht nur zur Proportionierung der architektonischen Gestalt, sondern auch zur Übertragung des Entwurfes auf den Bauplatz und damit zur Sicherung der Einheit von Planung und Ausführung dienen können.

Wie eine in großem Maßstab kaum exakt einzumessende *Entwurfsfigur mittels ebenso einfacher wie genauer Hilfskonstruktionen auf die Baustelle übertragen* wurde, legt eine Untersuchung am Grundrißsystem des KÖLNER DOMCHORES (begonnen 1248) schlüssig dar[218]. Die Grundrißkon-struktion des gotischen Domchores (Abb. 103, 104) entwickelte der erste Kölner Dombau-meister GERHARD vermutlich aus zwei Kreisen, deren größerer um den Vierungsmittelpunkt (Z)

218 Weyres 1959; die Untersuchung von Prof. Dr.-Ing. Willy Weyres, der von 1945–1972 Dombau-meister in Köln war, beruht auf intimer Kenntnis des Bauwerkes und dem bestmöglichen Planmate-rial. »Die Vermessung hat ergeben, daß der Bau mit verblüffender Genauigkeit angelegt worden ist« (id. ib. 97).

103   *Chor des Kölner Domes (1248–1322)*

geschlagen wurde und durch den Mittelpunkt des Chorhauptes (12) verlief. Die aus der Zwölfteilung dieses Kreises gewonnene Zwölfeckseite (IX–12, 12–IV etc.) bildet den Radius des kleineren, um den Chormittelpunkt (12) geschlagenen Kreises. Teilt man auch diesen kleineren Kreis in zwölf Teile, so bestimmen die Schnittpunkte aus Kreis und Zwölfeckradien die Lage der schweren Chorstrebepfeiler (X, XI, XII, I, II, III); die Achsen der Wandpfeiler des Chorumganges werden festgelegt durch die Schnittpunkte der Zwölfeckradien mit den Sehnen, die die jeweils drittnächsten Zwölfeckpunkte miteinander verbinden (IX–XII, IV–I etc.).

Aus der Verbindung der Schnittpunkte beider Kreise mit den jeweils übernächsten Zwölfeckpunkten des Chorkreises (IX–VII, IV–VI) entstehen Sehnen, deren Verlängerungen einander im Punkt A schneiden und in den Punkten B und C auf die durch den Mittelpunkt des großen Kreises (Z) verlaufende Querhausachse (H–I) treffen. Das so gebildete rechtwinkelig-gleichschenkelige Dreieck A B C entspricht einem halben Quadrat, dessen Halbierungspunkte nicht nur die Achsen der Vierungspfeiler festlegen, sondern durch ein analog weitergeführtes Quadratnetz im wesentlichen auch die Stellung der übrigen Pfeiler in Langchor, Quer- und Langhaus sowie auch die Lage der Außenwände[219].

Auch die Stellung der Pfeiler des Chorrunds wird durch die Schnittpunkte von Sehnen und Zwölfeckradien bestimmt; z. B. ergibt der Radius XII–12 mit der Sehne I–VIII den Punkt P als Achspunkt des zum Chorumgang gelegenen Dienstes eines der Chorpfeiler.

219 Zur Verschiebung der die beiden Seitenschiffe trennenden Pfeilerreihen siehe Weyres 1959, 100 und 102 (vgl. hier Abb. 104); unter den zahlreichen Proportionsuntersuchungen, die sich mit dem Gesamtgrundriß des Kölner Domes befassen (u. a. Franz Xaver Pfeifer, *Der Dom zu Köln, seine logischmathematische Gesetzmäßigkeit und sein Verhältnis zu den berühmtesten Bauwerken der Welt*, in: Jahrbuch für Philosophie und spekulative Theologie 2/1888, 299–350; Julius Haase, *Der Dom zu Köln a. Rh. in seinen Haupt-Maßverhältnissen auf Grund der Siebenzahl und der Proportion des Goldenen Schnitts*, in: Zeitschrift für Geschichte der Architektur 5/1911–12, 97–114, 148–154; id., *Der Dom zu Köln in seinen Haupt-Maßverhältnissen auf Grund der Siebenzahl und der Triangulatur*, in: Zeitschrift für Geschichte der Architektur 7/1914–19, 128–148; Witzel 1914, 23 ff.; Zederbauer 1917, 194 ff.; Lund 1921, 51 ff.; Mössel 1926, 94 ff.; Velte 1951, 74 ff.; Brunés 1967, II 19 ff.; Junecke 1980), findet sich keine, die mit den tatsächlichen Abmessungen übereinstimmt. Selbst die unter den genannten Proportionstheorien am ehesten der gebauten Realität entsprechende von J. Haase enthält Abweichungen von +1.27 m bzw. –1.25 m (vgl. Hecht 1979/1, 96 ff.); am überzeugendsten ist die These von Herbert Rode (*Der Kölner Dom als Abbild des Himmlischen Jerusalem*, in: Almanach für das Erzbistum Köln 1974/75, Köln 1976, 79–92, bes. 88), wonach der in römischen Fuß à 29.57 cm (dieses Werkmaß überliefert der Jesuit Hermann Crombach in seinem Grundrißplan, in: H. C., *Primitiarum gentium seu historia ss. trium regum Magorum . . .*, Köln 1654, nach p. 800; vgl. dazu Ausst. Kat. *Der Kölner Dom. Bau- und Geistesgeschichte* = Kölner Domblatt 1956, 33 f., Kat.-Nr. 37) bemessene Dom nach einfachen Zahlenverhältnissen konzipiert ist: z. B. Jochweite = 25', Vierungsbreite = 50', Langhauslänge = 150', Querhausbreite = 150', Gesamtlänge ohne Turmhalle und Chorhaupt = 300' etc.; diese verblüffend einfachen Maßzahlen – worauf übrigens schon J. van Endert (*Die MaassVerhältnisse im Kölner Dome*, in: Organ für christliche Kunst 13/1863, 215–216) hingewiesen hat – stehen nicht unbedingt im Widerspruch zu der von Weyres angenommenen geometrischen Konstruktion des Chorrunds: die Zwölfeckseiten (I–II, II–III etc.), über denen die gleichseitigen Dreiecke zur Konstruktion der Chorkapellen errichtet wurden, waren demnach ziemlich genau 37½' lang, d. i. $^{3}/_{2}$ der Jochweiten . . .

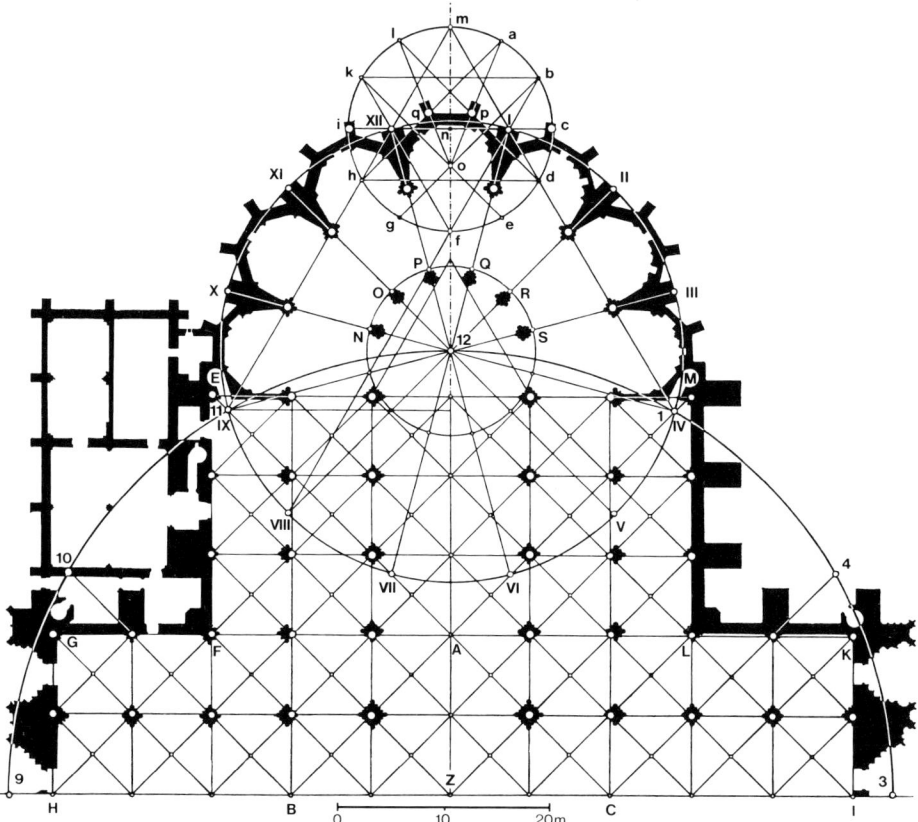

104 Kölner Dom, Grundriß des Chores, Entwurfsfigur, nach Weyres

Nach dem gleichen Prinzip ist schließlich auch die Gestalt der Chorkapellen im Grundriß durch Sehnen und Radien eines zwölfgeteilten Kreises festgelegt, der um den Halbierungspunkt (n) der Zwölfeckseiten (XII–I etc.) geschlagen wurde. Sein Radius entspricht der Höhe (mn) eines über der Zwölfeckseite errichteten gleichseitigen Dreiecks (XII–I–m).

Nicht nur zur Größenbestimmung der Kreise, aus denen die Grundrißform der Chorkapellen zu konstruieren ist, benutzte man das gleichseitige Dreieck, sondern vor allem zur Realisierung der Entwurfsfigur auf der Baustelle (Abb. 105 u. 106): durch die Zerlegung der Entwurfsfigur in leicht einzufluchtende, über den Zwölfeckseiten des Grundkreises nach außen und nach innen errichtete Dreiecke konnte man die bei Zirkelschlägen über große Weiten unweigerlich auftretenden Ungenauigkeiten vermeiden; der entscheidende Vorteil dieser Methode aber lag darin, alle wesentlichen Punkte des aufgehenden Bauwerkes von Fixpunkten außerhalb

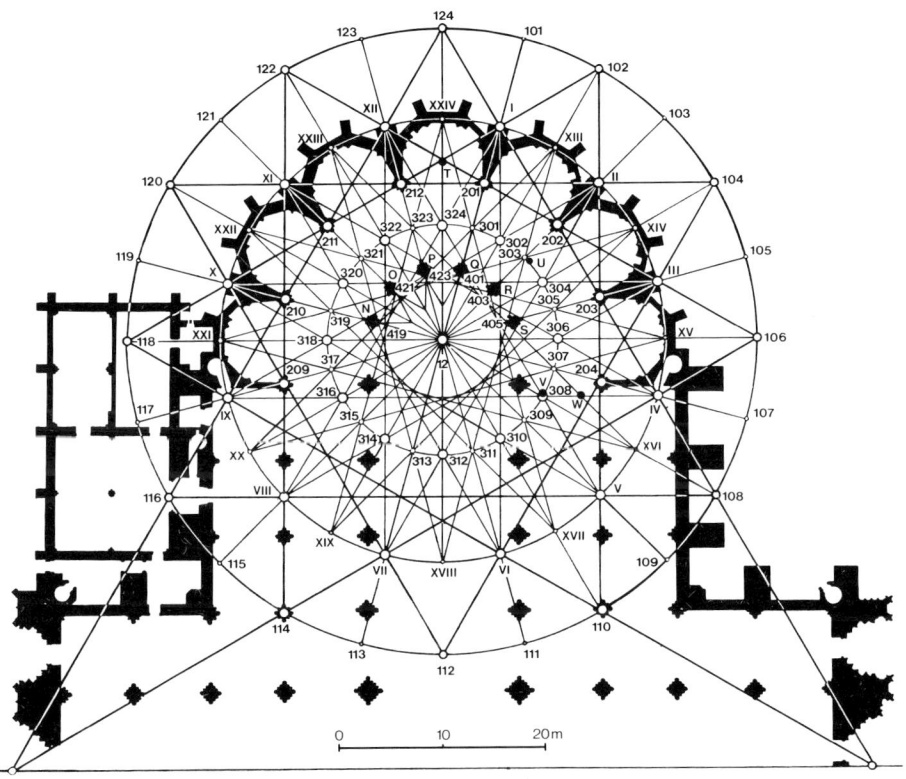

105 Kölner Dom, Grundriß des Chores, Übertragungsfigur, nach Weyres

der mehr als 10 m tief ausgehobenen Baugrube aus einmessen zu können. Dies war nicht zuletzt deshalb notwendig, weil während der Errichtung des gotischen Baues noch größere Teile des Vorgängerbaues standen und z. B. der Chormittelpunkt wahrscheinlich gar nicht erreichbar war[220].

Die vermutete Einmessung der Entwurfsfigur mittels gleichseitiger Dreiecke, die ihrerseits in weitere Teildreiecke unterteilt wurden (Abb. 106), findet ihre Bestätigung im Fund von drei

220 Zur Baugeschichte des gotischen Domes in Köln siehe v. a. Arnold Wolff, *Chronologie der ersten Bauzeit des Kölner Domes 1248–1277*, in: Kölner Domblatt 1968, 7–230.

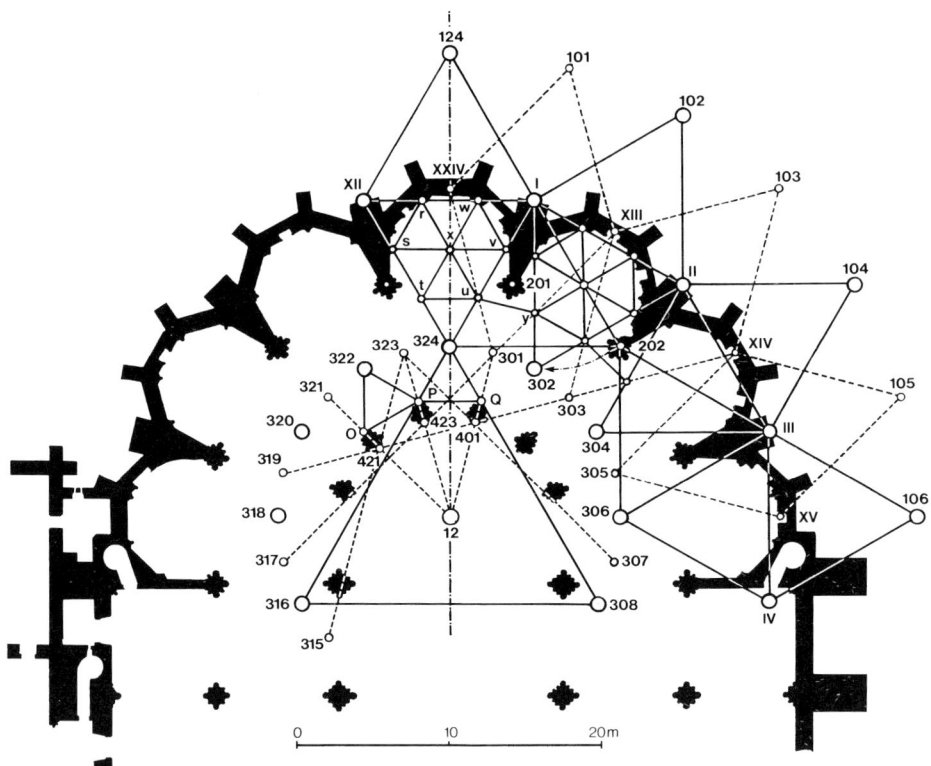

106   Kölner Dom, Grundriß des Chorhauptes, Einmessung auf der Baustelle, nach Weyres

Holzpfählen, die sich im gotischen Fundament des KÖLNER DOMES erhalten haben und allem An-
schein nach zur Markierung der hier kursorisch beschriebenen Konstruktion dienten[221].

Es ist nicht verwunderlich, daß man im Laufe der Architekturgeschichte immer wieder der
elementaren geometrischen Figur des gleichseitigen Dreiecks begegnet: neben den technisch-praktischen Vorzügen, die auf seiner leichten Konstruierbarkeit beruhen, besitzt das gleichseitige
Dreieck wegen seiner formalen Geschlossenheit auch hohe ästhetische Bedeutung.

221   Siehe dazu im einzelnen Weyres 1959, 104; ib. 103 wird auch beschrieben, wie die Einmessung (vgl.
Fig. 62) vom Grundparallelogramm (XII-124-I-324) ausgehend sukzessiv vonstatten gegangen sein
könnte. – Hohlräume, die einstmals mit Markierungspfählen gefüllt waren, hat man auch im Mauer-
werk einer römischen Villa bei Blankenheim in der Eifel gefunden, deren Grundriß auf ähnliche
Weise abgesteckt worden sein muß (Hermann Mylius, *Zwei Formen römischer Gutshäuser,* in:
Bonner Jahrbücher 138/1933, 11–21, bes. 13).

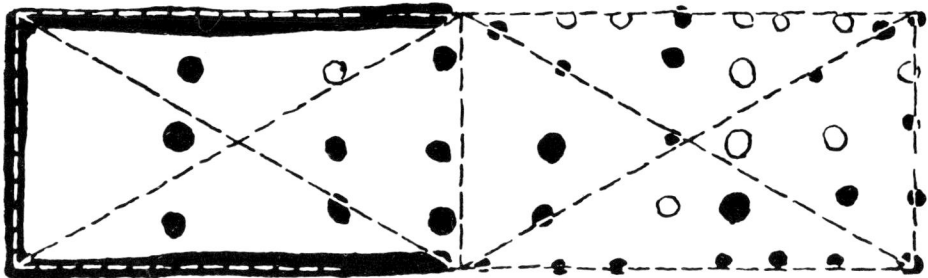

107 Grundriß eines 'bandkeramischen Langhauses' in Köln-Lindenthal (um 3000 v. Chr.); Festlegung der
Seitenverhältnisse durch gleichseitige Dreiecke, nach Helm

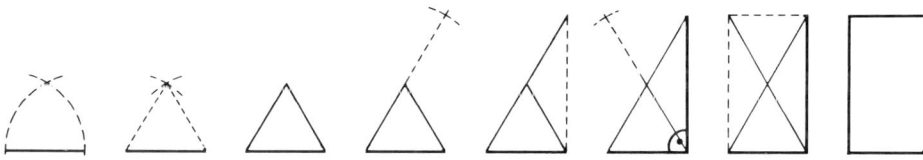

108 Rechteckkonstruktion aus dem gleichseitigen Dreieck

Schon an den ausgegrabenen Grundrissen vorgeschichtlicher Bauten konnte die Verwendung
gleichseitiger Dreiecke festgestellt werden. Die langgestreckten Häuser der sog. 'BANDKERAMIKER'
(um 3000 v. Chr.) sind häufig und mit großer Genauigkeit so angelegt, daß Breite und Länge
zueinander im Verhältnis der Seitenlänge zur doppelten (oder auch vierfachen) Höhe eines
gleichseitigen Dreiecks stehen (Abb. 107)[222]. Mit einiger Sicherheit kann man annehmen, daß
diese Grundrisse von der Breitseite aus entwickelt wurden: verlängert man zwei Seiten eines
gleichseitigen Dreiecks über die Spitze hinaus um das Doppelte, erhält man nicht nur ein zweites Dreieck von gleicher Form und Größe, sondern auch ein rechtwinkeliges Viereck, indem
man die Fußpunkte der beiden einander symmetrisch gegenüberliegenden Dreiecke verbindet
(Abb. 108). Die damit gegebene Möglichkeit, einen rechten Winkel herzustellen, ist ebenso einfach und in der Baupraxis sogar noch leichter zu realisieren als die Konstruktion des rechten
Winkels nach dem Gesetz des PYTHAGORÄISCHEN Dreiecks (vgl. Kapitel II/2) mittels einer in
zwölf gleiche Abschnitte geteilten Schnur (Abb. 109)[223].

*Die Anwendung gleichseitiger Dreiecke zum Festlegen von Streckenverhältnissen ist vor allem in
der mittelalterlichen Architektur häufig nachzuweisen, war aber auch im Barock noch durchaus*

222 Helm 1952.
223 Vgl. Anm. II 32.

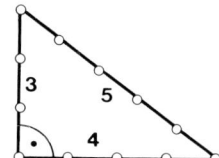

109 Pythagoräisches Dreieck mit den Seitenlängen 3, 4, 5

üblich[224]. Die geometrische Bemessung mit Hilfe des Dreiecks erfolgte fast immer nach dem schon am 'BANDKERAMISCHEN LANGHAUS' festgestellten Prinzip: das Ausgangsmaß, über dem eines oder mehrere Dreiecke errichtet wurden, bildete die in 'runden' Maß-Zahlen bemessene Grundrißbreite. Diesem ganzzahligen Maß sind die aus der Dreieckshöhe abgeleiteten Dimensionen nicht kommensurabel, da die Höhe im gleichseitigen Dreieck zu seiner Seitenlänge (a) im irrationalen Verhältnis $\frac{a\sqrt{3}}{2}$: a steht. Dieser mathematische Sachverhalt, dessen sich zumindest der in EUKLIDISCHER Geometrie nur wenig bewanderte mittelalterliche Baumeister kaum bewußt gewesen sein dürfte[225], warf keine prinzipiellen Probleme auf, da es – jedenfalls beim Bemessen eines Grundrisses – durchaus nicht zwingend notwendig war, ein auf geometrischem Wege gefundenes Maß in rationalen Zahlen auszudrücken. Im übrigen kannte man *ganzzahlige Näherungswerte für irrationale Verhältnisse,* so für das der Höhe zur Seite im gleichseitigen Dreieck $\left(\frac{\sqrt{3}}{2} : 1 = 0.866\ldots\right)$ den Wert 6:7 (= 0.857. . .)[226]. Die gelegentliche Anwendung solcher Näherungszahlen[227] als praktischer Hilfsmittel ändert nichts am grundsätzlichen

---

224 Siehe dazu z. B. Feulner 1913; Schmalhofer 1965 und v. a. die vielen meist überzeugenden Untersuchungen von Kottmann 1971 und 1981, die die Verwendung des gleichseitigen Dreiecks vor allem auch an vielen kleineren und wenig beachteten Bauwerken als Bemessungsgrundlage nachweisen.

225 Als Quelle geometrischen Wissens dienten im Mittelalter vornehmlich die Schriften der römischen Agrimensoren und des Boethius; Euklid wurde erst im 12. Jh. aus dem Arabischen ins Lateinische übersetzt; 1482 erschien in Venedig die erste gedruckte lateinische Euklid-Ausgabe (vgl. Max Steck, *Die erste deutsche Ausgabe des Euklid-Kommentars des Proklus Diadochus (410–485),* in: Forschungen und Fortschritte 30/1956, 183–185); aber noch die *Geometria Deutsch* (1487/88) kennt Euklid nicht; die mathematischen Kenntnisse mittelalterlicher Baumeister waren elementar und ausschließlich praxisorientiert; siehe dazu Booz 1956, 9ff.; Ullman 1964 und v. a. Shelby 1972; ferner Beaujouan 1975.

226 Den Wert ⁶/₇ nennt Gerbert von Reims (940–1003), vgl. Anm. II 162; der durch ein Gutachten zum Mailänder Dombau (1391) bekannte Piacentiner Mathematiker Gabriele Stornaloco benutzt den sehr genauen Annäherungswert ²⁶/₃₀ (= 0.866. . .); vgl. Hecht 1979/1, 151; Stornalocos mathematische Kenntnisse haben aber die der Baumeister erheblich überschritten – der von ihm gefundene Annäherungswert dürfte kaum allgemein bekannt gewesen sein.

227 Der fränkische Maßforscher Lorenz Reinhard Spitzenpfeil (1875–1945), dessen Arbeiten an sehr entlegener Stelle erschienen sind (vgl. Bibliographie), entwickelte die Theorie, daß sich die Baumeister bis in die Zeit des Barock aus den geometrischen Grundfiguren Quadrat, gleichseitigem Dreieck, Fünfeck und Sechseck entnommener Maßverhältnisse bedienten, diese irrationalen Maße aber nicht auf geometrischem Wege konstruierten, sondern sich einer Fülle sog. 'Werkreihen' bedienten, rationaler Zahlenfolgen, die mit hoher Genauigkeit den irrationalen Quotienten 2, 3 und 5 angenäherte Werte ergeben. Einen besonderen Rang nimmt nach Spitzenpfeil die Zahl 123 ein, weil sie in allen

Unterschied zwischen rationalen und irrationalen Proportionen, auf den zu Beginn dieses Kapitels hingewiesen wurde. Während erstere durch die Vergleichbarkeit aller Maße als rationaler Vielfacher eines gemeinsamen Teilers, des Modul, charakterisiert sind, besteht das wesentliche Merkmal irrationaler Proportionierung darin, daß die Maßverhältnisse durch geometrische Konstruktion gefunden werden und daher einander meist inkommensurabel sind.

Aufschlußreich in diesem Zusammenhang ist die bekannte Skizze vom Querschnitt des MAILÄNDER DOMES, die der Mathematiker GABRIELE STORNALOCO einem Gutachten zur Bestimmung der richtigen Pfeiler- und Gewölbehöhen beigegeben hatte, um das er 1391 vom 'Consiglio della Fabbrica' gebeten worden war (Abb. 110)[228]. STORNALOCO errichtet über der 96 bracci[229] messenden Langhausbreite ein gleichseitiges Dreieck, dessen als »etwas weniger als 84« br. errechnete Höhe[230] er so unterteilt, daß sechs gleiche Abschnitte von jeweils 14 br. als Schrittmaß für die vertikalen Abmessungen entstehen. Um für die Höhengliederung ganzzahlige Teilstrecken zu bekommen, analog zur – vorgegebenen und auf einem Quadratraster beruhenden – gleichmäßigen Unterteilung der Langhausbreite in sechs 16 br. messende Abschnitte[231], wählt STORNALOCO die dem irrationalen Wert der Dreieckshöhe (83.138...)[232] nächstgelegene rational teilbare Zahl (84). Das gleichseitige Dreieck dient »gleichsam als eine Wunschelrute«[233] zum Auffinden des richtigen Verhältnisses der Höhe zur Breite. *Das Maß* (der Höhe) *und damit die Grundproportion des Bauwerkes*[234] *wird also aus der geometrischen Figur* (des Dreiecks) *gewonnen* – und nicht umgekehrt[235].

3 'Wurzel-Gefügen' vorkommt. Diese mathematisch tatsächlich interessanten Näherungsreihen (vgl. Basin 1963, 66: die dort genannten 'Lucas Numbers' entsprechen einer Reihe aus Spitzenpfeils 'Wurzel-5-Gefüge') scheinen aber keineswegs, wie Spitzenpfeil und sein Schüler Wilhelm Funk (id. 1938, 97ff. bringt die vollständigste Darstellung der Spitzenpfeil'schen Theorien) meinen, generell angewandt worden zu sein; vgl. Kottmann 1981, 67ff.; immerhin scheint die von Funk/Lincke 1977 angenommene Konstruktion des Chores von St. Lorenz in Nürnberg aus den 'Schlüsselfiguren' (vgl. Anm. IV 270) des gleichseitigen Dreiecks und in weiterer Folge des Sechssterns – woraus nach der oben skizzierten Methode rationale 'Werkzahlen' erschlossen wurden – einigermaßen glaubhaft. Ähnliches gilt für die Maßuntersuchung der von Balthasar Neumann geplanten Klosterkirche in Neresheim (Planung ab 1745) durch Rohrberg 1974.

228 Dieses Diagramm Stornalocos wurde zuerst von Luca Beltrami 1895 (*La Certosa di Pavia*, 42) und im gleichen Jahr auch von Dehio (1895, 23) veröffentlicht; vgl. dazu Frankl 1945, 53ff.; Hecht 1979/1, 145ff.

229 Stornaloco spricht von 'Einheiten' (quantitates), die dem Mailänder braccio à 61.34 cm entsprechen; zur Berechnung der Maßeinheit siehe Hecht 1979/1, 159f.

230 Zur Berechnung Stornalocos siehe Panofsky 1945.

231 Zu den verschiedenen Planungen zum Mailänder Dom und der reichen Literatur darüber siehe zuletzt Hecht 1979/1, 129ff.; vgl. Anm. IV 244.

232 Stornaloco errechnete (vgl. Anm. IV 230) vermutlich einen Wert von 83.19.

233 Hecht 1968, 25.

234 Letzten Endes wurde der Dom allerdings nicht nach Stornalocos Vorschlag proportioniert; vgl. Anm. IV 231.

235 Mit großem Aufwand an Energie und Scharfsinn geht Konrad Hecht (1918–1980) in den meisten seiner Schriften (vgl. Bibliographie) gegen die These vor, der gotische Architekt habe sich geometri-

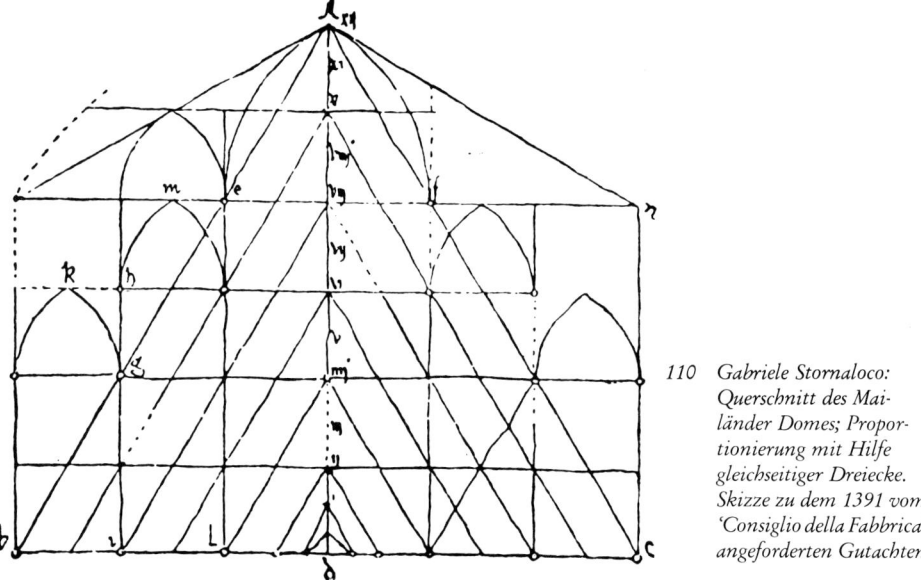

*110 Gabriele Stornaloco:
Querschnitt des Mai-
länder Domes; Propor-
tionierung mit Hilfe
gleichseitiger Dreiecke.
Skizze zu dem 1391 vom
'Consiglio della Fabbrica'
angeforderten Gutachten*

Ein ebenso beredtes wie erstaunliches Beispiel für die 'maßgebende' Funktion des gleichseitigen Dreiecks ist die 1634 von FRANCESCO BORROMINI (1599–1667) entworfene Kirche S. CARLINO
ALLE QUATTRO FONTANE IN ROM. Gleichseitige Dreiecke legen die Hauptabmessungen im Grund-
und auch im Aufriß fest (Abb. 111, 112). Darüber hinaus aber bestimmen die beiden zu einem
Parallelogramm verbundenen Dreiecke, deren Spitzen die äußersten Punkte des Grundrisses
markieren, auch wesentlich seine rhythmisch-schwingende Gestalt und durch ihre Inkreise

scher Proportionsfiguren bedient, weil er nicht in der Lage gewesen sei, mit Zahl und Maßeinheit zu
messen (vgl. Anm. III 206). In seinen durchaus berechtigten Feldzug gegen diese Theorien bezieht er
auch das oft als Beleg für die Existenz geometrischer Proportionierungsmethoden verstandene Diagramm Stornalocos (1979/1, 145 ff.) ein und kommt zum Schluß, daß man in Mailand von Stornalocos Gutachten Höhenmaße in Ellen erwartete, nichts anderes. Dies ist keineswegs falsch, doch übersieht Hecht in seinem Eifer, die Verwendung rationaler Maßzahlen herauszustreichen, daß es doch
die geometrische Figur ist, die zur Maß- und Formfindung führt, unabhängig davon, ob man in der
Lage ist, ihre irrationalen Maßverhältnisse auf arithmetischem Wege zu berechnen wie Stornaloco,
oder ob man die geometrische Figur u. U. auch als Hilfsmittel bei der Bemessung auf der Baustelle
verwendet (vgl. z. B. Anm. IV 239, 271). In seiner früheren Veröffentlichung zu diesem Thema gebraucht Hecht noch das durchaus zutreffende Bild von der Wünschelrute (vgl. Anm. IV 233), während er in seinem monumentalen und allein schon wegen der sorgfältigen und nahezu lückenlosen
Zusammenstellung der Quellen zu diesem Themenkomplex höchst schätzenswerten Buch (1979/1)
zumindest oft den Eindruck erweckt, daß ihm die wesentliche Funktion geometrischer Figuren als
Vorstellungshilfe verborgen bleibt.

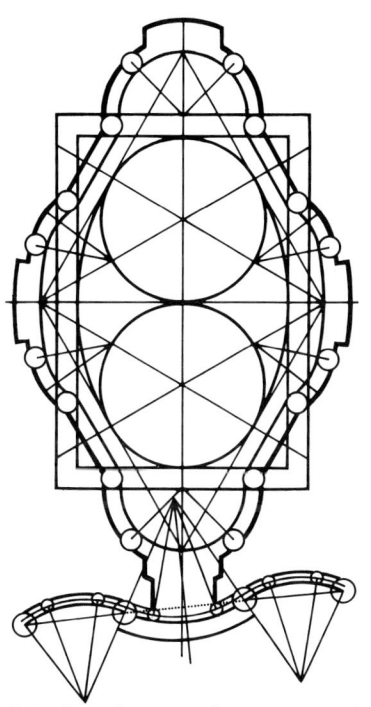

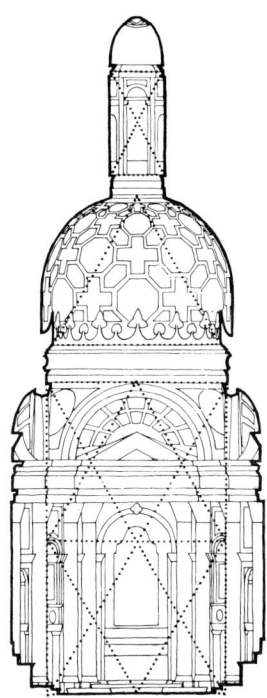

*111 S. Carlino alle quattro fontane in Rom (Fran-
cesco Borromini, 1634), schematische Darstellung der geometrischen Grundrißentwicklung*

*112 S. Carlino alle quattro fontane in Rom, Quer-
schnitt mit eingezeichneten gleichseitigen Dreiecken*

schließlich die Form des Kuppelovals (Abb. 113)[236]. Daß BORROMINI seine plastisch-bewegte
Architektur tatsächlich aus der in sich ruhenden Form des gleichseitigen Dreiecks entwickelt
hat, beweisen drei eigenhändige Grundrißzeichnungen, die in der ALBERTINA IN WIEN aufbe-
wahrt werden (Abb. 114)[237].

Die Bedeutung des gleichseitigen Dreiecks als Grundlage der Maßgebung mag ein weiteres
Mal an einem Bauwerk aus einer gänzlich anderen Epoche belegt werden, dem spätromanischen
Westbau der ehemaligen ABTEIKIRCHE IN MAURSMÜNSTER (MARMOUTIER) IM ELSASS (Abb. 115),
dessen stereometrische Klarheit und wuchtige Geschlossenheit ansonsten in keinerlei Be-

236 Siehe dazu Sedlmayr 1926; Rudolf Wittkower, *Gothic vs. Classic,* New York 1974, 90; Paolo Portoghesi, *Francesco Borromini,* Stuttgart/Zürich 1977, 38 ff.
237 Portoghesi 1977 (zit. Anm. IV 236), Abb. VII, IX, XVII (= hier Abb. 114). Noch weitaus deutlicher
läßt sich dies an Borrominis Universitätskirche S. Ivo della Sapienza in Rom ablesen; vgl. dazu Benevolo 1953.

113   S. Carlino alle quattro fontane in Rom, Blick in die Kuppel

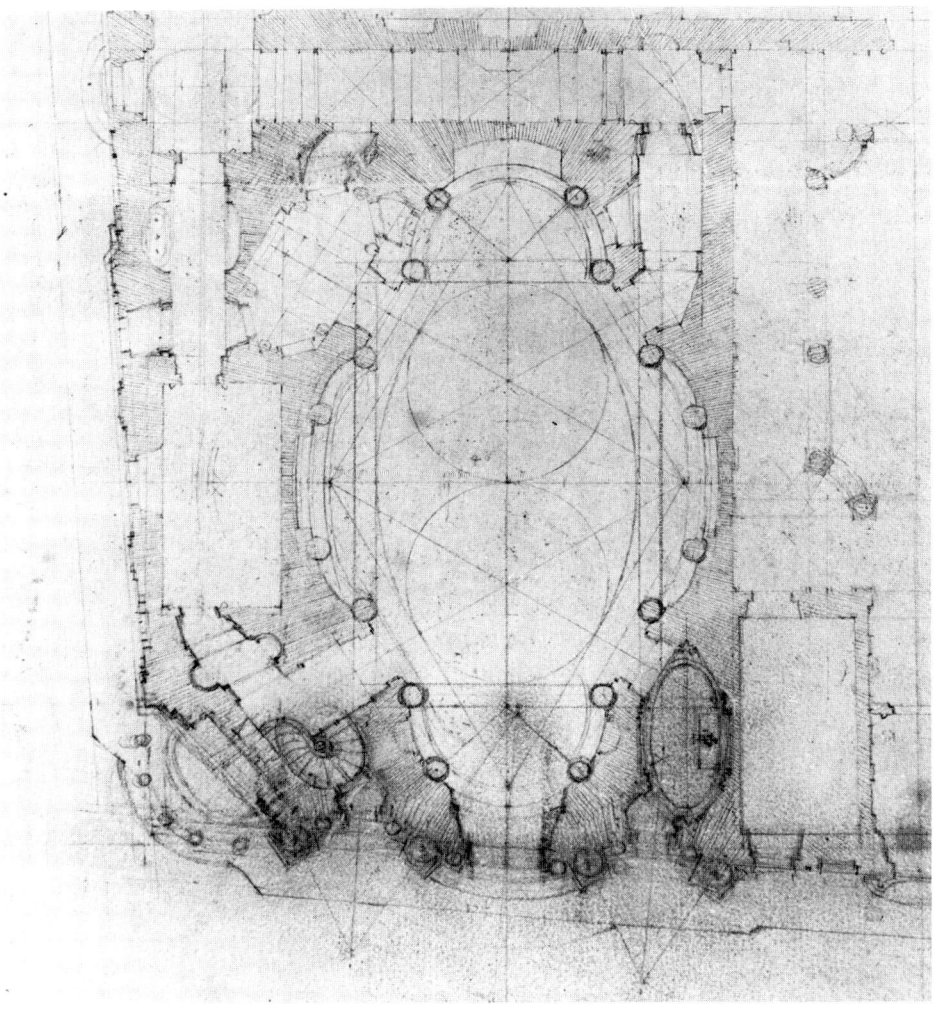

114   Francesco Borromini: Grundriß des Klosters und der Kirche S. Carlino alle quattro fontane in Rom (Ausschnitt), Bleistift (Wien, Albertina n 173)

ziehung zur spielerischen Raffinesse der römischen Barockkirche zu bringen ist. Die wohlausgewogene Massenverteilung des aus dem 12. Jahrhundert stammenden Westwerks beruht auf Maßverhältnissen, die ausschließlich von gleichseitigem Dreieck und Quadrat bestimmt werden[238]. Die aus einem vielfachen und einfallsreichen Wechsel dieser beiden geometrischen

238   Spieß 1968/1; ib. 17f. eine Auflistung aller Ist- und Soll-Maße.

115   Westbau der ehemaligen Abteikirche Maursmünster (Marmoutier) im Elsaß (12. Jh.)

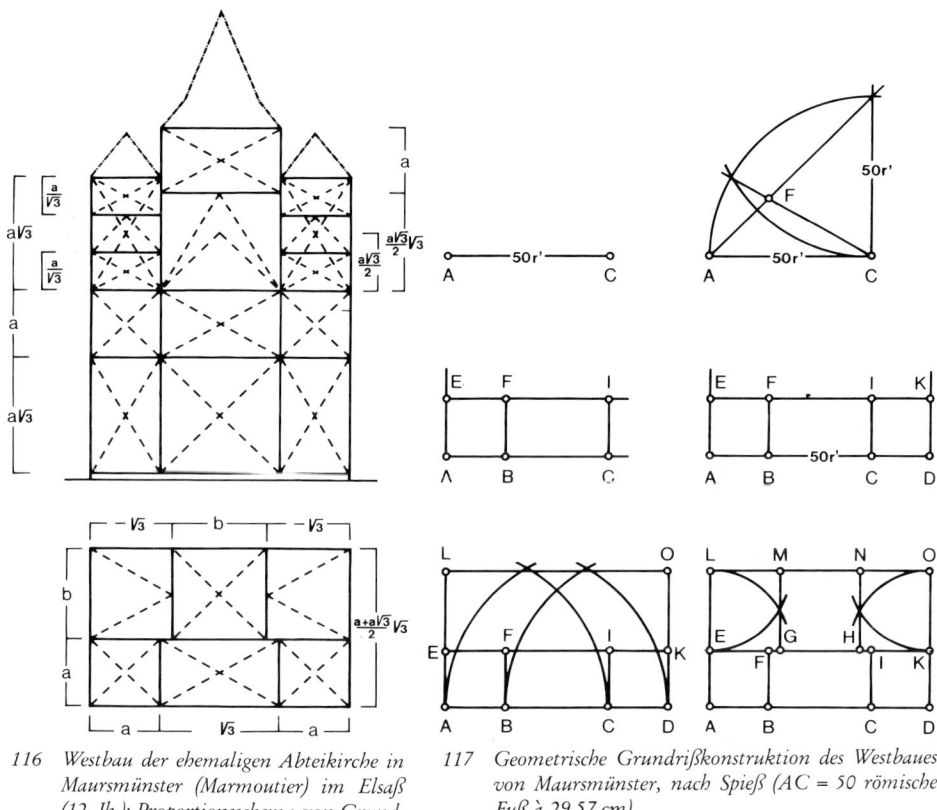

116 *Westbau der ehemaligen Abteikirche in Maursmünster (Marmoutier) im Elsaß (12. Jh.); Proportionsschema von Grundriß und Aufriß, nach Spieß*

117 *Geometrische Grundrißkonstruktion des Westbaues von Maursmünster, nach Spieß (AC = 50 römische Fuß à 29.57 cm)*

Figuren entwickelte Proportionierung von Grund- und Aufriß (Abb. 116) ist dennoch höchst einfach zu konstruieren. Ausgangsmaß war eine Strecke (AC) von 50 römischen Fuß (à 29.57 cm), die die Breite des Mittelteiles und eines Seitenturmes umfaßt (Abb. 117). Vergleicht man die einfachen und leicht überschaubaren geometrischen Zusammenhänge mit den entsprechenden (modernen) algebraischen Formeln (Abb. 116), wird man sich schlagartig der Tatsache bewußt, daß eine solche Proportionierung nur auf dem Wege *geometrischer Konstruktion* erfolgt sein kann.

Obwohl der Vorgang der geometrischen Bemessung in jeder Phase ohne weiteres nachzuvollziehen ist, folgt doch kein Schritt als konstruktionsimmanent einzig möglicher dem vorhergehenden, sondern wird jeweils von der *übergeordneten Kompositionsidee* bestimmt. Diese wesentliche Tatsache, auf die schon wiederholt hingewiesen wurde, erklärt letztlich das Scheitern aller Versuche, für die Architektur ganzer Zeitalter eine bestimmte geometrische Konstruktion

welcher Art auch immer als generell gültigen Schlüssel nachzuweisen, dessen Kenntnis und Anwendung allein den Entwurf eines qualitätvollen Bauwerkes garantiert hätte[239]. Vor allem in
der rezeptiv veranlagten Epoche des 19. Jahrhunderts, in der man die als vorbildlich empfun-
dene Architektur vor allem des gotischen Mittelalters nachzuahmen und womöglich zu über-
treffen suchte, bestand ein starkes Bedürfnis, das vermeintliche Geheimnis eines solchen Konstruktionsschlüssels zu lüften[240] und auch praktisch nutzbar zu machen[241].

Die Vorstellung von der Existenz eines *'Bauhüttengeheimnisses'*[242] wurde zudem durch den
Umstand bestärkt, daß sich – im Gegensatz zur Fülle architekturtheoretischer Schriften aus der
Renaissance – nur spärliche literarische Quellen erhalten haben, aus denen authentische Infor-
mationen über die Entwurfsprinzipien gotischer Architektur zu entnehmen sind. Diese
Quellen umfassen im wesentlichen die Bauakten zu zwei gotischen Kirchen Oberitaliens, der

239 So meinen Zeising den Goldenen Schnitt, Wolff das Hexagramm, Dehio das gleichseitige Dreieck
(jedenfalls in seinen Schriften 1894 und 1895; später äußert sich Dehio darüber sehr vorsichtig, in:
Georg Dehio und Gustav v. Bezold, *Die kirchliche Baukunst des Abendlandes*, 2. Bd., Stuttgart 1901,
562 f.), Spitzenpfeil seine Näherungsreihen etc., als universales Proportionierungsprinzip erkannt zu
haben. Zederbauer 1917 sieht im rechtwinkelig-gleichschenkeligen, von ihm »harmonisch« genannten Dreieck und dem »harmonischen Kreis« (der durch die Eckpunkte von über den Seiten des »harmonischen Dreiecks« errichteten Quadraten verläuft und dessen Mittelpunkt in der Mitte der Hypotenuse dieses Dreiecks liegt) das Prinzip der Harmonie schlechthin, das der Natur und den bedeutenden Werken der Kunst aller Epochen zugrundeliege. Neuerdings meint Junecke, daß »seit archai-
schen Zeiten bis zum Ende des 18. Jh. ununterbrochen« (id. 1970, 544) eine »Meßfigur« als Grundlage
architektonischer Proportionierung in Gebrauch war, die aus den pythagoräischen Dreiecken (vgl.
Anm. II 35) 3 4 5, 8 15 17, 5 12 13, 12 35 37 und 7 24 25 bestehen soll. – Die Reihe solcher Behauptungen ließe sich beliebig fortsetzen, vgl. Graf 1958, 9: »Jeder von ihnen glaubte, sein System, seine Proportionstheorie löse dieses Welträtsel, ohne sich seiner tragikomischen Situation bewußt zu
werden.« Siehe auch Gerkan 1957, 361.
240 Eine wichtige Rolle spielen dabei die mittelalterlichen Steinmetzzeichen, aus denen v. a. Řziha 1883
geometrische Konstruktionsschlüssel ableiten zu können meint. Er befrachtet diese Zeichen zudem
mit einer weitreichenden Symbolik und weist sie – geordnet nach den Konstruktionen der Quadratur, Triangulatur, des Zwei- und Vierpasses – den vier deutschen Hüttengauen (Straßburg, Köln,
Wien, Bern) zu. Den gleichen Grundgedanken vertritt noch Bindewald 1950. Siehe dazu z. B. die
Kritik von Rathe 1926, 668 f., Anm. 3.
241 Vgl. Ungewitter 1890, 327 ff; – ein Beispiel dafür sind die neugotischen Turmkonstruktionen von
Friedrich Hoffstadt (id. 1840, 91 ff.); siehe dazu W. Müller 1978/1. – Einer eigenen Untersuchung
wert wäre die Rezeption tatsächlich oder vermeintlich im Mittelalter üblicher Proportionierungsmethoden während des 19. Jahrhunderts.
242 In der umfangreichen Literatur über die Bauhütten des Mittelalters (Heideloff 1844; Janner 1871 und
1876; Keller 1898; J. Haase 1919; Durach 1928; Discher 1932; Knoop 1933; id. u. a. 1938; Jüttner
1935; Hempel 1948; Booz 1956; Shelby 1970; Schock-Werner 1978 u. a.), die sich auch mehr oder
weniger ausführlich mit der Wahrung des mittelalterlichen Berufsgeheimnisses befaßte, setzt sich
gegenüber der älteren Auffassung zunehmend die Erkenntnis durch, daß das 'Bauhüttengeheimnis'
durchaus kein esoterisches Geheimnis in Form eines besonderen Konstruktionsschlüssels beinhal-
tete. Ausführlich begründet wird diese These von Frankl 1945; id. 1960, 110–158 und Shelby 1976
(mit weiteren Literaturangaben).

Stadtkirche S. PETRONIO IN BOLOGNA (begonnen 1390)[243] und dem MAILÄNDER DOM[244] (dazu gehört auch die hier als Abb. 110 wiedergegebene Skizze STORNALOCOS), sowie die sogenannten Musterbücher, nämlich das um 1235 entstandene Skizzenbuch des französischen Architekten VILLARD DE HONNECOURT[245] und die aus der deutschen Spätgotik stammenden ›Fialenbüchlein‹ von MATTHÄUS RORITZER (1486)[246] und HANS SCHMUTTERMAYER[247] sowie LORENZ LACHERS schon erwähnte Unterweisungen für seinen Sohn Moritz (1516)[248].

Auf die Existenz eines geheimnisvollen und durchgehend angewandten Konstruktionsschlüssels weist keine dieser Quellen, ebensowenig die erhaltenen mittelalterlichen Bauzeichnungen[249]. Wohl aber geht aus den italienischen Bauakten hervor, daß die *Verwendung des gleichseitigen Dreiecks und auch des Quadrates und des Kreises als Grundlage der Proportionierung durch-*

243 Siehe dazu G. Gaye, *Carteggio d'artisti del secolo XIVᵉ–XVIᵉ,* Bd. 3, Florenz 1840; L. Weber, *S. Petronio in Bologna, Beiträge zur Baugeschichte,* Leipzig 1904; A. Gatti, *La Basilica Petroniana,* Bologna 1913; Hecht 1979/1, 113 ff.

244 *Annali della fabbrica del Duomo di Milano dall' origine fino al presente* (zit. Anm. IV 34), siehe dazu *Luca Beltrami e il Duomo di Milano,* ed. Veneranda Fabbrica del Duomo di Milano, Milano 1964; Ackerman 1949; Hecht 1979/1, 129 ff.

245 Das in der Bibliothèque Nationale in Paris als ms. fr 19 093 aufbewahrte, aus 33 Pergamentblättern bestehende Skizzenbuch des Villard de Honnecourt (mit Ergänzungen seiner Nachfolger, der sog. Magistri 2 und 3) wurde von Hahnloser 1935 (vgl. die Rezension von Schürenberg 1937) und in einer zweiten Auflage 1972 herausgegeben, die nahezu lückenlos die gesamte umfangreiche Sekundärliteratur zum Skizzenbuch dieses 'gotischen Vitruv' (vgl. Frankl 1960, 102 ff.; Germann 1980, 29 f.) verarbeitet und als eine der bedeutenden editorischen Leistungen der Kunstgeschichte gilt; vgl. die in der Bibliographie genannten Rezensionen sowie neuerdings Carl F. Barnes jr., *Villard de Honnecourt. The Artist and his Drawings. A critical bibliography,* Boston 1982.

246 Matthäus Roritzer, *Das Büchlein von der Fialen Gerechtigkeit (puechlen der fialen gerechtikait),* Regensburg 1486; dieses zu den »Inkunabeln unter den deutschen Architekturtraktaten« (Hecht 1979/1, 171) zählende Fialenbüchlein, von dem sich vier Exemplare erhalten haben, wurde zuerst veröffentlicht von Heideloff 1844, 101–116; Kritische Ausgaben stammen von Geldner 1963 (= Roritzer 1965) und Shelby 1977; siehe dazu W. Müller 1978/2; id. 1981; Carlson 1979; vgl. auch Anm. IV 209.

247 Das *Fialenbüchlein* des Hans Schmuttermayer, der nicht wie Roritzer Baumeister, sondern Goldschmied war, ist nur in einem Exemplar bekannt (Nürnberg, Germanisches Nationalmuseum Nr. 36 045), bei dem das Titelblatt fehlt. Sein Text samt den dazugehörigen Kupferstichen (Roritzers Fialenbüchlein ist mit Holzschnitten illustriert) wurde zuerst von Essenwein 1881 veröffentlicht; eine kritische Ausgabe stammt von Shelby 1977; vgl. W. Müller 1978/2.

248 Lorenz Lachers (oder Lechlers) *Unterweisungen für seinen Sohn Moritz* sind nur als Abschrift im *Musterbuch des Jakob Facht von Andernach* (Köln, Stadtarchiv Wf 276*) erhalten, die von Reichensperger 1856, 133–155 veröffentlicht wurde; vgl. Shelby/Mark 1979; Seeliger-Zeiss 1982; – zu weiteren, aber weniger bedeutenden Musterbüchern siehe Rathe 1926; Booz 1956, 42; Bucher 1972/2; id. 1979; Pauken 1979; W. Müller 1981.

249 Vgl. Frey 1937; Gall 1953; Booz 1956, 67 ff.; Branner 1963; Bucher 1968; Pause 1972; Hecht 1979/1, 362 ff.

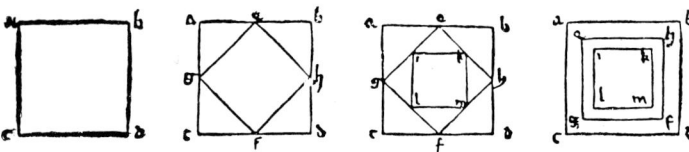

118   Quadratur ('Grundlein' für eine Fiale) nach Matthäus Roritzer (puechlen der fialen gerechtigkait, 1486)

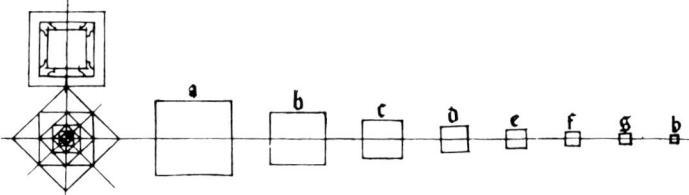

119   Quadratur ('Grund' einer Fiale) nach Hans Schmuttermayer

aus üblich, aber keineswegs zwingend erforderlich war[250]. Vielmehr bediente man sich neben dieser geometrischen Grundfiguren auch im Mittelalter einfacher arithmetischer Zahlenverhältnisse[251].

Ein wesentliches Grundprinzip geometrischer Proportionierung – das sich schon bei PLATON[252] und VITRUV[253] findet – wird ausführlich in den spätgotischen Musterbüchern von RORITZER (Abb. 118) und SCHMUTTERMAYER (Abb. 119) beschrieben[254], kommt aber auch schon bei VILLARD DE HONNECOURT[255] vor und wird ab dem 16. Jahrhundert häufig erwähnt, etwa bei DÜRER oder RIVIUS[256]: das Prinzip der sog. Quadratur oder 'Vierung über Ort'. Es besteht darin, die Mittelpunkte der Seiten eines Quadrates diagonal miteinander zu verbinden, wodurch ein

250   Der beim Streit um die Höhe der Einwölbung des Mittelschiffs von S. Petronio in Bologna als Gutachter zugezogene Architekt Martino Lunghi lehnte die Anwendung des gleichseitigen Dreiecks für die Proportionierung von S. Petronio zwar ab, erkannte dessen Wert zur Proportionsbestimmung (»la regola del triangulo equilatero«) aber durchaus an (Gaye – zit. Anm. IV 243 –, 499); vgl. Booz 1956, 56; Hecht 1979/1, 114f. – Bekannt ist die in einer Sitzung zum Mailänder Dombau am 1. Mai 1392 aufgeworfene strittige Frage, ob die Höhe der Kirche 'ad triangulum' oder 'ad quadratum' aufsteigen solle (Annali – zit. Anm. IV 244 –, 68); vgl. dazu Roosval 1944; Ackerman 1949; Hecht 1979/1, 161ff.; – es wäre sicherlich falsch, diese Fragen der Proportionierung nur unter ästhetischen Aspekten sehen zu wollen. Für den mittelalterlichen Baumeister stellten Proportionsregeln zugleich auch statische Grundformeln dar; siehe dazu Booz 1956, 65. – Zur Statik gotischer Kathedralen vgl. Robert Mark, Experiments in Gothic structure, Massachusetts 1982.

251   Vgl. z.B. Anm. IV 219; daß die Anwendung geometrischer Systeme notwendig gewesen sei, weil der mittelalterliche Architekt nicht habe maßstäblich zeichnen können, hat Hecht (vgl. Anm. III 206; IV 235) widerlegt.

252   Platon, Menon 82bff.; vgl. Cantor 1907, I 217f.

253   Vitruv IX/Vorrede 4 (1964, 404ff.); vgl. Frankl 1945, 57.

254   Vgl. Anm. IV 246; 247; – Ueberwasser 1935, 255ff.; Velte 1951, 19f.; Csemegi 1954, 33; Hecht 1979/1, 171ff.

255   Hahnloser 1972, Taf. 39; – Ueberwasser 1935, 259ff.; Hecht 1979/1, 201ff.

256   Vgl. Ueberwasser 1935, 261ff.

kleineres, um 45° gedrehtes Quadrat entsteht, dessen Diagonale der Seitenlänge des Grund-quadrates entspricht. Dieser Vorgang ist in beiden Richtungen beliebig wiederholbar. Die Seitenlängen der aufeinanderfolgenden Quadrate verhalten sich wie 1:$\sqrt{2}$:2:2$\sqrt{2}$:4 etc., d. h. sie stehen zueinander jeweils im irrationalen Verhältnis 1:$\sqrt{2}$, während die jeweils übernächsten Quadratseiten das rationale Verhältnis 1:2 ergeben.

Obwohl in den spätgotischen Musterbüchern die *Quadratur* nur als Methode zur Proportionie-rung von Fialen[257] und anderen architektonischen Kleinformen beschrieben wird, konnte ihre Anwendung auch in größeren architektonischen Zusammenhängen festgestellt werden, z. B. anhand stehengebliebener Hilfslinien an der unsignierten Grundrißzeichnung für den Nord-turm des WIENER STEPHANSDOMES (2. Hälfte 15. Jh.)[258].

Auf dem Prinzip der *Quadratur* beruhen die wesentlichen Grundrißproportionen des 1425 begonnenen BERNER MÜNSTERS (Abb. 120, 121)[259]. Der Münsterbaumeister MATTHÄUS ENSINGER wählte als Ausgangsmaß ein Quadrat von 36' (à 30.33 cm) Seitenlänge, entsprechend der lichten Mittelschiffs- bzw. Chorbreite. Der Dreiachtelschluß des Chores wird durch Drehung dieses Quadrats bestimmt, die Länge der Normaljoche sowie Länge und Breite der Seitenschiffjoche ergeben sich aus dessen erster Ableitung. Aus der Seitenlänge des vierten dem Grundquadrat sukzessive eingeschriebenen Quadrates wurde die Tiefe der Seitenkapellen gewonnen usw.

Der Chor der 1471/73 errichteten STADTKIRCHE VON BURGDORF BEI BERN (Abb. 122)[260] ist nach der gleichen Methode entworfen, die ein halbes Jahrhundert später auch LORENZ LACHER seinem Sohn zur Austragung eines Chores empfiehlt (Abb. 123)[261].

Die *Quadratur* wurde bei der schulmäßigen Konstruktion von Gewölben noch am Übergang vom 16. zum 17. Jahrhundert angewandt[262] und läßt sich – natürlich – auch an neugotischen

257 Vgl. Hecht 1979/1, 171ff.; die Tatsache, daß die Fialen am Chor der von Roritzer und seinen Nach-folgern erbauten Kirche St. Lorenz in Nürnberg in ihren Proportionen nicht mit den von Roritzer im *Büchlein von der Fialen Gerechtigkeit* angegebenen übereinstimmen (vgl. Otto Schulz, *Der Chor-bau von St. Lorenz zu Nürnberg und seine Baumeister*, in: Zeitschrift des deutschen Vereins für Kunst-wissenschaft 10/1943, 55–74), erweist Roritzers theoretische Äußerung nicht als starre und obligato-rische Proportionierungsvorschrift, sondern als Darstellung des variabel anwendbaren Prinzips der Quadratur. – Bucher 1976, 78 meint, daß »many objects and designs from the late thirteenth century onwards show that the design theory applied to small works was identical to that used for large structures«.
258 Wien, Akademie der bildenden Künste Nr. 16 872 (vgl. Hans Koepf, *Die gotischen Planrisse der Wie-ner Sammlungen*, Wien/Köln/Graz 1969, 40, Kat.-Nr. 58); vgl. Velte 1951, 36f.; Csemegi 1954, 23f.; Bucher 1968, 59f.; auch die wichtigsten Maße für den Südturm (= Hochturm) des Stephansdomes sind aus dem System der Quadratur gewonnen, vgl. Marlene Zykan, *Zur Baugeschichte des Hoch-turmes von St. Stephan*, in: Wiener Jahrbuch für Kunstgeschichte 23/1970, 28–65, bes. 39ff.
259 Mojon 1967 stellte aufgrund neuer Vermessungen die Verwirklichung der aus der Quadratur gewon-nenen Maße mit hoher Genauigkeit fest.
260 Mojon 1967, 45f.
261 Vgl. Hecht 1979/1, 179ff.
262 Wolf Stromer, der 1589 Stadtbaumeister in Nürnberg wurde, hat ein sog. *Baumeisterbuch* mit Grund-riß- und Gewölbekonstruktionen hinterlassen, die eindeutig die Verwendung der Quadratur bezeu-gen; siehe dazu W. Müller 1975.

120 *Chor des Berner Münsters (Matthäus Ensinger, begonnen 1425)*

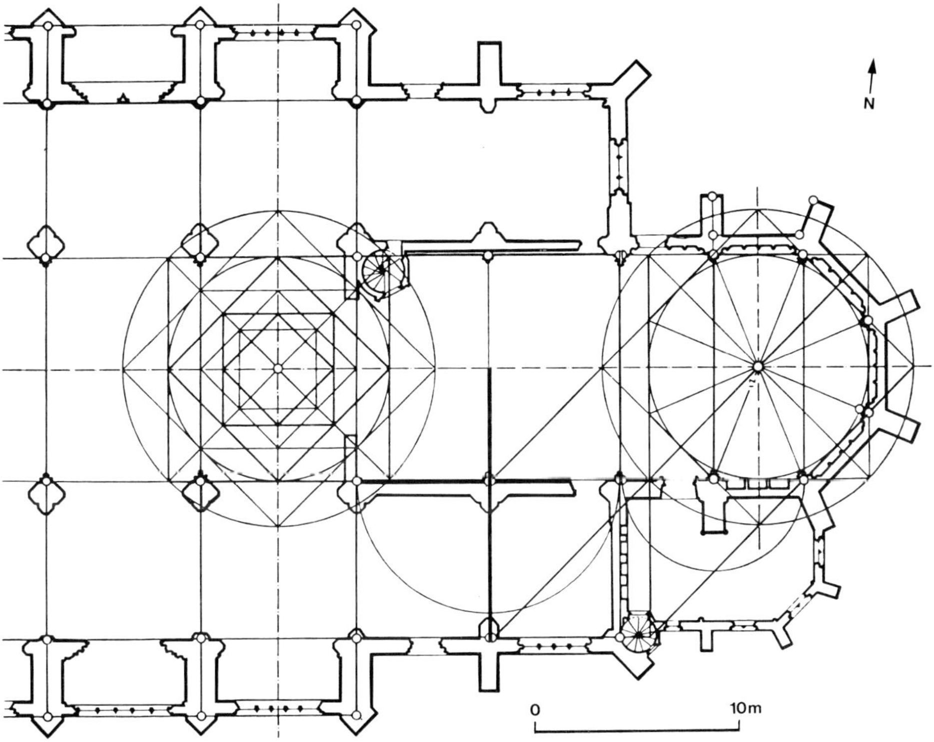

121 Grundriß der Osthälfte des Berner Münsters mit eingezeichneter Quadratur

122 Konstruktionssystem des Chors der Stadtkirche
     in Burgdorf bei Bern (1471/73)

123 Konstruktion eines Chors nach Lorenz Lacher
     (›Underweysungen und Lehrungen für seinen
     Sohn Moritz‹, 1516)

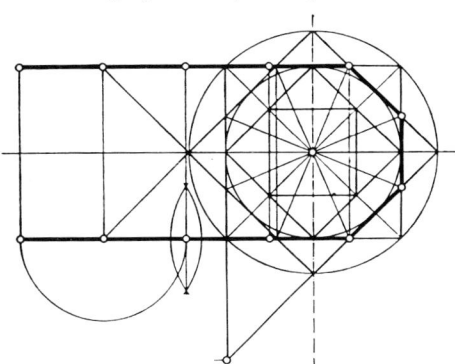

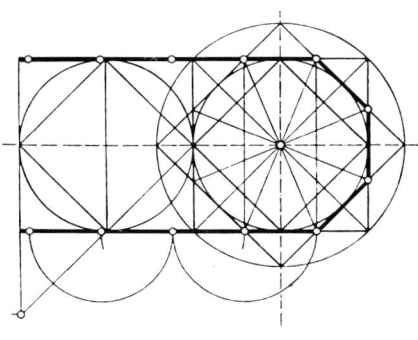

221

Turmkonstruktionen des 19. Jahrhunderts nachweisen[263]. Aber nicht nur in gotischer oder gotisierender Architektur fand die *Quadratur* Verwendung, sondern z. B. auch bei der Anlage französischer Barockgärten[264]. Selbst in der Renaissance trifft man gelegentlich auf die Methode der *Quadratur*[265], die etwa LEONARDO DA VINCI dazu benutzt haben dürfte, die Markierungslinien in seiner Proportionsfigur der in Kreis und Quadrat eingeschriebenen menschlichen Gestalt zu bestimmen (Abb. 29, S. 86)[266].

Das geometrische Grundprinzip der Quadratur, das sukzessive Verkleinern der Grundfigur durch Halbierung ihrer Seiten, gilt auch für andere Polygone, z. B. das gleichseitige Dreieck oder das Fünfeck, das in dieser Form zur Konstruktion des Treppenturmes am Martinsturm des BASELER MÜNSTERS benutzt wurde (Abb. 124, 125)[267]. Die ins Virtuose und Phantastische gesteigerte Variierung dieses geometrischen Konstruktionsprinzips konnte der Kunsthistoriker WALTER UEBERWASSER (1898–1972), dessen Forschungen Wesentliches zur Kenntnis gotischer Bau-Geometrie beigetragen haben[268], an der Serie der spätgotischen 'Basler Goldschmiederisse' nachweisen (Abb. 126)[269].

Führt man die durch fortschreitende Seitenhalbierung eines regelmäßigen Vielecks entstehende Drehung durch, ohne die Figur dabei zu verkleinern, erhält man jeweils *Sternvielecke* von der doppelten Eckenzahl; z. B. entsteht durch Drehung eines Quadrates der Achtstern (Abb. 127e; vgl. Abb. 122, 123), durch Drehung des gleichseitigen Dreiecks der Sechs-Stern

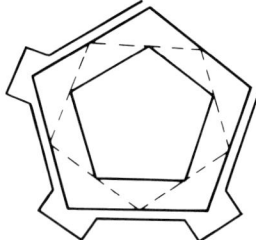

124 Schematischer Grundriß des Treppenturmes am Martinsturm des Baseler Münsters

263 W. Müller 1978/1 konnte nachweisen, daß die Turmkonstruktionen von Friedrich Hoffstadt (vgl. Anm. IV 241) auf das Stromer'sche *Baumeisterbuch* (vgl. Anm. IV 262) zurückgehen.

264 Z. B. C. Estienne/J. Liébault, *L'agriculture et maison rustique*, Paris 1583, 322; D. Marot, *Oeuvres*, Amsterdam 1702; A. J. Dézailler d'Argenville, *La théorie et la pratique du Jardinage*, Paris 1709, Taf. 2 B; siehe dazu Erichsen-Firle 1971, 17 ff., 46 ff.; Abb. 7, 33, 81.

265 Saalman 1959, 98 ff. berichtet von einer Turmkonstruktion bei Filarete, in der die Methode der Quadratur angewandt wird; nach Hellmann 1961 ist auch der Kirchengrundriß von Francesco di Giorgio Martini (hier Abb. 30) mittels der Quadratur entworfen; vgl. Anm. III 75.

266 Hellmann 1960; vgl. Anm. III 31.

267 Velte 1951, 13 ff.

268 Ueberwasser passim (vgl. Bibliographie); siehe dazu Schürenberg 1937, 43.

269 Ueberwasser 1928–30.

125   *Fünfeckiger Treppenturm am Martinsturm des Baseler Münsters (Hans von Nußdorf, Ende 15. Jh.)*

126   *Zwei Grund- und Aufrisse aus den 'Basler Goldschmiederissen'; Variationen über geometrische Grund-*
      figuren nach dem Prinzip stetiger Verjüngung

(Hexagramm) (Abb. 127d) etc. Man wird sich angesichts dieser Figuren der geometrischen Zusammenhänge zwischen regelmäßigen Vielecken und Kreis unmittelbar bewußt: alle Polygone
sind einem Kreis eingeschrieben; ihre Eckpunkte werden bestimmt durch Teilung des Kreisum-
fanges in gleich große Abschnitte. Durch Verbindung des Kreismittelpunktes mit den Polygon-
eckpunkten entstehen Dreiecke, deren Spitzenwinkel sich aus der durch die (Polygon-)Ecken-
zahl geteilten Kreiswinkelsumme (360°) ergeben. So beträgt der Spitzenwinkel des durch Fünfteilung des Kreises gebildeten Dreiecks 72° (Abb. 127c), des durch Sechsteilung gebildeten
(gleichseitigen) 60° (Abb. 127a), des durch Achtteilung gebildeten 45° (Abb. 127b) etc. Über
den Vieleckseiten errichtete gleichschenkelige Dreiecke, deren Spitzen jeweils am gegenüberliegenden Kreisumfang liegen, haben den halben Spitzenwinkel der über derselben Grundlinie
errichteten Dreiecke mit der Spitze im Kreismittelpunkt; z.B. beträgt der Spitzenwinkel des aus
Kreisradien und Quadratseite gebildeten Dreiecks 90° (Abb. 127f), während das über der
Quadratseite errichtete Dreieck mit der Spitze im gegenüberliegenden Acht-Stern-Eck einen

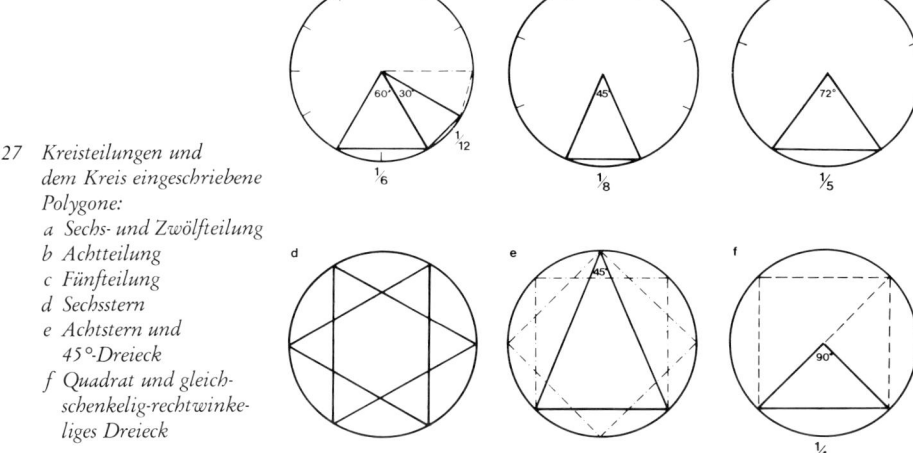

127 Kreisteilungen und
dem Kreis eingeschriebene
Polygone:
a Sechs- und Zwölfteilung
b Achtteilung
c Fünfteilung
d Sechsstern
e Achtstern und
  45°-Dreieck
f Quadrat und gleich-
  schenkelig-rechtwinke-
  liges Dreieck

Spitzenwinkel von 45° hat (Abb. 127e). Alle diese Dreiecke – sowie deren Kombination zu Stern-Figuren – wurden mehr oder weniger überzeugend als Grundlage proportionaler Gestaltung geltend gemacht, wobei eine Unterteilung dieser Dreiecke durch das Fällen von Senkrechten auf den jeweils gegenüberliegenden Dreiecksschenkel zur Gewinnung weiterer Maße postuliert wurde (Abb. 128)[270]. Die Anwendung solcher *Triangulatur*-Methoden konnte allerdings

270 Dehio 1894 und 1895/1 favorisiert das gleichseitige Dreieck; Drach 1897 das sog. π/4-Dreieck (π = die Winkelsumme des Dreiecks = 180°) mit dem Spitzenwinkel von 45°, das verschiedentlich 'Drach'-sches' Dreieck genannt wird; Witzel 1914 führt ein π/5-Dreieck ('Witzel'sches' Dreieck) ein, dessen Spitzenwinkel 36° beträgt. Dieses Dreieck, errichtet über der Fünfeckseite, hängt unmittelbar mit dem Goldenen Schnitt zusammen; Viollet-le-Duc 1854–68 konstatiert neben dem gleichseitigen und dem sog. 'ägyptisch-gleichschenkeligen' (vgl. Anm. III 258) das rechtwinkelig-gleichschenkelige (von Zederbauer 1917 als Prinzip der Harmonie schlechthin angesehene – vgl. Anm. IV 239) Dreieck als Konstruktionsprinzip mittelalterlicher Architektur (vgl. Lyman 1982). – Fiederling 1930 vertritt die Theorie, daß der klassizistische Architekt Friedrich Weinbrenner (1766–1826) zur Dimensionierung von Gesimsen, Balkonen, Fenster- oder Türgewänden rechtwinkelige Dreiecke mit Spitzenwinkeln von meist 30°, 36° oder 45° benutzt habe, deren größere Kathete der doppelten Gebäudehöhe entsprach. – Daß aus der Kreisteilung gewonnene Dreiecks- und Sternfiguren nicht nur die Gliederung von Architektur (vgl. z. B. Grashoff 1938; Geiger 1952; Anm. IV 227), sondern auch die Komposition von Gemälden, insbesondere Altarbildern des 15. und 16. Jahrhunderts 'maßgebend' bestimmen, wurde wiederholt angenommen, z. B. von Ueberwasser 1931–32 (Holbein d. Ä.); id. 1933 (u. a. Giotto); Funk 1938 und jüngst von Kromer 1978; id. 1979 (Grünewald). Das grundsätzliche methodische Problem aller dieser Untersuchungen besteht darin, daß – im Gegensatz zur Architektur – Punkte und Linien der angenommenen geometrischen Konstruktionsfigur nur in den seltensten Fällen eindeutig und überzeugend auch als Schlüsselstellen der Bildkomposition zu verifizieren sind.

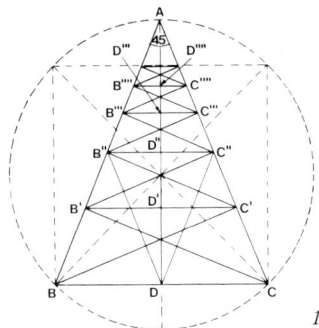

128 *Triangulatur des 45°-Dreiecks*

129 *Chor der Elisabethkirche in Marburg/Lahn (begonnen 1235)* ▷

130 *Elisabethkirche in Marburg/Lahn; Grundriß mit eingezeichnetem gleichseitigem und rechtwinkelig-gleichschenkeligem Dreieck als Bemessungsgrundlage des Chores, nach Tuczek* ▷

nur in den seltensten Fällen glaubhaft nachgewiesen werden[271]. Am ehesten gelang dies für das – hier anhand mehrerer Beispiele vorgestellte – *gleichseitige* und das unmittelbar mit dem Quadrat zusammenhängende *rechtwinkelig-gleichschenkelige Dreieck* (Abb. 127f). So erwies eine sorgfältige Maßuntersuchung an der ELISABETHKIRCHE IN MARBURG (begonnen 1235) (Abb. 129) die Verwendung dieser beiden über einer gemeinsamen Grundlinie errichteten Dreiecke bei der Bemessung des Dreikonchenchores (Abb. 130)[272].

Das gleichseitige Dreieck – darauf wurde schon hingewiesen – ist charakterisiert durch den irrationalen Wert $\sqrt{3}{:}2$ für das Verhältnis der Höhe zur Seitenlänge. Im rechtwinkelig-gleichschenkeligen Dreieck, das man als halbes Quadrat auffassen kann, mißt die Grundlinie das Doppelte der Höhe, während sie zu den Schenkeln im irrationalen Verhältnis $\sqrt{2}{:}1$ steht. Dieses Verhältnis, d. h. das der Quadratdiagonale zur Quadratseite, fand nicht nur während der Gotik im Rahmen der *Quadratur* Verwendung[272a], sondern wurde von VITRUV[273] ebenso geschätzt wie von PALLADIO, der es als einziges irrationales unter den seiner Ansicht nach schönsten Verhältnissen nennt[274]. In seinem VITRUV-Kommentar gibt CESARIANO dafür das Näherungsverhältnis 17:12 (Abb. 131)[275].

271 So konnte z. B. eine angeblich die Verwendung des $\pi/4$-Dreiecks beweisende Blindrillenvorzeichnung (Kletzl 1934, 62; id. 1935, 57) auf einem Grundrißplan des Prager Domchores (Wien, Akademie der bildenden Künste Nr. 16 820 R; vgl. Koepf 1969 – zit. Anm. IV 258 – 36, Kat. Nr. 5 R) nicht verifiziert werden (Hecht 1979/1, 366).

272 Tuczek 1971 stellt fest, daß mit einem nahezu identischen Maß auch die etwa gleichzeitige Liebfrauenkirche in Trier ebenfalls mittels einer Kombination von gleichseitigem und rechtwinkelig-gleichschenkeligem Dreieck bemessen wurde; bei der Entwicklung der Grundrißform spielt dort allerdings auch die Quadratur eine wesentliche Rolle, worauf schon Gall 1951 hingewiesen hat.

272a Natürlich bediente man sich auch im vorgotischen Mittelalter der Quadratdiagonale, die etwa in den romanischen Kathedralen von Ely (Fernie 1979), Winchester (Fernie 1983), der Abteikirche Cluny III (Conant 1963; vgl. Anm. II 180), am Dom von Modena (Casari 1984) oder an Saint-Yved in Braine (McClain 1986) als wesentliches Proportionierungsprinzip nachgewiesen wurde.

273 Vitruv VI/3 (1964, 274) empfiehlt für die Grundrißverhältnisse von Atrien in Privatgebäuden neben den Verhältnissen 5:3 und 3:2 das irrationale Verhältnis $\sqrt{2}{:}1$ (hier Abb. 131).

274 Palladio 1570, I/21; vgl. Wittkower 1969, 88.

275 Cesariano 1969 (zit. Anm. III 29), fol. 98.

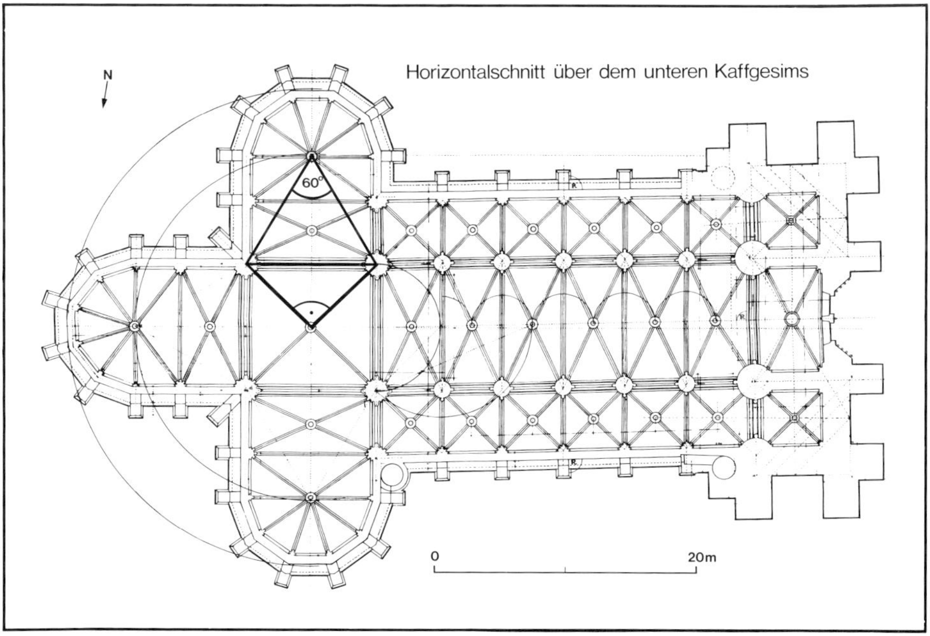

Horizontalschnitt über dem unteren Kaffgesims

N

60°

0   20m

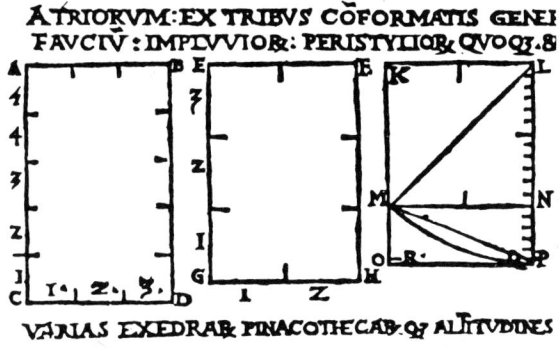

131 Cesare Cesariano: Drei Vorschläge
     zur Proportionierung von Innen-
     höfen, darunter das Näherungsver-
     hältnis 17:12 für den Wert $\sqrt{2}$:1

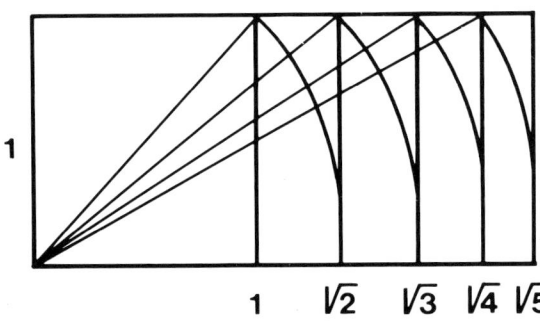

132 Ableitung der irrationalen Werte
     $\sqrt{2}$, $\sqrt{3}$, $\sqrt{4}$ (= 2), $\sqrt{5}$ aus dem Qua-
     drat ('dynamische Vierecksreihe')

133 Dem Quadrat eingeschrie-
     benes gleichschenkeliges
     (sog. 'Knauth'sches') Dreieck

134 Vier dem Quadrat einge-
     schriebene gleichschenkelige
     ('Knauth'sche') Dreiecke

135 Entwurf einer Kirchentür
     nach Serlio (zit. Anm. III
     90) I

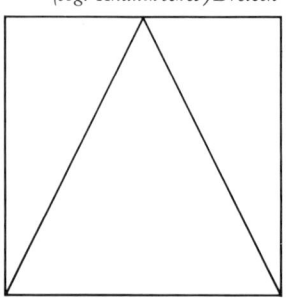

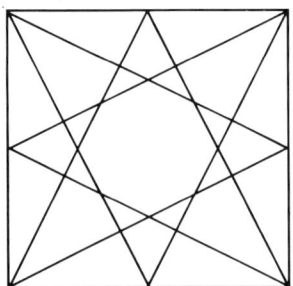

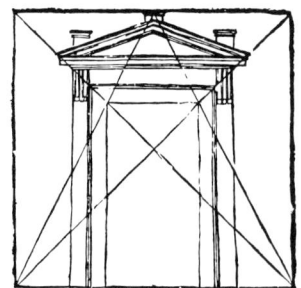

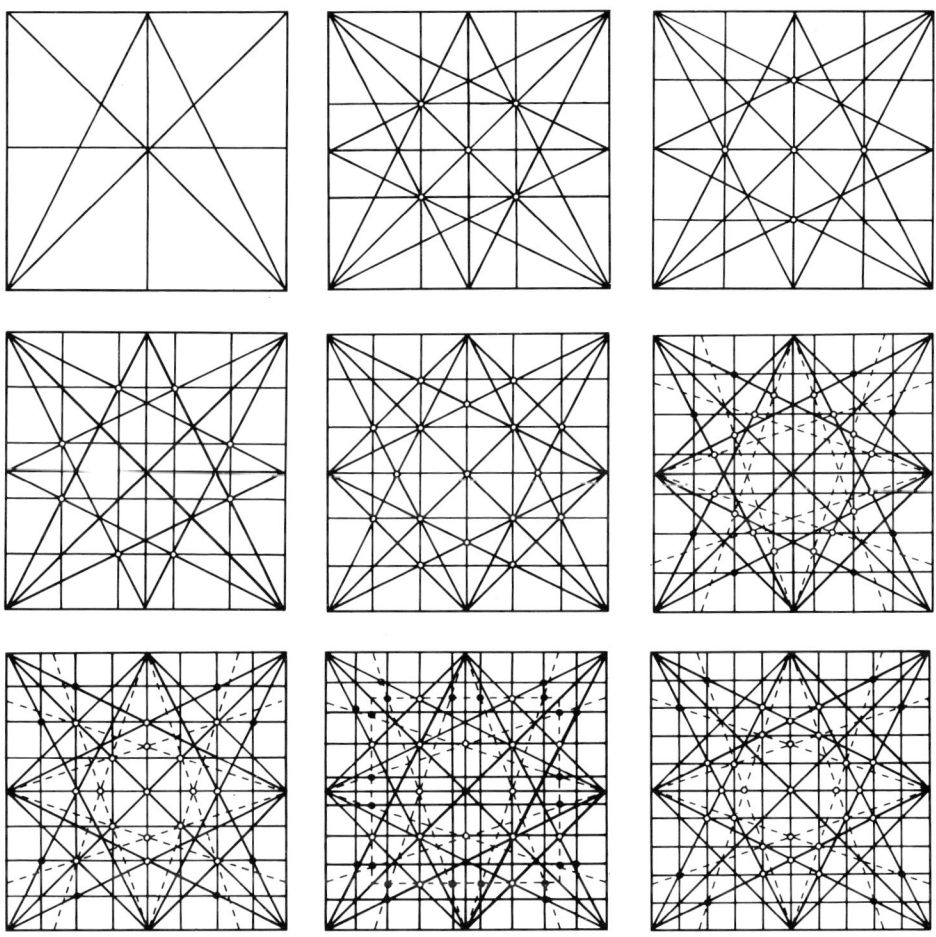

136 Rationale Teilung des Quadrats durch eingezeichnete gleichschenkelige ('Knauth'sche') Dreiecke und Diagonalen: Zweiteilung bis Zehnteilung

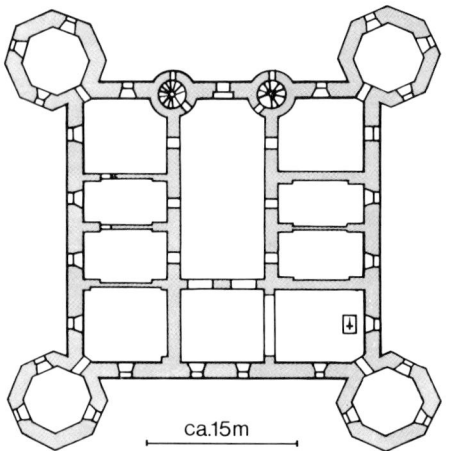

137   Schloß Glücksburg bei Flensburg (Nikolaus Karies, begonnen 1582)

138   Schloß Glücksburg bei Flensburg, Grundriß des
      Erdgeschosses

139   Schloß Glücksburg, Konstruktionsschema, nach
      Müller

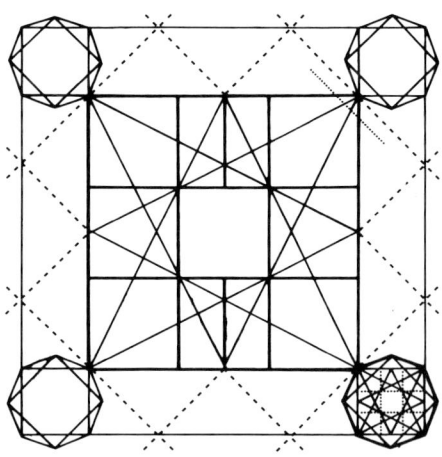

ca.15m

Ein weiterer Zusammenhang zwischen Quadrat und Dreieck stellt eine Verbindung her zwischen rationalen und irrationalen Verhältnissen und führt so zum Ausgangspunkt der in diesem Kapitel angestellten Überlegungen zurück: die Höhe eines dem Quadrat eingeschriebenen gleichschenkeligen Dreiecks, dessen Fußpunkte mit zwei Quadratecken zusammenfallen und dessen Spitze die gegenüberliegende Seite halbiert (Abb. 133), ist gleich seiner Grundlinie und damit der Quadratseite, zu der seine Schenkel im irrationalen Verhältnis $\sqrt{5}:2$ stehen (Abb. 132). Diese geometrische Figur, die aus ernstzunehmenden Gründen als Bemessungsgrundlage des STRASSBURGER MÜNSTERS angenommen wird[276], benutzte – ergänzt um die beiden Quadratdiagonalen – SEBASTIANO SERLIO zur Bestimmung der Proportionen einer Tür (Abb. 135)[277]. Errichtet man dieses eingeschriebene Dreieck über allen vier Quadratseiten (Abb. 134), so lassen sich aus den verschiedenen Schnittpunkten von Dreieckseiten und Quadratdiagonalen alle ganzzahligen Teilungen der Quadratseite bis zur Zehnteilung gewinnen (Abb. 136)[278].

Es mag dahingestellt bleiben, ob diese Vielfalt geometrischer Beziehungen mit den Möglichkeiten der Architektur in Einklang zu bringen ist. Immerhin kann mit ziemlicher Sicherheit behauptet werden, daß eine der einfacheren Figuren dieser Variationsreihe von Quadratteilungen der Grundrißgestaltung des 1583–87 errichteten WASSERSCHLOSSES GLÜCKSBURG BEI FLENSBURG zugrundegelegt wurde (Abb. 137–139)[279]. Die damals vielbeachtete deutsche VITRUV-Ausgabe des WALTHER RYFF (RIVIUS), in der diese Figur enthalten ist[280], mag die Anregung dazu gegeben haben.

Führt das Ende dieser Betrachtung zum Schluß, daß das Wesen der Architektur in der Geometrie liege? Keineswegs. Architektur bedient sich vielmehr des Zähl- und Meßbaren als eines verstandesmäßig zu erfassenden Regulativs, das in die Formfindung wie in die Formwerdung eingeht, ohne sie ausschließlich zu bestimmen. Das Wesen der Kunst geht darüber hinaus.

276 Knauth 1908.
277 Serlio, *Regole* (zit. Anm. III 90); vgl. Hecht 1979/1, 326 f.; – vgl. Kayser 1946, 25. Der Architekturtheoretiker Johann Jakob Schübler (1689–1741) nennt diese Figur, mit der er weitreichende symbolisch-mythologische Spekulationen verbindet, »Damatisches Dreieck«; siehe dazu Golücke 1974, 69 ff.; auch Friedrich Gilly (1772–1800), der Lehrer Schinkels, scheint diese sowie andere geometrische Proportionsfiguren verwendet zu haben; siehe dazu W. Hoffmann 1984. – In variierter Form kommt diese Figur schon bei Villard de Honnecourt (= Hahnloser 1972, Taf. 37) vor und wird von Kayser 1946 harmonikal gedeutet; vgl. dazu die Kritik von Münxelhaus 1976, 182 ff. Der Wiesbadener Baumeister Philipp Hoffmann (1806–1889) verwendet nach Jesberg 1982, 26 ff. noch dieselbe Figur.
278 Knauth 1908, 20 ff.; vgl. Ueberwasser 1935, 262, Abb. 16.
279 Wolfgang Müller 1960.
280 Gualtherus Rivius, *Vitruvius Teutsch . . .*, Nürnberg 1548, Bl. 153; id., *Der furnembsten notwendigsten der gantzen Architectur angehörigen mathematischen und mechanischen Künste eygentlicher Berich und verstendliche Unterrichtung*, Nürnberg 1558 (Nachdruck Hildesheim/New York 1981), III, Bl. 19.

Bibliographie

Es wurde hier versucht, einen Überblick – ohne Anspruch auf Vollständigkeit – über die wichtigste Literatur zu den in den Kapitelüberschriften angesprochenen Themenkreisen zu geben. Speziell zum Problem der Proportionen ist auf die Bibliographie von Graf 1958 zu verweisen; dort angeführte Literatur erscheint bis auf wenige Ausnahmen hier nur, soweit sie in den Anmerkungen zitiert ist.

Auf eine thematische Gliederung dieser Bibliographie wurde verzichtet, weil sich dadurch vielfältige Überschneidungen ergeben hätten und weil das Auffinden der in den Anmerkungen genannten Literatur dadurch erheblich erschwert worden wäre: die hier genannten Titel sind in den Anmerkungen nur mit dem Verfassernamen und dem Erscheinungsjahr der benutzten Ausgabe zitiert. Bei mehrfach aufgelegten Werken ist nach Möglichkeit in der Bibliographie das Erscheinungsjahr der ersten (u. U. auch der letzten) Auflage angegeben. Hier nicht aufgeführt, sondern mit vollständigem Titel in den Anmerkungen zitiert sind Publikationen, die sich nur am Rande mit einem der hier behandelten Themenkreise befassen (z. B. monographische Literatur zu einzelnen Architekturbeispielen).

Ackerman, James S.:
1949   'Ars sine scientia nihil est' – Gothic theory of architecture at the Cathedral of Milan, in: The Art Bulletin 31/1949, 84–111
Ackerman, James S.:
1951   Rezension R. Wittkower, Architectural principles in the Age of Humanism, London 1949, in: The Art Bulletin 33/1951, 195–200
Ackerman, James S.:
1953   Rezension M. Velte, Die Anwendung der Quadratur und Triangulatur bei der Grund- und Aufrißgestaltung der gotischen Kirchen, Basel 1951, in: The Art Bulletin 35/1953, 155–157
Ackerman, James S.:
1954   Architectural practice in the Italian Renaissance, in: Journal of the Society of Architectural Historians 13.3/1954, 3–11
Adam, J.-P.:
1973   Le temple de Héra II a Paestum, in: Revue Archéologique 1973, 219–236
Adler, Leo:
1920   Regelmäßigkeit und Gesetzmäßigkeit in der Architektur, in: Zeitschrift für Ästhetik und allgemeine Kunstwissenschaft 14/1920, 284–288
Adler, Leo:
1926   Vom Wesen der Baukunst. Die Baukunst als Ereignis und Erscheinung, Leipzig 1926
Ahluwalia, J. J. S.:
1970   System of Proportions, in: Japan Architect, Nov. 1970, 103–109
Alberti, Hans-Joachim von:
1957   Maß und Gewicht, Berlin (DDR) 1957
Alberti, Leon Battista:
1877   Kleinere kunsttheoretische Schriften, it. bzw. lat./dt. ed. Hubert Janitschek. Wien 1877 (= Quellenschriften für Kunstgeschichte XI)
Alberti, Leon Battista:
1912   Zehn Bücher über die Baukunst, dt. ed. Max Theuer, Wien/Leipzig 1912 (Nachdruck 1975) Rezension: Flemming 1914

Alberti, Leon Battista:
1966   *L'Architettura (de re aedificatoria),* lat./it. ed. Givanni Orlandi, Mailand 1966
Alberti, Leon Battista:
1975–79   *Faksimileausgabe der* ›De re aedificatoria‹ Florenz 1485; Index verborum, bearbeitet von
               Hans-Karl Lücke, 3 Bde., München 1975–1979
Amaral, C.:
1977   *Harmony and Proportion,* in: Art and Artists, Okt. 1977, 16–21
Anderson, Lawrence B.:
1969   *Der Modul: Maß, Struktur, Wachstum und Funktion,* in: Modul – Proportion – Symmetrie –
               Rhythmus, hg. von György Kepes, Brüssel 1969, 102–117
Andrian, Ferdinand von:
1901   *Die Siebenzahl im Geistesleben der Völker,* in: Mitteilungen der Anthropologischen Gesell-
               schaft in Wien 31/1901, 225–274
Angelis d'Ossat, Guglielmo de:
1958   *Enunciati euclidei e 'divina proporzione' nell' architettura del primo rinascimento,* in: Atti
               del V convegno internazionale di studi sul rinascimento, Florenz 1958, 252–263
Angelis d'Ossat, Guglielmo de:
1961   *Schemi proporzionali del Sanmicheli,* in: Bollettino del Centro internazionale di studi
               di Architettura Andrea Palladio 3/1961, 78–81
Architekt und Ingenieur. Baumeister in Krieg und Frieden, Ausstellungskatalog Wolfenbüttel 1984 (Aus-
1984   stellungskataloge der Herzog August Bibliothek Nr. 42)
Arens, Fritz Victor:
1938   *Das Werkmaß in der Baukunst des Mittelalters, 8.–11. Jahrhundert,* (Diss. Bonn 1936) Würz-
               burg 1938. – Rezension: Kautzsch 1940
Arens, Fritz:
1974   *Gleichgroße Kirchen des 12. Jahrhunderts,* in: Beiträge zur rheinischen Kunstgeschichte und
               Denkmalpflege II, Düsseldorf 1974 (= Die Kunstdenkmäler des Rheinlandes, Beiheft 20:
               Albert Verbeek zum 65. Geburtstag), 81–94
Arens, Fritz:
1977   *Die Maßverhältnisse der Torhalle zu Lorsch und gleichzeitiger Bauten der Umgebung,* in: Die
               Reichsabtei Lorsch. Festschrift zum Gedenken an ihre Stiftung 764, Bd. II, Darmstadt
               1977, 299–317
Arnheim, Rudolf:
1977   *Eine kritische Betrachtung zum Begriff der Proportion,* in: R. A., Zur Psychologie der
               Kunst, Köln 1977, 102–123 (Journal of Aesthetics and Art criticism 14/1955, 44–57)
Arnheim, Rudolf:
1980   *Die Dynamik der architektonischen Form,* Köln 1980
Asche, Kurt:
1982   *Die Architekturzeichnung als historisches Kunstwerk. Peter Behrens und sein System des Rasters,*
               in: forschung. Mitteilungen der DFG 1982.4, 15–17
Assunto, Rosario:
1963   *Die Theorie des Schönen im Mittelalter,* Köln 1963 (2. Aufl. Köln 1982)
Auberson Marron, Luis Manuel:
1963   *El monasterio de San Lorenzo el Escorial y la divina proporcion,* in: El Escorial 1563–1963,
               Bd. 2, Madrid 1963, 252–272

BIBLIOGRAPHIE

Aubert, Marcel:
1960/61   *La construction au Moyen Age,* in: Bulletin monumental 118/1960, 241–259; 119/1961, 7–42, 81–120, 181–209, 297–323
Auer, Hans:
1896   *Rezension G. Dehio, Ein Proportionsgesetz der antiken Baukunst und sein Nachleben im Mittelalter und in der Renaissance, Straßburg 1895,* in: Repertorium für Kunstwissenschaft 19/1896, 188–195
Aurès, M.:
1862   *Nouvelle théorie du module déduite du texte même de Vitruve et application de cette théorie a quelques monuments de l'antiquité grecque et romaine,* Nimes 1862
Bachmann, Erich:
1952   *Rezension M. Velte, Die Anwendung der Quadratur und Triangulatur bei der Grund- und Aufrißgestaltung der gotischen Kirchen, Basel 1951,* in: Zeitschrift für Kunstgeschichte 15/1952, 91–93
Bandmann, Günter:
1951/1   *Ikonologie der Architektur,* in: Jahrbuch für Ästhetik und allgemeine Kunstwissenschaft 1/1951, 67–109
Bandmann, Günter:
1951/2   *Mittelalterliche Architektur als Bedeutungsträger,* Berlin 1951 (10. Aufl. 1994)
              Rezensionen: vgl. Anm. II 78
Bandmann, Günter:
1955   *Rezension H. Beseler/H. Roggenkamp, Die Michaeliskirche in Hildesheim, Berlin 1954,* in: Die Geschichte in Wissenschaft und Unterricht 6/1955, 260
Bandmann, Günter:
1966   *Eine ästhetisch verachtete Epoche,* in: Paul Hübner (Hg.), Deutsche Wissenschaft heute, München 1966, 95–101
Bandmann, Günter:
1968   *Rez. A. Horn-Oncken, Über das Schickliche, Göttingen 1967,* in: arcadia 3/1968, 319–321
Bankel, Hansgeorg:
1983   *Zum Fußmaß attischer Bauten des 5. Jahrhunderts v. Chr.,* in: Mitteilungen des Deutschen Archäologischen Instituts, Athenische Abteilung 98/1983, 65–99
Bankel, Hansgeorg:
1984   *Moduli an den Tempeln von Tegea und Stratos? Grenzen der Fußmaßbestimmung,* in: Archäologischer Anzeiger 1984, 413–430
Bannister, Turpin C.:
1968   *The Constantin Basilica of Saint Peter at Rome,* in: Journal of the Society of Architectural Historians 27.1/1968, 3–32
Baravalle, Hermann von:
1935   *Das Reich geometrischer Formen,* Stuttgart 1935
Baravalle, Hermann von:
1950   *Die Geometrie des Pentagramms und der Goldene Schnitt,* Stuttgart 1950
Bartoli, Lando:
1971/1   *L'unità di misura e il modulo proporzionale nell' architettura del rinascimento,* in: Quaderno 6/1971, 129–137 (Università degli studi di Genova – Facoltà di architettura – Istituto di elementi di architettura e rilievo dei monumenti)

Bartoli, Lando:

1971/2   La 'generazione' albertiana dei rapporti ne 'La Bella Villanella' a Firenze, in: l'arte 13/1971,
                66–81

Bartoli, Lando:

1977   La rete magica di Filippo Brunelleschi, Florenz 1977

Bartoli, Lando:

1981   La chiesa di Santa Maria Novella e il sentimento delle proporzioni nella Società del XIV e XV
                secolo, in: Santa Maria Novella. La basilica, il convento, i chiostri monumentali; ed. Um-
                berto Baldini, Florenz 1981, 53–60

Basin, S. L./Hoggatt, V. E. Jr.:

1963   A Primer of the Fibonacci Sequence, in: The Fibonacci Quarterly 1/1963, 65–72

Battisti, Eugenio:

1973   Un tentativo di analisi strutturale del Palladio tramite le teorie musicali del Cinquecento e
                l'impiego di figure rettoriche, in: Bollettino del Centro internazionale di studi di Architettura
                Andrea Palladio 15/1973, 211–232

Batts, M. S.:

1964   The Origins of Numerical Symbolism and Numerical Patterns in Medieval German Literature,
                in: Traditio 20/1964, 462–471

Bauer, Hermann:

1963   Architektur als Kunst. Von der Größe der idealistischen Architekturästhetik und ihrem Verfall,
                in: Kunstgeschichte und Kunsttheorie im 19. Jahrhundert, Berlin 1963, 133–171

Bauplanung und Bautheorie der Antike. Diskussionen zur archäologischen Bauforschung 4, hrsg. v. Deut-
1984   schen Archäologischen Institut, Bericht über ein Kolloquium, veranstaltet vom Architek-
                turreferat des DAI, Berlin, 16. 11.–18. 11. 1983, Berlin 1984

Beaujouan, Guy:

1961   Le symbolisme des nombres à l'époque romane, in: Cahiers de civilisation médiévale 4/1961,
                159–169

Beaujouan, Guy:

1975   Réflexions sur les rapports entre théorie et pratique au moyen âge, in: The Cultural context of
                medieval Learning. Proceedings of the First International Colloquium on Philosophy,
                Science and Theology in the Middle Ages; North Andover, Mass. 1973; ed. John Emery
                Murdoch/Edith Dudley Sylla, Dordrecht 1975, 437–484

Becker, Oskar:

1936   Die Lehre vom Geraden und Ungeraden im neunten Buch der Euklidischen Elemente, in:
                Quellen und Studien zur Geschichte der Mathematik 3/1936, 533–553

Becker, Oskar:

1951   Rezension B. L. van der Waerden, Ontwakende Wetenschap, Groningen 1950, in: Gnomon
                23/1951, 297–300

Becker, Oskar:

1957/1   Das mathematische Denken der Antike, Göttingen 1957 (2. Aufl. 1966)

Becker, Oskar:

1957/2   Frühgriechische Mathematik und Musiklehre, in: Archiv für Musikwissenschaft 16/1957,
                156–164

Beierwaltes, Werner (Hg.):

1969   Platonismus in der Philosophie des Mittelalters, Darmstadt 1969

Beltrame, Renzo:
1972   *Sul proporzionamento nelle architetture brunelleschiane,* in: l'arte 18–20/1972, 105–120
Bender, Udo:
1984   *Musikalische Proportionen und Zahlenästhetik. Palladios Villen-Architektur im Spiegel der Kunsthistorischen Forschung,* Magister-Arbeit Frankfurt 1984 (masch. schr.)
Benevolo, Leonardo:
1953   *Il tema geometrico di S. Ivo alla Sapienza,* in: Quaderni dell'istituto di storia dell'architettura 3/1953, 1–14 (Facoltà di architettura, Università di Roma)
Benevolo, Leonardo (mit Stefano Chieffi und Giulio Mezzetti):
1968   *Indagine sul S. Spirito di Brunelleschi,* in: Quaderni dell' istituto di storia dell'architettura 85–90/1968, 1–52 (Facoltà di architettura, Università di Roma)
Bense, Max:
1949   *Konturen einer Geistesgeschichte der Mathematik,* Bd. II: Die Mathematik in der Kunst, Hamburg 1949
Bense, Max:
1954–60   *Aesthetica,* 4 Bde., Baden-Baden 1954–1960
Bense, Max:
1969   *Einführung in die informationstheoretische Ästhetik,* Reinbek bei Hamburg 1969 (rde 320)
Berckenhagen, Ekhart:
1955   *Rezension L. Hautecoeur, Mystique et Architecture, Paris 1954,* in: Kunstchronik 8/1955, 41–42
Berger, Ernst:
1980   *Das Basler Parthenon-Modell – Zur Ausstellung »Basel und die Akropolis« in der Skulpturen-halle,* in: Antike Kunst 23/1980, 66–100
Berlage, Hendrik Pieter:
1908   *Grundlagen und Entwicklung der Architektur. Vier Vorträge, gehalten im Kunstgewerbe-museum zu Zürich,* Berlin 1908
Berriman, A. E.:
1953   *Historical Metrology,* London 1953
Betz, Werner:
1965   *Zur Zahlensymbolik im Aufbau des Annoliedes* in: Mediaeval German Studies, presented to Frederick Norman, London 1965, 39–45
Beutelspacher, Albrecht/Petri, Bernhard:
1989   *Der Goldene Schnitt,* Mannheim/Wien/Zürich 1989
Bialostocki, Jan:
1964   *The power of beauty. An utopian idea of Leone Battista Alberti,* in: Studien zur toskanischen Kunst. Festschrift für Ludwig Heinrich Heydenreich zum 23. März 1963, München 1964, 13–19
Bindel, Ernst:
1950–53   *Die Zahlengrundlagen der Musik im Wandel der Zeiten,* 3 Bde., Stuttgart 1950–1953 (Bd. 3 trägt den Titel: *Zur Sprache der Tonarten und der Tongeschlechter)*
Bindewald, Erwin:
1950   *Die Meister aus Dreieck und Quadrat. Zum Ursprung der Steinmetzzeichen,* in: Ex libris 5/1950, 148–152

Binding, Günther:
1985 »*Geometricis et arithmeticis instrumentis.*« *Zur mittelalterlichen Bauvermessung,* in: Jahrbuch der rheinischen Denkmalpflege 30–31/1985, 9–24

Blankenburg, Walter/Elders, Willem:
1979 *Artikel 'Zahlensymbolik',* in: Die Musik in Geschichte und Gegenwart Bd. 16, Kassel/Basel/Tours/London 1979, 1971–1978

Blind, August:
1906 *Maß-, Münz- und Gewichtswesen,* Leipzig 1906

Boeckelmann, Walter:
1956 *Der Widerspruch im St. Galler Klosterplan,* in: Zeitschrift für schweizerische Archäologie und Kunstgeschichte 16/1956, 125–134

Boeckelmann, Walter:
1957 *Zur Konstruktion der Fensterbank- und Leibungsschrägen in der Einhartsbasilika zu Steinbach im Odenwald,* in: Karolingische und ottonische Kunst. Werden – Wesen – Wirkung, Wiesbaden 1957, 141–149 (Forschungen zur Kunstgeschichte und christlichen Archäologie I)

Böhme, Günther:
1980 *Bilden und Bauen. Bildungsphilosophische Bemerkungen zur Stadtkultur,* in: Baukultur 1980. 6, 3–8

Böhme, Günther:
1982 *Urbanität. Ein Essay über die Bildung des Menschen und die Stadt,* Frankfurt/Bern 1982

Bösenberg, Friedrich:
1911 *Harmoniegefühl und Goldener Schnitt,* Leipzig 1911

Boethius, Anicius Manlius Severinus:
1966 *De institutione arithmetica libri duo; De institutione musica libri quinque,* ed. Gottfried Friedlein, (Leipzig 1867) Nachdruck Frankfurt 1966

Boethius: *Geometrie II:* siehe Folkerts 1970

Bollnow, Otto Friedrich:
1961 *Maß und Vermessenheit des Menschen,* Göttingen 1961 (4. Aufl. 1980)

Bonhôte, Jean-Marc:
1971 *Resonance musicale d'une villa de Palladio,* in: Musica disciplina 25/1971, 171–176

Booz, Paul:
1956 *Der Baumeister der Gotik,* (Diss. TH Darmstadt 1952) München/Berlin 1956
    Rezensionen: Busch 1957 Gerstenberg 1958 Haesler 1959
           Funk 1957   Branner 1958

Borinski, Karl:
1914/24 *Die Antike in Poetik und Kunsttheorie* 2 Bde., Leipzig 1914/1924 (Nachdruck Darmstadt 1965)

Borisowski, Georgi:
1967 *Form und Uniform. Die Gestaltung der technischen Umwelt in sowjetischer Sicht,* Stuttgart 1967

Borissavliévitch, Miloutine:
1925 *La science de l'harmonie architecturale,* Paris 1925

Borissavliévitch, Miloutine:
1926 *Les Théories de l'Architecture,* Paris 1926

Borissaviiévitch, Miloutine:

1937   *L'esthétique scientifique – est-elle possible?*, in: Deuxième congrès international d'esthétique et de science de l'art, Paris 1937, Bd. II, 491–495

Borissaviiévitch, Miloutine:

1954   *Traité d'esthétique scientifique de l'architecture*, Paris 1954

Borissaviiévitch, Miloutine:

1958   *The Golden Number and the scientific aesthetics of architecture*, New York 1958

Borsi, Franco:

1967   *Per una storia delle proporzioni*, Florenz 1967

Bracker-Wester, Ursula:

1980   *Das 'Ubiermonument' in Köln. Ein Bauwerk nach gallischem/germanischem Maß*, in: Gymnasium 87/1980, 496–534

Brandmüller, Josef:

1982   *Zum Symmetriebegriff und seiner Bedeutung für Naturwissenschaft und Kunst*, in: Der mathematische und naturwissenschaftliche Unterricht 35/1982, 1–13

Branner, Robert:

1955   *Rezension P. du Colombier, Les Chantiers des cathédrales, Paris 1953*, in: The Art Bulletin 37/1955, 61–65

Branner, Robert:

1957   *A Note on Gothic Architects and Scholars*, in: The Burlington Magazine 99/1957, 372–375

Branner Robert:

1958/1   *Rezension P. Booz, Der Baumeister der Gotik, München/Berlin 1956*, in: The Art Bulletin 40/1958, 265–267

Branner, Robert:

1958/2   *Rezension G. Lesser, Gothic cathedrals and sacred geometry, London 1957*, in: Journal of the society of architectural historians 17.1/1958, 43–53

Branner, Robert:

1963   *Villard de Honnecourt, Reims and the Origins of Gothic Architectural Drawing*, in: Gazette des Beaux-Arts 61/1963, 129–146

Braunfels, Sigrid:

1973   *Vom Mikrokosmos zum Meter*, in: Der vermessene Mensch. Anthropometrie in Kunst und Wissenschaft, München 1973, 43–73, 181–183

Braunfels, Wolfgang:

1957   *Rezension O. v. Simson, The Gothic Cathedral, New York 1956*, in: Kunstchronik 10/1957, 276–281

Braunfels, Wolfgang:

1963–65   *Drei Bemerkungen zur Geschichte und Konstruktion der Florentiner Domkuppel*, in: Mitteilungen des Kunsthistorischen Institutes in Florenz 11/1963–65, 201–226

Breysig, Kurt:

1915   *Die Grundmaße kirchlicher Innenräume und ihre Wirkung auf unser Raumgefühl*, in: Zeitschrift für Ästhetik und allgemeine Kunstwissenschaft 10/1915, 36–67

Brinckmann, Albert Erich:

1915–16   *Baukunst des 17. und 18. Jahrhunders in den romanischen Ländern* (= Handbuch der Kunstwissenschaft), Berlin/Neubabelsberg 1915–1916

Brinckmann, Albert Erich:

1956   *Baukunst. Die künstlerischen Werte im Werk des Architekten,* Tübingen 1956

Brönner, Wolfgang Dieter:

1972   *Blondel-Perrault. Zur Architekturtheorie des 17. Jahrhunderts in Frankreich,* Diss., Bonn 1972

Bruchhaus, Gundolf:

1990   *Proportionen und Harmonie. Maß und Zahl in der Architektur,* in: Architektur-Zusammen-hänge. Festschrift für Gottfried Böhm, hg. von Bruno Kauhsen, München 1990, 79–99

Brunés, Tons:

1967   *The secret of Ancient Geometry,* 2 Bde., Kopenhagen 1967

Brzóska, Maria:

1931   *Anthropomorphe Auffassung des Gebäudes und seiner Teile,* Jena 1931

Bucher, François:

1968   *Design in Gothic Architecture. A Preliminary Assessment,* in: Journal of the Society of Architectural Historians 27.1/1968, 49–71

Bucher, François:

1972/1 *Medieval Architectural Design Methods 800–1560,* in: Gesta 11.2/1972, 37–51

Bucher, François:

1972/2 *The Dresden Sketch-Book of Vault Projection,* in: Évolution générale et developpements régionaux en histoire de l'art. Actes du XXIIe congrès international d'histoire de l'art, Budapest 1969; Bd. 1, Budapest 1972, 527–537

Bucher, François:

1976   *Micro-Architecture as the 'Idea' of Gothic Theory and Style* in: Gesta 15.1/1976, 71–89

Bucher, François:

1979   *Architector. The Lodge Books and Sketchbooks of Medieval Architects,* Bd. 1, New York 1979

Buckland, A. W.:

1896   *Four as sacred number,* in: Journal of the Royal Anthropological Institute of Great Britain and Ireland 25/1896, 96–102

Bukofzer, Manfred:

1942   *Speculative thinking in mediaeval music,* in: Speculum 17/1942, 165–180

Burkert, Walter:

1962   *Weisheit und Wissenschaft. Studien zu Pythagoras, Philolaos und Platon,* Nürnberg 1962 (Erlanger Beiträge zur Sprach- und Kunstwissenschaft 10)

Busch, Karl:

1933   *Neue Beiträge zur Baumaßnorm und Plankonstruktion der deutschen Baukunst des 12. und 13. Jahrhunderts,* in: Architectura 1/1933, 92–96

Busch, Karl:

1935   *Raum- und Zeitgesetze deutscher Kunst,* Berlin 1935

Busch, Karl:

1957   *Rezension P. Booz, Der Baumeister der Gotik, München/Berlin 1956,* in: Das Münster 10/1957, 304

Cali, François:

1965   *Das Gesetz der Gotik. Eine Studie über gotische Architektur,* München 1965

Cantor, Moritz:

1875   *Die römischen Agrimensoren und ihre Stellung in der Geschichte der Feldmeßkunst,* Leipzig 1875 (Nachdruck Wiesbaden 1968)

Cantor, Moritz:
1907/1913   *Vorlesungen über Geschichte der Mathematik*
             Bd. I: *Von den ältesten Zeiten bis zum Jahre 1200 n. Chr.,* 3. Aufl. Leipzig 1907 (1. Aufl. 1880)
             Bd. II: *Von 1200–1668,* 2. Aufl. Leipzig 1913 (Nachdruck New York/Stuttgart 1965)

Carlson, Eric Gustav:
1979   *Rezension L. R. Shelby, Gothic Design Techniques . . ., Carbondale 1977,* in: Speculum 54/1979,
             190–191

Casari, Ettore:
1984   *Osservazioni sulla planimetria del Duomo di Modena: Lanfranco, i quadrati, le diagonali,* in:
             Lanfranco e Willigelmo. Il Duomo di Modena, Modena 1984, 223–226

Caskey, L. D.:
1927   *Rezension E. Mössel, Die Proportion in Antike und Mittelalter, München 1926,* in: American
             Journal of Archeology 2.31/1927, 128

Cassirer, Ernst:
1964   *Philosophie der symbolischen Formen,* 3 Bde., 4. Auflage Darmstadt 1964 (1. Auflage
             1923–1929)

Cavallari Murat, Augusto:
1970   *Le venustá Bramantesca tra razionalismi gotici e Vitruviani,* in: Studi Bramanteschi. Atti del
             congresso internazionale Milano/Urbino/Roma 1970, Rom 1974, 87–116

Cem, Erözü:
1993   *Mimari, Donmus Müziktir,* in: Tasarim (Istanbul) 37/1993, 120–123

Cetto, Annemarie:
1924   *Der Proportionstraktat des Abbé de Saint-Hilarion,* Diss. Köln 1924 (masch. schr.)

Collins, Peter:
1954   *'Modulor',* in: The Architectural Review 116/1954, 5–8 (wiederabgedruckt in: Le Corbusier
             in Perspective, ed. Peter Sereny, Englewood Cliffs, New Jersey 1975, 79–83)

Colombier, Pierre du:
1953   *Les chantiers des Cathédrales,* Paris 1953 (2. Aufl. 1973)
             Rezension: Branner 1955

Conant, Kenneth John:
1957   *New results in the study of Cluny monastery,* in: Journal of the Society of Architectural
             Historians 16.3/1957, 3–11

Conant, Kenneth John:
1958   *Rez. O. v. Simson, The Gothic Cathedral, New York 1956,* in: Speculum 33/1958,
             154–158

Conant, Kenneth John:
1960–61   *Les dimensions systématiques et symboliques à l'église abbatiale de Cluny,* in: Annales de
             l'Académie de Mâcon 45/1960–61, 1–4

Conant, Kenneth John:
1962   *Measurements and proportions of the Great church at Cluny,* in: Beiträge zur Kunstgeschichte
             und Archäologie des Frühmittelalters. Akten zum VII. Internationalen Kongreß für
             Frühmittelalterforschung, 21.–28. September 1958, Graz/Köln 1962, 230–238

Conant, Kenneth John:
1963   *Mediaeval Academy Excavations at Cluny, IX: Systematic Dimensions in the buildings,* in:
             Speculum 38/1963, 1–45

Conant, Kenneth John:
1968/1   *Cluny. Les églises et la maison du chef d'ordre,* Mâcon 1968
Conant, Kenneth John:
1968/2   *The After-live of Vitruvius in the Middle-Ages,* in: Journal of the Society of Architectural
          Historians 27.1/1968, 33–38
Cordes, Gerhard:
1967   *Rezension J. Rathofer, Der Heliand, Köln/Graz 1962,* in: Anzeiger für deutsches Altertum
          und deutsche Literatur 78/1967, 55–79
Coulton, J. J.:
1974   *Towards understanding Greek temple design: The Stylobate and intercolumnations,* in: The
          Annual of the British School at Athens 69/1974, 61–86
Coulton, J. J.:
1975   *Towards understanding Greek temple design: General considerations,* in: The Annual of the
          British School at Athens 70/1975, 59–99
Coulton, J. J.:
1977   *Ancient Greek Architects at Work. Problems of Structure and Design,* Ithaca/New York 1977
Cramer, Johannes:
1984   *Handbuch der Bauaufnahme. Aufmaß und Befund,* Stuttgart 1984
Croll, Gerhard:
1968   *Dufays Festmusik zur Florentiner Domweihe,* in: Österreichische Musikzeitschrift 23/1968,
          538–547
Crosby, Sumner:
1960   *Rez. O. v. Simson, The Gothic Cathedral, New York 1956,* in: The Art Bulletin 42/1960, 149–160
Csemegi, Jószef:
1954   *Die Konstruktionsmethoden der mittelalterlichen Baukunst,* in: Acta Historiae Artium
          Academiae Scientiarum Hungaricae II, Budapest 1954, 15–48
Curtius, Ernst Robert:
1954   *Europäische Literatur und lateinisches Mittelalter,* 2. Aufl. Bern 1954
Curuni, Alessandro:
1976   *Verifica metrologia e schema proporzionale della Torhalle di Lorsch,* in: Roma e l'età carolin-
          gia, Rom 1976, 139–146
Dahlhaus, Carl:
1966   *Harmonie und Harmonietypen,* in: Studium Generale 19/1966, 51–58
Dammann, Rolf:
1964   *Die Florentiner Domweihmotette Dufays (1436),* in: Wolfgang Braunfels, Der Dom von
          Florenz, Olten/Lausanne/Freiburg 1964, 71–85
Dannheimer, Hermann:
1985   *Baumaße einiger frühmittelalterlicher Gebäude aus Bayern,* in: Archäologisches Korrespon-
          denzblatt 15/1985, 515–523
Dehio, Georg:
1894   *Untersuchungen über das gleichseitige Dreieck als Norm gotischer Bauproportionen,* Stuttgart
          1894. – Rezension: Reimers 1894
Dehio, Georg:
1895/1   *Ein Proportionsgesetz der antiken Baukunst und sein Nachleben im Mittelalter und in der
          Renaissance,* Straßburg 1895. – Rezensionen: Auer 1896; Mohrmann 1897/1

Dehio, Georg:

1895/2   *Zur Frage der Triangulation in der mittelalterlichen Baukunst,* in: Repertorium für Kunst-
          wissenschaft 18/1895, 105–111

Deichmann, Friedrich Wilhelm:

1962   *Zu den Proportionen einiger ravennatischer Kirchen,* in: Römische Quartal-Schrift 57/1962,
          68–73

Delius, Hellmut:

1951   *Bemerkungen zu: Julius Posener, Vom Schönen in der Baukunst,* in: Baumeister 48/1951, 181–182

Detoni, Milicia/Kurent, Tine:

1963   *Modularna Rekonstrukcija Emone – The modular reconstruction of Emona,* Ljubljana 1963
          (= Situla 1)

Diels, Hermann/Kranz, Walther (Hg.):

1956   *Die Fragmente der Vorsokratiker,* 3 Bde., 8. Aufl. Berlin 1956

Dilke, O. A. W.:

1971   *The Roman Land Surveyors,* Newton Abbot 1971

Dinsmoor, William Bell:

1961   *The Basis of Greek Temple Design: Asia minor, Greece, Italy,* in: Atti dell settimo Congresso
          internazionale di Archeologia classica, Rom 1961, 355–368

Discher, Camillo Fritz:

1932   *Die deutschen Bauhütten im Mittelalter und ihre Geheimnisse,* Wien 1932

Doberer, Erika:

1973   *Rezension H. R. Hahnloser, Villard de Honnecourt, Graz 1972,* in: Österreichische Zeit-
          schrift für Kunst und Denkmalpflege 27/1973, 199–200

Döcker, Richard:

1947   *Hochbaunormung – Baueinheitsmaß – Maßordnung/Maßordnung im Hochbau (2. Fassung
          des Normenausschusses Württemberg/Baden vom 21. Dezember 1946),* in: Bauen und Woh-
          nen 2/1947, 81–91

Dölger, Franz-Joseph:

1934   *Zur Symbolik des altchristlichen Taufhauses I: Das Oktogon und die Symbolik der Achtzahl,*
          in: F.-J. D., Antike und Christentum IV, Münster 1934, 153–187

Doering, Oskar:

1915–16   *Rezension O. Wolff, Tempelmaße, Wien 1912,* in: Christliche Kunst 12/1915–16, Beilage 4

Dörpfeld, Wilhelm:

1882–90   *Beiträge zur antiken Metrologie,* in: Mittheilungen des deutschen archäolog. Institutes in
          Athen 7/1882, 277–312; 8/1883, 36–56, 342–358; 10/1885, 289–312; 15/1890, 167–187,
          234

Drach, C. Alhard von:

1897   *Das Hütten-Geheimnis vom Gerechten Steinmetzen-Grund in seiner Entwicklung und Bedeu-
          tung für die kirchliche Baukunst des Deutschen Mittelalters dargelegt durch Triangulatur-Stu-
          dien an Denkmälern aus Hessen und den Nachbargebieten,* Marburg 1897
          Rezensionen: Mohrmann 1897/2
                       K. Schaefer 1897

Dürer, Albrecht:

1971   *Unterweisung der Messung.* Faksimile der Ausgabe Nürnberg 1525, ed. Ch. Papesch/A. E.
          Jaeggli, Dietikon/Zürich 1971

Duft, Johannes (Hg.):
1962   *Studien zum St. Galler Klosterplan,* St. Gallen 1962 (Mitteilungen zur vaterländischen Ge-
            schichte 42)
Durach, Felix:
1928   *Das Verhältnis der frühmittelalterlichen Bauhütten zur Geometrie,* (Diss. TH Stuttgart 1928),
            Stuttgart o. J.
Durm, Josef:
1912   *Die Gesetzmäßigkeit der griechischen Baukunst und die daraus sich ableitende, mathematisch
            genaue Rekonstruktion aller Teile des äußeren und inneren Aufbaues des dorischen Peripteral-
            tempels,* in: Zeitschrift des Verbandes deutscher Architekten- und Ingenieurvereine 1/1912,
            189–190, 200–202
Eckhardt, Paul:
1956   *Zur Symbolik der Fünf,* in: Veröffentlichungen des Instituts für harmonikale Forschung 2,
            Hommerich/Köln 1956, 8–12
Edelstein, Heinz:
1929   *Die Musikanschauung Augustins nach seiner Schrift De Musica,*
            Diss. Freiburg 1929
Edwards, Arthur Trystan:
1945   *Style and composition in architecture, an exposition of the canon of number, punctuation and
            inflection,* London 1945
Eggers, Hans:
1960   *Der Goldene Schnitt im Aufbau alt- und mittelhochdeutscher Epen,* in: Wirkendes Wort
            10/1960, 193–203
Ehrenkrantz, Ezra D.:
1969   *Modulare Elemente und Planungsflexibilität,* in: Modul – Proportion – Symmetrie – Rhyth-
            mus, hg. von György Kepes, Brüssel 1969, 118–127
Eichhorn, Albert:
1888   *Die Akustik großer Räume nach altgriechischer Theorie,* Berlin 1888
Eichhorn, Albert:
1899   *Der akustische Maßstab für die Projektbearbeitung großer Innenräume,* Berlin 1899
Eichler, Hans:
1950   *Ein mittelalterlicher Grundriß der Liebfrauenkirche in Trier,* in: Beiträge zur Kunst des Mit-
            telalters. Vorträge der Ersten Deutschen Kunsthistorikertagung auf Schloß Brühl 1948,
            Berlin 1950, 171–174
Eichler, Hans:
1953   *Ein frühgotischer Grundriß der Liebfrauenkirche in Trier,* in: Trierer Zeitschrift 22/1953,
            145–166
Eicken, Hermann:
1918   *Der Baustil. Grundlegung zur Erkenntnis der Baukunst,* Berlin 1918
Einem, Herbert von:
1955   *Der Mainzer Kopf mit der Binde,* Köln und Opladen 1955 (Arbeitsgemeinschaft des Landes
            Nordrhein-Westfalen, Geisteswissenschaften, Heft 37)
Eisler, Rudolf/Roretz, Karl:
1930   *Artikel 'Symbol' und 'Zahl',* in: R. E., Wörterbuch der philosophischen Begriffe, Bd. 3,
            4. Aufl. Berlin 1930, 194–196, 632–642

Endres, Franz Carl:
1951   *Mystik und Magie der Zahlen*, 3. Aufl. Zürich 1951 (neu bearbeitet von Annemarie Schimmel
            unter dem Titel *Das Mysterium der Zahl. Zahlensymbolik im Kulturvergleich*, Köln 1984)
Engelhardt, Wolf von:
1953   *Sinn und Begriff der Symmetrie*, in: Studium Generale 6/1953, 524–535
Erckmann, Fritz:
1907–08   *Sphärenmusik*, in: Zeitschrift der internationalen Musikgesellschaft 9/1907–1908, 417–425
Erichsen-Firle, Ursula:
1971   *Geometrische Kompositions-Prinzipien in den Theorien der Gartenkunst des 16. bis 18. Jahr-*
            hunderts, Diss. Köln 1971
Essenwein, August/Frommann, Karl Georg:
1881   *Hans Schmuttermayer's Fialenbüchlein*, in: Anzeiger f. Kunde d. deutschen Vorzeit. Organ
            des Germanischen Museums (Nürnberg), Neue Folge 28/1881, 65–78; vgl. Shelby 1977
Euclid:
1883–88   *Elementa*, griech./lat. ed. Johan Ludvig Heiberg, 5 Bde., Leipzig 1883–1888
            (2. Aufl., nur mit griech. Text, hg. von E. S. Stamatis, 4 Bde., Leipzig 1969–1973)
Euklid:
1969   *Die Elemente*, dt. ed. Clemens Thaer, 3. Aufl. Darmstadt 1969 (1. Aufl. Leipzig 1933–1937)
Evers, Hans Gerhard:
1939   *Tod, Macht und Raum als Bereiche der Architektur*, München 1939 (2. Aufl. 1970)
Eytelwein, Johann Albert:
1810   *Vergleichung der gegenwärtigen und vormals in den kgl. preuß. Staaten eingeführten Maße*
            und Gewichte mit Rücksicht auf die vorzüglichsten Maße und Gewichte in Europa, 2. Aufl.
            Berlin 1810 (1. Aufl. 1798)
Fagiolo, Marcello:
1970   *La Sindone e l'enigma dell' eclisse*, in: Guarino Guarini e l'internazionalità del Barocco.
            Atti del convegno internazionale promosso dall' accademia delle scienze di Torino 30
            settembre – 5 ottobre 1968, Turin 1970, Bd. II, 205–227
Falus, R.:
1978   *L'Énigme du 'plus beau triangle'*, in: Acta Antiqua Academiae Scientiarum Hungaricae
            26/1978, 405–422
Falus, R.:
1979   *La terminologie grecque du 'rapport' et de la 'proportion'*, in: Acta Antiqua Academiae
            Scientiarum Hungaricae 27/1979, 353–380
Falus, R./Mezös, T.:
1979   *Scales and proportions on Doric buildings*, in: Acta Historiae Artium Academiae Scientiarum
            Hungaricae 25/1979, 281–318
Favier, Henri:
1937   *Retour à une architecture humanisée*, in: Deuxième congrès international d'esthétique et
            de science de l'art, Paris 1937, Bd. II, 434–437
Fechner, Gustav Theodor:
1876   *Vorschule der Ästhetik*, 2 Bde., Leipzig 1876
Feinstein, Diego Horacio:
1977   *Der Harmoniebegriff in der Kunstliteratur und Musiktheorie der italienischen Renaissance*,
            Diss. Freiburg 1977

Feinstein, Diego Horacio:
1988   *Palladio und das Problem der musikalischen Proportionen in der Architektur,* in: Freiburger
            Universitätsblätter 99/1988, 39–52
Feldmann, Fritz:
1957   *Numerorum mysteria,* in: Archiv für Musikwissenschaft 14/1957, 102–129
Fellner, Stefan:
1992   *Numerus sonorus. Musikalische Proportionen und Zahlenästhetik in der Architektur der Jesui-*
            tenmissionen Paraguays am Beispiel der Chiquitos-Kirchen des P. Martin Schmid SJ (1694–1772),
            Diss. TU Berlin 1992 (masch.schr.)
Fergusson, Peter J.:
1979   *Notes on two Cistercian engraved designs,* in: Speculum 54/1979, 1–17
Fernie, Eric:
1976   *The ground plan of Norwich Cathedral, and the square of roof of two,* in: Journal of the
            British Archaeological Association 129/1976, 77–86
Fernie, Eric:
1978   *The proportions of the St. Gall plan,* in: The Art Bulletin 60/1978, 583–589
Fernie, Eric:
1979   *Observations on the Norman Plan of Ely Cathedral,* in: Medieval Art and Architecture at
            Ely Cathedral (The British Archaeological Association Conference Transactions II),
            1979, 1–7
Fernie, Eric:
1982   *St. Anselm's Crypt,* in: Medieval Art and Architecture at Canterbury before 1220 (The
            British Archaeological Association Conference Transactions V), 1982, 27–38
Fernie, Eric:
1983   *The Grid system and the Design of the Norman Cathedral,* in: Medieval Art and Architecture
            at Winchester Cathedral (The British Archaeological Association Conference Transac-
            tions VI), 1983, 13–19
Ferri, Silvio:
1941   *Rezension F. W. Schlikker, Hellenistische Vorstellungen von der Schönheit des Gebäudes, Berlin*
            1940, in: Critica d'arte 6 (N. S. 1)/1941, 97–102
Feulner, Adolf:
1913   *Balthasar Neumanns Rotunde in Holzkirchen. Konstruierte Risse in der Barockarchitektur,*
            in: Zeitschrift für Geschichte der Architektur 6/1913, 155–168
Fiechter, Ernst:
1944   *Raumgeometrie und Flächenproportion,* in: Concinnitas. Beiträge zum Problem des Klas-
            sischen. Heinrich Wölfflin zum 80. Geburtstag am 21. Juni 1944 zugeeignet, Basel 1944,
            59–81
Fiederling, Otto:
1930   *Dimensionierung der architektonischen Glieder, ein Gesetz, abgeleitet aus den Bauten Fried-*
            rich Weinbrenners, (Diss. TH Karlsruhe 1929) Karlsruhe 1930
Fischer, Oskar:
1918   *Orientalische und griechische Zahlensymbolik,* Leipzig 1918
Fischer, Otto:
1934   *Rezension W. Ueberwasser, Von Maß und Macht der alten Kunst, Leipzig/Straßburg/Zürich*
            1933, in: Zeitschrift für Kunstgeschichte 3/1934, 17–18

Fischer, Theodor:
1938   *Zur Analogie optischer und akustischer Sinnesreize,* in: Forschungen und Fortschritte
            14/1938, 13–14
Fischer, Theodor:
1956   *Zwei Vorträge über Proportionen,* 2. Aufl. München 1956 (1. Aufl. 1934)
            Rezensionen: Velden 1934
                         Funk 1957
Fischler, Roger:
1979   *The early relationship of Le Corbusier to the 'golden number',* in: Environment and Planning B,
            1979.6, 95–103
Flasche, Hans:
1949   *Similitudo templi (Zur Geschichte einer Metapher),* in: Deutsche Vierteljahrsschrift für Lite-
            raturwissenschaft und Geistesgeschichte 23/1949, 81–125
Flemming, Willi:
1914   *Rezension L. B. Alberti, 10 Bücher über die Baukunst, dt. ed. M. Theuer, Wien 1912,* in: Zeit-
            schrift für Ästhetik und allgemeine Kunstwissenschaft 9/1914, 138–142
Flemming, Willi:
1916   *Die Begründung der modernen Ästhetik und Kunstwissenschaft durch Leon Battista Alberti,*
            Leipzig/Berlin 1916
            Rezension: Wulff 1919
Folkerts, Menso:
1970   *'Boethius' Geometrie II, ein mathematisches Lehrbuch des Mittelalters,* Wiesbaden 1970
            (= Boethius, Texte und Abhandlungen zur Geschichte der exakten Wissenschaften IX)
Forssman, Erik:
1953   *Rezension M. Velte, Die Anwendung der Quadratur und Triangulatur bei der Grund- und
            Aufrißgestaltung der gotischen Kirchen, Basel 1951,* in: Konsthistorisk Tidskrift 22/1953,
            35–36
Forssman, Erik:
1954   *Rezension R. Wittkower, Architectural Principles in the age of Humanism, London 1952,* in:
            Konsthistorisk Tidskrift 23/1954, 40–41
Forssman, Erik:
1956   *Säule und Ornament. Studien zum Problem des Manierismus in den nordischen Säulenbüchern
            und Vorlageblättern des 16. und 17. Jahrhunderts,* Uppsala 1956 (Acta Universitatis Stock-
            holmiensis, Stockholm Studies in History of Art 1)
Forssman, Erik:
1961   *Dorisch, Ionisch, Korinthisch. Studien über den Gebrauch der Säulenordnungen in der Archi-
            tektur des 16.–18. Jahrhunderts,* Uppsala 1961 (Acta Universitatis Stockholmiensis, Stock-
            holm Studies in History of Art 5)
Forssman, Erik:
1965   *Palladios Lehrgebäude,* Uppsala 1965 (Acta Universitatis Stockholmiensis, Stockholm
            Studies in History of Art 9)
Forssman, Erik:
1973   *Visible Harmony. Palladio's Villa Foscari at Malcontenta,* Stockholm 1973
Forsyth, George H.:
1950   *'Geometricis et Arithmeticis Instrumentis',* in: Archaeology 3/1950, 74–79

Fossi, Mazzino:

1964   *Di un trattato di architettura di Bartolomeo Ammanati,* in: Rinascimento II.4/1964, 93–100

Frank, Erich:

1920–21   *Mathematik und Musik und der griechische Geist,* in: Logos 9/1920–1921, 222–259

Frank, Erich:

1923   *Plato und die sogenannten Pythagoräer,* Halle 1923 (2. Aufl. Tübingen 1962)

Frankl, Paul:

1945   *The secret of the mediaeval masons,* in: The Art Bulletin 27/1945, 46–60

Frankl, Paul:

1960   *The Gothic. Literary Sources and Interpretations through Eight Centuries,* Princeton 1960

Freckmann, Karl:

1965   *Proportionen in der Architektur,* München 1965

Frey, Dagobert:

1937   *Artikel 'Architekturzeichnung',* in: Reallexikon zur deutschen Kunstgeschichte, hg. von Otto Schmitt, Bd. 1, Stuttgart 1937, 992–1013

Frey, Dagobert:

1946   *Wesensbestimmung der Architektur,* in: D. F., Kunstwiss. Grundfragen, Wien 1946, 93–106

Frey, Dagobert:

1949   *Zum Problem der Symmetrie in der bildenden Kunst,* in: Studium Generale 2/1949, 268–278 (Nachdruck in: D.F., Bausteine zu einer Philosophie der Kunst, Darmstadt 1976, 236–259)

Frommel, Christoph Luitpold:

1961   *Die Farnesina und Peruzzis architektonisches Frühwerk,* Berlin 1961 (Neue Münchner Beiträge zur Kunstgeschichte 1)

Fuhrmann, Franz:

1967   *Der Chor der Franziskanerkirche in Salzburg und sein 'Maßgrund',* in: Festschrift Karl Oettinger zum 60. Geburtstag am 4. März 1966 gewidmet, Erlangen 1967, 143–176

Fuhrmann, Franz:

1982   *Der Balderichbau der Abteikirche St. Peter,* in: Studien und Mitteilungen des Benediktiner-Ordens und seiner Zweige 93/1982 (= Festschrift St. Peter zu Salzburg 582–1982), 601–626

Fuhrmann, Franz:

1983   *Der Grundriß der Kollegienkirche und seine Maßverhältnisse,* in: Imagination und Imago. Festschrift Kurt Rossacher, Salzburg 1983, 57–68

Fuhrmann, Franz:

1985   *Die Stadtpfarrkirche zu Unserer Lieben Frau in Schwaz,* in: Festschrift Heinz Mackowitz, Lustenau 1985, 87–94

Fuhrmann, Franz:

1986   *Die Entwicklung des Grundrisses der Salzburger Universitätskirche Fischers von Erlach im Hinblick auf die Maßverhältnisse,* in: Orient und Okzident im Spiegel der Kunst. Festschrift Heinrich Gerhard Franz zum 70. Geburtstag, Graz 1986, 93–114

Funck-Hellet, Charles:

1937   *Le nombre d'or, facteur d'Harmonie et de Symétrie dans la peinture de la Renaissance Italienne,* in: Deuxième congrès international d'esthétique et de science de l'art, Paris 1937, Bd. II, 265–269

Funk, Wilhelm:

1938   *Der Meister des Marthaaltares in der St. Lorenzkirche zu Nürnberg. Maß und Zahl an seinen Altären,* Nürnberg/Berlin 1938. – Rezension: Hoßfeld 1939

Funk, Wilhelm:
1940   *Vom Wissen der alten Meister um das Maß,* in: Der fränkische Baumeister 1940, 54–59
Funk, Wilhelm:
1944   *Lorenz Reinhard Spitzenpfeil und seine Lehre von Maß und Zahl,* Kulmbach o. J. (1944)
Funk, Wilhelm:
1955   *Das rechte Maß bei Albrecht Dürer und bei den alten Meistern,* Nürnberg 1955
            Rezension: Pfister 1957
Funk, Wilhelm:
1957   *Alte und neue Forschungen auf dem Gebiet der Proportionsgesetze,* in: Baumeister 54/1957,
            359–362
Funk, Wilhelm/Lincke, Julius:
1977   *Der Chor von St. Lorenz im 'rechten Maß' der mittelalterlichen Bauhütten,* in: 500 Jahre
            Hallenchor St. Lorenz zu Nürnberg 1477–1977, Nürnberg 1977, 197–212
Gall, Ernst:
1951   *Über die Maße der Trierer Liebfrauenkirche,* in: Form und Inhalt. Kunstgeschichtliche Stu-
            dien Otto Schmitt zum 60. Geburtstag am 13. Dezember 1950 dargebracht von seinen
            Freunden, Stuttgart 1951, 97–104
Gall, Ernst:
1953   *Bauzeichnungen der Gotik,* in: Gestalt und Gedanke, ein Jahrbuch, II. Folge, München
            1953, 126–132
Geiger, Franz:
1952   *Maßverhältnisse der gotischen Kirchen Niederbayerns, besonders der Werke des Landshuter Bau-
            meisters Hans Stethaimer,* in: Verhandlungen d. Hist. Vereins f. Niederbayern 78/1952, 13–71
Geiger, Franz:
1954   *Le Corbusier und sein 'Modulor',* in: Baumeister 51/1954, 523–525
Genzmer, Erich:
1952   *Pondere, numero, mensura,* in: Archivs d'histoire du droit oriental et Revue international
            des droits de l'antiquité 1/1952, 469–494
Gerkan, Armin von:
1937   *Rezension H. Riemann, Zum griechischen Peripteraltempel, Düren 1935,* in: Gnomon
            13/1937, 84–90
Gerkan, Arnim von:
1940   *Der Tempel von Didyma und sein antikes Baumaß,* in: Wiener Jahreshefte 32/1940, 127–150
Gerkan, Arnim von:
1941   *Rezension F. W. Schlikker, Hellenistische Vorstellungen von der Schönheit des Bauwerks, Berlin
            1940,* in: Zentralblatt der Bauverwaltung 61/1941, 619–620
Gerkan, Arnim von:
1957   *Rezension H. Plessner, Sterngeborenes Olympia, Düsseldorf 1956,* in: Gymnasium 64/1957,
            359–364
Gerke, Adelhard OSB:
1973   *Die Benediktinerabtei Corvey,* Paderborn 1973
Gerlach, Peter:
1971   *Schadows Polyklet (1854). Die Bedeutung der Vermessung antiker Statuen für die Proportions-
            lehre,* in: Beiträge zur Theorie der Künste im 19. Jahrhundert, hg. von Helmut Koopmann/
            J. Adolph Schmoll gen. Eisenwerth, Bd. 1, Frankfurt 1971, 161–192

Gerlach, Peter:
1990   *Proportion – Körper – Leben. Quellen, Entwürfe und Kontroversen,* Köln 1990
Germann, Georg:
1972   *Das organische Ganze,* in: Archithese 2/1972, 36–41
Germann, Georg:
1980   *Einführung in die Geschichte der Architekturtheorie,* Darmstadt 1980 (2. Aufl. 1987)
              Rezensionen: Horn-Oncken 1982, Lorenz 1982
Gerstenberg, Kurt:
1958   *Rezension P. Booz, Der Baumeister der Gotik, München/Berlin 1958,* in: Zeitschrift für
              Kunstgeschichte 1958, 61–62
Gessner, Wolfgang:
1948   *Die Sprache der Baukunst. Raum und Gebärde,* Stuttgart 1948
Ghyka, Matila Costiescu:
1931   *Le nombre d'Or,* 2 Bde., 3. Aufl. Paris 1931
Ghyka, Matila Costiescu:
1933   *Influence de la mystique pythagoricienne des Nombres sur le développement de l'Architecture
              Occidental,* in: Actes du XIIIe Congrès intern. d'histoire de l'art, Stockholm 1933, 315–329;
              vgl.: Résumées des Communications pres. au Congrès, Stockholm 1933, 263–265
Ghyka, Matila Costiescu:
1943   *Frozen Music,* in: Horizon 8/1943, 187–194
Ghyka, Matila Costiescu:
1945   *Gothic canons of architecture,* in: The Burlington Magazine 86/1945, 73–76
Ghyka, Matila Costiescu:
1948   *Le Corbusier's Modulor,* in: Architectural Review 103/1948, 39–42
Ghyka, Matila Costiescu:
1977   *The geometry of art and life,* New York 1977 (1. Aufl. 1946)
Giedion, Siegfried:
1956   *Architektur und Gemeinschaft,* Hamburg 1956 (rde 18)
Giesen, Joseph:
1930   *Dürers Proportionsstudien im Rahmen der allgemeinen Proportionsentwicklung,* Bonn 1930
Gietmann, Gerhard:
1903   *Ästhetik der Baukunst,* Freiburg 1903
Gigon, Olof:
1966   *Zum antiken Begriff der Harmonie,* in: Studium Generale 19/1966, 539–547
Goebel, Gerhard:
1984   *Der Grundriß des Tempels der Venus Physizoa und die Vermessung von Kythera,* in: architec-
              tura 14/1984, 139–148
Goetze, Heinz:
1991   *Die Baugeometrie von Castel del Monte,* Heidelberg 1991 (= Sitzungsberichte der Heidel-
              berger Akademie der Wissenschaften, Phil.-hist. Klasse 1991/4)
Golücke, Dieter:
1974   *Die Proportionslehre des Johann Jakob Schübler,* Diss. Berlin 1974
Gori-Montanelli, Lorenzo:
1968   *Il sistema proporzionale dell'interno del duomo di Firenze,* in: Festschrift Ulrich Middeldorf,
              Berlin 1968, Textband 64–72

Graf, Hermann:
1933   *Das Problem der Proportionen in der Kunstgeschichte,* in: Pfälzisches Museum – Pfälzische Heimatkunde 1933, 39–48
Graf, Hermann:
1958   *Bibliographie zum Problem der Proportionen,* Speyer 1958
Grashoff, Ehler Wilhelm:
1938   *Proportionsstudien zur deutschen Baukunst des 16. Jahrhunderts,* in: Zeitschrift des deutschen Vereins für Kunstwissenschaft 5/1938, 142–147
Grassi, Ernesto:
1980   *Die Theorie des Schönen in der Antike,* 2. Aufl. Köln 1980 (1. Aufl. Köln 1962)
Grassl, Ernst/Fisch, Karl Heinz/Anton, Helmut/Grassl, Hans:
1978–81   *Das 'geistige Band' der Natur: Die mathematisch-musikalische Akustik als strukturanalytisches Verfahren,* in: Gegenbaurs morphologisches Jahrbuch 124/1978, 784–841; 125/1979, 100–155, 238–256, 265–297, 443–465; 126/1980, 1–39, 422–446, 500–542, 657–675; 127/1981, 52–81
Gropius, Walter:
1951–52   *Architektur im Zeitalter der Wissenschaft,* in: Der Monat 4/1951–52, 314–318
Grossmann, Ursula:
1954   *Studien zur Zahlensymbolik des Frühmittelalters,* in: Zeitschrift für katholische Theologie 76/1954, 19–54
Grote, Andreas:
1959   *Der vollkommene Architectus,* München 1959
Gruben, Gottfried:
1980   *Die Tempel der Griechen,* 3. Aufl. München 1980 (1. Aufl. 1966)
Gruber, K.:
1959   *Das Maßsystem des St. Galler Klosterplans,* in: Neue Ausgrabungen im nahen Osten, Mittelmeerraum und in Deutschland. Bericht über die Tagung der Koldewey-Gesellschaft, Vereinigung für baugeschichtliche Forschung, in Xanten vom 19.–23. Mai 1959, Bonn 1959, 47–54
Günther, Siegmund:
1875   *Zur Geschichte der deutschen Mathematik im fünfzehnten Jahrhundert,* in: Historisch-literarische Abteilung der Zeitschrift für Mathematik und Physik 20/1875, 1–14, 113–120
Günther, Siegmund:
1887   *Geschichte des mathematischen Unterrichts im deutschen Mittelalter bis zum Jahre 1525,* Berlin 1887 (= Monumenta Germaniae Paedagogica III)
Guillerme, Jacques:
1970   *Notes pour l'histoire de la régularité,* in: Revue d'esthétique 23/1970, 383–394
Haas, Walter:
1962   *Rezension H. Spieß, Maß und Regel, Diss. Aachen 1959,* in: Deutsche Kunst und Denkmalpflege 1962, 73–74
Haase, Julius:
1911–12   *Das Werkmaß in der Tektonik der antiken Völker und seine Nachwirkung in der mittelalterlichen Baukunst,* in: Zeitschrift für Geschichte der Architektur 5/1911–1912, 251–261
Haase, Julius:
1919   *Die Bauhütten des späten Mittelalters, ihre Organisation, Triangulatur-Methode und Zahlensymbolik,* München 1919

Haase, Rudolf:
1958   *Die harmonikale Bedeutung der Zahl 5,* Hommerich 1958 (= Veröffentlichungen des Insti-
            tuts für harmonikale Forschung, 3. Folge)
Haase, Rudolf:
1966   *Grundlagen der harmonikalen Symbolik,* München 1966
Haase, Rudolf:
1967   *Neue Forschungen über Pythagoras,* in: Antaios 8/1967, 401–420
Haase, Rudolf:
1967–68   *Gehörte Normen,* in: Musikerziehung 21/1967–1968, 213–218
Haase, Rudolf:
1968   *Der Goldene Schnitt als harmonikales Problem,* in: Symbolon 6/1968, 212–225
Haase, Rudolf:
1969   *Geschichte des harmonikalen Pythagoreismus,* Wien 1969
Haase, Rudolf:
1973   *Ästhetik und Disposition,* in: Österreichische Musikzeitschrift 28/1973, 167–175
Haase, Rudolf:
1975   *Der mißverstandene Goldene Schnitt,* in: Zeitschrift für Ganzheitsforschung 19/1975, 240–249
Haase, Rudolf:
1980   *Harmonikale Synthese,* Wien 1980 (Beiträge zur harmonikalen Grundlagenforschung Heft 12)
Habicht, Victor Curt:
1916–18   *Die deutschen Architekturtheoretiker des 17. und 18. Jahrhunderts,* in: Zeitschrift für Archi-
            tektur und Ingenieurwesen 62 (N. F. 21)/1916, 1–30, 262–288; 63 (N. F. 22)/1917, 210–243;
            64/1918, 157–184, 201–227
Habicht, Victor Curt:
1933   *Aufgaben der Forschung über die deutschen Bauhütten,* in: Architectura 1/1933, 81–86
Habicht, Victor Curt:
1937   *Artikel 'Architekturtheorie'* in: Reallexikon zur deutschen Kunstgeschichte, hg. von Otto
            Schmitt, Bd. 1, Stuttgart 1937, 959–992
Haesler, . . .:
1959   *Rezension P. Booz, Der Baumeister der Gotik, München/Berlin 1956,* in: Deutsche Kunst und
            Denkmalpflege 1962, 73–74
Hagenmaier, Otto:
1977   *Der Goldene Schnitt,* 4. Aufl. München 1977 (1. Aufl. Ulm 1949)
Hahnloser, Hans Rudolf:
1972   *Villard de Honnecourt. Kritische Gesamtausgabe des Bauhüttenbuches ms. fr. 19093 der Pariser
            Nationalbibliothek,* 2. Aufl. Graz 1972 (1. Aufl. Wien 1935). – Rezensionen: Schürenberg
            1937; Doberer 1973; Samaran 1973; Wüthrich 1974; Shelby 1975; Wirth 1975
Hambidge, Jay:
1924   *The Parthenon and other Greek temples. Their dynamic symmetry,* New Haven 1924
Handschin, Jacques:
1926–27   *Ein mittelalterlicher Beitrag zur Sphärenharmonie,* in: Zeitschrift für Musikwissenschaft
            9/1926–1927, 193–208
Handschin, Jacques
1927   *Die Musikanschauung der Johannes Scotus (Erigena),* in: Deutsche Vierteljahrsschrift für
            Literaturwissenschaft und Geistesgeschichte 5/1927, 316–341

Handschin, Jacques:
1950   The 'Timaeus'-Scale, in: Musica disciplina 4/1950, 3–42
Hanftmann, Bartholomäus:
1906   Ein Meßinstrument Balthasar Neumanns, in: Archiv des Historischen Vereins von Unter-
            franken und Aschaffenburg 48/1906, 236–242
Hanftmann, Bartholomäus:
1930   Die Benediktiner als Architekten bis in die Zeit der Gotik. Ihr Werkschuh zu 0.3329 m, in:
            Studien und Mitteilungen zur Geschichte des Benediktiner-Ordens und seiner Zweige 48
            (N. F. 17)/1930, 229–263
Hardt, Manfred:
1973   Die Zahl in der Divina Commedia, Frankfurt 1973 (= Linguistica et Litteraria 13)
Hardt, Manfred:
1980   Zahlen in literarischen Texten, in: arcadia 15/1980, 225–241
Hartlaub, Gustav Friedrich:
1950   Metrosophie, in: G. F. H., Fragen an die Kunst, Stuttgart 1950, 209–216
Harvey, John:
1972   The mediaeval architect, London 1972
Hasak, Max:
1902   Mittelalterliche Bauzeichnungen, in: Handbuch der Architektur, 2. Teil, Bd. IV, Heft 3,
            Stuttgart 1902, 199–219
Hasak, Max:
1918   Mittelalterliche Hilfslinien beim Entwerfen, in: Zeitschrift für christliche Kunst 31/1918,
            48–50
Haselberger, Lothar:
1980   Werkzeichnungen am Jüngeren Didymeion, in: Istanbuler Mitteilungen 30/1980, 191–215
Haselberger, Lothar:
1983/1   Die Bauzeichnungen des Apollontempels von Didyma, in: architectura 13/1983, 13–26
Haselberger, Lothar:
1983/2   Bericht über die Arbeit am Apollontempel von Didyma, in: Istanbuler Mitteilungen 33/1983,
            90–124
Haubrichs, Wolfgang:
1969   Ordo als Form. Strukturstudien zur Zahlenkomposition bei Otfried von Weißenburg und in
            karolingischer Literatur, Tübingen 1969 (= Hermea 27)
Hautecœur, Louis:
1937   Les proportions mathématiques et l'architecture, in: Deuxième congrès international
            d'esthétique et de science de l'art, Paris 1937, Bd. II, 313–317
Hautecœur, Louis:
1954   Mystique et architecture. Symbolisme du cercle et de la coupole, Paris 1954
            Rezension: Berckenhagen 1955
Hecht, Konrad:
1965   Der St. Galler Klosterplan – Schema oder Bauplan?, in: Abhandlungen der Braunschwei-
            gischen Wissenschaftlichen Gesellschaft 17/1965, 165–205
Hecht, Konrad:
1966   Zur Maßstäblichkeit der mittelalterlichen Bauzeichnung, in: Bonner Jahrbücher 1966,
            253–268

Hecht, Konrad:
1968   *Zur Frage der Proportion in der gotischen Baukunst,* in: Mitteilungen der Technischen Universität Carola-Wilhelmina zu Braunschweig 3/1968, Heft 3/4, 19–27

Hecht, Konrad:
1976   *Maßverhältnisse und Maße der Cappella Pazzi,* in: architectura 6/1976, 148–174

Hecht, Konrad:
1977   *Die Sylvesterkapelle zu Goldbach, ein Schlüsselbau für Maß und Zahl in der Baukunst des frühen Mittelalters,* in: Abhandlungen der Braunschweigischen Wissenschaftlichen Gesellschaft 28/1977, 137–186

Hecht, Konrad:
1978/1   *Eine Fehlinterpretation der Architekturtheorie Leon Battista Albertis,* in: Bericht über die 29. Tagung für Ausgrabungswissenschaft und Bauforschung vom 26.–30. Mai 1976 in Köln – Koldewey-Gesellschaft 1978, 42–54

Hecht, Konrad:
1978/2   *Zur Geometrie des St. Galler Klosterplans,* in: Abhandlungen der Braunschweigischen Wissenschaftlichen Gesellschaft 29/1978, 57–96

Hecht, Konrad:
1979/1   *Maß und Zahl in der gotischen Baukunst,* Hildesheim/New York 1979 (zuerst in: Abhandlungen der Braunschweigischen Wissenschaftlichen Gesellschaft 21/1969, 215–236; 22/1970, 105–263; 23/1971, 25–236)

Hecht, Konrad:
1979/2   *Fußmaß und Maßzahl in der frühmittelalterlichen Baukunst und Wandmalerei des Bodenseegebiets,* in: Schriften des Vereins für Geschichte des Bodensees 97/1979, 1–28

Hecht, Konrad:
1979/3   *Der Westbau der Ellwanger Stiftskirche nach Maß und Zahl,* in: Ellwanger Jahrbuch 27/1977–1978, Ellwangen 1979, 64–77

Hecht, Konrad:
1979/4   *Zum römischen Fuß,* in: Abhandlungen der Braunschweigischen Wissenschaftlichen Gesellschaft 30/1979, 107–137

Heideloff, Carl Alexander:
1844   *Die Bauhütten des Mittelalters in Deutschland,* Nürnberg 1844

Heimberg, Ursula:
1977   *Römische Landvermessung. Limitatio,* Stuttgart 1977

Heinemann, Fritz H.:
1968   *Disproportion as a principle of art,* in: Actes du 5e Congrès international d'esthétique Amsterdam 1964, Den Haag/Paris 1968, 682–685

Heinimann, Felix:
1975   *Maß – Gewicht – Zahl,* in: Museum Helveticum 32/1975, 183–196

Heinz, Dieter:
1969   *Sechs deutsche Barockkirchen. Eine synoptische Studie zu Dimension und Proportion,* in: Saarbrücker Hefte 29/1969, 85–104

Heitz, Carol:
1973   *Mathématique et architecture. Proportions, dimensions systematiques et symboliques dans l'architecture religieuse du Haut Moyen Age,* in: Musica e arte figurativa nei secoli X-XII, Todi 1973, 167–193

Heitz, Carol:
1976   *Symbolisme et architecture. Les nombres et l'architecture religieuse du Haut Moyen age,* in: Simboli e simbologia nell' alto medioevo, Bd. 1, Spoleto 1976, 387–420

Hellgardt, Ernst:
1973   *Zum Problem symbolbestimmter und formalästhetischer Zahlenkomposition in mittelalter-licher Literatur, München* 1973 (= Münchener Texte und Untersuchungen zur deutschen Literatur des Mittelalters 45)

Hellmann, Günter:
1955   *Studien zur Terminologie der kunsttheoretischen Schriften L. B. Albertis,* Diss. Köln 1955 (masch. schr.)

Hellmann, Günter:
1960   *Die Zeichnung Leonardos zu Vitruv,* in: Mouseion. Studien aus Kunst und Geschichte für Otto H. Förster, Köln 1960, 96–98

Hellmann, Günter:
1961   *Proportionsverfahren des Francesco di Giorgio Martini,* in: Miscellanea Bibliothecae Hert-zianae 16/1961, 157–166

Helm, Rudolf:
1952   *Maßverhältnisse vorgeschichtlicher Bauten,* in: Germania 30/1952, 69–76

Hempel, Eberhard:
1948   *Artikel 'Bauhütte',* in: Reallexikon zur deutschen Kunstgeschichte, hg. von Otto Schmitt, Bd. 2, Stuttgart 1948, 23–33

Hernandez, Antonio:
1968   *Jean-Nicolas Durand und die Anfänge einer funktionalistischen Architekturtheorie,* in: Archi-tekturtheorie. Internationaler Kongreß in der TU Berlin, 11.–15. 12. 1967 (Veröffent-lichungen zur Architektur, hg. an der TU Berlin vom Lehrstuhl für Entwerfen VI, Heft Nr. 14, Juni 1968), 133–139

Hernandez, Antonio:
1972   *Grundzüge einer Ideengeschichte der französischen Architekturtheorie* von 1580–1800, (Diss. Basel 1965) Basel 1972

Herrmann, Ferdinand:
1963   *Die Sechs als bedeutsame Zahl. Ein Beitrag zur Zahlensymbolik,* in: Saeculum 14/1963, 351–390

Herrmann, Wolfgang:
1969   *Rezension A. Horn-Oncken, Über das Schickliche, Göttingen 1967,* in: Journal of the Society of Architectural Historians 28. 2/1969, 143–145

Herrmann, Wolfgang:
1976   *Rezension W. Kambartel, Symmetrie und Schönheit, München 1972,* in: architectura 6/1976, 75–77

Hersey, George L.:
1976   *Pythagorean Palaces. Magic and Architecture in the Italian Renaissance,* Ithaca/London 1976
            Rezensionen: Saalman 1977
                              Lorenz 1979

Hertwig, Otto:
1968   *Über geometrische Gestaltungsgrundlagen von Kultbauten des VI. Jahrhunderts v. Chr. zu Paestum,* München 1968

Herz-Fischler, Roger:

1984 *Le Corbusier's "Regulating Lines" for the Villa at Garches (1927) and Other Early Works,* in: Journal of the Society of Architectural Historians 43.1/1984, 53–59

Herzog, Oswald:

1928 *Zeit und Raum das Absolute in Kunst und Natur,* Berlin/Frohnau 1928

Hildebrand, Adolf von:

1969 *Einiges über die Bedeutung von Größenverhältnissen in der Architektur* (zuerst erschienen 1899), in: A. v. H., Gesammelte Schriften zur Kunst, bearbeitet von Henning Bock, Köln und Opladen 1969, 374–379

Hildebrandt, Hans:

1936 *Rezension W. Ueberwasser, Von Maß und Macht der Alten Kunst,* Leipzig/Straßburg/ Zürich 1933, in: Zeitschrift für Ästhetik und allgemeine Kunstwissenschaft 30/1936, 279–280

Die historische Metrologie in den Wissenschaften, hg. von Harald Witthöft (= Siegener Abhandlungen zur

1986 Entwicklung der materiellen Kultur Bd. 3: Sachüberlieferung und Geschichte), St. Katharinen 1986

Hoeber, Fritz:

1906 *Orientierende Vorstudien zur Systematik der Architekturproportionen auf historischer Grundlage,* Frankfurt 1906

Hoeber, Fritz:

1920 *Rezension H. Sörgel, Einführung in die Architektur-Ästhetik, München 1918,* in: Monatshefte für Kunstwissenschaft 1920, 330–333

Hoesli, Bernhard:

1954 *Le Corbusiers Modulor,* in: Werk 41/1954, 15–19

Hoffmann, Volker:

1980 *Bemerkungen zur Verwendung der Säulenordnungen in der französischen Baukunst des 16. Jahrhunderts,* in: Festschrift für Wilhelm Messerer zum 60. Geburtstag, Köln 1980, 205–212

Hoffmann, Wolfgang:

1984 *Zirkel und Lineal. Zur geometrischen Proportion bei Friedrich Gilly,* in: Friedrich Gilly 1772–1800, Ausstellungskatalog Berlin 1984, 65–75

Hoffstadt, Friedrich:

1840 *Gothisches ABC-Buch,* Frankfurt 1840

Hofmann, Josef E.:

1962 *Vom Einfluß der antiken Mathematik auf das mittelalterliche Denken,* in: Antike und Orient im Mittelalter, hg. von Paul Wilpert (= Miscellanea mediaevalia Bd. 1), Berlin 1962, 96–111

Hofmann, Wolfgang:

1973 *Goldener Schnitt und Komposition. Versuch zur Fixierung eines Ordnungsprinzips,* Wilhelmshaven 1973

Holl, Oskar:

1972 *Artikel 'Zahlen, Zahlensymbolik',* in: Lexikon der christlichen Ikonographie Bd. 4, Rom/ Freiburg/Basel/Wien 1972, 560–561

Hopper, Vincent Foster:

1938 *Medieval Number Symbolism,* New York 1938 (Nachdruck 1969)

Horn, Hans:
1938   *Ein Kirchturmstreit befruchtet die Kunstwissenschaft,* Kulmbach o. J. (ca. 1938)
Horn, Walter/Born, Ernest:
1966   *The 'Dimensional Incosistencies' of the Plan of Saint Gall and the Problem of the Scale of the Plan,* in: The Art Bulletin 48/1966, 258–307
Horn, Walter/Born, Ernest:
1975   *On the selective use of sacred numbers and the creation in carolingian architecture of a new aesthetic based on modular concepts,* in: Viator 6/1975, 351–390
Horn, Walter/Born, Ernest:
1979   *The Plan of St. Gall,* 3 Bde., Berkeley/Los Angeles/London 1979
Horn-Oncken, Alste:
1967   *Über das Schickliche. Studien zur Geschichte der Architekturtheorie,* Göttingen 1967 (Abhandlungen der Akademie der Wissenschaften in Göttingen, Philologisch-historische Klasse, Dritte Folge, Nr. 70)
                Rezensionen: Bandmann 1968; W. Herrmann 1969
Horn-Oncken, Alste:
1982   *Rezension G. Germann, Einführung in die Geschichte der Architekturtheorie, Darmstadt 1980,* in: Kunstchronik 35/1982, 215–220
Hornbostel, Erich M. von:
1928   *Die Maßnorm als kulturgeschichtliches Forschungsmittel,* in: Festschrift. Publication d'hommage offerté an P. W. Schmidt, Wien 1928, 303–323
Hoßfeld, Friedrich:
1935   *Rezension W. Ueberwasser, Von Maß und Macht der alten Kunst, Straßburg/Leipzig 1933,* in: Baugilde 17/1935, 288–289
Hoßfeld, Friedrich:
1939   *Das Formgesetz im Kunstwerk,* in: Baugilde 21/1939, 801–805
Howard, Deborah/Longair, Malcolm:
1982   *Harmonic Proportion and Palladio's 'Quattro Libri',* in: Journal of the Society of Architectural Historians 41.2/1982, 116–143
Hüschen, Heinrich:
1949–51   *Artikel 'Artes liberales',* in: Die Musik in Geschichte und Gegenwart, Bd. 1, Kassel/Basel 1949–1951, 737–742
Hüschen Heinrich:
1956   *Artikel 'Harmonie',* in: Die Musik in Geschichte und Gegenwart, Bd. 5, Kassel/Basel 1956, 1588–1614
Hüschen, Heinrich:
1959   *Der Harmoniebegriff im Musikschrifttum des Altertums und des Mittelalters,* in: Bericht über den siebenten internationalen musikwissenschaftlichen Kongreß Köln 1958, Kassel/Basel/London/New York 1959, 143–150
Hüschen, Heinrich:
1966   *Der Harmoniebegriff im Mittelalter,* in: Studium Generale 19/1966, 548–554
Hugot, Leo:
1965   *Die Pfalz Karls des Großen in Aachen,* in: Karl der Große, Lebenswerk und Nachleben, Bd. III: Karolingische Kunst, hg. von Wolfgang Braunfels und Hermann Schnitzler, Düsseldorf 1965, 534–572

Hultsch, Friedrich:
1862   *Griechische und römische Metrologie,* Berlin 1862 (Nachdr. der 2. Aufl. 1882, Graz 1971)
Hultsch, Friedrich (Hg.):
1864–66   *Metrologicorum scriptorum reliquiae,* 2 Bde., Leipzig 1864–1866
Hultsch, Friedrich:
1880   *Das Grundmaß der griechischen Tempelbauten,* in: Archäologische Zeitung 38/1880, 91–98
Hultsch, Friedrich Otto:
1895   *Artikel 'Arithmetica',* in: Paulys Realencyclopädie der classischen Altertumswissenschaft, Neue Bearbeitung hg. von Georg Wissowa, Bd. 3, Stuttgart 1895, 1066–1116
Hultsch, Friedrich Otto:
1910   *Artikel 'Geometria',* in: Paulys Realencyclopädie der classischen Altertumswissenschaft, Neue Bearbeitung hg. von G. Wissowa und W. Kroll, Bd. 13, Stuttgart 1910, 1210–1219
Huntley, H. E.:
1970   *The divine proportion. A Study in Mathematical Beauty,* New York 1970
Iversen, Erik:
1975   *Canon and Proportion in Egyptian Art,* 2. Aufl. Warminster 1975
Jahoda, Gerhard:
1971   *Identische Zahlenstrukturen pythagoreischer Zahlenschemata,* Wien 1971 (Beiträge zur harmonikalen Grundlagenforschung Heft 3)
Jahoda, Gerhard:
1980   *Die Tonleiter des Timaios – Bild und Abbild,* in: Festschrift Rudolf Haase, Eisenstadt 1980, 43–80
Jan, Carl von:
1894   *Die Harmonie der Sphären,* in: Philologus 52 (N. F. 6)/1894, 13–37
Janner, Ferdinand:
1871   *Die Bauhütten des Mittelalters,* in: Jahres-Bericht über das K. Lyceum und über das K. Gymnasium und über die lat. Schule zu Regensburg für das Studienjahr 1870/71, Stadtamhof 1971, 3–16
Janner, Ferdinand:
1876   *Die Bauhütten des deutschen Mittelalters,* Leipzig 1876
Januschke, Richard:
1971   *Berechnung der Form,* Bingen 1971
Jensenius, Jørgen H.:
1988   *Lomen stavkirke. En matematisk analyse / The stave church of Lomen. A mathematical analysis,* Bergen 1988 (= Riksantikvarens Skrifter / Norwegian Antiquarian Bulletin Nr. 5)
Jesberg, Paulgerd:
1977   *Harmonikale Proportionen,* in: Deutsche Bauzeitschrift 9/1977, 1193–1199
Jesberg, Paulgerd:
1982   *Gesetz und Freiheit,* in: Philipp Hoffmann 1806–1889. Ein nassauischer Baumeister, Ausstellungskatalog Wiesbaden 1982, 23–44
Jesberg, Paulgerd:
1987   *Vom Bauen zwischen Gesetz und Freiheit,* Braunschweig/Wiesbaden 1987
Joedicke, Jürgen:
1965   *Anmerkungen zur Theorie des Funktionalismus in der modernen Architektur,* in: Jahrbuch für Ästhetik und allgemeine Kunstwissenschaft 10/1965, 14–24

Jolles, J. A.:
1906   *Vitruvs Ästhetik*, Diss. Freiburg 1906

Jüttner, Werner:
1935   *Ein Beitrag zur Geschichte der Bauhütte und des Bauwesens im Mittelalter*, (Diss. Bonn 1930) Köln 1935

Junecke, Hans:
1970   *Die Meßfigur*, in: Archäologischer Anzeiger 1970, 546–549

Junecke, Hans:
1971   *Die Meßfigur in den Entwürfen für S. Agnese in Piazza Navona*, in: Gerhard Eimer, La Fabbrica di S. Agnese in Navona, Bd. 2, Stockholm 1971, 577–616

Junecke, Hans:
1977/1 *Der Bauvertrag 1704 für das Pariser Hôtel de Pompadour Delamair's als Dokumentation der 'Meßfigur'*, in: Kaleidoskop. Festschrift für Fritz Baumgart, Berlin 1977, 87–112

Junecke, Hans:
1977/2 *Ein Hôtel Le Muets in Paris und die Verbindung von Meßfigur und geometrischer Reihe*, in: Festschrift für Otto von Simson zum 65. Geburtstag, Berlin 1977, 346–378

Junecke, Hans:
1980   *Die Proportionen des Kölner Domes*, in: Kunstspiegel 2/1980, 173–193

Junecke, Hans:
1982   *Die wohlbemessene Ordnung. Pythagoreische Proportionen in der Architektur*, Berlin 1982

Junecke, Hans:
1983   *Proportionen frühchristlicher Basiliken des Balkan im Vergleich von zwei unterschiedlichen Meßverfahren. – Proportionen der Hagia Sophia in Istanbul*, Tübingen 1983

Junecke, Hans:
1987   *Die Proportionen der Villa Foscari nach Palladio und nach der Aufmessung durch Hans Litz*, in: Klassizismus. Epoche und Probleme. Festschrift für Erik Forssman zum 70. Geburtstag, hg. von Jürg Meyer zur Capellen und Gabriele Oberreuter-Kronabel, Hildesheim/Zürich/New York 1987, 171–188

Junecke, Hans:
1991   *Das Maß des Tempels. Untersuchungen der Peripteroi von Paestum*, Berlin 1991

Jung, Carl Gustav:
1948   *Symbolik des Geistes*, Zürich 1948

Junge, Gustav:
1940   *Die pythagoreische Zahlenlehre*, in: Deutsche Mathematik 5/1940, 341–357

Junge, Gustav:
1947–48 *Die Sphären-Harmonie und die pythagoreisch-platonische Zahlenlehre*, in: Classica et Mediaevalia 9/1947–1948, 183–194

Junge, Gustav:
1958   *Von Hippasus bis Philolaos. Das Irrationale und die geometrischen Grundbegriffe*, in: Classica et Mediaevalia 19/1958, 41–72

Juraschek, Franz:
1949   *Der langobardische Fuß und die vorkarolingische Martinskirche in Linz*, in: Archaeologia Austriaca 4/1949, 132–139

Juschkewitsch, Adolf Pavlevic:
1964   *Geschichte der Mathematik im Mittelalter*, Basel 1964
Kambartel, Walter:
1972   *Symmetrie und Schönheit. Über mögliche Voraussetzungen des neueren Kunstbewußtseins in
            der Architekturtheorie Claude Perraults*, München 1972
            Rezension: W. Herrmann 1976
Karlinger, Hans:
1944   *Zahl und Maß*, Wien 1944
Karpinski, Louis C.:
1911   *'Number'*, in: The American Mathematical Monthly 18/1911, 97–102
Kask, Tönis:
1968   *Zum Modulor von Le Corbusier*, in: Detail 1/1968, 16–17
Kask, Tönis:
1971   *Symmetrie und Regelmäßigkeit – französische Architekturtheorie im Grand Siècle*, Basel und
            Stuttgart 1971
Kaufmann, Emil:
1924   *Die Architekturtheorie der französischen Klassik und des Klassizismus*, in: Repertorium für
            Kunstwissenschaft 44/1924, 197–237
Kautzsch, Rudolf:
1940   *Rezension F. V. Arens, Das Werkmaß in der Baukunst des Mittelalters*, Würzburg 1938, in:
            Deutsche Literaturzeitung 61/1940, 959–963
Kayser, Hans:
1946   *Ein harmonikaler Teilungskanon. Analyse einer geometrischen Figur im Bauhüttenbuch des
            Villard de Honnecourt*, Zürich 1946
Kayser, Hans:
1950   *Lehrbuch der Harmonik*, Zürich 1950
Kayser, Hans:
1958   *Paestum. Die Nomoi der drei altgriechischen Tempel zu Paestum*, Heidelberg 1958
Keller, Ludwig:
1898   *Zur Geschichte der Bauhütten und der Hüttengeheimnisse*, Berlin 1898
Keller, Ludwig:
1906   *Die heiligen Zahlen und die Symbolik der Katakomben*, Berlin 1906 (Vorträge und Auf-
            sätze der Comenius-Gesellschaft 14/2)
Kidson, Peter:
1957   *Rezension O. v. Simson, The Gothic Cathedral, New York 1956*, in: The Burlington Maga-
            zine 99/1957, 317–318
Kiemle, Manfred:
1967   *Ästhetische Probleme der Architektur unter dem Aspekt der Informationsästhetik*, Quick-
            born 1967
Kiene, Alfons:
1950   *Die musikalischen Zahlenverhältnisse in der Architektur*, Diss. Hannover 1950
            (masch.schr.)
Kilz, Evelyn:
1992   *Maßgrundlagen und Zahlensymbolik des Gurker Domes*, Dipl.-Arbeit Graz 1992
            (masch.schr.)

Klein, Robert:
1967   *Le Canon Pseudo-Varronien des proportions,* in: Acta Historiae Artium Academiae Scientiarum Hungaricae XIII, Budapest 1967, 177–185

Kletzl, Otto:
1934   *Zur Identität der Dombaumeister Wenzel Parler d. Ä. von Prag und Wenzel von Wien,* in: Wiener Jahrbuch für Kunstgeschichte 9/1934, 43–62

Kletzl, Otto:
1935   *Rezension W. Thomae, Das Proportionenwesen in der Geschichte der gotischen Baukunst und die Frage der Triangulation, Heidelberg 1933,* in: Zeitschrift für Kunstgeschichte 4/1935, 56–63

Kletzl, Otto:
1936   *Zwei Plan-Bearbeitungen des Freiburger Münsterturmes,* in: Oberrheinische Kunst. Jahrbuch der oberrheinischen Museen 7/1936, 15–35

Kletzl, Otto
1938   *Ein Werkriß des Frauenhauses von Straßburg,* in: Marburger Jahrbuch für Kunstwissenschaft 11–12/1938–1939, 103–158

Kletzl, Otto:
1939   *Plan-Fragmente aus der deutschen Dombauhütte von Prag in Stuttgart und Ulm,* Stuttgart 1939 (Veröffentlichungen des Archivs der Stadt Stuttgart, Heft 3)

Kletzl, Otto:
1944   *Die Kressberger Fragmente. Zwei Werkrisse deutscher Hüttengotik,* in: Marburger Jahrbuch für Kunstwissenschaft 13/1944, 129–170

Klimpert, Richard:
1896   *Lexikon der Münzen, Maße, Gewichte, Zählarten und Zeitgrößen aller Länder der Erde,* 2. Aufl. Berlin 1896
            (Nachdruck Graz 1972)

Klopfer, Paul:
1919   *Das räumliche Sehen,* in: Zeitschrift für Ästhetik und allg. Kunstwissenschaft 13/1919, 135–149

Klopfer, Paul:
1940   *Zur Frage der Ästhetik des architektonischen Raumes,* in: Zeitschrift für Ästhetik und allgemeine Kunstwissenschaft 34/1940, 2–32

Klopfer, Paul:
1957   *Rezension O. Schubert, Gesetz der Baukunst, Leipzig 1954,* in: Baumeister 54/1957, 61

Knabe, Peter-Eckhard:
1972   *Schlüsselbegriffe des kunsttheoretischen Denkens in Frankreich von der Spätklassik bis zum Ende der Aufklärung,* Düsseldorf 1972

Knapp, Martin:
1934   *Pentagramma Veneris. Eine historisch-astronomische Studie zum Verständnis alter astronomischer Symbole und ihrer Anwendung,* Basel 1934

Knappitsch, Anton:
1905   *St. Augustins Zahlensymbolik,* Sonderabdruck aus dem Jahresbericht des F.-B. Gymnasiums am Seckauer Diözesan-Knabenseminar in Graz, Graz 1905

Knauth, Joseph:
1908   *Das Strassburger Münster und die Cheopspyramide. Rätsel der Baukunst,* Strassburg 1908

Knell, Heiner:
1985   *Vitruvs Architekturtheorie,* Darmstadt 1985
Knoop, Douglas/Jones, Gwilyn Peredur:
1933   *The mediaeval mason,* Manchester 1933
Knoop, Douglas/Jones, Gwilyn Peredur/Hamer, Douglas (Hg.):
1938   *The two earliest Masonic MSS: The Regius MS (Bibl. Reg. 17 A 1), The Cooke MS (B. M. Add. MS.
            23 298),* Manchester 1938 (= Publications of the University of Manchester Nr. 259)
Koch, Herbert:
1951   *Vom Nachleben des Vitruv,* Baden-Baden 1951 (Deutsche Beiträge zur Altertumswiss. 1)
Koch, Josef (Hg.):
1953   *Humanismus, Mystik und Kunst in der Welt des Mittelalters,* Leiden/Köln 1953
Koch, Josef:
1956   *Die ars coniecturalis des Nikolaus von Cues,* Köln und Opladen 1956 (Arbeitsgemeinschaft
            für Forschung des Landes Nordrhein-Westfalen – Geisteswissenschaften, Heft 16)
Koch, Josef (Hg.):
1959   *Artes liberales. Von der antiken Bildung zur Wissenschaft des Mittelalters,* Leiden/Köln 1959
            (Studien und Texte zur Geistesgeschichte des Mittelalters 5)
Koenigs, Wolf:
1990   *Maße und Proportionen in der griechischen Baukunst,* in: Polyklet. Der Bildhauer der grie-
            chischen Klassik, Ausstellungskatalog Frankfurt 1990, 121–134
Koenigsberger, Dorothy:
1979   *Renaissance Man and Creative Thinking. A History of Concepts of Harmony 1400–1700,*
            Hassocks/Sussex 1979
Koldewey, Robert/Puchstein, Otto:
1899   *Die griechischen Tempel in Unteritalien und Sizilien,* Berlin 1899
Kolk, Dieter:
1967   *Harmonikale Proportionen in der griechischen Architektur,* in: Antaios 8/1967, 458–472
Kolk, Dieter:
1976   *Eine harmonikale Analyse des pythagoreischen Dreiecks,* in: Musik und Zahl, hg. von Günter
            Schnitzler, Bonn/Bad Godesberg 1976, 51–65
Konow, Helma:
1940   *Rezension W. Ueberwasser, Der Freiburger Münsterturm im 'rechten Maß' (in: Oberrheinische
            Kunst 8/1939, 25–36),* in: Zeitschrift für Kunstgeschichte 9/1940, 91
Kossmann, Bernhard:
1925   *Einstens maßgebende Gesetze bei der Grundrißgestaltung von Kirchenbauten,* Straßburg
            1925
Kostof, Spiro (Hg.):
1977   *The Architect. Chapters in the History of the Profession,* New York 1977
Kottmann, Albrecht:
1971   *Das Geheimnis romanischer Bauten. Maßverhältnisse in vorromanischen und romanischen
            Bauwerken,* Stuttgart 1971
            (2. Aufl. Stuttgart 1981)
Kottmann, Albrecht:
1975   *Die Maße am Freiburger Münster,* in: Das Münster 28/1975, 60–63

Kottmann, Albrecht:
1981   *Fünftausend Jahre messen und bauen. Planungsverfahren von der Vorzeit bis zum Ende des Barock,* Stuttgart 1981

Kotraschek, Karl:
1948   *Die Säulenordnungen der Antike und Renaissance,* Wien 1948

Kraemer, Friedrich Wilhelm:
1981   *Von der Wirkung gebauter Form,* in: Der Mensch in der gebauten Umwelt. Schriften der Stiftung Werner-von-Siemens-Ring 8/1981, 24–33

Kranz, Walther:
1938   *Kosmos als philosophischer Begriff frühgriechischer Zeit,* in: Philologus 93/1938, 430–448

Kranz, Walther:
1955–57   *Kosmos,* in: Archiv für Begriffsgeschichte 2/1955–1957

Krauss, Friedrich:
1978   *Paestum – Die griechischen Tempel,* 4. Aufl. Berlin 1978 (1. Aufl. 1941)

Krautheimer, Richard:
1963   *Alberti and Vitruvius,* in: The Renaissance and Mannerism. Studies in Western Art. Acts of the 20th international congress of the history of art, Bd. II, Princeton 1963, 42–52

Kreusch, Felix:
1963   *Das Maß des Engels,* in: Vom Bauen, Bilden und Bewahren. Festschrift für Willy Weyres zur Vollendung seines 60. Lebensjahres, Köln 1963, 61–82

Kreusch, Felix:
1965   *Kirche, Atrium und Portikus der Aachener Pfalz,* in: Karl der Große, Lebenswerk und Nachleben, Bd. III: Karolingische Kunst, hg. von Wolfgang Braunfels und Hermann Schnitzler, Düsseldorf 1965, 463–533

Kreusch, Felix:
1967   *Die Dome zu Trier und Aachen als Memorialbauten,* in: Festschrift für Alois Thomas, Trier 1967, 225–231

Kreusch, Felix:
1974   *Werkrisse und Werkmaß der Chorhalle des Aachener Doms,* in: Beiträge zur rheinischen Kunstgeschichte II, Düsseldorf 1974 (= Die Kunstdenkmäler des Rheinlandes, Beiheft 20, Albert Verbeek zum 65. Geburtstag), 115–136

Kreuzer, Margarete:
1985   *Elias Holl und die Proportion,* in: Elias Holl und das Augsburger Rathaus, Ausstellungskatalog (Augsburg) Regensburg 1985, 55–67

Krings, Hermann:
1940   *Das Sein und die Ordnung. Eine Skizze zur Ontologie des Mittelalters,* in: Deutsche Vierteljahrsschrift für Literaturwissenschaft und Geistesgeschichte 18/1940, 233–249

Krings, Hermann:
1941   *Ordo. Philosophisch-historische Grundlegung einer abendländischen Idee,* Halle 1941

Kristeller, Paul Oskar:
1976   *Das moderne System der Künste,* in: P.O.K., Humanismus und Renaissance Bd. II, München 1976, 164–206 (Journal of the History of Ideas 12/1951, 496–527; 13/1952, 17–46)

Kromer, Joachim:
1978   *Matthias Grünewald. Die Schlüsselkompositionen seiner Tafeln,* Baden-Baden 1978 (Studien zur deutschen Kunstgeschichte 356)

Kromer, Joachim:

1979   *Die Entwicklung der Schlüsselkompositionen in der spätmittelalterlichen Kunst um 1500,* Baden-Baden 1979 (Studien zur deutschen Kunstgeschichte 357)

Kruft, Hanno-Walter:

1985/1   *Geschichte der Architekturtheorie. Von der Antike bis zur Gegenwart,* München 1985

Kruft, Hanno-Walter/Lepik, Andreas-René:

1985/2   *Das Geometrie- und Meßbuch von Elias Holl,* in: architectura 15/1985, 1–12

Kubach, Hans Erich:

1953   *Rezension M. Velte, Die Anwendung der Quadratur und Triangulatur bei der Grund- und Aufrißgestaltung der gotischen Kirchen, Basel 1951,* in: Kunstchronik 6/1953, 280–281

Kubler, George:

1944   *A Late Gothic Computation of Rib Vault Thrusts,* in: Gazette des Beaux-Arts 26/1944, 135–148

Kükelhaus, Hugo:

1934   *Urzahl und Gebärde – Grundzüge des kommenden Maßbewußtseins,* Berlin 1934 (2. Aufl. 1963)

Kuhn, Friedrich:

1966–68   *Schriftreihe für Vermessung des Altertums I–III,* Ottobeuren 1966–1968

Kuhn, Thomas S.:

1978   *Die Entstehung des Neuen. Studien zur Struktur der Wissenschaftsgeschichte,* hg. von Lorenz Krüger, Frankfurt 1978

Kunz, Ludwig:

1930   *Der Goldene Schnitt als byzantinische Bauproportion,* Diss. TH Stuttgart 1930

Kytzler, Bernhard:

1959   *Die Weltseele und der musikalische Raum,* in: Hermes 87/1959, 393–414

Langlebert, M.:

1969   *La cathedrale d'Amiens. Les modules, le nombre d'or, le tracé de l'ensemble absidial,* in: Bulletin trimestriel de la societé des antiquaires de Picardie 1969, 87–95

Langosch, Karl:

1970   *Komposition und Zahlensymbolik in der mittellateinischen Dichtung,* in: Methoden in Wissenschaft und Kunst des Mittelalters, Berlin 1970, 106–151 (= Miscellanea mediaevalia 7)

Le Corbusier:

1962   *An die Studenten. Die 'Charte d'Athènes',* Reinbek bei Hamburg 1962 (rde 141)

Le Corbusier:

1978   *Der Modulor. Darstellung eines in Architektur und Technik allgemein anwendbaren harmonischen Maßes im menschlichen Maßstab,* 3. dt. Aufl. Stuttgart 1978 (frz. Erstausgabe 1950)

Le Corbusier:

1979   *Der Modulor 2. Das Wort haben die Benützer,* Stuttgart 1979 (frz. Erstausgabe 1955)

Lehmann, Edgar:

1955   *Rezension H. Beseler/H. Roggenkamp, Die Michaeliskirche in Hildesheim, Berlin 1954,* in: Deutsche Literaturzeitung 76/1955, 445–449

Lehmann, Friedrich:

1956   *Der proportionale und der maximale Stil,* in: Baumeister 53/1956, 897

Lehmann-Haupt, C. F.:

1931   *Nachwort zu Nowotnys Metrologischen Nova,* in: Klio 24 (N. F. 6)/1931, 295–305

Leonhardt, Fritz:

1947   *Über die Notwendigkeit einer Maßordnung im Hochbau,* in: Bauen und Wohnen 3/1947, 79–81

Leonhardt, Fritz:
1981   *Ästhetik als eine Grundforderung für die gebaute Umwelt*, in: Der Mensch in der gebauten
            Umwelt. Schriften der Stiftung Werner-von-Siemens-Ring 8/1981, 10–23
Lesser, George:
1957   *Gothic Cathedrals and sacred geometry*, 3 Bde., London 1957
            Rezension: Branner 1958/2
Linnenkamp, Rolf:
1961   *Die Pazzi-Kapelle, ein unbekanntes Proportionssystem Brunelleschis*, in: Deutsche Bauzeitung
            66/1961, 277–279
Lippold, Gottfried:
1927   *Rezension E. Mössel, Die Proportion in Antike und Mittelalter, München 1926*, in: Orien-
            talische Literaturzeitung 30/1927, 558–560
Lipps, Theodor:
1966   *Raumästhetik und geometrisch-optische Täuschungen*, (Leipzig 1897) Amsterdam 1966
Lodewig, F.:
1954   *Rezension K. Wieninger, Grundlagen der Architekturtheorie, Wien 1950*, in: Schweizerische
            Technische Zeitschrift 51/1954, 396–400
Lorenz, Hellmut:
1979   *Rezension G. L. Hersey, Pythagorean Palaces, Ithaca/London 1976*, in: Zeitschrift für Kunst-
            geschichte 42/1979, 305–309
Lorenz, Hellmut:
1982   *Rezension G. Germann, Einführung in die Geschichte der Architekturtheorie, Darmstadt 1980*,
            in: Zeitschrift für Kunstgeschichte 45/1982, 297–302
Lorenzen, Eivind:
1966   *Technological studies in ancient metrology*, Kopenhagen 1966
Lotze, Hermann:
1868   *Geschichte der Ästhetik in Deutschland*, München 1868 (= Geschichte der Wissenschaften in
            Deutschland 7)
Lowic, Lawrence:
1982   *Francesco di Giorgio on the Design of Churches: The Use and Significance of Mathematics in
            the Trattato*, in: architectura 12/1982, 151–163
Ludovici, Johann Wilhelm:
1941   *Zur Wahl des richtigen Modul*, in: Der soziale Wohnungsbau in Deutschland 1/1941,
            453–465
Ludwich, Arthur(us):
1914   *Zahlensymbolik in griechischen Sakralbauten*, Regimontii (Königsberg) 1914
Lund, Frederic Macody:
1921   *Ad quadratum, a study of the geometrical bases of classic and mediaeval religious architecture*,
            2 Bde., London 1921
Lurcat, André:
1953   *Formes, Composition et Lois d'Harmonie. Elements d'une science de l'esthétique architecturale*,
            3 Bde., Paris 1953
Lurker, Manfred:
1966   *Der Kreis als symbolischer Ausdruck der kosmischen Harmonie*, in: Studium Generale
            19/1966, 523–533

Lurker, Manfred:
1974   *Symbol, Mythos und Legende in der Kunst*, 2. Aufl. Baden-Baden 1974
Lyman, Thomas W.:
1982   *Saint Sernin, Viollet le Duc et la théorie de l'harmonie des proportions*, in: Gazette des Beaux-
            Arts 124/1982, 227–239
Maillard, Elisa:
1937   *Recherches sur l'emploi du nombre d'or per les artistes du moyen age*, in: Deuxième congrès
            international d'esthétique et de science de l'art, Paris 1937, Bd. II, 262–265
Martin, Gottfried:
1953   *Platons Lehre von der Zahl und ihre Darstellung durch Aristoteles*, in: Zeitschrift für philo-
            sophische Forschung 7/1953, 191–203
Martin, Gottfried:
1956   *Klassische Ontologie der Zahl*, Köln 1956 (= Kantstudien, Ergänzungsheft 70)
Maß und Messen. Ausstellung aus Anlaß der Gründung der Physikalisch-Technischen Reichsanstalt am
1987   28. März 1887, Braunschweig/Berlin 1987
McClain, Jeoragldean:
1986   *Observations on the Geometric Design of Saint-Yved at Braine*, in: Zeitschrift für Kunst-
            geschichte 49/1986, 92–95
Meckseper, Cord:
1983   *Über die Fünfeckkonstruktion bei Villard de Honnecourt und im späteren Mittelalter*, in: ar-
            chitectura 13/1983, 31–40
Mennié, Louis:
1968   *L'architecture et la géométrie. Symétries et rhythmes harmoniques*, Paris 1968
Menninger, Karl:
1952   *Mathematik und Kunst*, in: Mathematisch-physikalische Semesterberichte 2/1952, 170–178
Menninger, Karl:
1957–58   *Zahlwort und Ziffer. Eine Kulturgeschichte der Zahl*, 2 Bde.,
            Göttingen 1957 und 1958
Menninger, Karl:
1959   *Mathematik und Kunst*, Göttingen 1959
Mensura. Maß, Zahl, Zahlensymbolik im Mittelalter, hg. von Albert Zimmermann, Bd. 1 Berlin/New York
1983/84   1983, Bd. 2 Berlin/New York 1984
Mertens, Dieter:
1981   *Entgegnung zu den Entwurfshypothesen von J. J. de Waele, AA 1981*, in: Archäologischer
            Anzeiger 1981, 426–430
Mertens, Dieter:
1984   *Der Tempel von Segesta und die dorische Tempelbaukunst des griechischen Westens in klassi-
            scher Zeit*, Mainz 1984 (= Sonderschriften des Deutschen Archäologischen Instituts Rom 6)
Mertens, Klaus:
1969   *Barockarchitektur und Säulenordnung*, in: Wissenschaftliche Zeitschrift der Technischen
            Universität Dresden 18/1969, 21–30
Metzger, Wolfgang:
1975   *Gesetze des Sehens*, 3. Aufl. Frankfurt 1975 (1. Aufl. 1936)
Meyer, Bonaventura OSB:
1932   APMONIA. Bedeutungsgeschichte des Wortes von Homer bis Aristoteles, Zürich 1932

Meyer, Heinz:
1975   *Die Zahlenallegorese im Mittelalter*, München 1975
Meyer, Heinz/Suntrup, Rudolf:
1987   *Lexikon der mittelalterlichen Zahlenbedeutungen*, München 1987 (= Münstersche Mittelalter-
            Schriften, Bd. 56)
Meyer-Barkhausen, Werner:
1956   *Rezension H. Beseler/H. Roggenkamp, Die Michaeliskirche in Hildesheim, Berlin 1954*, in:
            Wallraf-Richartz-Jahrbuch 18/1956, 268–273
Michel, Paul-Henri:
1934   *L'esthétique arithmétique du Quattrocento: Une application des médiétés pythagoriciennes a
            l'esthétique architecturale*, in: Mélanges de Philologie, d'histoire et de littérature offerts
            à Henri Hauvette, Paris 1934, 181–189
Michel, Paul-Henri:
1950   *De Pythagore à Euclide*, Paris 1950
Millech, Knud:
1954   *Die Architekturästhetik der italienischen Renaissance*, in: Schweizerische Technische Zeit-
            schrift 51/1954, 385–394
Millon, Henry:
1958   *The architectural theory of Francesco di Giorgio*, in: The Art Bulletin 40/1958, 257–261
Millon, Henry:
1970   *La Geometria nel Linguaggio architettonico del Guarini*, in: Guarino Guarini e l'internazio-
            nalità del Barocco. Atti del convegno internazionale promosso dall' Accademia delle
            scienze di Torino 30 settembre – 5 ottobre 1970, Bd. II, Turin 1970, 35–60
Millon, Henry:
1972   *Rudolf Wittkower, Architectural Principles in the Age of Humanism: Its Influence on the
            Development and Interpretation of Modern Architecture*, in: Journal of the Society of Archi-
            tectural Historians 31.2/1972, 83–91
Mitzscherling, Arthur:
1913   *Das Problem der Kreisteilung*, Leipzig/Berlin 1913
Mössel, Ernst:
1926   *Die Proportion in Antike und Mittelalter*, München 1926
            Rezensionen: Strzygowski 1926   Lippold 1927
                         Caskey 1927   Seeßelberg 1927
Mössel, Ernst:
1931   *Urformen des Raumes als Grundlage der Formgestaltung*, München 1931
Mössel, Ernst:
1938   *Vom Geheimnis der Form und der Urform des Seins*, Stuttgart 1938
            Rezension: Hoßfeld 1939
Mohrmann, Karl:
1897/1   *Ein Proportionsgesetz der antiken Baukunst*, in: Centralblatt der Bauverwaltung 17/1897,
            66–67
Mohrmann, Karl:
1897/2   *Rezension C. A. v. Drach, Das Hütten-Geheimnis vom gerechten Steinmetzen-Grund, Mar-
            burg 1897*, in: Centralblatt der Bauverwaltung 17/1897, 192

Mojon, Luc:
1967   *Der Münsterbaumeister Matthäus Ensinger,* Bern 1967 (Berner Schriften zur Kunst 10)
Morgan, B. G.:
1961   *Canonic Design in English Mediaeval Architecture. The Origins and Nature of Systematic Architectural Design in England 1215–1515,* Liverpool 1961
Moritsch, Astrid:
1988   *Die musikalischen Proportionen an den venezianischen Kirchenbauten Palladios,* Diss. Graz 1988 (masch.schr.)
Morris, Robert:
1739   *An Essay upon Harmony,* London 1739 (Nachdruck 1971)
Most, William G.:
1951   *The scriptural basis of St. Augustine's arithmology,* in: The Catholic Biblical Quarterly 13/1951, 284–295
Mühlmann, Heiner:
1970   *Über den humanistischen Sinn einiger Kerngedanken der Kunsttheorie seit Alberti,* in: Zeitschrift für Kunstgeschichte 33/1970, 127–142
Mühlmann, Heiner:
1981   *Ästhetische Theorien der Renaissance. Leon Battista Alberti,* Bonn 1981
Müller, Johann Heinrich:
1967   *Das regulierte Oval. Zu den Ovalkonstruktionen im Primo Libro di Architettura des Sebastiano Serlio, ihrem architekturtheoretischen Hintergrund und ihrer Bedeutung für die Ovalbau-Praxis von ca. 1520–1640,* (Diss. Marburg 1966) Bremen 1967
Müller, Werner:
1961   *Die heilige Stadt,* Stuttgart 1961
Müller, Werner:
1975   *Die Zeichnungsvorlagen für Friedrich Hoffstadt's 'Gothisches A. B. C.-Buch' und der Nachlaß des Nürnberger Ratsbaumeisters Wolf Jacob Stromer (1561–1614),* in: Wiener Jahrbuch für Kunstgeschichte 28/1975, 39–54
Müller, Werner:
1976   *Das Weiterleben gotischer Überlieferungen in der deutschen Steinmetzlehre vom endenden 16. bis ins 18. Jahrhundert,* in: Technikgeschichte 43/1976, 268–281
Müller, Werner:
1978/1   *Friedrich Hoffstadts und Carl Alexander Heideloffs Turmkonstruktionen vor dem Hintergrund der oberdeutschen Steinmetzlehre des 16.–18. Jahrhunderts,* in: Zeitschrift für Kunstgeschichte 41/1978, 41–56
Müller, Werner:
1978/2   *Rezension L. R. Shelby, Gothic Design Techniques ...,* Carbondale/Edwardsville 1977, in: architectura 8/1978, 190–193
Müller, Werner:
1981   *Rezension L.R. Shelby, Gothic Design Techniques...,* Carbondale 1977; E. Pauken, Das Steinmetzbuch WG 1572 ..., Köln 1979, in: Zeitschrift für Kunstgeschichte 44/1981, 95–99
Müller, Wolfgang:
1960   *Schloß Glücksburg,* in: Nordelbingen 28–29/1960, 65–79
Münxelhaus, Barbara:
1976   *Pythagoras musicus – Zur Rezeption der pythagoreischen Musiktheorie als quadrivialer Wissen-*

schaft im lateinischen Mittelalter, (Diss. Bonn 1974) Bonn 1976 (Orpheus-Schriftenreihe zu Grundfragen der Musik 19). – Rezension: Riethmüller 1980

Mutsopoulos, N. K.:

1962   *Harmonische Bauschnitte in den Kirchen vom Typ kreuzförmigen Innenbaus im griechischen Kernland,* in: Byzantinische Zeitschrift 55/1962, 274–291

Nádor, Georg:

1966   *Die heuristische Rolle des Harmoniebegrifffs bei Kepler,* in: Studium Generale 19/1966, 555–558

Najock, Dietmar:

1975   *Artikel 'Zahlenmystik', 'Zahlensysteme', 'Zahlwörter',* in: Der kleine Pauly, Lexikon der Antike, Bd. 5, München 1975, 1447–1452

Naredi-Rainer, Paul von:

1976   *Bemerkungen zur Säule bei Alberti,* in: Jahrbuch des Kunsthistorischen Institutes der Universität Graz 11/1976 (= Festschrift Heinrich Gerhard Franz zum 60. Geburtstag), 51–61

Naredi-Rainer, Paul von:

1977/1   *Musikalische Proportionen, Zahlenästhetik und Zahlensymbolik im architektonischen Werk L. B. Albertis,* in: Jahrbuch des Kunsthistorischen Institutes der Universität Graz 12/1977, 81–213

Naredi-Rainer, Paul von:

1977/2   *Exkurs zum Problem der Proportionen bei Alberti (= Rezension F. Borsi, Leon Battista Alberti, Mailand 1975),* in: Zeitschrift für Kunstgeschichte 40/1977, 178–181

Naredi-Rainer, Paul von:

1977/3   *Der akustische Maßstab – 2 Schriften von Albert Eichhorn,* in: Deutsche Architekten- und Ingenieur-Zeitschrift 11–12/1977, 22–26

Naredi-Rainer, Paul von:

1978   *Raster und Modul in der Architektur der italienischen Renaissance,* in: Zeitschrift für Ästhetik und allgemeine Kunstwissenschaft 23/1978, 139–162

Naredi-Rainer, Paul von:

1985   *Musiktheorie und Architektur,* in: Ideen zu einer Geschichte der Musiktheorie, hg. von Frieder Zaminer (= Geschichte der Musiktheorie, Bd. 1), Darmstadt 1985, 149–174

Naredi-Rainer, Paul von:

1986   *Maßeinheit und Zahlenbedeutung in der Architektur,* in: Die historische Metrologie in den Wissenschaften, hg. von Harald Witthöft, St. Katharinen 1986, 75–95

Naredi-Rainer, Paul von:

1992   *»... wie die Glieder eines wohlgeformten Menschen« / »... like the Parts of a Well-Formed Human Being«,* in: Daidalos 45/1992, 64–71

Naredi-Rainer, Paul von:

1993   *Johann Bernhard Fischer von Erlach und Johann Joseph Fux – Beziehungen zwischen Architektur und Musik im österreichischen Barock,* in: Kunsthistorisches Jahrbuch Graz 25/1993, 275–290

Naredi-Rainer, Paul von:

1994   *La bellezza numerabile: l'estetica architettonica di Leon Battista Alberti,* in: Leon Battista Alberti, hg. von Joseph Rykwert und Anne Engel, Ausstellungskatalog Mantua 1994, 292–299

Natorp, Paul:
1921   *Platons Ideenlehre*, 2. Aufl. Leipzig 1921
Nelkenbrecher, Johann Christian:
1832   *Allgemeines Taschenbuch der Münz-, Meß- und Gewichtskunde*, 15. Aufl. Berlin 1832
Neufert, Ernst:
1936   *Bauentwurfslehre*, Berlin 1936
Neufert, Ernst:
1961   *Bauordnungslehre (Handbuch für rationelles Bauen nach geregeltem Maß)*, Berlin 1961
Neuwirth, Gösta:
1979   *Symbol und Form (Te Deum K 270)* in: Johann Josef Fux, Sämtliche Werke, Serie II/2,
            Graz 1979, X–XV
Nowotny, Eduard:
1931   *Metrologische Nova*, in: Klio 24 (N. F. 6)/1931, 247–294
Nyberg, Dorothea:
1954–57   *Brunelleschis use of proportions in the Pazzi Chapel*, in: Marsyas 7/1954–1957, 1–7
Oechslin, Werner:
1981   *Geometrie und Linie – Die Vitruvianische 'Wissenschaft' von der Architekturzeichnung*, in:
            Daidalos 1/1981, 20–35
Oechslin, Werner:
1985   *Musik und Harmonie: Universalien der Architektur*, in: Daidalos 17/1985, 58–73
Ohly, Friedrich:
1982   *Deus Geometra. Skizzen zur Geschichte einer Vorstellung von Gott*, in: Tradition als histo-
            rische Kraft. Interdisziplinäre Forschungen zur Geschichte des früheren Mittelalters, hg.
            von Norbert Kamp/Joachim Wollasch, Berlin/New York 1982, 1–42
Oppel, Herbert:
1937   KANΩN. Zur Bedeutungsgeschichte des Wortes und seiner lateinischen Entsprechungen
            (regula – norma), Leipzig 1937 (= Philologus, Supplementband 30, Heft 4)
Ordo et Mensura (= I. Interdisziplinärer Kongreß für Historische Metrologie vom 7. bis 10. September 1989
1991   im Städtischen Museum Simeonstift Trier), hg. von Dieter Ahrens und Rolf C. A. Rott-
            länder, St. Katharinen 1991
Ordo et Mensura II (= II. Internationaler interdisziplinärer Kongreß für Historische Metrologie vom 12. bis
1993   15. September 1991 im Städtischen Museum Simeonstift Trier), hg. von Dieter Ahrens
            und Rolf C. A. Rottländer, St. Katharinen 1993
Ottmann, H./Rücker, H.:
1980   *Artikel 'Maß'*, in: Historisches Wörterbuch der Philosophie, hg. von Joachim Ritter/Karl-
            fried Gründer, Bd. 5, Darmstadt 1981, 807–825
Pacioli, Fra Luca:
1889   *Divina proportione – Die Lehre vom goldenen Schnitt*, nach der Ausgabe Venedig 1509
            it./dt. ed. Constantin Winterberg, Wien 1889 (= Quellenschriften für Kunstgeschichte
            und Kunsttechnik des Mittelalters und der Neuzeit, NF 2)
Palladio, Andrea:
1570   *I Quattro Libri dell' Architettura*, Venedig 1570 (Nachdruck Mailand 1968)
Palladio, Andrea:
1983   *Die vier Bücher zur Architektur*, dt. ed. Andreas Beyer/Ulrich Schütte, Zürich/München
            1983

Paneth, Ludwig:
1950   *Zahlensymbolik im Unbewußten*, Zürich 1950
Panofsky, Erwin:
1915   *Dürers Kunsttheorie, vornehmlich in ihrem Verhältnis zur Kunsttheorie der Italiener*, Berlin
            1915

Panofsky, Erwin:
1945   *An explanation of Stornaloco's formula*, in: The Art Bulletin 27/1945, 61–64
Panofsky, Erwin:
1960   *Idea. Ein Beitrag zur Begriffsgeschichte der älteren Kunsttheorie*, 2. Aufl. Berlin 1960
Panofsky, Erwin:
1975   *Die Entwicklung der Proportionslehre als Abbild der Stilentwicklung*, in: E. P., Sinn und
            Deutung in der bildenden Kunst, Köln 1975, 68–124 (zuerst in: Monatshefte für Kunst-
            wissenschaft 14/1921, 188–219)
Panofsky, Erwin:
1977   *Das Leben und die Kunst Albrecht Dürers*, München 1977 (Zuerst englisch, Princeton 1943)
PG   *Patrologiae cursus completus . . .*, series Graeca, ed. J.-P. Migne, 162 Bde., Paris 1857–1866
PL   *Patrologiae cursus completus . . .*, series Latina, ed. J.-P. Migne, 221 Bde., Paris 1844–1891
Pauken, Elke:
1979   *Das Steinmetzbuch WG 1572 im Städelschen Kunstinstitut zu Frankfurt am Main*, Köln 1979
            (= 15. Veröffentlichung der Abteilung Architektur des Kunsthistorischen Instituts der
            Universität Köln, hg. von Günther Binding)
            Rezension: W. Müller 1981

Paul, Jacques:
1971   *Einige deutsche Vorfahren zu Le Corbusiers Proportionstheorie*, Nürnberg 1971 (Museen der
            Stadt Nürnberg, Renaissance-Vorträge 1)

Pause, Peter:
1973   *Gotische Architekturzeichnungen in Deutschland*, Diss. Bonn 1973

Pedoe, Dan:
1976   *Geometry and the liberal arts*, Harmondsworth 1976

Pehnt, Wolfgang:
1983   *Rasterpraxis und Proportionslehre. Raster und Modul im 19. und frühen 20. Jahrhundert*, in:
            W. P., Der Anfang der Bescheidenheit. Kritische Aufsätze zur Architektur des 20. Jahr-
            hunderts, München 1983, 19–41

Perpeet, Wilhelm:
1961   *Antike Ästhetik*, Freiburg/München 1961
Perpeet, Wilhelm:
1977   *Ästhetik im Mittelalter*, Freiburg/München 1977

Peschken, Goerd:
1968   *Technologische Ästhetik in Schinkels Architektur*, in: Zeitschrift des deutschen Vereins für
            Kunstwissenschaft 22/1968, 45–81

Petrie, Sir William Matthew Flinders:
1926   *Ancient Weights and Measures*, London 1926

Petrini, Gastone:
1977   *Per lo studio del progrediente affievolimento documentario nelle fabbricche rinascimentali in*

relazione ai fenomeni di degrado, agli interventi restaurativi ed alla storia dell' arte, Firenze 1977 (Convegno internazionale di studi Brunelleschiani 16–22 ottobre 1977)

Petrini, Gastone:

1981   *Ricerche sui sistemi proporzionali del Tempio Malatestiano,* in: Romagna – arte e storia 1/1981, 35–50

Petronotis, Argyres:

1972   *Zum Problem der Bauzeichnungen bei den Griechen,* Athen 1972

Pevsner, Nikolaus:

1942/1   *The Term 'Architect' in the Middle Ages,* in: Speculum 17/1942, 549–562

Pevsner, Nikolaus:

1942/2   *Terms of architectural planning in the Middle Ages,* in: Journal of the Society of Architectural Historians 5/1942, 232–237

Pfeifer, Franz Xaver:

1885   *Der Goldene Schnitt und dessen Erscheinungsformen in Mathematik, Natur und Kunst,* Augsburg 1885 (Nachdruck Wiesbaden 1969)

Pfeifer, Franz Xaver:

1886   *Leonardo von Pisa, zubenannt Fibonacci und die von ihm zuerst aufgestellte recurrente Reihe,* in: Zeitschrift für mathematischen und naturwissenschaftlichen Unterricht 17/1886, 250–254

Pfeiffer, Elisabeth

1973   *Die beiden Mustermaßstäbe an der Pfarrkirche in Ochsenfurt,* in: Mainfränkisches Jahrbuch 25/1973, 135–144

Pfister, Rudolf:

1957   *Rezension W. Funk, Das rechte Maß bei Dürer und den alten Meistern, Nürnberg 1955,* in: Baumeister 54/1957, 129

Piasecki, Peter:

1983   *Die Grundriß-Proportionen der Abdinghofkirche des Bischofs Meinwerk von Paderborn (1016–1031),* in: das münster 36/1983, 218–223

Pietzsch, Gerhard:

1929   *Die Klassifikation der Musik von Boethius bis Ugolino von Orvieto,* Diss. Halle 1929 (Nachdruck Darmstadt 1968)

Pirína, Caterína:

1985   *Michelangelo and the Music and Mathematics of His Time,* in: The Art Bulletin 57/1985, 368–382

Plan und Bauwerk, Ausstellungskatalog München 1952
1952

Plessner, Hans:

1956   *Sterngeborenes Olympia. Die Entstehung des sakralen Maßes,* Düsseldorf 1956
                Rezension: Gerkan 1957

Poeschke, Joachim:

1985   *Zum Begriff der »concinnitas« bei Leon Battista Alberti,* in: Intuition und Darstellung. Erich Hubala zum 24. März 1985, München 1985, 45–50

Posener, Julius:

1950   *Vom Schönen in der Architektur,* in: Baumeister 47/1950, 740–741
                Rezension: Delius 1951

Poulsen, Jørgen:

1983   *Pä sporet af den »jyske fod«,* in: Kirkens Bygning og Brug. Studier tilegnet Elna Møller, Kopenhagen 1983, 41–57

Prager, Stephan:

1911   *Die Architektur im Lichte ästhetisch-systematischer Einteilungsprinzipien,* Diss. Erlangen 1911

Prak, Niels Luning:

1966   *Measurements of Amiens Cathedral,* in: Journal of the Society of Architectural Historians 25.3/1966, 209–212

Preininger, Johann:

1976   *Der Aufbau der Argonautika des Apollonius Rhodios,* (Diss. Graz 1972) Wien 1976

Preininger, Johann:

1973   *Die ars poetica des Horaz und ihre Harmonik,* Graz 1973

Puttfarken, Thomas:

1968   *Ein neuer Vorschlag zum St. Galler Klosterplan: Die originalen Maßinschriften,* in: Frühmittelalterliche Studien. Jahrbuch des Instituts für Frühmittelalterforschung der Universität Münster 2/1968, 78–95

Ragghianti, Carlo L.:

1988   *Maßverhältnisse bei Brunelleschi,* in: San Lorenzo, hg. von Umberto Baldini und Bruno Nardini, Stuttgart 1988, 39–62

Rathe, Kurt:

1926   *Ein Architektur-Musterbuch der Spätgotik mit graphischen Einklebungen,* in: Festschrift der Nationalbibliothek in Wien, Wien 1926, 667–692

Rathofer, Johannes:

1962   *Der Heliand. Theologischer Sinn als tektonische Form,* Köln/Graz 1962

Reber, Franz von:

1868   *Über den 'modulus' des Vitruvius,* in: Philologus 27/1868, 185–191

Reichensperger, August:

1856   *Vermischte Schriften über christliche Kunst,* Leipzig 1856

Reichmann, Eberhard:

1968   *Die Herrschaft der Zahl. Quantitatives Denken in der deutschen Aufklärung,* Stuttgart 1968

Reimers, Jakobus:

1894   *Rezension G. Dehio, Untersuchungen über das gleichseitige Dreieck als Norm gotischer Bauproportionen, Stuttgart 1894,* in: Repertorium für Kunstwissenschaft 17/1894, 371–374

Reindel, Kurt:

1959   *Vom Beginn des Quadriviums,* in: Deutsches Archiv für Forschung des Mittelalters 15/1959, 516–522

Reinle, Adolf:

1963–64   *Neue Gedanken zum St. Galler Klosterplan,* in: Zeitschrift für schweizerische Archäologie und Kunstgeschichte 23/1963–1964, 91–108

Reinle, Adolf:

1976   *Zeichensprache der Architektur,* Zürich/München 1976

Reis, Helmut:

1983   *Harmonie und Komplementarität. Harmonikale Interpretation des pythagoreischen Lehrsatzes,* Bonn-Bad Godesberg 1983 (= Orpheus-Schriftenreihe zu Grundfragen der Musik 33)

Reiss, Edmund:
1970   *Number Symbolism and Medieval Literature,* in: Medievalia et Humanistica NS 1/1970,
                161–174
Report of a Debate on the Motion 'that Systems of Proportion make good design easier and bad design more
1957   difficult', in: Journal of the Royal Institute of British Architects 64/1957, 456–463
Reudenbach, Bruno:
1980   *In mensuram humani corporis. Zur Herkunft und Auslegung von Vitruv III 1 im 15. und*
                16. Jahrhundert, in: Text und Bild. Aspekte des Zusammenwirkens zweier Künste in Mittel-
                alter und früher Neuzeit, hg. von Christel Meier und Uwe Ruberg, Wiesbaden 1980,
                651–688
Ricken, Herbert:
1977   *Der Architekt. Geschichte eines Berufs,* Berlin (DDR) 1977
Riemann, Hans:
1935   *Zum griechischen Peripteraltempel. Seine Planidee und ihre Entwicklung bis zum Ende des*
                5. Jahrhunderts, (Diss. Frankfurt 1935) Düren 1935. – Rezension: Gerkan 1937
Riemann, Hans:
1965   *Zur Grundrißinterpretation des Enneastylos von Poseidonia,* in: Mitteilungen des Deutschen
                Archäologischen Instituts. Römische Abteilung 72/1965, 198–208
Riethmüller, Albrecht:
1980   *Rezension B. Münxelhaus, Pythagoras musicus, Bonn 1976,* in: Musikforschung 33/1980,
                85–86
Robertson, Howard:
1932   *Modern architectural design,* London 1932
Rockar, Hans-Joachim:
1978   *Von Ziffern und Proportionen,* in: Das Buch als Quelle historischer Forschung. Dr. Fritz
                Juntke anläßlich seines 90. Geburtstages gewidmet 1977, München 1978, 71–78
Roggenkamp, Hans:
1954   *Maß und Zahl,* in: Hartwig Beseler/Hans Roggenkamp, Die Michaeliskirche in Hildes-
                heim, Berlin 1954, 120–156
                Rezensionen: Bandmann 1955   Thümmler 1956
                             E. Lehmann 1955   Meyer-Barkhausen 1956
Rohrberg, Erwin:
1974   *Maße in Neresheim,* in: Schwäbische Heimat 25/1974, 105–115
Rohrberg, Erwin:
1981   *Was können wir von alten Dächern lernen?,* in: deutsche bauzeitung 115.11/1981, 39–42
Roosval, Johnny:
1944   *ad triangulum-ad quadratum,* in: Gazette des Beaux-Arts 86.2/1944 (= Mélanges Henri
                Focillon), 149–162
Roriczer, Matthäus:
1965   *Das Büchlein von der Fialen Gerechtigkeit,* Regensburg 1486; *Die Geometria Deutsch,*
                Regensburg um 1487/88, hg. von Ferdinand Geldner, Wiesbaden 1965
                vgl. Shelby 1977
Roscher, Wilhelm Heinrich:
1901   *Zur Bedeutung der Siebenzahl im Kultus und Mythos der Griechen,* in: Philologus 60/1901,
                360–373

Roscher, Wilhelm Heinrich:
1904   *Die Sieben- und Neunzahl im Kultus und Mythos der Griechen,* Leipzig 1904 (Abhandlungen d. kgl. sächs. Gesellschaft d. Wissenschaften, philologisch-historische Klasse, Bd. 24/1)

Roscher, Wilhelm Heinrich:
1919   *Die hippokratische Schrift von der Siebenzahl und ihr Verhältnis zum Altpythagoreismus,* Leipzig 1919 (Berichte über die Verhandlungen der Sächsischen Akademie der Wissenschaften, Philologisch-Historische Klasse, Bd. 71/5)

Rosenkranz, Karl:
1853   *Ästhetik des Häßlichen,* Königsberg 1853 (Nachdruck Stuttgart/Bad Cannstatt 1969)

Ross-Holloway, R.:
1966   *Architettura sacra e matematica Pitagorica a Paestum,* in: La Parola del Passato 106/1966, 60–64

Roth, Alfred:
1951   *Erster Internationaler Kongreß über die Proportionen in der Kunst,* in: Werk 38/1951, Anhang 154–155

Rottländer, Rolf C. A.:
1979   *Antike Längenmaße,* Braunschweig 1979

Rowe, Colin:
1947   *The Mathematics of the Ideal Villa. Palladio and Le Corbusier compared,* in: The Architectural Review 101/1947, 101–104 (Wiederabgedruckt in: Le Corbusier in Perspective, ed. Peter Serenyi, Englewood Cliffs, New Jersey 1975, 46–55)

Ržiha, Franz:
1883   *Studien über Steinmetz-Zeichen,* Wien 1883

Saalman, Howard:
1959   *Early Renaissance architectural theory and practice in Antonio Filarete's trattato di architettura,* in: The Art Bulletin 41/1959, 89–106

Saalman, Howard:
1977   *Rezension G. L. Hersey, Pythagorean Palaces, Ithaca/New York 1976,* in: The Art Bulletin 59/1977, 282–284

Saalman, Howard:
1979   *Designing the Pazzi Chapel: The Problem of Metrical Analysis,* in: architectura 9/1979, 1–5

Sachs, Eva:
1917   *Die fünf platonischen Körper,* Berlin 1917 (Philologische Untersuchungen 24)

Salet, François:
1956   *Rezension O. v. Simson, The Gothic Cathedral, New York 1956,* in: Bulletin monumental 114/1956, 235–236

Samaran, Charles:
1973   *Rez. H. R. Hahnloser, Villard de Honnecourt, Graz 1972,* in: Journal des savants 1973, 241–256

Sandresky, Margot Vardell:
1981   *The Golden Section in the three byzantine motets of Dufay,* in: Journal of Music theory 25/1981, 291–305

Sanpaolesi, Piero:
1951   *Ipotesi sulle conoscenze matematiche statiche e meccaniche del Brunelleschi,* in: Belle Arti 1951, 25–54

Sanpaolesi, Piero:
1965   *Il tracciamento modulare e armonico del S. Andrea di Mantova,* in: Atti del VI convegno internazionale di studi sul rinascimento, Florenz 1965, 95–101
Sanpaolesi, Piero:
1977   *Come disegnava l'architettura L. B. Alberti?,* in: Scritti di storia dell'arte in onore di Ugo Procacci, Mailand 1977, Bd. 1, 215–226
Sasse, Konrad:
1956   *Das Raster als neue Bauidee,* in: Baumeister 53/1956, 171–173
Sasse, Konrad:
1959   *Die Zahl – Begriff und Ordnung,* in: Baumeister 56/1959, 36–38
Sauer, Joseph:
1924   *Symbolik des Kirchengebäudes und seiner Ausstattung in der Auffassung des Mittelalters,* (1. Aufl. 1902) 2. Aufl. Freiburg 1924 (Nachdruck Münster 1964)
Sauer, Joseph:
1938   *Artikel 'Zahlensymbolik',* in: Lexikon für Theologie und Kirche, Bd. 10, Freiburg 1938, 1025–1030
Saxl, Fritz:
1957   *Macrocosm and microcosm in mediaeval pictures,* in: F. S., Lectures, London 1957, I 58–72, II Pl. 34–41
Scarpellini, Pietro:
1966   *Rezension R. Wittkower, Principi architettonici nell' età dell' Umanesimo, Turin 1964,* in: Arte Antica e Moderna 34–36/1966, 270–273
Schädlich, Christian:
1955   *Regel und Freiheit im architektonischen Gestalten. Gedanken über die Auseinandersetzungen in der französischen Architekturtheorie des 17. Jahrhunderts als Beitrag zu unserer Architekturdiskussion,* in: Wissenschaftliche Zeitschrift der Hochschule für Architektur und Bauwesen Weimar 2/1955, 149–160
Schädlich, Christian:
1957   *Die Grundzüge der klassischen Architekturtheorie, Versuch einer Wertung an Hand der Schriften des L. C. Sturm (1669–1719),* Diss. Weimar 1957 (masch.schr.); zus.gef. in: Wissenschaftl. Zeitschrift d. Hochschule f. Architektur u. Bauwesen Weimar 5/1957–1958, 73–76
Schädlich, Christian:
1957–1958 *L. B. Albertis Schönheitsdefinition und ihre Bedeutung für die Architekturtheorie,* in: Wissenschaftl. Zeitschrift d. Hochschule f. Architektur u. Bauwesen Weimar 5/1957–1958, 277–284
Schaefer, K.:
1897   *Rezension C. A. v. Drach, Das Hütten-Geheimnis vom Gerechten Steinmetzen-Grund, Marburg 1897,* in: Deutsche Literaturzeitung 1897, 506–507
Schaefer, Leo:
1963   *Der Gründungsbau der Stiftskirche St. Martin in Zyfflich,* Essen 1963 (= Die Kunstdenkmäler des Rheinlandes, Beiheft 9)
Schäfer, Lothar:
1974   *Artikel 'Zahl',* in: Handbuch philosophischer Grundbegriffe, hg. von Hermann Krings/ Hans Michael Baumgartner/Christoph Wild, Bd. 3, München 1974, 1775–1787
Schalkenbach, Josef:
1940–41   *Ein karolingisches Proportionsschema,* in: Deutsche Kunst- und Denkmalpflege 1940–1941, 190–194

Schavernoch, Hans:
1981   *Die Harmonie der Sphären,* Freiburg 1981
Schenck, Helmut:
1959   *Der goldene Schnitt,* Augsburg 1959
Schillinger, Joseph:
1948   *Mathematical Basis of the Arts,* New York 1948
Schimmel, Annemarie/Funk, Wilhelm:
1962   *Artikel 'Zahlensymbolik',* in: Die Religion in Geschichte und Gegenwart, Bd. 6, Tübingen
          1962, 1861–1864
Schirmböck, Anton:
1971–73   *Die chronologische Formate-Tabelle des Wiener Mauerziegels und das Herkommen ihrer Maß-*
          grundlagen in den Jahrtausenden, in: Jahrbuch für Landeskunde von Niederösterreich,
          N. F. 39/1971–1973, 201–253
Schlikker, Friedrich Wilhelm:
1940   *Hellenistische Vorstellungen von der Schönheit des Bauwerks nach Vitruv,* (Diss. Münster)
          Berlin 1940
          Rezensionen: Ferri 1941
                       Gerkan 1941
Schmalhofer, Ludwig:
1965   *Fürstenfeld. Entwurfsverfahren barocker Architekten um 1700,* in: Das Münster 18/1965,
          171–186
Schmalhofer, Ludwig:
1970   *Grundriß-Kongruenz von Kirche und Wohnhaus. Ein bayrisches Beispiel,* in: Das Münster
          23/1970, 203–204
Schmarsow, August:
1894   *Das Wesen der architektonischen Schöpfung,* Leipzig 1894
Schmarsow, August:
1915   *Kompositionsgesetze in der Kunst des Mittelalters,* Leipzig/Berlin 1915
Schmeller, Alfred:
1964   *Studie über die Proportionen der Zisterzienserkirche in Heiligenkreuz,* in: Mitteilungen des
          Kremser Stadtarchivs, Krems 1964, 17–33
Schmidt, Hans:
1965   *Beiträge zur Architektur 1924–1964,* Berlin (DDR) 1965
Schmidt, Johanna:
1968   *Maß und Harmonie. Hellenischer Ursprung einer abendländischen Ideologie,* Berlin 1968
Schmitt, Alois:
1930   *Mathematik und Zahlenmystik,* in: L. Aurelius Augustinus. Festschrift der Görres-Gesell-
          schaft zum 1500. Todestag des hl. Augustinus, hg. von Martin Grabmann/Josef Mausbach,
          Köln 1930, 353–366
Schmitz, E. D.:
1971   *Artikel 'Zahl',* in: Theologisches Begriffslexikon zum Neuen Testament, Bd. II/2, Wupper-
          tal 1971, 1452–1456
Schmuck, Norbert:
1981   *Vitruvs Architekturtheorie,* in: Zeitschrift für Ästhetik und allgemeine Kunstwissenschaft
          26/1981, 195–222

Schmuttermayer, Hans:
  siehe Essenwein 1881   Shelby 1977
Schneider, Marius:
1960–61   *Die musikalischen Grundlagen der Sphärenharmonie,* in: acta musicologica 32–33/1960–1961,
            141–151
Schneider, Marius:
1980   *Urweltmythos und Sphärenharmonie,* in: Festschrift Rudolf Haase, Eisenstadt 1980, 95–106
Schneider-Berrenberg, Rüdiger:
1988   *Sie bauten ein Abbild der Seele. Anmerkungen zur Metrik und Harmonik der St. Elisabethkirche
            in Marburg und des Parthenon-Tempels in Athen,* München 1988
Schnitzler, Günter (Hg.):
1976   *Musik und Zahl. Beiträge zum Grenzbereich zwischen Musik und Mathematik,* Bonn/Bad
            Godesberg 1976
Schock-Werner, Barbara:
1978   *Bauhütten und Baubetrieb der Spätgotik; Die Stellung der Bauleute; Bauhütte und Zunft,* in:
            Die Parler und der schöne Stil 1350–1400. Europäische Kunst unter den Luxemburgern,
            hg. von Anton Legner, Bd. 3, Köln 1978, 55–65
Schöne, Wolfgang:
1961   *Das Verhältnis von Zeichnung und Maßangaben im Kirchengrundriß des St. Gallener Kloster-
            plans,* in: Zeitschrift für Kunstwissenschaft 14/1960, 147–154
Scholfield, P. H.:
1958   *The theory of proportion in architecture,* Cambridge 1958 (Rezension: Spencer 1960)
Schubert, Otto:
1954   *Gesetz der Baukunst,* 2 Bde., Leipzig 1954 (Rezension: Klopfer 1957)
Schümann, Horst:
1968   *Die Zahlenkomposition in der deutschen Dichtung des Mittelalters,* in: Literatur in Wissen-
            schaft und Unterricht 1/1968, 288–304
Schümmer, Fr.:
1955   *Die Entwicklung des Geschmacksbegriffs in der Philosophie des 17. und 18. Jahrhunderts,* in:
            Archiv für Begriffsgeschichte 1/1955, 120–141
Schürenberg, Lisa:
1937   *Rezension H. R. Hahnloser, Villard de Honnecourt, Wien 1935,* in: Zeitschrift für Kunst-
            geschichte 6/1937, 41–44
Schütte, Ulrich:
1979   *'Ordnung' und 'Verzierung'. Untersuchungen zur deutschsprachigen Architekturtheorie des
            18. Jahrhunderts,* Diss. Heidelberg 1979
Schütte, Ulrich:
1981   *'Als wenn eine ganze Ordnung da stünde...' Anmerkungen zum System der Säulenordnungen
            und seiner Auflösung im späten 18. Jh.,* in: Zeitschrift für Kunstgeschichte 44/1981, 15–37
Schultz, Wolfgang:
1910   *Das System der Acht im Lichte des Mythos,* in: Memnon 4/1910, 111–172
Schulze, K. W.:
1953–54   *Über das Verhältnis von Kunst und Wissenschaft und die Frage der künstlerischen Gesetz-
            mäßigkeit,* in: Wissenschaftliche Zeitschrift der Hochschule für Architektur und Bauwesen
            Weimar 1/1953–1954, 65–70

Schulze, Werner:
1978   *Zahl – Proportion – Analogie. Eine Untersuchung zur Metaphysik und Wissenschaftshaltung des Nikolaus von Kues,* Münster 1978 (Buchreihe der Cusanus-Gesellschaft 7)
Schumacher, Fritz:
1938   *Der Geist der Baukunst,* Stuttgart 1938 (2. Aufl. Tübingen 1956)
Schuster, Martin/Beisl, Horst:
1978   *Kunstpsychologie: Wodurch Kunstwerke wirken,* Köln 1978
Schwabe, Julius:
1967   *Arithmetische Tetraktys, Lambdoma und Pythagoras,* in: Antaios 8/1967, 421–440
Schweitzer, Bernhard:
1921   *Rezension M. Theuer, Der griechisch-dorische Peripteraltempel, Berlin 1918,* in: Zeitschrift für Ästhetik und allgemeine Kunstwissenschaft 15/1921, 344–349
Scott, R. B. Y.:
1959   *Weights and Measures of the Bible,* in: The Biblical Archaeologist 22/1959-2, 22–40
Sedlmayr, Hans:
1926   *Gestaltetes Sehen,* in: Belvedere 1926.8, 65–73; 1926.9, 57–62
Sedlmayr, Hans:
1959   *Zum Wesen des Architektonischen,* in: H. S., Epochen und Werke, Bd. 2, Wien/München 1959, 203–210
Sedlmayr, Hans:
1976   *Die Entstehung der Kathedrale,* 2. Aufl. Graz 1976 (1. Aufl. Zürich 1950)
            Rezension: Simson 1951
Seeliger-Zeiss, Annemarie:
1982   *Studien zum Steinmetzbuch des Lorenz Lechler von 1516,* in: architectura 12/1982, 125–150
Seeßelberg, Friedrich:
1927   *Rezension E. Mössel, Die Proportion in Antike und Mittelalter, München 1926,* in: Deutsche Literaturzeitung 48/1927, 1516–1520
Shelby, Lon R.:
1970   *The Education of the Medieval English Master Masons,* in: Mediaeval Studies 32/1970, 1–26
Shelbey, Lon R.:
1971   *Mediaeval Masons Templates,* in: Journal of the Society of Architectural Historians 30.2/1971, 140–154
Shelby, Lon R.:
1972   *The Geometrical Knowledge of Mediaeval Master Masons,* in: Speculum 47/1972, 395–421
Shelby, Lon R.:
1975   *Rezension H. R. Hahnloser, Villard de Honnecourt, Graz 1972,* in: Speculum 50/1975, 496–500
Shelby, Lon R.:
1976   *The 'Secret' of the Mediaeval Masons,* in: On Pre-Modern Technology and Science. A Volume of Studies in Honor of Lynn White, ed. Bert S. Hall/Delno C. West. Humana Civilitas: Sources and Studies Relating to the Middle Ages and the Renaissance, Bd. I, Malibu/Calif. 1976, 201–219
Shelby, Lon R. (Hg.):
1977   *Gothic Design Techniques. The Fifteenth Century Design Booklets of Mathes Roriczer and Hanns Schmuttermayer,* Carbondale/Edwardsville 1977

Rezensionen: W. Müller 1978/2; id. 1981; Carlson 1979

Shelby, Lon R./Mark, Robert:
1979   *Late Gothic Structural Design in the 'Instructions' of Lorenz Lechler,* in: architectura 9/1979, 113–131

Simson, Otto G. von:
1950   *The Birth of the Gothic,* in: Measure 1/1950, 275–296

Simson, Otto G. von:
1951   *Rezension H. Sedlmayr, Die Entstehung der Kathedrale, Zürich 1950,* in: Kunstchronik 4/1951, 78–82

Simson, Otto G. von:
1952   *Design and Meaning,* in: Journal of the Society of Architectural Historians 11.2/1953, 6–16

Simson, Otto G. von:
1953   *Wirkungen des christlichen Platonismus auf die Entstehung der Gotik,* in: Humanismus, Mystik und Kunst in der Welt des Mittelalters, hg. von Josef Koch, Leiden/Köln 1953, 159–179

Simson, Otto G. von:
1960   *Antwort auf die Rezension McCrosby,* in: The Art Bulletin 42/1960, 316–320

Simson, Otto von:
1979   *Die gotische Kathedrale,* 3. Aufl. Darmstadt 1979 (amerikanische Originalausgabe New York 1956)
          Rezensionen: Salet 1956   W. Braunfels 1957   Weitzmann-Fiedler 1958
                       Kidson 1957   Conant 1958

Soeder, Carl J.:
1964   *Urformen der abendländischen Baukunst in Italien und dem Alpenraum,* Köln 1964

Soergel, Gerda:
1958   *Untersuchungen über den theoretischen Architekturentwurf von 1450–1550 in Italien,* Diss. Köln 1958

Sörgel, Herman:
1918   *Einführung in die Architektur-Ästhetik,* München 1918
          Rezension: Hoeber 1920

Speich, Nikolaus:
1957   *Die Proportionslehre des menschlichen Körpers. Antike, Mittelalter, Renaissance,* (Diss. Zürich 1957) Andelfingen 1957

Spencer, John R.:
1960   *Rezension P. H. Scholfield, The theory of proportion in architecture, Cambridge 1958,* in: Journal of the Society of Architectural Historians 19.2/1960, 87–88

Spiegel, Hans:
1941   *Maß- und Zahlensystem für Typ und Norm – Vorsatz oder Erprobung,* in: Der soziale Wohnungsbau in Deutschland 1/1941, 473–478

Spielmann, Heinz:
1966   *Andrea Palladio und die Antike,* Berlin 1966

Spielmann, Heinz:
1975   *Jerg Ratgebs Interpretation der platonischen Proportionslehre im Herrenberger Altar,* in: Beiträge zur Kunst des Mittelalters. Festschrift für Hans Wentzel zum 60. Geburtstag, Berlin 1975, 193–198

Spieß, Herwig:
1959   *Maß und Regel,* Diss. Aachen 1959. – Rezension: Haas 1962
Spieß, Herwig:
1963/1   *Werkmaß und Bauwerk,* in: Vom Bauen, Bilden und Bewahren. Festschrift für Willy Weyres zur Vollendung seines 60. Lebensjahres, Köln 1963, 219–225
Spieß, Herwig:
1963/2   *Maßforschung,* in: Hessische Heimat N. F. 3/1963, 23–26
Spieß, Herwig:
1968/1   *Geometrie in Maursmünster,* in: Bulletin de la Societé d'histoire et d'archéologie de Saverne et environs 1968.3–4, 13–18
Spieß, Herwig:
1968/2   *Maße und Proportionen der Einhardbasilika in Steinbach und verwandter Bauten,* in: Kunst in Hessen und am Mittelrhein 8/1968, 7–15
Spieß, Herwig:
1973   *Die Maße der Torhalle,* in: Die Reichsabtei Lorsch. Festschrift zum Gedenken an ihre Stiftung 764, Bd. II, Darmstadt 1977, 319–329
Spitzenpfeil, Lorenz Reinhard:
1936   *Maß und Zahl von Vierzehnheiligen,* in: Der Mainbote von Oberfranken 1936, 57–61
Spitzenpfeil, Lorenz Reinhard:
1938   *Maß und Zahl an Kulmbacher Bauten,* in: Plassenburg-Jahrbuch 1, Kulmbach 1938, 53–64
Spitzenpfeil, Lorenz Reinhard:
1941–42   *Maß und Zahl im Bau,* in: Der Fränkische Baumeister 1941, 82–85, 94–97, 118–121, 130–132, 142–144; 1942, 26–29, 38–41, 50–53, 62–65
Spitzer, Leo:
1944–45   *Classical and Christian Ideas of World Harmony,* in: Traditio 2/1944, 409–464; 3/1945, 307–364
Spitzer, Leopold:
1978   *Die harmonikale Symbolik des A. Frh. von Thimus,* Wien 1978 (Beiträge zur harmonikalen Grundlagenforschung 8)
Squilbeck, Jean:
1954   *Rezension R. Wittkower, Architectural principles in the Age of Humanism, London 1952,* in: Revue Belge d'Archéologie et d'Histoire de l'Art 23/1954, 248
Staatsmann, Karl:
1910   *Das Aufnehmen von Architekturen,* 2 Bde., Leipzig 1910
Stechow, Wolfgang:
1953   *Problems of structure in some relation between the Visual Arts and Music,* in: The Journal of Aesthetics and Art Criticism 11/1953, 324–333
Stein, Otto:
1914   *Die Architekturtheoretiker der italienischen Renaissance,* Karlsruhe 1914
Stenzel, Julius:
1924   *Zahl und Gestalt bei Platon und Aristoteles,* Leipzig/Berlin 1924 (3. Aufl. Darmstadt 1959)
Steuben, Hans von:
1973   *Der Kanon des Polyklet,* Tübingen 1973
Stieglitz, Christian Ludwig:
1827   *Geschichte der Baukunst vom frühesten Alterthume bis in die neuern Zeiten,* Nürnberg 1827

Stockemeyer, Ernst:
1943   *Maß und Zahl in der Baukunst,* in: Werk 30/1943, 353–359
Stockemeyer, Ernst:
1944   *Wandlungen der Architektur-Theorie und -Praxis im Altertum,* in: Werk 31/1944, 263–268
Stockemeyer, Ernst:
1945   *Baukunst und Kunsttheorie im Mittelalter,* in: Werk 32/1945, 42–48
Stockemeyer, Ernst:
1946   *Die Renaissance und ihre Kunsttheorie,* in: Werk 33/1946, 15–20
Stockemeyer, Ernst:
1947   *Kunst und Theorie des Barocks,* in: Werk 34/1947, 63–68
Stockemeyer, Ernst:
1948   *Die Theorie der Baukunst im 19. Jahrhundert,* in: Werk 35/1948, 175–179
Storck, Gerhard:
1968   *Die Aufgabe der Architektur in der modernen Gesellschaft,* in: Zeitschrift für Ästhetik und
            allgemeine Kunstwissenschaft 2/1968, 178–239
Straub, Hans:
1975   *Die Geschichte der Bauingenieurkunst,* 3. Aufl. Basel/Stuttgart 1975 (1. Aufl. Basel 1949)
Streitz, Robert:
1973   *Palladio – La Rotonde et sa géométrie,* Lausanne/Paris 1973
Strzygowski, Josef:
1926   *Rezension E. Mössel, Die Proportion in Antike und Mittelalter, München 1926,* in: Literarische
            Wochenschrift 1926, 1416–1417
Studer, André:
1976   *Architektur – Mensch – Maß,* Bern 1976 (Schriften über Harmonik Nr. 2 – Kreis der Freunde
            von Hans Kayser, Bern)
Studer, André:
1980   *Harmonikales Bauen,* in: Festschrift Rudolf Haase, Eisenstadt 1980, 181–185
Stüve, Holger:
1968   *Grundriß-Proportionen der Einhards-Basilika in Steinbach,* in: Hessische Heimat N. F.
            18/1968, 101–105
Stuhlfauth, Georg:
1937   *Das Dreieck. Die Geschichte eines religiösen Symbols,* Stuttgart 1937
Sunderland, Elizabeth Read:
1959   *Symbolic Numbers and Romanesque Church Plans,* in: Journal of the Society of Architec-
            tural Historians 18.3/1959, 94–103
Sunderland, Elizabeth Read:
1973   *Nombres symboliques et plans d'églises romanes,* in: Actes des journées d'études d'histoire
            et d'archéologie, Charlieu 1973, 75–96
Sunderland, Elizabeth Read:
1974   *The system of proportion of Filippo Brunelleschi,* in: Hortus imaginum, Lawrence/Kansas
            1974, 65–72
Symmetrie in Geistes- und Naturwissenschaft, hg. von Rudolf Wille, Heidelberg/Berlin/New York 1988
1988
Symmetrie in Kunst, Natur und Wissenschaft, Ausstellungskatalog, 2 Bde., Darmstadt 1986
1986

BIBLIOGRAPHIE

Szabó, Árpád:
1938   *Roma quadrata*, in: Rheinisches Museum für Philologie 87/1938, 160–168
Szabó, Árpád:
1955   *Eleatica*, in: Acta antiqua Academiae scientiarum Hungaricae 3/1955, 67–102
Szabó, Árpád:
1956   *Wie ist die Mathematik zu einer deduktiven Wissenschaft geworden?*, in: Acta antiqua
            Academiae scientiarum Hungaricae 4/1956, 109–152
Szabó, Árpád:
1957   *Rezension B. L. v. d. Waerden, Erwachende Wissenschaft, Basel/Stuttgart 1956*, in: Acta scien-
            tiarum mathematicarum Universitatis Szegediensis 18/1957, 140–141
Szabó, Árpád:
1969   *Anfänge der griechischen Mathematik*, München/Wien 1969
Szakál, E.:
1970   *'Gotisch'-geometrische Konstruktion im Bauwesen und in der Steinbildhauerei*, in: Acta
            Technica Academiae scientiarum Hungaricae 67/1970, 65–104
Taeger, Burkhard:
1970   *Zahlensymbolik bei Hraban, bei Hinkmar – und im Heliand?*, München 1970 (Münchener
            Texte und Untersuchungen zur Deutschen Literatur des Mittelalters 30)
Tatarkiewicz, Wladislaw:
1979   *Die Ästhetik der Antike (Geschichte der Ästhetik I)*, Basel/Stuttgart 1979 (1. poln. Ausg. War-
            schau 1962)
Tatarkiewicz, Wladislaw:
1980   *Die Ästhetik des Mittelalters (Geschichte der Ästhetik II)*, Basel/Stuttgart 1980
            (1. Ausg. 1962)
Tateo, Francesco:
1971   *Alberti, Leonardo e la crisi dell' Umanesimo*, Bari 1971 (Letteratura Italiana Laterza 12)
Tavernor, Robert:
1994   *Concinnitas, o la formulazione della bellezza*, in: Leon Battista Alberti, hg. von Joseph
            Rykwert und Anne Engel, Ausstellungskatalog Mantua 1994, 300–315
Taylor, René:
1967   *Architecture and Magic. Considerations on the Idea of the Escorial*, in: Essays presented to
            Rudolf Wittkower on his sixty-fifth birthday, Bd. I: Essays in the history of architecture,
            London 1967, 81–109
Teufel, Fritz:
1941–42   *Der geometrische Aufbau der Pläne der Wallfahrtskirche Vierzehnheiligen*, in: Zeitschrift für
            Kunstgeschichte 10/1941–1942, 163–187
Texier, Marcel:
1957   *Les relations mathématiques dans les proportions monumentales*, in: Congrès international
            des architectes et techniciens des monuments historiques Paris 6–11 mai 1957, Paris 1960,
            330–334
Theis, Erich:
1953   *Woher rührt unser Wohlgefallen am Goldenen Schnitt?*, in: Studium Generale 6/1953, 502–506
Theuer, Max:
1918   *Der griechisch-dorische Peripteraltempel. Ein Beitrag zur antiken Proportionslehre*, Berlin 1918
            Rezension: Schweitzer 1921

Thiersch, August:
1873   *Optische Täuschungen auf dem Gebiete der Architektur,* in: Zeitschrift für Bauwesen 23/1873,
            9–38
Thiersch, August:
1889   *Zu der Theorie der Proportionen,* in: Deutsche Bauzeitung 23/1889, 328
Thiersch, August:
1904   *Proportionen in der Architektur,* in: Handbuch der Architektur, 4. Teil, Halbbd. I, 3. Aufl.
            Stuttgart 1904, 37–90 (1. Aufl. 1883)
Thies, Harmen:
1980   *Grundrißfiguren Balthasar Neumanns. Zum maßstäblich-geometrischen Rißaufbau der Schön-
            bornkapelle und der Hofkirche in Würzburg,* Florenz 1980
Thimus, Albert Freiherr von:
1868/1876   *Die harmonikale Symbolik des Alterthums,* Bd. I Köln 1868, Bd. II Köln 1876 (Nachdruck
            Hildesheim 1972)
            vgl. Spitzer 1978
Thoenes, Christof:
1972   *Sostegno e adornamento – Zur sozialen Symbolik der Säulenordnungen,* in: Kunstchronik
            25/1972, 343–344
Thoenes, Christof:
1975   *Proportionsstudien an Bramantes Zentralbauentwürfen,* in: Römisches Jahrbuch für Kunst-
            geschichte 15/1975, 38–58
Thomae, Walter:
1920   *Über den Maßstab in der bildenden Kunst,* in: Zeitschrift für Ästhetik und allgemeine
            Kunstwissenschaft 14/1920, 397–404
Thomae, Walter:
1931–32   *Dürers Proportionstheorien,* in: Zeitschrift für bildende Kunst 65/1931–1932, 200–207
Thomae, Walter:
1933   *Das Proportionenwesen in der Geschichte der gotischen Baukunst und die Frage der Triangu-
            lation,* Heidelberg 1933 (Heidelberger Kunstgeschichtliche Abhandlungen 13)
            Rezension: Kletzl 1935
Thümmler, Hans:
1956   *Rezension H. Beseler/H. Roggenkamp, Die Michaeliskirche in Hildesheim, Berlin 1954;*
            in: Kunstchronik 4/1956, 251–258
Tiberi, Claudio:
1974   *Misure e contemporaneità di disegno del chiostro di S. Maria della Pace e del tempietto di
            S. Pietro in Montorio,* in: Studi Bramanteschi. Atti del congresso internazionale Milano/
            Urbino/Roma 1970, Rom 1974, 437–482
Tigler, Peter:
1963   *Die Architekturtheorie des Filarete,* Berlin 1963 (Neue Münchener Beiträge zur Kunst-
            geschichte 5)
Timerding, H. E.:
1919   *Der goldene Schnitt,* Leipzig/Berlin 1919 (Mathematisch-physikalische Bibliothek 32)
Tönnesmann, Andreas:
1979   *Zum zahlenkompositorischen Verhältnis von Pascolis 'Ultimo Viaggio' und Homers 'Odyssee',*
            in: arcadia 14/1979, 40–41

Troll, Wilhelm:
1949   *Das Problem des Schönen,* in: Studium Generale 2/1949, 259–268
Tropfke, Johannes:
1921/1937/   *Geschichte der Elementar-Mathematik*
1940   Bd. II: *Allgemeine Arithmetik,* 2. Aufl. Berlin/Leipzig 1921;
              Bd. III: *Proportionen, Gleichungen,* 3. Aufl. Berlin/Leipzig 1937;
              Bd. IV: *Ebene Geometrie,* 3. Aufl. Berlin/Leipzig 1940
Tscheschner, Walther:
1966   *Die Anwendung der Quadratur und Triängulatur bei der Grundrißgestaltung der Zister-*
              zinenserkirchen östlich der Elbe, in: Analecta Cisterciensia 22/1966, 96–140
Tschirch, Fritz:
1958   *Schlüsselzahlen: Studie zur Durchdringung der Form in der deutschen Dichtung des Mittel-*
              alters, in: Beiträge zur deutschen und nordischen Literatur. Festgabe für Leopold Magon
              zum 70. Geburtstag 3. April 1957, Berlin 1958, 30–53 (wiederabgedruckt in: F. T., Spiege-
              lungen, Berlin 1966, 188–211)
Tschirch, Fritz:
1959   *Zum symbolbestimmten Umfang mittelalterlicher Dichtungen,* in: Stil und Formprobleme
              in der Literatur, Heidelberg 1959 (= Vorträge des VII. Kongresses der Internationalen
              Vereinigung für moderne Sprachen und Literaturen), 148–156 (wiederabgedruckt in:
              F. T., Spiegelungen, Berlin 1966, 212–225)
Tschirch, Fritz:
1960   *Die Bedeutung der Rundzahl 100 für den Umfang mittelalterlicher Dichtungen,* in: Gestalt
              und Glaube. Festschrift für Oskar Söhngen, Witten/Berlin 1960, 77–88 (wiederabgedruckt
              in: F. T., Spiegelungen, Berlin 1966, 226–244)
Tuczek, Albert:
1971   *Das Maßwesen der Elisabethkirche in Marburg und der Liebfrauenkirche in Trier. Zugleich*
              eine maßgeschichtliche Untersuchung, in: Hessisches Jahrb. f. Landesgeschichte 21/1971, 1–99
Ueberwasser, Walter:
1928–30   *Spätgotische Bau-Geometrie. Untersuchungen an den 'Basler Goldschmiederissen',* in: Jahres-
              bericht der öffentlichen Kunstsammlung Basel, NF 25–27/1928–1930, 79–122
Ueberwasser, Walter:
1931–32   *Visierung und Altarbild. Untersuchungen am Frankfurter Dominikaneraltar Hans Holbein*
              des Älteren, in: Jahresberichte der öffentlichen Kunstsammlung Basel, NF 38–39/1931–32,
              43–56
Ueberwasser, Walter:
1933   *Von Maß und Macht der alten Kunst,* Leipzig/Straßburg/Zürich 1933;
              Rezensionen: O. Fischer 1934
                            Hoßfeld 1935
                            Hildebrandt 1936
Ueberwasser, Walter:
1934–35   *Der Begriff des 'rechten Maßes' in der mittelalterlichen Kunst,* in: Sitzungsberichte der
              kunstgeschichtlichen Gesellschaft Berlin, Oktober 1934 bis Mai 1935, 22–23
Ueberwasser, Walter:
1935   *Nach rechtem Maß. Aussagen über den Begriff des Maßes in der Kunst des XIII.–XVI. Jahr-*
              hunderts, in: Jahrbuch der preußischen Kunstsammlungen 56/1935, 250–272

Ueberwasser, Walter:
1939/1   Der Freiburger Münsterturm im 'rechten Maß', in: Oberrheinische Kunst. Jahrbuch der
           oberrheinischen Museen 8/1939, 25–36
Ueberwasser, Walter:
1939/2   Beiträge zur Wiedererkenntnis gotischer Bau-Gesetzmäßigkeiten, in: Zeitschrift für Kunst-
           geschichte 8/1939, 303–309
Ueberwasser, Walter:
1949   Maßgerechte Bauplanung der Gotik an Beispielen Villards de Honnecourt, in: Kunstchronik
           2/1949, 200–202
Ueberwasser, Walter:
1953   Gotische Variationen, in: Studium Generale 6/1953, 497–502
Ullman, Berthold Louis:
1964   Geometry in the mediaeval quadrivium, in: Studi di bibliographia e di storia in onore di
           Tammaro de Marinis, Bd. IV, Rom 1964, 263–285
Ullmann, Ernst:
1958   Die Lehre von den Proportionen, Dresden 1958
Ungewitter, Georg Gottlob:
1890   Lehrbuch der gotischen Konstruktionen. 3. Aufl. neu bearbeitet von Karl Mohrmann,
           Leipzig 1890
Usener, Hermann:
1903   Dreiheit, in: Rheinisches Museum für Philologie 58/1903, 1–47, 161–208, 321–362
Utitz, Emil:
1937   Das Schöne und die Kunst, in: Deuxième congrès international d'esthétique et de science
           de l'art, Paris 1937, Bd. II, 111–115
Vagnetti, Luigi:
1970   Cosimo Bartoli e la teoria mensoria nel secolo XVI, in: Quaderno 4/1970, 111–164 (Univer-
           sità degli studi di Genova – Facoltà di architettura – Istituto di elementi di architettura e
           rilievo dei monumenti)
Vagnetti, Luigi:
1971   Architettura e metrologia, in: Quaderno 6/1971, 69–126
           (Università degli studi di Genova – Facoltà di architettura – Istituto de elementi di architet-
           tura e rilievo dei monumenti)
Vagnetti, Luigi:
1973/1   Concinnitas; riflessioni sul significato di un termine albertiano, in: Studi e documenti di
           architettura 2/1973, 139–161
Vagnetti, Luigi:
1973/2   L'Architetto nella storia di occidente, Florenz 1973
Velden, . . . von den:
1934   Rezension T. Fischer, Zwei Vorträge über Proportionen, München 1934, in: Baumeister
           32/1934, Beilage 73–74
Velte, Maria:
1951   Die Anwendung der Quadratur und Triangulatur bei der Grund- und Aufrißgestaltung der
           gotischen Kirchen, Diss. Basel 1951 (Basler Studien zur Kunstgeschichte 8)
           Rezensionen: Bachmann 1952   Forssman 1953
                        Ackerman 1953   Kubach 1953

Venturi, Lionello:
1951   *Rezension R. Wittkower, Architectural principles in the age of Humanism, London 1949,*
            in: Commentarii 2/1951, 252–255
Vetters, Hermann:
1969   *Die Maßverhältnisse des hochromanischen Domes in Salzburg (Konrad III-Bau),* in: Mittei-
            lungen der Gesellschaft für Salzburger Landeskunde 109/1969, 77–80
Villard de Honnecourt:
            siehe Hahnloser 1972
Viollet-le-Duc, Eugène:
1854–68   *Artikel 'Proportion',* in: E. V.-l.-D., Dictionnaire raisonné de l'architecture française du XIe
            au XVIe siècle, Paris 1854–1868, Bd. 7, 532–561
Vitruvius Pollio, Marcus:
1964   *de architectura libri decem,* lat./dt. ed. Curt Fensterbusch, Darmstadt 1964 (3. Auflage
            1981)
Vitruv-Kolloquium am 17./18. Juni 1982 an der Technischen Hochschule Darmstadt, Darmstadt 1984
1984   (= Schriften des Deutschen Archäologen-Verbandes VIII)
Vogel, Martin:
1955   *Die Zahl Sieben in der spekulativen Musiktheorie,* Diss. Bonn 1955
Vogel, Martin:
1963   *Die Enharmonik der Griechen,* 2 Bde., Düsseldorf 1963 (Orpheus-Schriftenreihe zu Grund-
            fragen der Musik 3/4)
Vogel, Martin:
1966   *Harmonia und Mousikē im griechischen Altertum,* in: Studium Generale 19/1966, 533–538
Vogel, Martin:
1975   *Die Lehre von den Tonbeziehungen,* Bonn 1975 (Orpheus-Schriftenreihe zu Grundfragen
            der Musik 16)
Vogt, Wolfgang:
1970   *Rezension R. Wittkower, Grundlagen der Architektur im Zeitalter des Humanismus, München
            1969,* in: Kunst und Kirche 33/1970, 140–141
Vogt-Göknil, Ulya:
1951   *Architekturbeschreibung und Raumbegriff bei neueren Kunsthistorikern,* (Diss. Zürich 1951)
            Leiden 1951
Voretzsch, Adalbert:
1967   *Maß, Zahl und Klang,* in: Festschrift Karl Oettinger zum 60. Geburtstag am 4. März 1966
            gewidmet, Erlangen 1967, 449–464
Voretzsch, Adalbert:
1979   *Ein akustisches Problem der ältesten Coemeterial-Basiliken zu Rom und das Phänomen des
            Wohlklanges in eumetrischen Räumen,* in: Kunstspiegel 1/1979, H. 2, 5–14
Wachsmann, Konrad:
1962   *Wendepunkt im Bauen,* Hamburg 1962 (Originalausgabe Wiesbaden 1959)
Waele, Jos de:
1980   *Der Entwurf der dorischen Tempel zu Paestum,* in: Archäologischer Anzeiger 1980, 367–400;
            vgl. Mertens 1981
Waele, Jos de:
1981   *Pythagoras en de Griekse architectuur?,* in: Hermeneus 53/1981, 162–170

Waerden, Bartel L. van der:
1943   *Die Harmonielehre der Pythagoreer,* in: Hermes 78/1943, 163–199
Waerden, Bartel L. van der:
1947–49   *Die Arithmetik der Pythagoreer,* in: Mathematische Annalen 120/1947–1949, 127–153, 676–700
Waerden, Bartel L. van der:
1966   *Erwachende Wissenschaft,* 2. dt. Aufl. Basel/Stuttgart 1966 (1. niederl. Ausgabe Groningen 1950)
                Rezensionen: Becker 1951
                             Szabó 1957
Waerden, Bartel L. van der:
1979   *Die Pythagoreer, Religiöse Bruderschaft und Schule der Wissenschaft,* Zürich/München 1979
Wagner, Rüdiger:
1971   *Harmonikale Proportionsstudien an griechischen Statuen,* Icking 1971
Walser, Hans:
1993   *Der Goldene Schnitt,* Leipzig/Zürich 1993
Wangerin, Gerda:
1986   *Bauaufnahme,* Wiesbaden 1986
Warren, Charles W.:
1973   *Brunelleschi's Dome and Dufay's Motet,* in: The Musical Quarterly 59/1973, 92–105
Watzinger, Carl:
1909   *Vitruvstudien,* in: Rheinisches Museum für Philologie N. F. 64/1909, 202–223
Wedepohl, Edgar:
1967   *Eumetria. Das Glück der Proportionen, Maßgrund und Grundmaß in der Baugeschichte.* Beiträge zur musischen Geometrie, Essen 1967
Weitzmann-Fiedler, J.:
1958   *Rezension O. v. Simson, The Gothic Cathedral, New York 1956,* in: Journal of the Society of Architectural Historians 17.2/1958, 27–29
Wersin, Wolfgang von:
1956   *Das Buch vom Rechteck – Gesetz und Gestik des Räumlichen,* Ravensburg 1956
                Rezension: Funk 1957
Weßling, Heinrich:
1941   *Baukunst ist Geometrie! Das Gesetz der Baukunst. Ascendere ad quadratum et ad triangulum,* Dortmund 1941
Weyl, Hermann:
1955   *Symmetrie,* Basel 1955
Weyres, Willy:
1959   *Das System des Kölner Chorgrundrisses,* in: Kölner Domblatt 1959, 97–105
Widmann, Joachim:
1982   *'Das unbewußte Zählen der Seele'. Zur Frage der Zahlensymbolik bei Johann Sebastian Bach,* in: musik und kirche 52/1982, 281–292
Wiemer, Wolfgang:
1982   *Die Geometrie des Ebracher Kirchenplans – Ergebnisse einer Computeranalyse,* in: Kunstchronik 35/1982, 422–443

Wiemer, Wolfgang:
1992   *Das Maßsystem der Abteikirche Ebrach,* in: Kunstchronik 45/1992, 1–17, 37–49
Wieninger, Karl F.:
1950   *Grundlagen der Architekturtheorie,* Wien 1950. – Rezension: Lodewig 1954
Wilkinson, Catherine:
1985   *Proportion in Practice: Juan de Herrera's Design for the Façade of the Basilika of the Escorial,*
            in: The Art Bulletin 67/1985, 229–242
Winterfeld, Dethard von:
1984   *Raster und Modul in der Baukunst des Mittelalters,* in: Kunstsplitter. Beiträge zur nordeuro-
            päischen Kunstgeschichte. Festschrift für Wolfgang Müller zum 70. Geburtstag, Husum
            1984, 7–41
Wirth, Karl-August:
1975   *Rezension H. R. Hahnloser, Villard de Honnecourt, Graz 1972,* in: Pantheon 33/1975,
            79–80
Witte, Fritz:
1912   *Rezension O. Wolff, Tempelmaße, Wien 1912,* in: Zeitschrift für christliche Kunst 25/1912,
            350
Wittkower, Rudolf:
1951   *International Congress on Proportion in the Arts,* in: The Burlington Magazine 94/1952,
            52–55
Wittkower, Rudolf:
1953   *Brunelleschi and Proportion in Perspective,* in: Journal of the Warburg and Courtauld
            Institutes 16/1953, 275–291
Wittkower, Rudolf:
1955   *Systems of proportion,* in: Architects year book 5/1955, 9–18
Wittkower, Rudolf:
1960   *The Changing Concept of Proportion,* in: Daedalus 1960, 199–215 (und in: The Visual Arts
            today, Middletown 1960, 203–219; wiederabgedruckt in: R. W., Idea and Image, Studies
            in the Italian Renaissance, London 1978, 109–123)
Wittkower, Rudolf:
1969   *Grundlagen der Architektur im Zeitalter des Humanismus,* München 1969 (nach der 3. engl.
            Auflage 1962, 1. Aufl. London 1949)
            Rezensionen: Ackerman 1951
                         Venturi 1951
                         Forssman 1954
                         Squilbeck 1954
                         Scarpellini 1966
                         Vogt 1970
                         Bartoli 1971/1
Wittkower, Rudolf:
1970   *Le Corbusier's modulor,* in: Four great Makers of modern architecture, 2. Aufl. New York
            1970, 196–204 (wiederabgedruckt in: Le Corbusier in Perspective, ed. Peter Serenyi;
            Englewood Cliffs, New Jersey 1975, 84–89)
Witzel, Karl:
1914   *Untersuchungen über gotische Proportionsgesetze,* (Diss. TH München 1913) Berlin 1914

Wölfflin, Heinrich:
1889   *Zur Lehre von den Proportionen,* in: Deutsche Bauzeitung 23/1889, 277–278 (wiederabge-
            druckt in: H. W., Kleine Schriften, hg. von Joseph Gantner, Basel 1946, 48–50)
Wölfflin, Heinrich:
1946   *Prolegomena zu einer Psychologie der Architektur,* (Diss. München 1886) in: H. W., Kleine
            Schriften, hg. von Joseph Gantner, Basel 1946, 13–47
Wolf, Gustav:
1935   *Maß und Zahl im Bauen,* in: Baugilde 17/1935, 297–300, 333–337
Wolfer-Sulzer, Lucie:
1939   *Das geometrische Prinzip der griechisch-dorischen Tempel,* Winterthur 1939
Wolff, Arnold:
1988   *Maß und Zahl am Alten Dom zu Köln,* in: Baukunst des Mittelalters in Europa. Hans Erich
            Kubach zum 75. Geburtstag, hg. von Franz J. Much, Stuttgart 1988, 97–106
Wolff, P. Odilo OSB:
1912   *Tempelmaße. Das Gesetz der Proportion in antiken und christlichen Sakralbauten,*
            Wien 1912
            Rezensionen: Witte 1912   Doering 1915–16
Wolff Metternich, Franz Graf:
1967   *Über die Maßgrundlagen des Kuppelentwurfes Bramentes für die Peterskirche in Rom,* in:
            Essays presented to Rudolf Wittkower on his sixty-fifth birthday, Bd. I: Essays in the
            history of architecture, London 1967, 40–52
Worobjow, Nikolaj N.:
1971   *Die Fibonaccischen Zahlen,* 2. Aufl. Berlin (DDR) 1971
Wüthrich, Lucas:
1974   *Rezension H. R. Hahnloser, Villard de Honnecourt, Graz 1972,* in: Zeitschrift für Schweize-
            rische Archäologie und Kunstgeschichte 31/1974, 62–64
Wulff, Oskar:
1919   *Rezension W. Flemming, Die Begründung der modernen Ästhetik und Kunstwissenschaft
            durch L. B. Alberti, Leipzig/Berlin 1916,* in: Zeitschrift für Ästhetik und allgemeine Kunst-
            wissenschaft 13/1919, 317–325
Wussing, Hans:
1965   *Mathematik in der Antike,* 2. Aufl. Leipzig 1965
Yanagi, Michihiko:
1985   *Proportionen in der Architektur – dargestellt in der Gegenüberstellung der Villa Barbaro
            (Palladio) und des Chashitsu Taian (Rikyū),* Diss. Stuttgart 1985
Zederbauer, E.:
1917   *Die Harmonie im Weltall, in der Natur und Kunst,* Wien/Leipzig 1917
Zeising, Adolf:
1868/1   *Das Pentagramm. Kulturhistorische Studie,* in: Deutsche Vierteljahrs-Schrift 31.1/1868,
            173–226
Zeising, Adolf:
1868/2   *Ästhetische Studien im Gebiet der geometrischen Formen,* in: Deutsche Vierteljahrs-Schrift
            31.4/1868, 219–290
Zeising, Adolf:
1884   *Der Goldene Schnitt,* Leipzig 1884

Zeller, Eduard:

1963   *Die Philosophie der Griechen in ihrer geschichtlichen Entwicklung,* 3 Bde., 6. bzw. 7. Aufl.
            Darmstadt 1963 (Originalausgabe 1844–1852)

Zervas, Diane Finiello:

1979   *The Florentine Braccio da Panna,* in: architectura 9/1979, 6–10

Ziegler, Heinz:

1985   *Der Mensch als Rechte Proportion in Bezug auf den Homo-mensura-Satz des Protagoras,* in:
            Humanismus und Technik-Jahrbuch 28/1985, 94–132

Zitzmann, Rudolf:

1943   *Wort und Weise im ordo des Mittelalters,* in: Deutsche Vierteljahrsschrift für Literatur-
            wissenschaft und Geistesgeschichte 21/1943, 437–461

Zitzmann, Rudolf:

1951   *Der ordo-Gedanke des mittelalterlichen Weltbildes,* in: Deutsche Vierteljahrsschrift für
            Literaturwissenschaft und Geistesgeschichte 25/1951, 40–53

Zöllner, Frank:

1987   *Vitruvs Proportionsfigur. Quellenkritische Studien zur Kunstliteratur im 15. und 16. Jahr-
            hundert,* Worms 1987

Zotti, Wilhelm:

1974   *Zum Entwurfsverfahren bei Bauwerken der Renaissance am Beispiel Schloß Schallaburg,*
            in: Renaissance in Österreich, Horn 1974, 196–206

Zurko, Edward Robert de:

1957/1   *Origins of functionalist theory,* New York 1957

Zurko, Edward Robert de:

1957/2   *Alberti's theory of form and function,* in: The Art Bulletin 39/1957, 142–145

Verzeichnis und Nachweis der Abbildungen

Frontispiz: Ste-Trinité in Vendôme, Konsolfigur im nördlichen Querhausarm: Architekt (11. Jh.).
Foto: Bildarchiv Foto Marburg (Neg. 56 811)

1 Figurierte Darstellung der Tetraktys (= Dreieckszahl 10).
Aus: Wussing 1965, 83

2 Zahlen und ihre geometrischen Entsprechungen nach griechischer Auffassung: Punkt, Linie, Fläche, Körper.
Aus: H. Meyer 1975, 60, Abb. 2

3 Abtei St-Riquier in Centula (790–799). Stich, Paul Petau 1612.
Aus: W. Effmann, Centula, Münster 1912, 9, Fig. 1

4 Dreifaltigkeitskirche in Kappel bei Waldsassen (Georg Dientzenhofer, 1685–1689).
Foto: Bayerisches Landesamt für Denkmalpflege, München

5 Dreifaltigkeitskirche in Kappel bei Waldsassen, Grundriß.
Aus: Hans Koepf, Baukunst in fünf Jahrtausenden, Stuttgart 1954, 119, Abb. 427

6 Dreifaltigkeitskirche in Stadl Paura bei Lambach (Johann Michael Prunner, 1714–1724), Grundriß.
Aus: Reallexikon zur deutschen Kunstgeschichte, Bd. 4, Stuttgart 1958, 414, Abb. 6

7 Dreifaltigkeitskirche in Stadl Paura bei Lambach.
Foto: Österreichische Nationalbibliothek, Wien (Neg. BDA 6.880-B)

8 Baptisterium in Fréjus (nach 374).
Foto: Bildarchiv Foto Marburg (Neg. 851. 422)

9 Baptisterium in Fréjus, innen.
Foto: Bildarchiv Foto Marburg (Neg. 43 252)

10 Baptisterium in Fréjus, Grundriß.
Aus: Paolo Verzone, Werdendes Abendland, Baden-Baden 1967, 30, Abb. 10

11 Baptisterium in Albenga (1. H. 5. Jh.), Grundriß.
Aus: Paolo Verzone, Werdendes Abendland, Baden-Baden 1967, 30, Abb. 9

12 Baptisterium in Albenga.
Foto: Bildarchiv Foto Marburg (Neg. 53 892)

13 Baptisterium in Albenga, innen.
Foto: Rheinisches Bildarchiv Köln (Neg. L 4116/60)

14 Pfalzkapelle in Aachen (um 800).
Foto: Rheinisches Bildarchiv, Köln (Neg. 136 208)

15 S. Francesco (Tempio Malatestiano) in Rimini, südliche Seitenfront (Leon Battista Alberti, um 1450).
Foto: Alinari, Florenz (Neg. 17613)

16 Cappella Rucellai in S. Pancrazio, Florenz (Leon Battista Alberti, um 1460).
Foto: Alinari, Florenz (Neg. 3708 a)

17 Hagia Sophia in Konstantinopel, Inneres nach Westen (Anthemios von Tralles und Isidor von Milet, 532–537). Lithographie von Louis Haghe nach einem Aquarell von Gaspare Fossati (1809–1883).
Aus: Hans Jantzen, Die Hagia Sophia, Köln 1967, Abb. 11

18 Corvey, Westwerk (873–885), nach der Wiederherstellung.
Foto: Bildarchiv Foto Marburg (Neg. Z 31315)

19 Centula (790–799), Grundriß des Westwerkes, Rekonstruktion, nach Effmann.
Aus: Effmann (zit. Anm. II 82), 79, Fig. 12

20 Salvatorskirche in Werden, Westwerk (um 920–943), Grundriß des Emporengeschosses, nach Effmann.
Aus: Zimmermann/Borger (zit. Anm. II 135), 142, Abb. 159

21 St. Michael in Hildesheim (begonnen um 1010), Inneres nach Osten.
Foto: Niedersächsisches Landesverwaltungsamt – Institut für Denkmalpflege (Neg. R 79-53/13)

22 St. Michael in Hildesheim, Maßzahlen der Hauptachse, nach Roggenkamp in Fuß à 32.5 cm.
Aus: Roggenkamp 1954, 137

23 St. Michael in Hildesheim, Konstruktionsschema des Grundrisses, nach Roggenkamp.
Aus: Roggenkamp 1954, 146

24 Abteikirche Cluny III (1088–1130), Modell nach Conant (Cluny, Musée Ochier).
Aus: Conant 1968/1, Gr. 4, Pl. XXXV, fig. 64

25 Cluny III, Grundriß: 'perfekte' Zahlen, nach Conant in römischen Fuß à 29.5 cm.
Aus: Conant 1968/1, Gr. 4, Pl. XXXVIII, fig. 70

26 Cluny III, Grundriß: 'runde' Zahlen nach Conant.
Aus: Conant 1968/1, Gr. 4, Pl. XXXVIII, fig. 69

27 S. Francesco (Tempio Malatestiano) in Rimini, Fassade (Leon Battista Alberti, um 1450).
Foto: Alinari, Florenz (Neg. 17611)

28 S. Francesco (Tempio Malatestiano) in Rimini, Grundriß nach Barlini, Maßangaben in römischen Fuß à 29.6 cm.
Aus: Naredi-Rainer 1977/1, T. XXXIX, Abb. 2

29 Leonardo da Vinci: Proportionsschema der menschlichen Gestalt nach Vitruv (1485/90), (Venedig, Galleria dell' Accademia).
Aus: Der vermessene Mensch, München 1973, 42

30 Francesco di Giorgio Martini: Kirchengrundriß nach dem Maß des Menschen (1480/90), (Florenz, Biblioteca Nazionale, Cod. Magliabecchiano II.I.141, fol. 42 v).
Aus: Millon 1958, Fig. 2

31 Francesco di Giorgio Martini: Kirchenfassade nach dem Maß des Menschen (1480/90), (Florenz, Biblioteca Nazionale, Cod. Magliabecchiano II.I.141, fol. 39 v).
Aus: Millon 1958, Fig. 3

32 Korenhalle des Erechtheions (414/413 v. Chr.) auf der Akropolis in Athen.
Foto: Fototeca Unione, Rom (Neg. 8085)

33 Francesco di Giorgio Martini: Proportions-studie zur korinthischen Säule (Turin, Biblioteca Reale, Cod. Saluzziano 148, fol. 114 v/115 r).
Aus: Wittkower 1969, Abb. 3

34 S. Spirito in Florenz, innen (Filippo Brunelleschi, begonnen 1444).
Foto: Alinari, Florenz (Neg. 2354)

35 Le Corbusier: Der Modulor (1950).
Aus: Arnheim 1977, 108

36 Römischer Band-Maßstab, Bronze, Länge 27.15 cm (Köln, Römisch-Germanisches Museum, Metallinventar 31);
a Gesamtaufnahme, b Detail.
Foto: Rheinisches Bildarchiv, Köln (Neg. L 4631/1; L 4631/5)

37 Römischer Maßstab (kaiserzeitlich), Bronze; Länge bis Umbiegung 30 cm (Köln, Römisch-Germanisches Museum, Slg. Füngling).
Aus: Bös (zit. Anm. III 175), 26, Abb. 2

38 Eiserne Mustermaßstäbe der Stadtmaße (»der stat schuch« (= 31.8 cm) – »der stat öln« – »der stat klaffter«) am Portal des Alten Rathauses (Reichssaalbau, 1408) in Regensburg.
Foto: Dr. Werner Schäfke, Köln

39 Vergleichsmaßstab der 'Cölnischen Ell' (= 57.5 cm) mit der Brabanter Elle, dem pied du roi sowie dem rheinländischen, römischen, drusianischen und Nürnberger Fuß, Messing (18. Jh.), (Kölnisches Stadtmuseum, Inv. KSM 1982/15).
Foto: Rheinisches Bildarchiv, Köln (Neg. 183 812)

40 Kloster Fürstenfeld, Arkade aus dem Westtrakt des westlichen Hofes (Antonio Viscardi, ab 1691); Konstruktion auf der Grundlage eines nach palmi romani (à 22.33 cm) bemessenen Quadratrasters, nach Schmalhofer.
Aus: Schmalhofer 1965, 173, Fig. 3

41 Kloster Fürstenfeld, Arkade aus dem Nordtrakt des westlichen Hofes (vermutl. Johann Georg Ettenhofer); Konstruktion auf der Grundlage eines nach bayerischen Fuß (à 29.18 cm) bemessenen Quadratrasters, nach Schmalhofer.
Aus: Schmalhofer 1965, 173, Fig. 4

42 Der karolingische Klosterplan von St. Gallen (um 820) (St. Gallen, Stiftsbibliothek).
Aus: Horn/Born 1974 (zit. Anm. III 218), Pl. I

43 St. Gallener Klosterplan, Umzeichnung.
Aus: Hecht 1965, 179, Abb. 6

44 St. Gallener Klosterplan – Umzeichnung von Kirche und Kreuzgang; 40- und 160-Fuß-Raster, nach Horn/Born.
Aus: Horn/Born 1975, Fig. 9

45 St. Gallener Klosterplan, Dormitorium:
Links Faksimile.
Aus: Hecht 1965, 174, Abb. 2 Mitte
Mitte: Faksimile mit übergelegtem 2½-Fuß-Quadratraster, nach Horn/Born.
Aus: Horn/Born 1975, Fig. 10 Mitte
Rechts: Wahrscheinliche Konstruktionsmethode, nach Hecht.
Aus: Hecht 1965, 174, Abb. 2 rechts

46 Sylvesterkapelle in Goldbach bei Überlingen (karolingisch).
Foto: Landesdenkmalamt Baden-Württemberg, Außenstelle Tübingen (Neg. 34 822)

47 Sylvesterkapelle in Goldbach bei Überlingen, Grundriß, nach Hecht.
Aus: Hecht 1977, 138, Abb. 1

48 Sylvesterkapelle in Goldbach bei Überlingen, Rasterplan (Quadratraster von 6 Fuß – à 34.32 cm – Maschenweite) nach Hecht.
Aus: Hecht 1977, 147, Abb. 6

49 Thronender Pharao, Zeichnung über einem Quadratraster auf einem Papyrusblatt (4. Jh. v. Chr.?), (Berlin, Ägyptisches Museum).
Aus: Der vermessene Mensch, München 1973, 23, Abb. 19

50 Emona (augusteisch), Grundriß und Rasterplan (Quadratraster von 2 passus = 10 Fuß – à ca. 29.03 cm – Maschenweite) des Hauses XIV, nach Detoni/Kurent.
Aus: Detoni/Kurent 1963, 37, Fig. 20

51 Andrea Palladio: Die toskanische Säulenordnung und ihr Modulsystem (Säulendurchmesser = 1 Modul).
Aus: Palladio 1570, I 17 (= Cap. I/14)

52 Philibert Delorme: Proportionsschema für ein Portal über einem Quadratraster (Säulendurchmesser = 2 Moduli).
Aus: De l'Orme, Architecture 1648, fol. 236r

53 S. Spirito in Florenz (Filippo Brunelleschi, begonnen 1444), Grundriß – mit dem von G. da Sangallo vorgeschlagenen 'deambulatorio'; Rasterschema mit Modulzahlen (Achsabstand zwischen den Säulen = 2 Moduli à 5½ florentinische bracci), nach Benevolo/Chieffi/Mezzetti.
Aus: Benevolo/Chieffi/Mezzetti 1968, 7 Dis. I

54 Börsengebäude in Amsterdam (Hendrik P. Berlage, 1897–1903).
Aus: Reinink 1975 (zit. Anm. III 256), Abb. 66

55 Hendrik P. Berlage: Börsengebäude in Amsterdam, Grundriß mit Quadratraster.
Aus: Berlage 1908, 64

56 Hendrik P. Berlage: Börsengebäude in Amsterdam, Fassade mit 'ägyptischem Dreieck'-Raster.
Aus: Berlage 1908, 64

57 Maschennetz nach Le Corbusiers Modulor-Maßen.
Aus: Le Corbusier 1978, 87, Abb. 33

58 Kristallpalast in London (Joseph Paxton, 1850). Holzstich.
Aus: The Illustrated London News, Jgg. 10, Bd. XVIII, Nr. 467, 1. 2. 1851, S. 72

59 'Gestik' des Rechtecks.
Aus: Wersin 1956, 24

60 August Thiersch, Proportionsskizze für die Kirche St. Ursula in München, ca. 1894.
Foto: München, Architektursammlung der Technischen Universität 80/16 A/4.5

61 St. Ursula in München, Fassade (August Thiersch, 1894–1897).
Foto: Verfasser

62 Poseidontempel in Paestum (zwischen 460 und 450 v. Chr.), Säulenstellung; Proportionsschema, nach August Thiersch.
Aus: Thiersch 1904, 48, Fig. 16

63 Palazzo Rucellai in Florenz (Leon Battista Alberti, begonnen 1455), Fassadenausschnitt, Proportionsschema, nach August Thiersch.
Aus: Thiersch 1904, 74, Fig. 73

64 Athenatempel in Paestum (um 510 v. Chr.).
Foto: Fototeca Unione, Rom (Neg. 2499)

65 Athenatempel in Paestum, Rekonstruktion der Ostfront, nach Krauss; Maßangaben in dorisch-pheidonischen Fuß à 32.8 cm.
Aus: Krauss 1959 (zit. Anm. IV 60), Taf. IV, Maßeintragung nach Krauss vom Verfasser

66 Athenatempel in Paestum, Grundriß, Maßangaben in dorisch-pheidonischen Fuß à 32.8 cm.
Aus: Krauss 1959 (zit. Anm. IV 60), Taf. I, Maßeintragung nach Krauss vom Verfasser

67 Tafel der pythagoräischen Tetraktys. Raffael: ›Schule von Athen‹ in der Stanza della Segnatura im Vatikan, 1509–10.
Aus: Schwabe 1966 (zit. Anm. IV 93), 96, Abb. 2

68 S. Francesco (Tempio Malatestiano) in Rimini, Proportionsschema der Seitenfront; Maßangaben in römischen Fuß à 29.6 cm.
Aus: Naredi-Rainer 1977/1, 109, Abb. 2

69 S. Francesco (Tempio Malatestiano) in Rimini, Proportionsschema der Fassade; Maßangaben in römischen Fuß à 29.6 cm.
Aus: Naredi-Rainer 1977/1, 109, Abb. 1

70 Fassade des Palazzo Rucellai in Florenz (Leon Battista Alberti, begonnen 1455).
Foto: Alinari, Florenz (Neg. 3013)

71 Palazzo Rucellai in Florenz, Rekonstruktion der Fassade mit 5 Achsen, nach Sanpaolesi; Maßangaben in florentinischen bracci à 58.3 cm.
Aus: Naredi-Rainer 1977/1, 114, Abb. 4

72 Palazzo Rucellai in Florenz, Fassadenausschnitt, Proportionsschema der von Pilastern und Gesimsen gerahmten 'Schauflächen'.
Aus: Naredi-Rainer 1977/1, Taf. XLV., Abb. 11

73 Palazzo Rucellai in Florenz, Fassadenausschnitt, Proportionsschema der Fensteröffnungen.
Aus: Naredi-Rainer 1977/1, Taf. XLV, Abb. 12

74 Porte St-Denis in Paris (François Blondel, 1671–73).
Stich, aus: Gabriel Perelle, Les Delices de Paris et ses environs ou Recœuil de vues perspectives des plus beaux monuments de Paris, Paris um 1680

75 Porte St-Denis in Paris, Proportionsschema, Maßangaben nach Blondel in Moduli.
Aus: Schädlich 1955, 153, Abb. 1

76 S. Andrea in Mantua, Langhaus (Leon Battista Alberti, begonnen 1472).
Aus: Borsi 1975 (zit. Anm. IV 137), 226

77 S. Andrea in Mantua, Langhaus. Schematische Darstellung der Wandgliederung, nach Hubala; Maßangaben in Moduli (1 Modul = 3 bracci à 47 cm).
Aus: Hubala 1961 (zit. Anm. IV 153), 102, Fig. 2; Maßeintragungen vom Verfasser

78 Andrea Palladio: Projekt einer Villa für den Grafen Torre in Verona, Grundriß und Aufriß.
Aus: Palladio 1570, II 76

79 Prunksaal der ehemaligen Hofbibliothek (heute Nationalbibliothek) in Wien (errichtet von Josef Emanuel Fischer von Erlach 1723–26 nach Plänen seines Vaters Josef Bernhard Fischer von Erlach).
Foto: Österreichische Nationalbibliothek, Wien (Neg. 198 497)

80 Villa Foscari a la Malcontenta in Gambarare di Mira, Gartenseite (Andrea Palladio, 1560).
Foto: Verfasser

81 Andrea Palladio: Villa Foscari alla Malcontenta (1560) Grundriß und Aufriß; Maßangaben in vicentinischen Fuß à 34.7 cm.
Aus: Palladio 1570, II 50

82 Villa Stein in Garches, Gartenseite (Le Corbusier, 1927).
Aus: Maurice Besset, Le Corbusier, Genf 1968, 82

83 Le Corbusier: Villa Stein in Garches, Grundriß der 1. Etage.
Aus: Rowe 1947, 103

84 Le Corbusier: Villa Stein in Garches, Aufriß der Gartenfassade.
Aus: Rowe 1947, 103

85 links: Rasterschema des Grundrisses von Palladios Villa Malcontenta;
rechts: Rasterschema des Grundrisses von Le Corbusiers Villa Stein in Garches.
Aus: Rowe 1947, 102/103

86 Annäherung der aus den Fibonacci-Zahlen gebildeten Quotienten an das irrationale Verhältnis des Goldenen Schnittes.
Aus: Hecht 1976, 172

87 Le Corbusier: Modulor-Maße.
Aus: Le Corbusier 1978, I 67, Abb. 24 u. 25

88 Unité d'Habitation in Marseille (Le Corbusier, 1947–52).
Aus: Manfredo Tafuri/Francesco Dal Co, Architektur der Gegenwart, Stuttgart 1977, 352, Abb. 552

89 Le Corbusier: Fassadendetail der Unité d'Habitation in Marseille (1947–52); Proportionierung nach dem Modulor.
Aus: Le Corbusier 1978, I 137, Abb. 50

90 Le Corbusier: zwei Vorschläge für die Gestaltung einer Wohnungseinrichtung in der Unité d'Habitation in Marseille nach dem Modulor.
Aus: Le Corbusier 1978, I 154, Abb. 61

91 Dom in Florenz (begonnen 1296).
Aus: Giovanni Fanelli, Brunelleschi, Florenz 1977, Abb. 28

92 Skizze der Florentiner Domkuppel im Aufriß; Maßangaben in florentinischen bracci à 58.4 cm nach dem Modell von 1367 bzw. dem Riß des Giovanni di Gherardo da Prato von 1426 / Fibonacci-Zahlen und ihre Halbierung (nur jede 3. Fibonacci-Zahl läßt sich halbieren).
Aus: W. Braunfels 1963–65, 208, Abb. 2

93 Fechners Untersuchung zur Feststellung des 'schönsten Rechtecks', Diagramm.
Aus: Huntley 1970, 64, Fig. 5.3

94 Konstruktion des Goldenen Schnittes.
Aus: Hagenmaier 1977, 36

95 Äußere und innere Teilung einer Strecke im Goldenen Schnitt.
Aus: Hagenmaier 1977, 36

96 Fünfeck mit eingezeichneten Diagonalen und ihren Teilungsverhältnissen nach dem Goldenen Schnitt.
Aus: Hagenmaier 1977, 16

97 Pentagramm mit eingeschriebenem Pentagramm.
Zeichnung: Verfasser

98 Konstruktion des Fünf- (und Zehn-)Ecks aus einem gegebenen Kreis.
Zeichnung: Verfasser

99 Näherungskonstruktion des Fünfecks bei gegebener Fünfeckseite mit 'unverrücktem Zirkel' aus der ›Geometria Deutsch‹ (um 1487/88).
Aus: Roritzer 1965, 33

100 Konstruktion des Fünfecks bei gegebener Höhe, nach Spieß.
Aus: Spieß 1959, Abb. 12

101 Zisterzienserkloster Eberbach (begonnen um 1145), Luftaufnahme.
Foto: Hessische Landesbildstelle, Frankfurt (Nr. D 1101)

102 Grundriß der romanischen Bauten des Klosters Eberbach im Fünfecknetz, nach Spieß.
Aus: Spieß 1963, 24, Abb. 19

103 Chor des Kölner Domes (1248–1322).
Foto: Rheinisches Bildarchiv, Köln (Neg. 176 451)

104 Kölner Dom, Grundriß des Chores, Entwurfsfigur, nach Weyres.
Aus: Weyres 1959, 98, Fig. 1

105 Kölner Dom, Grundriß des Chores, Übertragungsfigur, nach Weyres.
Aus: Weyres 1959, 101, Fig. 2

106 Kölner Dom, Grundriß des Chorhauptes, Einmessung auf der Baustelle, nach Weyres.
Aus: Weyres 1959, 105, Fig. 3

107 Grundriß eines 'bandkeramischen Langhauses' in Köln-Lindenthal (um 3000 v. Chr.); Festlegung der Seitenverhältnisse durch gleichseitige Dreiecke, nach Helm
Aus: Helm 1952, 73, Abb. 4

108 Rechteckkonstruktion aus dem gleichseitigen Dreieck.
Aus: Helm 1952, 70, Abb. 1

109 Pythagoräisches Dreieck mit den Seitenlängen 3, 4, 5.
Zeichnung: Verfasser

110 Gabriele Stornaloco: Querschnitt des Mailänder Domes; Proportionierung mit Hilfe gleichseitiger Dreiecke. Skizze zu dem 1391 vom 'Consiglio della Fabbrica' angeforderten Gutachten.
Aus: Dehio 1895/1, 23

111 S. Carlino alle quattro fontane in Rom (Francesco Borromini, 1634), schematische Darstellung der geometrischen Grundrißentwicklung.
Aus: Portoghesi 1977 (zit. Anm. IV 236), 47 (mit Ergänzungen)

112 S. Carlino alle quattro fontane in Rom, Querschnitt mit eingezeichneten gleichseitigen Dreiecken.
Aus: Portoghesi 1977 (zit. Anm. IV 236), 375

113 S. Carlino alle quattro fontane in Rom, Blick in die Kuppel.
Foto: Alinari, Florenz (Neg. 29 991)

114 Francesco Borromini: Grundriß des Klosters und der Kirche S. Carlino alle quattro fontane in Rom (Ausschnitt), Bleistift (Wien, Albertina n 173).
Foto: Albertina, Wien

115 Westbau der ehemaligen Abteikirche Maursmünster (Marmoutier) im Elsaß (12. Jh.).
Foto: Bildarchiv Foto Marburg (Neg. 26 528)

116 Westbau der ehemaligen Abteikirche in Maursmünster im Elsaß; Proportionsschema von Grundriß und Aufriß, nach Spieß.
Aus: Spieß 1968/1, 14, Abb. 1

117 Geometrische Grundrißkonstruktion des Westbaues von Maursmünster, nach Spieß (A C = 50 römische Fuß à 29.57 cm).
Aus: Spieß 1968/1, 15, Abb. 2

118 Quadratur ('Grundlein' für eine Fiale) nach Matthäus Roritzer (puechlen der fialen gerechtigkait, 1486).
Aus: Ueberwasser 1935, 252

119 Quadratur ('Grund' einer Fiale) nach Hans Schmuttermayer.
Aus: Hecht 1979/1, 172, Abb. 25

120 Chor des Berner Münsters (Matthäus Ensinger, begonnen 1425).
Aus: Luc Mojon, Das Berner Münster (= Die Kunstdenkmäler des Kantons Bern 4), Basel 1960, 67, Abb. 38

121 Grundriß der Osthälfte des Berner Münsters mit eingezeichneter Quadratur.
Aus: Mojon 1967, 42, Fig. 8

122 Konstruktionssystem des Chors der Stadtkirche in Burgdorf bei Bern (1471/73).
Aus: Mojon 1967, 46, Fig. 10

123 Konstruktion eines Chors nach Lorenz Lacher (›Underweysungen und Lehrungen für seinen Sohn Moritz‹, 1516).
Aus: Mojon 1967, 46, Fig. 11

124 Schematischer Grundriß des Treppenturmes am Martinsturm des Baseler Münsters (Hans von Nußdorf, Ende 15. Jh.).
Aus: Velte 1951, 14, Abb. 3

125 Fünfeckiger Treppenturm am Martinsturm des Baseler Münsters.
Foto: Stadt- und Münstermuseum, Basel

126 Zwei Grund- und Aufrisse aus den ›Basler Goldschmiederissen‹; Variationen über geometrische Grundfiguren nach dem Prinzip stetiger Verjüngung (Basel, Kunstmuseum, Kupferstichkabinett U 13.40; U 11.84; U 13.39; U 11.56).
Aus: Ueberwasser 1928–30, 89, Fig. 6–9

127 Kreisteilungen und dem Kreis eingeschriebene Polygone:
a Sechs- und Zwölfteilung;
b Achtteilung;
c Fünfteilung;
d Sechsstern;
e Achtstern und 45°-Dreieck;
f Quadrat und gleichschenkelig-rechtwinkeliges Dreieck.
Zeichnung: Verfasser

128 Triangulatur des 45°-Dreiecks.
Aus: Witzel 1914, Taf. I, Fig. 7

129 Chor der Elisabethkirche in Marburg/Lahn (begonnen 1235).
Foto: Bildarchiv Foto Marburg
(Neg. 13 616)

130 Elisabethkirche in Marburg/Lahn; Grundriß mit eingezeichnetem gleichseitigem und rechtwinkelig-gleichschenkeligem Dreieck

als Bemessungsgrundlage des Chores, nach Tuczek.
Aus: Tuczek 1971, Bl. 1

131 Cesare Cesariano: Drei Vorschläge zur Proportionierung von Innenhöfen, darunter das Näherungsverhältnis 17:12 für den Wert $\sqrt{2}$:1.
Aus: Di L. Vitruvio Pollione de Architectura, Como 1521 (Nachdruck 1969), fol. 98

132 Ableitung der irrationalen Werte $\sqrt{2}$, $\sqrt{3}$, $\sqrt{4}$ (= 2), $\sqrt{5}$ aus dem Quadrat ('dynamische Vierecksreihe').
Zeichnung: Verfasser

133 Dem Quadrat eingeschriebenes gleichschenkeliges (sog. 'Knauth'sches') Dreieck.
Aus: Knauth 1908, 20, Abb. 7

134 Vier dem Quadrat eingeschriebene gleichschenkelige ('Knauth'sche') Dreiecke.
Aus: Knauth 1908, 20, Abb. 8

135 Entwurf einer Kirchentür nach Serlio (zit. Anm. III 90) I 1, fol. 13
Aus: Hecht 1979/1, 327, Abb. 75 a

136 Rationale Teilung des Quadrats durch eingezeichnete gleichschenkelige ('Knauth'sche') Dreiecke und Diagonalen: Zweiteilung bis Zehnteilung.
Aus: Knauth 1908, 21–23, Abb. 9–17

137 Schloß Glücksburg bei Flensburg (Nikolaus Karies, begonnen 1582).
Foto: Landesamt für Denkmalpflege, Schleswig-Holstein (Neg. 6×6 – 14 298)

138 Schloß Glücksburg bei Flensburg, Grundriß des Erdgeschosses.
Aus: Wolfgang Müller 1960, 70, Abb. 2

139 Schloß Glücksburg, Konstruktionsschema, nach Müller.
Aus: Wolfgang Müller 1960, 77, Abb. 7

Abbildungen in den Anmerkungen

II 12 Figurierte Darstellung von Quadrat- und Rechteckzahlen.
Aus: Becker 1957/1, 40, Fig. 6 (verändert)

II 162 Verpflockung des Grundrisses von St. Michael in Hildesheim, nach Roggenkamp.
Aus: Roggenkamp 1954, 153

II 166 Figurierte Darstellung von Dreieck- und Pyramidenzahlen.
Aus: Roggenkamp 1954, 143

III 264 Ironimus (Gustav Peichl): Der Rastertechnokrat.
Aus: Ironimus, Laßt Linien sprechen, München 1982

IV 74 Athenatempel in Paestum, Grundrißkonstruktion und Festlegung der Jochweiten, nach Wedepohl.
Aus: Wedepohl 1967, 136, Abb. 13; 138, Abb. 15

Die Reinzeichnungen der Figuren im Text sind Gerda Rebensburg, Heinz Josef Schmitz und, in der Mehrzahl, Joachim Seiffert, alle Köln, zu danken.

Register